中文社会科学引文索引(CSSCI)来源集刊

南京大学法律评论

NANJING UNIVERSITY LAW REVIEW

主编 解亘

2019年
春季卷
总第51卷

南京大学出版社

《南京大学法律评论》编辑委员会

名誉主任 苏永钦

主　任 叶金强

委　员（以汉语拼音为序）

　　　　李友根　宋　晓　肖泽晟　严仁群

　　　　叶金强　张仁善　周安平

《南京大学法律评论》编辑部

主　编 解　亘

编辑成员 艾佳慧　宋亚辉　吕炳斌　张　华

　　　　　尚连杰　徐凌波

主　办 南京大学法学院

衷心感谢张金全先生对本刊的友情支持!

总编寄语

《南京大学法律评论·2018年春季卷》终于面世了。从栏目设计上看，与近年的几期《南京大学法律评论》相比，2018年春季卷也许没有明显的差异，但实际上，这一期的编选由改组后全新的编辑部操刀。2017年秋，因《南京大学法律评论》编辑部发生了人事上的变化，由过往的主编全权负责制变换成为由编辑部团队集体负责的新体制。新的编辑团队也许在经验上还有些稚嫩，不过，团队成员在整体上偏年轻，也许更能确保编辑团队的朝气和热情。但愿读者可以透过本期刊载的稿件体察到我们的用心。

《南京大学法律评论》是我国最早的法律评论，具有辉煌的历史。我们这个团队之所以愿意接过这副重担，完全是出于对学术的热爱，出于对学术共同体的敬意。在当下的评价体系之中，我们依然坚信，文章的良莠，决不依赖于其载体是否华贵。大浪淘沙，经过时间的洗礼，最终留在学术史的长河中能够长久夺目的学术成果，一定是因为其本身的质地优异。而且，我们更加乐观地相信，广大的学人也秉持着同样的信念。正是基于这样的共识，我们愿意通过《南京大学法律评论》这个载体，继续为学术中坚提供宣传其辉煌思想的阵地，同时我们也会通过这个载体，以热切的目光见证年轻学子的成长。

今后，我们将尝试在栏目上作新的探索。或许会就某一个主题设定专栏，围绕主题组稿，或者围绕一篇核心论文邀请学术批评。此外，我们还设想设置判例评论的栏目，以鼓励这种更接地气的努力。

我们承诺，仅以来稿的质量作为唯一的选稿标准。

请与我们同行，为了法学的进步！

解 亘

2018年5月

目 录

· 法学理论 ·

压力型司法的社会治理效应:后街破产纠纷的延伸个案阐释
··· 曾令健(3)

· 法律史学 ·

近代"破家非孝"思潮与传统家庭的"公共角色"············· 伊卫风(25)
论高丽对唐财产刑的变异 ································· 张春海(42)

· 民商法学 ·

日本民法解释方法论的变迁与其特质
··············· [日]山本敬三 著 冯洁语 译 叶周侠 校(61)
间接占有的构成要件、移转与保护
··············· [德]汉斯·约瑟夫·威灵 著 倪龙燕 译(88)
原因的废除及其替代方案
··············· [法]威廉·维克尔 著 刘 骏 译 李世刚 校(110)
决议行为法律性质辨
——兼评《民法总则》第134条第2款················· 孔洁琼(134)
滥用公司分立制度下法人格否认法理之适用
——日本法的理论与实践························· 敖海静(155)
资产证券化与破产 ············ [日]林康司 著 金 春、林周汪 译(173)
大陆法系与普通法系财产的经济分析
··············· 张永健、亨利·E.斯密斯 著 吴林昊 译(205)

· 诉讼法学 ·

比较法视野下的文书证据真实性认定规则················· 王 梓(253)
"形合实独"的实践困局与制度转型
——以基层法院的民事诉讼程序为对象················· 陈 莉(273)

· 刑事法学 ·

刑法方法论视阈中的贪污受贿犯罪死刑裁量基准
　　——以"张中生案"为切入点 ………………………… 李冠煜（295）
立功制度向何处去 ……………………………………… 郭世杰（316）

· 宪法学 ·

"八二宪法"的传续与革新
　　——兼论"七八宪法"对八二修宪的影响 …………… 刘怡达（335）

· 国际法学 ·

"冰上丝绸之路"航行自由法律问题研究 ……………… 王泽林（359）
印度洋海区海洋划界争议的法律解决路径探究 ………… 章　成（381）

法学理论

压力型司法的社会治理效应:后街破产纠纷的延伸个案阐释[*]

曾令健[**]

[摘　要]　运用延伸个案方法,本文"深描"一起企业破产纠纷的缘起、发展、解决及其影响,以此探讨压力型司法。从压力型体制脉络出发,"压力型司法"旨在阐述司法活动的发生场域,即以"指标(指令)—考核"为基本手段的权力关系网络,且这种支配关系不仅充斥于整个司法活动,还弥漫至司法人员、司法体制、司法实践与党政力量、社会治理的相互关系之中。除了压力型司法的结构、运行及功能,该场域还涉及这套权力关系网络在社会治理中的投效以及行动者对该种投效的种种反应。本文侧重考察压力型司法体制的溢出效应,即对个案、当事人、社会治理的细微、隐秘影响,以及这些互动对于压力型司法的反作用。压力型司法在社会治理中的投效以及行动者的种种反应表明,应当在客观对待"个案解决"的基础上对"总体性失范"保持警惕。

[关键词]　压力型司法;溢出效应;社会治理;延伸个案

一、问题与方法

毋庸讳言,相当长时期内司法实践时不时曝出案件"久拖不决"、执行"迟迟难成"诸现象,除了所谓的公民法律意识淡薄、司法人员"知法犯法"外(尽管有时的确如此),这些现象背后是否存在结构性支配关系,由是引发民众、法院乃至党政机关的种种反应? 本文试以"压力型司法"概念探讨之。

---

[*]　国家社科基金西部项目"合作主义视野中城镇基层纠纷解决实证研究"(13XFX015);西南政法大学资助项目"实体与程序双重视角下股权执行的疑难问题研究"(2018XZZD-06)。初稿曾提交2018"中国语境下的案例研究"学术研讨会,承蒙周安平教授、张骐教授评议,特致谢忱!

[**]　曾令健,法学博士,西南政法大学最高人民法院应用法学研究基地研究员、西南政法大学人民法庭研究中心研究员。重庆:401120。

该术语受政治学研究成果的启发。有学者在讨论中华人民共和国成立初期至改革以降计划体制的嬗变历程时提出"压力型体制"概念,旨在阐述"中央将财政权和人事权逐级下放给地方,以调动各级地方政府的积极性,同时保留中央给地方规定的各项计划指标,以控制和监督各级地方官员,努力完成这些指标",①从而"强调地方政府的运行是对不同来源的发展压力的分解和应对"②。有学者主张在压力源、减压机制和压力向度等维度予以深化。③ 有学者分析立法领域的压力型立法现象,④并不同程度地影响了若干司法研究。⑤ 这些法学成果未再沿袭压力型体制脉络,可以概括为舆论与立法、舆论与司法。

有必要回归压力型体制脉络,用"压力型司法"阐述司法活动的发生场域,即以"指标(指令)—考核"为基本手段的权力关系网络,且这种支配关系不仅充斥所有的司法活动,还弥漫至司法人员、司法体制、司法实践与党政力量、社会治理之间的相互关系之中。除了压力型司法的结构、过程及功能,该场域还包括该套权力关系网络在社会治理中的投效以及行动者对该种投效的种种反应。前者与政治学中的压力型体制有诸多共通之处,如层级、指标、考核等,故本文侧重考查后者——压力型司法体制的溢出效应,即对个案、当事人、社会治理的细微、隐秘影响,以及这些互动对压力型司法体制的反作用。

本文运用延伸个案方法(Extended Case Method)⑥,通过个案"叙事"乃至"深描"以展示制度与机制的实践状况,借助叙事性分析揭示事件背后的深层因素及学理意义。延伸个案方法不仅收集和调查个案本身,而且要将个案产生的社会脉络或情景纳入考察范围,焦点在于"争端平息的实际过程",还须注意个案的前历史(Prehistory)以及个案平息的社会后果。⑦ 个案叙事始于20世纪70年代截至21世纪10年代。除了受制于"看菜吃饭"的实证研究定律,时间差也是必要的。在空间要素、制度结构没有发生实质性转换的情况下,时间差不仅无损

---

① 荣敬本,等:《从压力型体制向民主合作体制的转变:县乡两级政治体制改革》,中央编译出版社1998年版,第27页。
② 杨雪冬:《压力型体制:一个概念的简明史》,载《社会科学》2012年第11期。
③ 薛泉:《压力型体制模式下的社会组织发展——基于温州个案的研究》,载《公共管理学报》2015年第4期。
④ 吴元元:《信息能力与压力型立法》,载《中国社会科学》2010年第1期。
⑤ 如姜涛:《道德话语系统与压力型司法的路径选择》,载《法律科学》2014年第6期;韩宏伟:《公众意愿与压力型司法》,载《理论月刊》2015年第3期。
⑥ Michael Burawoy, *The Extended Case Method: Four Countries, Four Decades, Four Great Transformations, and One Theoretical Tradition*, University of California Press, 2009, pp. 19-72.
⑦ 朱晓阳:《罪过与惩罚:小村故事(1931—1997)》,法律出版社2011年版,第39页。

解释的有效性，还可能使叙事更加充分。

此外，扼要论及"个案不能承受之重"一类常见批判。依该观点之逻辑，任何论断都必须基于对研究对象的全面、"地毯式"考察，如若分析中国村庄，则应将全国所有村庄"捋一遍"，否则均有"不能承受之重"之虞。然而，延伸个案方法所关注的并非个别事实与普适性理论之间的逻辑自洽或者个案的代表性，而是实现从经验分析上升至理论。同时，即便在个案分析与理论的反复关照之下，那些个案说明不了的问题仍然说明不了，至于个案分析能够反映的内容也绝不是最终的论断。人文社会学科乃至自然科学研究势必是阶段性的、非终局性的，有待后续研究进一步验证、修正。在此意义上讲，所谓"惊人一跳"中的方法论困境，不过是人类的认知能力限度与"好大喜功""全能认知"的"万丈雄心"之间的矛盾。该矛盾既非实践问题，也非方法论问题。①

二、田野与背景

个案发生在平沙市长天县。② 平沙市位于四川盆地东部，其地理形状呈扇形，分布于川中丘陵与川东平行岭谷两大地形区之间，东西宽约135公里，南北长约94公里，辖区面积逾6000平方公里。2015年年末，全市户籍总人口近470万人。其中，农业人口370余万人，非农业人口近100万人。平沙市下辖两区一市三县，长天县是辖县之一。长天县地处平沙市东部，毗邻重庆市。大山呈东北至西南走向贯穿全县并绵延数百里。该县辖区面积近2000平方公里。2016年年末，全县户籍人员100万余人。

后街企业是长天县县政府驻地兴隆镇的一个集体企业。20世纪70年代，在"割资本主义尾巴"的浪潮之下，个人单干搞经济是不被提倡的。兴隆镇二街道为了解决部分生活困难居民的生计问题，便由街道里有一技之长的居民成立互助合作小组，各组三五人不等。1971—1972年，相继涉及医疗、鞭炮、钟表、修理、理发、烧饼、泡粑、刻章、照相、食店等13个行业。1978年年初，按上级的指示，该企业正式成立，注册名称为"兴隆镇二街道综合组"。1983年9月底，企业固定职工数达42人。次年，企业购买了4间门面。1990年，政企分家，该综合组遂与街道居委会分离，并更名为"兴隆镇后街综合经营部"，由兴隆镇管理，属乡镇企业，为集体所有。其间，因国家经济政策变化、后街旧城改造等原因，许多

---

① 曾令健：《实践主义法学研究范式》，载《浙江大学学报（人文社会科学版）》2018年第4期。

② 地名、人名等皆依惯例予以处理。地区概况源自各政府门户网站与地方志。

互助小组自然解体。1992年,镇政府直接任命企业领导班子成员,杜某为经理,周某为副经理,赵某为会计,王某为出纳。

1995年,企业中的互助小组仅剩5个,工商注册中的管理人员及职工计9人,无法安置的职工只得自谋生计。该年10月,9位在职从业人员商议,选举杜某(企业经理)、周某(企业副经理)、汪某(原企业办主任)、余某(职工代表)组成清算小组,将每间旧门面以3.5万元、新门面5.5万的价格,按工龄长短、贡献大小分别卖给杜某、周某、汪某、余某。11月,杜某等人向镇企业办一位副主任提出口头的企业解体申请,后者口头答复自行解体。杜某等人当日便出具解体协议,并将门面价格各下调5000元。尔后,9名在职人员分割了全部价款。① 此后,杜某等人向镇政府递交书面解体协议,但未获书面批准。② 杜某等人随后办理了房屋产权过户手续。1999年,该经营部因数年未年检被注销营业执照。③

三、压力型司法的审判叙事:讼争、申诉、"踢皮球"与平衡技艺

在职人员出售门面、处分房款、解散经营部之事随即引起强烈反应。依档案所载日期看,商议之事显然走漏了风声。此前,杜某、汪某还曾将企业名下的另外两套住房及一间门面卖与自己。在谋划企业解体之际,企业所在地居委会以杜某、汪某所购房产乃居委会资产为由,诉至长天县法院,称当年旧城改选,后街企业出过资,但所售门面产权仍属居委会。法院判决杜、汪所签房屋买卖协议无效。④ 该案判决作出之日距企业解体会议尚不足一月,这对企业其他职工产生

---

① 见《在杜某家召开全体职工会议记录》,1995年11月2日;《关于房屋价格问题的会议记录》,1995年11月2日;《关于房屋处理的问题》,1995年11月2日;《关于房屋处理给谁的问题》,1995年11月2日;《长天县兴隆镇后街综合经营部证明》,1995年11月7日;《后街综合经营部解体职工现金分配表》,1995年11月7日;《解体协议》,1995年11月7日。

② 《关于我经营部解体的报告》,1995年11月2日。从档案中发现,兴隆镇工业办公室曾出具过一份证实材料。其中,不仅提及后街企业曾于1995年10月口头反映又于11月书面报告解体事宜,还涉及该办公室同意企业职工意见,自行解体并处理好善后事宜。兴隆镇工业办公室:《证实材料》,1996年6月21日。虽然有这份事后出具的证明材料,但缺乏当时的书面批准文件,且该9名在职人员是不是企业的全部人员也是后来争议的一个重要内容。

③ 长天县兴隆镇后街企业终止清算领导小组办公室:《兴隆镇原后街企业基本情况》,2004年12月26日,第1—3页;平沙市中级人民法院:《平沙市中级人民法院民事判决书(2003)平法民终字第191号》,2003年11月12日,第2—3页。

④ 长天县人民法院:《长天县人民法院民事判决书(1995)长民初字第101号》,1995年10月12日,第2—4页。

了莫大激励。① 赵某（企业会计）、王某（企业出纳）、蒋某、许某、田某等诉之法院，要求判决杜某等四人购买门面的行为无效，且为法院所支持。② 杜某等四人遂上诉至平沙市中级人民法院。

二审判决很快做出，事实认定与一审无根本区别，唯认为"四上诉人自行将房价降低，未经职工大会同意，不能代表该综合经营部的集体意志"，故"由四上诉人每人各补5000元给后街综合经营部"。③ 据称，二审是杜某等人利用余某在中院房地产庭工作的亲戚办的一个人情案。④ 职工们反应很强烈，遂向县、地、省各级检察机关反映，要求抗诉。中院随后称"该案后经院长发现原判认定事实有误，交审判委员会讨论，决定对本案进行再审"，并判决杜某等四人购买门面的行为无效，要求经营部退还购房款并"按银行同期商业借款利率计息"。⑤ 如果职工们所称的"人情案"属实，那么法院的"自行决定再审"就不仅仅是为了挽回法院颜面，还是一项从被动局势向主动势态转换的策略；以同期商业贷款利率计息，也有照顾当事人情绪之虞。据称，《平沙日报》《四川法制报》《检察日报》等还报道过该次再审。判决执行期间，一方面，杜某等人利用中院人脉关系，抵制执行，另一方面又于1998年年初向省高院申请再审，并托请在省外贸工作的人去搞"勾兑"。⑥

省高院提审该案后，经由审判委员会讨论，认为原告不适格，遂裁定撤销前述判决，发回长天县法院重审。长天县法院遂裁定驳回赵、王、蒋、许、田针对杜、周、汪、余提起的房屋买卖合同无效之诉。⑦ 实际上，上诉人杜某等四人在二审时也曾提出过原告不适格，并希望法院以此为由驳回赵某等人的起诉，但二审判

---

① 事实上，后街居委会与后街综合经营部的纠纷在此后也是一波三折、风云突变。
② 长天县人民法院：《长天县人民法院民事判决书（1996）长民初字第1290号》，1996年9月2日，第4页。
③ 平沙地区中级人民法院：《平沙地区中级人民法院民事判决书（1996）平中法房终字第25号》，1996年11月15日，第5、6页。
④ 后街企业全体职工：《艰难的诉讼——关于后街企业经理杜某等四人侵吞企业集体财产达80多万元一案的情况报告》，2002年3月30日，第2页。
⑤ 平沙地区中级人民法院：《平沙地区中级人民法院民事判决书（1997）平中法民再字第6号》，1997年9月9日，第3、7—8页。
⑥ 后街企业全体职工：《艰难的诉讼——关于后街企业经理杜某等四人侵吞企业集体财产达80多万元一案的情况报告》，2002年3月30日，第2页。
⑦ 长天县人民法院：《长天县人民法院民事裁定书（1999）长天民初字第902号》，1999年8月3日，第4页。

决认定原告适格并"顺水推舟"地判决上诉人补偿差额。①纵然赵某等职工认为高院提审该案可能受到杜某等人的庭外影响,但省高院以主体不适格发回重审,这至少表明平沙中院在第一次审理上诉案件时,其对主体适格问题的判断的确值得怀疑,这也从侧面印证了平沙中院在审理该次上诉时可能受到案外因素不当影响的传闻。有关主体适格这一诉讼要件的评价问题就揭示出,这仅仅是依据某种需要所进行的评判,毕竟当时认定原告不适格,并不能解决问题,一旦原告适格问题解决之后该案还会诉之法院,这反而把事情搞复杂,也不利于对某种利益做倾向性保护。从既有材料看,这些质疑是可能成立的。

该裁定公布之后,职工们遂采取了更为激进的手段,于该年9月集体到省高院上访,省高院一位院长接待了上访职工代表,并表示:"我亲自过问本案,如是人情案一定查处。"据称,这一情况还为省内多家媒体所报道。②一位长天县法院副院长在赴省高院接办该案回来之后,曾对上访职工透露"省高院是定了性的,房产要归还集体,诉讼主体是镇企业办"。③随后,兴隆镇乡镇企业办公室将工商注册中的管理人员及职工共9人悉数告上被告席,要求"返还自买自卖经营部的财产和门面租金及资金利息",长天县法院认为杜某等人涉嫌职务侵占,故移交县公安局处理,并以"本案争议的实体和性质不属民事法律关系调整的范畴,原告诉讼请求不属人民法院管辖"为由驳回起诉。④

自1999年年底到2001年中,该案从经济案件的审理转移到了刑事案件的侦查。据职工们所言,该期间,长天县公安机关无正当理由却三度不予立案。为此,职工们曾向省驻长天县干部反映情况,并得以由县政法委多次召集县人大、公、检、法、司、律协等七个单位召开联席会议。最终,案件被移送回县法院依民事案件予以审理。

2001年8月,长天县法院以"本案不是平等主体之间的民事法律关系,应由兴隆镇人民政府处理"为由,向兴隆镇政府发出《司法建议》。该镇领导对此大为光火:"省高院要镇企业办当原告,我们镇企业办当了原告并委托了职工代表参与诉讼,还说不是主体关系把皮球又踢给我们了,该案已进入司法程序,哪里有

---

① 平沙地区中级人民法院:《平沙地区中级人民法院民事判决书(1996)平中法房终字第25号》,1996年11月15日,第3、5、6页。
② 后街企业全体职工:《艰难的诉讼——关于后街企业经理杜某等四人侵吞企业集体财产达80多万元一案的情况报告》,2002年3月30日,第2页。
③ 后街企业全体职工:《艰难的诉讼——关于后街企业经理杜某等四人侵吞企业集体财产达80多万元一案的情况报告》,2002年3月30日,第2页。
④ 长天县人民法院:《长天县人民法院民事裁定书(1999)长天民初字第1045号》,2000年5月16日,第2—3页。

法律规定返回行政处理"。职工们继续坚持"问题化"维权策略，随即上访市委书记，后者批示"长天县人民法院处理"。据载，法院仍拒绝审理，其院长称"莫说市委书记批转我们处理，就是省委书记、国家主席叫我们办此案，我们就不办"。①案件再次被转交兴隆镇人民政府处理。2002年元月，镇政府向县政府请示，指出该案中买卖关系是否有效的判断权在于人民法院，政府无权受理及处理，并强调职工们已经多次向县、地、省等部门申诉，"纠纷已经长达6年之久，花去各种费用约20万元，至今无果"。②据称，长天县县长、常务副县长、副县长三人分别批示"请法院认真研究解决""应由县法院受理"。③然而，法院仍拒审该案。职工们只得再度上访省高院院长，要求其"为民做主、捍卫法律的尊严"。④从档案与获取的信息来看，难以判断本次上访对长天县法院产生了何种影响，毕竟前一次上访省高院院长时，高院也做过明确的指示。

从事态发展来看，2002年7月，兴隆镇政府向长天县法院提起诉讼，法院于次月作出裁定，撤销该院(1999)长天民初字第1045号裁定书（该裁定驳回了镇乡镇企业办公室的起诉），认为"兴隆镇政府作为后街综合经营部的主管部门，在企业解散后，清算组织成立前，负有保护企业财产不受侵犯的义务……应作为利害关系人向法院起诉"。⑤数月后，长天县法院支持了原告的诉讼请求，判决杜某等四人购买后街企业门面的行为无效，且为缓和对立情绪，要求原告在退还被告购房款时按商业借款利率计息，而"案件受理和其他诉讼费用经本院院长批准免交"。杜某等上诉平沙中院，遭驳回。⑥

至此，可以初步归纳压力型司法体制中讼争、申诉（上访）的若干显著特征：其一，对于当事人，诉讼与上访的交替使用、相互影响，这中间既包含对司法的某种不信任，也有"清官情结"支撑下的执着；其二，在反复讼争、申诉的施压过程

---

① 后街企业全体职工：《艰难的诉讼——关于后街企业经理杜某等四人侵吞企业集体财产达80多万元一案的情况报告》，2002年3月30日，第3—4页。

② 兴隆镇人民政府：《关于解决兴隆镇原后街企业有关问题的请示》，2002年1月28日，第3、6页。

③ 《长天县人民政府办公室文件处理单（第37号）》，2002年1月31日。注：从请示材料及文件处理单的原始记载来看，笔者仅看到常务副县长与另一位副县长的批示原文。

④ 后街企业全体职工：《艰难的诉讼——关于后街企业经理杜某等四人侵吞企业集体财产达80多万元一案的情况报告》，2002年3月30日，第5页。

⑤ 长天县人民法院：《长天县人民法院民事裁定书(2002)长天民再字第13号》，2002年8月10日，第3页。

⑥ 长天县人民法院：《长天县人民法院民事判决书(2002)长天民初字第590号》，2003年7月26日，第11页；平沙市中级人民法院：《平沙市中级人民法院民事判决书(2003)平法民终字第191号》，2003年11月12日。

中,法官、官员们习惯性地尝试摆脱压力型司法的束缚,较之"迎难而上"地直面问题,更优选项往往是通过"踢皮球"以卸责;其三,在体制内压力与外部力量的交互作用下,裁决者常常希望借助某些平衡技艺甚至"模糊"手段寻找出口,在不损及自身的体制内评价的前提下对某些利益作倾向性保护或者纯粹为了摆脱逼仄处境。

四、压力型司法的执行纠葛:批示"落空"与"大打出手"

在终审判决作出之后,事情并没有因此而变得明朗、易处理,正如后街居委会诉杜、汪擅买另外两套住房及一个门面案的执行那样,围绕本案执行而展开的较量也可谓激流涌动、风云莫测。无独有偶,正如前案曾深深影响过本案一样,本案执行与前案执行几乎如出一辙。前案也曾引发过再审,尽管平沙中院1997年再审判决维持了一审判决,但杜某却抢先一步将涉案房产转卖他人。① 尔后,虽经平沙中院函告长天县法院执行,但6年下来,却仍然无法执行到位。2002年7月,当后街居委会去长天县法院催促执行时,执行局冯某称,企业于1999年注销了,故要终止执行,只是法院不盖章。为此,申请执行人甚至要求冯某回避。为了执行判决,申请人还向时任县委书记上访,后者批示"此案一拖多年,反应强烈,应尽快予以解决。请法院认真研究,排除一切干扰,确保法律的尊严,还居委会一个公道"。从档案记载来看,就在居委会上访的次日,该书记便做出了具体指示,并从"秩序""权威""公道"等角度予以了强调。② 即便如此,执行仍然不顺,该案执行后来竟与本案执行交织在了一起。

正如该案"执行难",本案也真可谓"执行乱"。自平沙中院作出终审裁判之后,纷争益发复杂、冲突更趋剧烈。这可从几起事件中洞察二三:平沙中院院长曾尝试到现场实地考察、调解,结果被情绪激动的当事人及利害关系人围住,其间还发生了抓扯,该院长的衣服纽扣都被扯掉了好几颗;执行过程中,部分社会闲杂人物也参与其中,甚至对相关工作人员及利害关系人进行人身威胁;一次执行门面的肢体冲突中,申请人、被申请人、执行人员及其他主体纠缠在一起,一位

---

① 据称,为防止杜某等继续利用手中权力擅卖企业资产,后街综合经营部后改名为后街商行服务社,该名一直沿用到企业为工商行政部门所注销。后街商行服务社:《后街综合经营部与后街商行服务社关系的有关情况说明》,1998年10月26日。注:文中后街综合经营部、后街商行服务社、后街企业实为同一实指。

② 兴隆镇后街居委会:《艰难的执行》,2002年7月1日。

跛脚的人被人从屋内抬起扔到了大街上,当场摔伤。① 执行难以为继的局面持续了一年有余。其间,双方当事人不断向各级部门反映情况,你来我往、剑拔弩张。材料显示,该案涉及 104 人,产生各级法院的裁定书 7 份、判决书 5 份,上访接连不断,上省进京已成常事,动辄数十人乃至上百人上访,七老八十的老大爷、老太太也赫然在列。为此,平沙中院、长天县委、长天县政府相继成立了三届清算办也未能成功解决。② 该案中,判决几近空文,权利迟迟无法兑现。据称,之所以出现这种局面,是因为被执行人有极强的社会活动能力与广泛的社会关系网络。仅从省高院提审时被执行人一方的代理人的社会身份来看,此类推测并非完全是空穴来风。③

批示"落空"折射出,压力型司法的科层结构既是压力传导机制,也是拖沓、卸责的结构性要素。对于执行申请人等行动者而言,批示若能直接撬动压力输送机制无疑最为理想,退而求其次则可作为自身行动的合法性、正当性象征,至少可以表明下级机构及其官员行为与上级之间存在出入,而这种情形往往寓示下级机构及官员行为涉嫌"不合法"。④ 从反复博弈的角度出发,可以大胆猜测,或许批示者本人对于批示效用未必持有多大信心,甚至不排除某些情况下的"批示"仅是应景之作。当然,即使应景之作对于当事人等行动者而言也是急需的。但是,这却可能被下级机构及官员们所看透,或尝试拖延以观后续反应。此外,对于执行中的"大打出手",除了泄愤、一时兴起等情绪性反应外,往往也是营造体制外压力的手段。在此意义上,这与凭借上访手段对抗压力型司法体制常常殊途同归。

五、压力型司法的溢出效应:作为"社会问题"的"司法问题"

至此,案件业已呈现"诉讼案件问题化"现象,这显然是多方行动的结果。一旦当事人或利害关系人通过"问题化"策略将案件从规范、程式化的诉讼场域中拽出,把"不闹不解决、小闹小解决、大闹彻底解决"作为行动逻辑时,诉讼问题将

---

① 从档案记载来看,该人被诊断为"外伤后血气胸"。详见《长天县人民医院检验报告单》,2004 年 6 月 26 日。

② 平沙市司法局:《长天县后街企业房产纠纷基本情况》,2006 年 5 月 18 日,第 1 页。

③ 依该裁定书之记载,杜某等人的代理人或为省外经贸委干部、或为省基地进出口公司职工、或为县经委干部,而且这些人还与当事人有亲属关系。职工们的推测应该考虑了这些代理人的社会身份以及其可能运用的关系网与社会资源。

④ 官员"批示"的价值分析,还可参阅 Kevin J. O'Brien & Lianjian Li, *Rightful Resistance in Rural China*, Cambridge University Press, 2006, p. 83。

不再是单纯的法律技术问题,而成了关乎其他机关、部门利益的事件。此类利益关联将使得司法外的力量介入到司法活动之中,从而形塑出一副截然不同的诉讼场景。在这种诉讼场景中,纠纷解决者关注如何从"麻烦"中解脱出来,因此,从某种意义上说,力量对比关系在很大程度上将决定纠纷解决的内容。这与纠纷的"规范性的解决"显然有较为明显的出入,而与"状况性的解决"颇为接近。①这种状况下的调解往往也忽略了一方甚至双方的主体意思表示。这甚至成了学人对调解等非正式纠纷处理程序予以批判性检讨的缘由之一。②

显然,本案中涉及的主体已经远远不限于双方当事人与法院等诉讼主体,大量的非司法机关被牵涉其中。简单地说,该案在很大程度上已经从一个诉讼案件转化为一个社会问题,甚至是一个关乎地方秩序、社会稳定的具有政治意涵的事件。正是在该种局面及相关考虑之下,长天县委、县政府、法院作为与纠纷最为接近的机关,显然最能感受这种事件带来的迫切感,也最有解决问题的动力。于是,自 2003 年平沙中院终审判决作出之后,长天县党政、司法等部门就开始寻求各种方式以解决这个作为"社会问题"的"司法问题"。

从终审判决作出之后,平沙中院、长天县党委、长天县政府相继成立了三届清算办,希望将判决内容予以实现。排除上文提及的可能存在某些人为阻力,该案执行时本身也面临着诸多技术性问题,这一点值得关注。在司法、政府乃至党委协调之后,首先考虑的是通过协助执行,③要求各级部门、相关单位及有关人员参与到该案之中,协助、配合法院、清算办开展执行工作。在县委、县府推动下成立了兴隆镇清算小组,就在该小组清理财产、债务时,被执行人杜某等四人于2004 年 8 月向该小组提交书面异议,其中提出了一个企业职工认定的问题,即到底多少人该享受该企业资产之最后分配,以及分配比例是"按贡献大小还是人人有糖吃",甚至直指时任县政法委领导"指定与企业毫无利害关系的镇政府出面当原告,指示法院判我败诉,目的是要做重新分配"。这种指责在某种程度上是一种谋求利益的策略。从既有情况来看,该时任领导对于该案的解决并无直接利害关系,如果说其与该案执行有何关联,则在于其作为地方政法工作的主管领导,负有维持地方秩序、确保社会稳定的职责,这也正是诉讼案件问题化得以

---

① [日]棚濑孝雄:《纠纷的解决与审判制度》,王亚新译,中国政法大学出版社 2004 年版,第 8 页。

② 针对合意性纠纷处理的合理性分析与批判性检讨,还可参阅[日]六本佳平:《日本法与日本社会》,刘银良译,中国政法大学出版社 2004 年版,第 91—92 页。

③ 协助执行是指实施执行措施的人民法院通知有关单位或者个人协助执行生效的法律文书所确定的内容的一种方式。常怡主编:《民事诉讼法学》,中国政法大学出版社 1999 年版,第 413 页。

成为可能的一个内在诱发性机制。显然,这种指责几乎没有依据与道理。鉴于杜某等人对职工人数及名单有异议,清算小组也曾向两位原后街企业会计求证,该企业的分配原则乃"除本分成,企业提了积累",以证明各服务小组及其职工都不同程度地对企业资产有所贡献。围绕这些具体事项展开的争执,也在很大程度上妨碍了执行的开展,及至该年9月,清算小组初步归纳的影响执行开展的问题就达14项之多,需要"咨询"上级部门及领导。①

除了前文评述审判、执行时所揭示的压力型司法与个案、当事人之相互作用,压力型司法的溢出效应还涉及当事人、法院、党政之间围绕社会治理而彼此相互影响。这在非司法机关有组织、有规划地介入案件处理时体现得尤为明显,也引发了追问:从"司法问题"演化成关乎地方秩序、社会稳定的"社会问题"这其中的距离有多远?个中关键在于当事人在诉讼内、诉讼外行动引发的议程化效应,即行动、策略引发了科层结构的上级机构、官员(法官)的关注进而嵌入其议事范畴。其中,压力型司法与社会治理之间的细微、隐秘影响至少还体现在两个层面:其一,纠纷解决与社会治理基本上乃同一实指,即司法机关乃至其他机关通过解决纠纷实施社会治理,而对于法院而言二者更是同构关系;其二,对于党政、法院而言,更深层的意义在于通过纠纷解决实现基层政权的合法性再生产。②

六、作为治理措施的"判后委托调解":过程及其评价

多次尝试清算、执行未果之后,平沙市与长天县的党委、政府、法院考虑以调解之名,以实现该案的"摆平""理顺""息访"。为了"以法律的名义"开展判后委托调解,联席会议再度组建了一个所谓的后街企业清算小组,由兴隆镇一位副镇长、长天县法院一位庭长以及兴隆镇司法所负责人刘某等七人组成。其中,刘某任清算小组下设办公室的主任,负责调解工作,并以辖下人民调解委员会的名义开展调解工作,以处理企业资产及相关债务。这种由人民调解组织参与已经生效判决执行及协调工作的做法在当时也并非个别情况。这种做法在司法实务与正式报道中被称为"判后委托调解"。

然而,因为矛盾已经尖锐化,所以协调工作极不容易进行。2005年2月,在平沙市、长天县领导倡议召开的由县政法委牵头,县法院、检察院、公安、劳动及

---

① 兴隆镇清算小组:《兴隆镇原后街企业咨询问题汇集》,2004年9月8日。
② Jieren Hu & Lingjian Zeng, *Grand Mediation and Legitimacy Enhancement in Contemporary China: the Guangan' Model*, 24 J. Contemp China 43-63 (2015).

兴隆镇等部门出席的一次联席会议上,有人提议由兴隆镇某领导继续负责该案的处理,后者拒绝并表态"宁愿不当领导也不愿办理此事"。① 可见,该案不仅执行程序难以为继、阻力甚大,且调解也并不是"万能钥匙"。其实,早在1996年该案尚在长天县法院进行诉讼时,法院就曾多次主持调解。从当时情况来看,法院对该案处理难度也有一定认知。事实上,调解往往被作为一种以相对简单的方式应对复杂疑难的技术问题并且还经得起上级法院考核的司法手段。

审:法庭辩论结束,法庭进行调解阶段。原告同不同意调解?
:同意。
审:被告同不同调解?
:同意。
审:原告方提调解意见。
:房屋是集体的财产,应收回归集体所有。
审:被告同不同意原告的意见?
:不同意,我们买房合法,不应退回集体,买卖房屋有效。
审:调解达不成协议,现在休庭进行合议,下次开庭时间,另行通知。②

显然,法院对该次调解没有寄予太多希望,也没有付诸太多努力,这从法庭笔录上可以看得真切。即便考虑到司法实践中书记员做记录往往择其要点而载之,但从该次调解笔录可以发现,法官除了征求双方调解意愿并尝试让双方发表调解意见之外,没有在意见出现分歧时施以推进调解活动的努力,而是立即结束了调解程序。显然,法院对案件复杂程度以及可能引发的社会影响缺乏足够充分的认识,否则,不可能如此简单地结束调解活动。随着对案件认识的加深,法院在一个月之后再次组织调解。

审:复庭。1996年7月11日下午5时。
审:根据本案案情,有些复杂。经合议庭研究和审判委员会的意见,最好是调解结案。所以再次组织你们当事人进行调解。希望双方能高姿态,在法庭的组织下,能达成协议。
审:五原告同不同意再次进行调解?
:同意调解。

---

① 平沙市司法局:《长天县后街企业房产纠纷基本情况》,2006年5月18日,第1页。
② 长天县人民法院:《长天县人民法院开庭笔录》,1996年6月17日,第18—19页。

审:四被告同不同意调解?
:同意调解。
审:原告方提调解方案。
:田某说,我们职工大会提的是新门面5000元旧门面3500元一个(注:该记录疑有误,应分别为"55000元""35000元")。本来四被告买房就不合法,私自改变了房价。根据现有门面的房价,就是根据职工讨论的价,我都觉得低了。如果四被告同意调解,就每个门面补偿一万元差价,诉讼费由四被告承担。最好按市场价来决定,落低是可以的。
审:四被告的意见如何?
:杜某说,我们买屋合法。民主有集中。我四人是处理财产的领导小组成员,有权决定房价。为了调解,我们高姿态,最多按职工大会讨论的价,每个门面补5000元房款就行了,诉讼费应由双方承担。
审:五原告意见?
:按市场价落低一点可以。为了调解,原则上同意法庭意见。我们相信,法律是公道的。
审:调解达不成协议,休庭,合议庭再次进行合议,并提交审判委员会研究后,再进行宣判。①

由于第一次调解未果,法院特地讨论该案,并私下做双方的工作,但没达成一致意见。法官在第二次调解结束时提出将案件交审判委员会讨论,这就透露出,所谓休庭评议其实已经不会产生任何实质性结果,因为前一次庭审时也进行了合议并交审判委员会讨论过。同时,在宣布合议时便明确表示要将案件提交给审判委员会,这透露出该案处理仍然棘手。围绕该案开展的调解并不限于这两次,此后各次庭审中几乎都尝试过调解,但均未成功。为了通过调解处理该案,中院院长还在赴实地调解时被情绪激动的当事人及利害关系人员围住,在抓扯中被扯掉了几颗纽扣。

鉴于法院多次组织调解均未取得成效,同时诸部门、机构均不愿涉足该案,这让该案调解工作陷入僵局。鉴于此,清算小组率先开展的工作是确认职工身份及人数。这是影响该案执行的重要问题。关于职工人数认定,从2002年的两份判决书来看,杜某等管理人员对法院认定的职工人数颇有异议,其他职工者拥护法院的认定。与召开解体会议时仅9名企业职工相比,法院所认定的职工数近50人。一般而言,这种情况会消损每个人的预期利益,但由于杜某四人外的

---

① 长天县人民法院:《长天县人民法院开庭笔录》,1996年6月17日,第19—20页。

五位职工与其他非在岗人员已经在集体行动中构成了利益共同体,这些未明确参与诉讼的非在岗人员也是集体行动的支撑力量,所以这些职工事实上已站到杜某等四人的对立面。在职工身份申报之后,刘某随即在第一次职工代表大会上阐述了调解方案与办事原则:

(一)尊重历史、尊重事实。

官司从黑发人打到白发人,从人间打到阴间。这就说明,诉讼艰苦、往事艰辛、困难重重、矛盾尖锐、法律无情。大家要对得起自己良心,要讲事实,要尊重历史。

(二)公开、公正、接受监督。

这一次处理,任何人均可来信来访,均可查阅、复印。任何材料都不保密,不拐弯抹角,直视问题,面对矛盾,不回避矛盾,接受任何人、所有上级机关和领导的监督。……"人在家中坐,祸从天上落",做事对得起天地良心,不怕冷言飞语。

(三)秉公办事,不畏权势。

处理事,如谁不服,我们可以耐心细致地解释。拒绝走关系、走后门,……除非不要我干了,否则……①

从另一份报道材料来看,刘某在该次会议上还公开若干调解政策:其一,召开大会之后,"有什么事只能找调解人员,任何人不能再管此事更不能干预此事,以便稳控上访人员";②其二,"全面重新调查掌握案件真实情况,并摒弃以前的案件材料,一切以调解人员掌握的真实情况为准,不唯上、不唯书(各种处理书、法律文书)"。③

由此可见,判后委托调解的功能不限于案件回访以及避免二次冲突,在特定案件中也可能涉及实体权利义务的分配。结合"不唯上、不唯书(各种法律文书、处理书)""全面重新掌握案件真实情况"以及"摒弃以前的案件材料"等态度,这似乎透露出一个讯息,即本案须自此重新调查案件事实,重新确认权利、分配义务,通过调解以在不同主体间寻求契合点、达成合意。甚至可以说,为达成一种各方均可接受的方案,有必要适当抛弃此前相关法律文书,本着"尊重事实""公

---

① 《第一次职工大会会议记录》,2005年1月27日,第3—4页。
② 这种做法揭示了"石头飞上天最终还要落回地""事情发生在哪儿还得归哪里解决"的基层事务应对逻辑。详见吴毅:《小镇喧嚣:一个乡镇政治运作的演绎与阐释》,生活·读书·新知三联书店2007年版,第372、687页。
③ 平沙市司法局:《长天县后街企业房产纠纷基本情况》,2006年5月18日,第2页。

平公开"等朴素理念来解决。

调解实践远远比会议上阐释的调解方式及办事原则复杂得多。在此后两个多月里,刘某等调解人员挨家挨户、走街串巷地拜访、劝说每位涉案人员。由于后街综合经营部存续时间较长,涉案人员往往年龄偏大,所以对那些子女在党委、行政、司法等部门工作的涉案人员,调解人员则登门拜访其子女,通过后者给涉案人员做工作。即便如此,调解工作的开展仍然极为艰难。比如,不仅有人就职工人数认定问题来信来访,还就退还房款、退还租金等事宜反复纠缠;在调解过程中,作为主办人员,刘某不仅受到过人身威胁,还多次遭到围攻,其中两次还被人撕坏衣服。此外,围绕职工身份认定、工龄核算、门面竞卖、企业债权、企业债务、财产分配等事宜,刘某等多次向县政法委牵头的联席会议汇报、请示,这中间也包括后街居委会诉杜、汪的房屋买卖合同纠纷案的执行事宜。自委托人民调解等组织之后,后街综合经营部房产纠纷(由于该企业被工商行政注销,所以房产纠纷最终还涉及企业资产分配等清算事宜)在历经了一年左右终得解决。2005 年 8 月,杜某等四人与清算领导小组办公室签订《房屋处理协议书》等一系列文书;该年 12 月,企业职工领取解散处置款并签署《关于对兴隆镇后街企业终止清算结果的承诺书》。

本案中,判后委托调解是一种极为特殊的情况。在学理上讲,虽然法院调解乃案件系属于法院之后开展的调解活动,且因不同调解主体、不同调解资源、不同诉讼阶段而表现出不同的调解形式,甚至即便立案审查阶段的委托调解存在或多或少的质性之争,但相比判后委托调解等形式而言,委托调解通常还是指纠纷尚未得以裁判或调解书形式结束程序消耗之前开展的调解活动,而所谓的"判后委托调解"则将时间段延伸到裁判之后。这类实践的特殊性不得不引起重视。很大程度上讲,判后委托调解实践是一种案件回访机制,是一种避免二次冲突的辅助措施。

对于实践中的判后委托调解,有三个方面亟须指出:其一,从功能角度而言,判后委托调解主要是一种回访机制,但在某些案件实践中仍直接承载纠纷解决功能,而非通常的纠纷化解后回访、避免纠纷复发的司法辅助机制;其二,从时间维度上看,判后委托调解并非完全是因为社会治理政策革新才被付诸司法实践,或许关于此种实践方式的大量宣传与报道受到了社会治理创新浪潮的影响,但作为司法实践的事实却业已存在,或许这类实践方式因某种宣传、报道的需要而被冠以了某种明确的称谓,但这种实践的本质与运作模式却没有发生太多根本性的转变;其三,判后委托调解往往还涉及执行等一系列事宜,这种实践方式的复杂性无疑更值得关注。就判后委托调解这种表述而言,既然是在裁判做出之后,实体权利义务业已为有法律效力之文书予以确定,为何还要运用委托调解这种纠纷解决方式(其重心在于实体权利义务的安排)?这与裁判文书执行是一种什么样的关系?这在很大程度上与压力型司法的运行逻辑攸关。

七、压力型司法的运行逻辑:结构及其支配

之所以该案会通过判后委托调解的方式予以解决在很大程度讲是当事人采取诉讼案件问题化策略的一个直接后果。这种问题化策略导致诉讼偏离既有轨迹,从而从一种以规则性解决的状态向状况型纠纷的场景迈进,从而导致纠纷解决的过程与结果取决于不同力量的对比状况以及各方主体的利益权衡与考量。无论针对审判程序抑或执行程序,这种偏离均极其明显。若以最能体现诉讼程序抑止社会冲突的庭审阶段作为考察对象,可以发现审判仪式的五个重要内容:(1)参与者角色的仪式性定位;(2)社会关系的反结构化;(3)程序拟制下的平和;(4)司法权威的绝对化展演;(5)暂时地、仪式化地固定与隔离处于不稳定状态的社会关系并评价之。[1]

经过问题化之后的诉讼通常会偏离这种理想的审判秩序与诉讼图景,对于案件执行的影响亦如是。于是,在后街企业纠纷的审判阶段,支持抑或驳回诉讼请求、当事人适格与否、再审与否等事宜都不仅仅是依据既有诉讼规则可以解决的,各种司法行为及当事人诉讼行为的支配力量来自各方所处社会结构的位置、公权力机关的即时性考量等诸多因素的结合;在该案执行环节,是否予以执行、是否用调解方式变更法律文书的既定内容等事宜不再仅仅是一项依据执行程序、执行名义所展开的有序活动,而是一项鉴于各方主体的行动选择、利益考量而随时可能背离程序及抛却制定法的富含政治意涵的活动。相关利害主体、利益集团围绕该审判及执行而展开的影响司法的各种行动,也被学者称之为"审判的政治化现象"。[2]

当然,没有司法活动是不受司法外因素干扰的,"处于真空中的司法"只能是一种人为构筑的理想化诉讼场景。即便在法治化程度较高的国度,如美国,其司法活动也会受到不同利益团体、利害主体的各种形式、不同途径的影响乃至压力,因为不仅法院拥有对社会重大问题做决断的权力,而且法官具有相当程度的裁量权,故而利益团体与利害主体往往企图通过各种方式、各种途径影响司法,

---

[1] 曾令健:《纠纷、仪式与权威——迈向象征主义法人类学》,载谢晖等主编《民间法》(第十五卷),厦门大学出版社2015年版,第150—151页。

[2] [日]棚濑孝雄:《纠纷的解决与审判制度》,王亚新译,中国政法大学出版社2004年版,第157—164页。

以使法官的裁量向己方倾斜。① 进言之,司法程序本系"冲突的利益和价值搏击之场所——它们试图通过设计精巧、顺序推进、依据法治且在某种程度上必然具有自由裁量特征并因此具备政策导向、造法过程的司法程序而获确认"。② 故程序"不是纯粹的形式,它是各种矛盾的交汇点,是国家政策的接合处"。③

但是,如果司法外因素对诉讼的影响超过了必要限度,以致可能损及司法程序的自治性时,这种司法外影响无疑逾越了可容忍的限度。当下中国司法的政治化被某些学者视作司法体制的一大弊病:"法院的程序运作和法官的司法过程脱变为各种利益主体讨价还价、不透明、不确定、不可预测、相互交易、相互博弈的过程,而不是完全依照事实和法律来进行裁判的过程。司法裁判最终往往体现为不同利益主体运用实力博弈的结果,导致正义的失落。"④

当我们考察压力型司法体制的溢出效应,分析其对个案、当事人、社会治理的细微、隐秘影响,以及这些互动对于司法的反作用时,应当意识到,之所以会产生前述种种社会治理效应,直接原因与压力型司法的结构攸关。在现行权力架构中,能够对司法运行产生实质性影响的压力源大体上可以划分为两大类型:一种源于司法系统内,依照通行观点,中国的司法独立乃法院独立,故系统内压力主要体现在科层化的院级之间、院内的不同职位之间;另一类来自司法系统外,这种影响往往源于党政部门。当然,在集中型国家权力结构、科层化的法院层级构造与科层制的法院职位结构之下,当事人、利害关系人的行动选择以及主张表述可能对党政部门产生某种影响,从而穿透强大的国家权力外壳,最终影响到司法活动。⑤ 无论系统内压力抑或系统外压力,压力型司法的直观表现是上级/党政对司法活动的评价。评价体系依据职务、业务及岗位诸因素将压力具体落实至每个个体身上,将评价与奖惩、升迁直接挂钩。

在诉讼程序方面,压力型司法体制中的程序通常可以被归为政策实施型程序:程序法具有陪衬性,像影子一样忠实地追随着相关的实体法,而实体法又忠

---

① Bavid B. Truman, *The Governmental Process: Political Interests and Public Opinion*, Alfred A. Knopf, 1951, p.479.

② [意]莫诺·卡佩莱蒂:《比较法视野中的司法程序》,徐昕、王奕译,清华大学出版社2005年版,第10页(自序)。

③ [意]莫诺·卡佩莱蒂等:《当事人基本程序保障权与未来的民事诉讼》,徐昕译,法律出版社2000年版,第143页。

④ 当下中国司法体制弊病主要涉及六个方面,分别为司法的等级化、行政化、商业化、地方化、非职业化与政治化。详见徐昕:《迈向社会和谐的纠纷解决》,中国检察出版社2008年版,第60—61页。

⑤ 曾令健:《法院如何面对传媒:一个文本的分析》,载《前沿》2010年第15期。

实追随国家政策;选择程序形式的总体方针是选取那些有助于产生准确结果且能够在具体案件的背景中促进国家政策之顺利实施的形式;随着程序规制被调适到有助于国家目标之顺利实现的状态,官员们也被赋予了充分的自由行动空间;如果严格遵守规则会妨碍具体案件中的可欲结果之获得,则对规则的偏离必须得到允许;每当在案件的具体情景中偏离规则的害处被相关的政策考虑所抵消时,忽略程序形式就是可以允许的。[1] 于是,"搞定就是稳定、摆平就是水平、无事就是本事、妥协就是和谐"遂成压力型体制下的某些机构及其工作人员的行事逻辑。

由此观之,这不仅说明通过判后委托调解处理纠纷是一种受到司法外因素影响的执行政治化现象,[2]也引发某些值得反思的问题:为何标准的执行程序与审判程序难以有效应对的棘手纠纷可以通过判后委托调解之类的纠纷应对措施予以处理?这种纠纷应对方式给当事人、利害关系人、司法、社会分别造成了何种影响及将会产生何种影响?可以确定的是,与长天县法院1996年主持法院调解(当时立足于诉讼两造间的利益考虑)相比,2003年采取的判后委托调解超越了执行主体、执行程序等规则性因素,基本意图在于强调"问题的一次性解决"。

在压力型司法体制中,司法活动最终产生的效果是考核内容之一,因此成功地解决那些业已问题化的案件,往往也是评价与考核司法人员及相关主体的重要内容。正是由于成功调息了后街企业纠纷,兴隆镇司法所先后被评为"全国模范司法所"与"全国模范人民调解委员会",时任所长的刘某也被评为该年度"平沙市首届十大法制人物"。2011年3月,笔者做田野调查时,刘某业已迁任该县某乡乡长。追忆往昔,他还不忘提及,有人曾向纪委举报他,怀疑他在处理该案时获取了不当利益。纪委也专程找他谈话,幸好纪委还了他清白。但无论如何,刘某成功调处该案对该地党委、政府而言可谓真正"为党和政府分忧"。同时,这也表明,判后委托调解的实质在于现实"案结事了"中的"了",即追求纠纷的实质性解决,而非程序意义上的终结,避免"官了民不了",毕竟程序意义上的结案与国民对待纠纷及其解决的态度与认知还存在莫大偏差。只要将视线稍稍移向社会生活,就可深刻地体会到这种偏离的"不可思议"。甚至可以推测,任何一种纯粹程序意义上的纠纷解决都不可能满足民众解决纠纷的真实目的,尤其在当下

---

[1] [美]米尔伊安·R.达玛什卡:《司法和国家权力的多种面孔——比较法视野中的法律程序》,郑戈译,中国政法大学出版社2004年版,第220—224页。

[2] 这并不意味着社会力量介入司法毫无正当性。曾令健:《法院调解社会化的正当性证成》,载《法治论坛》(第五十辑),中国法制出版社2018年版,第212—223页。

的法律文化氛围中。① 在此意义上,可以说"正义不打折"且"正义必须实现"。从该角度上讲,一国法治状况的主要检视对象是执行(或者说广义上的适用法律)而非审判,否则,正义将成为一种说辞,毕竟"天平与宝剑相互依存,正义女神挥舞宝剑的力量与操作天平的技巧得以均衡之处,恰恰是健全的法律状态之所在"。② 然而,这种纠纷应对方式也可能埋下隐患,如"不闹不解决、小闹小解决、大闹彻底解决"的潜意识可能会被进一步强化,一旦这种观念成为普遍的社会心理,则纠纷解决将更趋艰难。换言之,个案的解决却可能换来纠纷解决体系的总体性失范,这亟须警惕。

八、小 结

后街破产纠纷足够清晰地折射出,压力型司法的结构及其支配关系何以影响、作用于个案,且得以考察案件如何演变成社会问题,又如何在该支配关系中寻求解决,以及潜藏于纠纷解决之后的社会治理考量。在压力型司法中,讼争、申诉(上访)极可能交替使用且互相影响,而使某些法官、官员们习惯于卸责,且寄希望于以某些平衡技艺或"模糊"手段对某些利益作倾向性保护或以摆脱逼仄处境。压力型司法的科层结构既是压力传导机制,也是拖沓、卸责的结构性要素。在压力型司法中,"司法问题"演化成关乎地方秩序、社会稳定的"社会问题"之关键,在于当事人行为引发议程化效应,将案件、纠纷嵌入上级机构或官员的议事范畴,而此时案件、纠纷的社会影响早已扩大化。在科层制化的结构性支配关系中,纠纷解决极可能偏离程序法、实体法的规定,更多地顾及纠纷平息及其社会效果,从而呈现出状况型纠纷解决的样态。这些均受制于压力型司法的结构及其运行逻辑。

---

① 依笔者之见,程序之于纠纷解决的功能,除前述业已论及的在审判仪式中可能实现一种"拟制的平和"之外,程序吸引冲突及不满的最具价值之处在于,当依循法定程序而建构起来的事实与纠纷真实面貌存在差异之时,或裁判者需要在一定范畴内为自由裁量时,程序可以为实施有关司法行为提供一种正当性的解释依据。

② [德]鲁道夫·冯·耶林:《为权利而斗争》,胡海宝译,中国法制出版社2004年版,第1—2页。

Social Governance through Pressure-Type Justice: Interpreting the *Houjie* Bankruptcy Dispute in Extended Case Method

Zeng Lingjian

Abstract: In order to study the pressure-type justice, this article employs the extended case method to "thickly describe" the origin, development, resolution and impacts of a corporate bankruptcy case. Starting from the context of pressure-type system, "pressure-type justice" aims to describe the field of occurrence of judicial activities, which is the network of power relations with "indicators (instructions)-assessment" as the core means, and this dominance is not only full of justice activities, also permeates the interrelationship between judicial personnel, judicial system, judicial practice, party and government forces, and social governance. In addition to structure, operation, and function of pressure-type justice, the field also involves the effectiveness of this network of power relations in social governance and the actors' responses. Especially, this paper focuses on the spillover effects of the pressure-type judicial system, namely, the subtle, hidden influences on cases, parties, social governance, and the counteraction of these interactions to pressure-type justice. The effectiveness of pressure-type justice in social governance and actors' responses indicate that it is necessary for us to be vigilant against "general anomie" on judging "solving dispute" objectively.

Key words: Pressure-Type Justice; Spillover Effect; Social Governance; the Extended Case Method

（责任编辑：艾佳慧）

法律史学

近代"破家非孝"思潮与传统家庭的"公共角色"

伊卫风*

[摘　要]　近代私法改革中,历次修改制定的亲属继承法中都不同程度上保留了传统家庭制度的特征,但近代中国的"破家非孝"思潮却非常彻底地否定了这种制度。造成这种分歧的原因在传统家庭的"公共角色"。在家国同构的逻辑下,传统家庭成为公权力在乡土社会中的代言人,履行相应的公共职能,这在传统法律都有相应的制度安排。但近代中的"破家非孝"思潮将近代西方社会中作为私人领域的家庭制度奉为圭臬,以此来改革传统家庭。这显然误解了中国的传统家庭,忽略传统家庭的公共角色。职此之由,近代中国的法律改革者才没有亦步亦趋地附和"破家非孝"思潮,相反更多地肯定了传统家庭的相关制度,延续了传统家庭的公共角色,尤其体现在亲属法和继承法的改革上。

[关键词]　传统家庭;公共角色;法律改革

一、引　言

家庭在中国传统社会中处于核心地位。[①] 从文化上看,儒家认为齐家是治国平天下的根基;从制度上看,传统法律是围绕着家庭进行设计的,例如亲属容隐、服制论罪等;从实践上看,同居共爨的大家庭更为司空见惯。但从20世纪开始,传统家庭制度就开始不断遭遇质疑和批判。批判者一方面揭露传统家庭种种弊端及缺陷,一方面又试图以西式家庭为圭臬构建现代家庭。但批判者们忽略了一个关键问题,即从横向上来看,中国家庭与西式家庭在各自社会中的角色有着天壤之别。近代以来的西式家庭在西方社会中是作为私人领域存在的,且

---

*　伊卫风,法学博士,西北政法大学行政法学院讲师。本文为杨宗科教授主持的国家社会科学重大项目"中华优秀传统文化传承发展的立法对策研究"(18VHJ009)的阶段性成果。

①　本文所讨论的"家庭"是一种广义的概念,包括家族在内,例如瞿同祖、滋贺秀三讨论传统家庭的法律制度时,都没有专门区分"家庭"和"家族",反而更常使用"家族"的概念。另外,古代中国的"户"也指"家庭",只不过这种用法主要体现在政府的课税行为中。但清末以来对传统家庭的种种批判,主要使用了西方的"家庭(family)"概念,并未明确区分西方的"家庭或家族(kinship group)",由于本文讨论传统家庭的近代转型,自然立足于近代语境,因而使用了广义的"家庭"概念。

不容公权力侵犯,例如西谚所说的"茅屋虽破,风可进雨可进,唯国王不可进"即是证明。与之不同的是,中国的传统家庭制度一直延续到近代,其公共角色也是众所公认的,例如传统社会不存在社会化的养老制度,所以"养儿防老"就成为人们的基本选择,立法者们甚至设计出"存留养亲"的配套制度;传统家庭在经济上通过"同居共财"制度增强家庭抵御风险的能力,所以任何"别籍异财"的行为必然受到法律惩罚;传统家庭作为共同体,向来都是荣辱与共,不仅提供社会交往中的信用保证而且承担法律上的连带责任;传统家庭更在赈灾、防卫、办学等方面也发挥着举足轻重的作用。换言之,在"皇权不下县"的乡土中国,原本应由政府提供的公共产品实际上在多数情况下是由传统家庭自行提供的,从而弥补了自上而下的公权力在基层社会中的角色缺失,所以费孝通才说:"不论政治、经济、宗教等功能都可以利用家族来负担。"①正是因此,在近代中国的法律改革中,私法制度尤其亲属继承法更多地肯定了传统家庭的这种公共角色,并在制度上予以直接或间接的呈现。但近代的思想界却完全否定了传统家庭的种种制度,并提出向西式家庭看齐的号召,在五四学人的主张中尤其得到明确呈现,结果近代的法律改革完全没有得到思想界的支持。基于此,本文着眼于传统家庭的公共角色,试图分析近代的知识人尤其是五四学人缘何与法律改革者对传统家庭的立场截然相悖,进而重新评估传统家庭的"公共角色"在近代转型中的意义。②

关于传统家庭的近代转型,代表性的研究主要放在"中西之争"的大背景下

---

① 费孝通:《乡土中国生育制度乡土重建》,北京:商务印书馆2011年版,第43页。
② 除了传统家庭之外,中国社会还有另一种承担公共角色的组织就是善堂善会。作为一种个人自愿参与且旨在行善的自由结社,善堂善会像传统家庭一样提供类似的公共产品,例如近代中国曾经出现过育婴堂、恤嫠会、瞽目院等机构。但善堂善会的公共角色在历史上并不存在,而是非常晚近的产物,正如美国学者罗威所指出的:"中国存在一个处于官方之外的公共领域,不仅提供特定产品而且能不断进行自我维系。该领域的活动范围是在地方层面展开的,具有集体性却缺乏政府的直接监管,大约在1850—1927年间迅速发展壮大。"(William T. Rowe, *The Public Sphere in Modern China*, 16 Modern China, 320(1990))日本学者夫马进则认为善堂善会这类组织出现的时间更早,甚至要追溯到明末清初。(夫马进:《中国善堂善会史研究》,伍跃等译,北京:商务印书馆2005版,第21页)夫马进还进一步指出,具有公共角色的善堂善会与传统中国的地方自治密切相关(夫马进,第646页),而且主要出现在以陌生人聚居的城市社会之中,"善会善堂不是诞生于农村,而是诞生于很多互不相识不了解的人们居住的城市"(同上,第650页)。结果善堂善会虽然与传统家庭一样都承担公共角色,但两者的差别也显然而易见:前者主要服务于陌生人聚集的城市社会,后者集中体现在熟人汇集的乡土社会;善堂善会的规模扩大到一定程度后就会引起官方的注意,最终被收编为官办的慈善机构,但传统家庭不仅不会被官方收编,反而在公权力的职能覆盖不到乡土社会中自上而下地积极弥补其角色;关于善堂善会的公共角色,已经有专业的研究成果问世,但关于传统家庭之公共角色的研究则几乎不存在,所以本文主要讨论传统家庭的公共角色转型。

进行讨论，例如徐爱国教授分析了新文化运动与近代法律改革的关系，并指出在婚姻家庭等涉及身份法的私法领域，民间习俗的影响远超过西方思想的影响。① 吴飞教授着眼于近代的"家庭革命"，分析了这种革命产生的内在逻辑，对革命者将西方的平等自由精神引入家庭的做法提出了质疑，因为在他看来，家庭不只是纯粹的契约关系，还具有更为神圣的价值。② 从两位研究者讨论的主要问题来看，徐爱国教授把"新文化运动"与近代法律改革联系起来，将法律近代化的研究推向了更广阔的思想文化领域，但该文未能着力分析私法领域的身份法难以"西化"的原因，尤其传统家庭在法律上进行西式改造所面临的困难。吴飞教授尽管立足于中国文化的主体性，力图用传统家庭的价值来克服西式家庭契约化改造带来的问题，但他在此点上并未进行完整的论证，而是武断地强调家庭的神圣价值。质言之，既有的代表性研究涉及传统家庭的近代改革问题时，基本都没有论及传统家庭的"公共角色"问题，而这正是本文着力的关键所在。

二、接榫传统家庭制度的近代私法改革

如前所述，传统家庭的公共角色在传统社会中发挥了至关重要的作用，而且传统法律也肯定这种公共角色的价值，尤其体现在"存留养亲"、"同居共财"等规定上。近代的亲属继承等法律修订时肯定了传统家庭的公共角色，这不仅仅是制度上的"承前制"，更由于这种公共角色在社会中的作用难以被立即取代，所以在变法修律的过程中都给予了极大的保留，进而实现了传统家庭与现代家庭在制度上的接榫。

20世纪的前半叶，中国先后有过三次与婚姻家庭密切相关的民事立法。首先是始于光绪二十八年的《大清民律草案》，主要以德国民法典为蓝本，分为总则、债编、物权编、亲属编和继承编，"宣统三年，前三编告成，后两编由法律馆会同礼学馆订立，亦是年脱稿，即所谓《大清民律草案》者，实为我国第一次之民法草案也"。③ 然后是肇始于民国四年的《中华民国民律草案》立法活动，于当年就修订完成了"亲属编"共计七章一百四十一条的内容，但民法典的全部五编内容则到民国十四年才彻底告竣，"虽经各级法院引用其所定之法理，然尚未成为正式法典也"。④ 最后是民国十七年启动的《中华民国民法典》之编纂。民国政府

---

① 徐爱国：《寻找"新文化运动"在百年法治中的印记》，载《清华法学》2016年第2期。
② 吴飞：《自由中国的新礼制》，载其著《现代生活的古代资源》，上海：华东师范大学出版社2015年版。
③ 杨幼炯：《近代中国立法史》，中国政法大学出版社2012年版，第47页。
④ 史尚宽：《民法总论》，中国政法大学出版社2000年版，第59页。

法制局其实于当年夏天便着手起草亲属和继承两编内容,"燕树棠担任起草亲属法,罗鼎担任起草继承法。历时五月,草案完成,计《亲属法》八十二条,《继承法》六十四条,未及呈请公布施行,该局即奉命结束"。① 立法院随后成立,院长胡汉民、副院长林森因"亲属编"和"继承编"关系到本党党纲及各地习惯,所以提请由中央政治会议制定立法原则,同时也着手调查各地民事习惯,并于民国十九年秋重新起草这两编内容,当年冬完成后于民国二十年五月五日开始实施。

清末修订《大清新刑律》时曾主张放弃传统而完全向西方看齐,② 但《大清民律草案》的亲属、继承两编却由法律馆和礼学馆联手修订,传统家庭的许多制度便出现在这部草案之中。在亲属法中,我们可以看到"亲等应持之服,仍依服制图所定"(第1318条)、"家长,以一家中之最尊长者为之"(第1324条)、"行亲权之父母于必要之范围内,可亲自惩戒其子,或呈请审判衙门送入惩戒所惩戒之"(第1374条)等与传统法律相类似的规定;在婚姻法中,我们同样可以看到"结婚须由父母允许"(第1338条)、"妻于寻常家事,视为夫之代理人"(第1355条)等"旧制度"的身影,更有"妻所生之子,为嫡子"(第1380条)及"非妻所生之子,为庶子"(第1387条)的强调身份差异的条文;在继承法中,"成年男子已婚而无子者,得立宗亲中亲等最近之兄弟之子为嗣子"(第1390条)、"继承人之直系卑属,关于遗产继承人,以亲等近者为先"(第1466条)直接体现传统家庭的宗祧继承规定;在财产法中,我们可以看到"有母在者,若各继承人欲分财产,须经母之允许"(第1463条)、"子之财产,归行亲权之父或母管理之。关于其财产上之法律行为,由行亲权之父或母为之代表"(第1376条)等传统同居共财的踪迹,所以近代的第一部民法草案尽管吸收西方婚姻家庭法的相关规定,同时也几乎再现了传统婚姻家庭的主要制度。虽然这部法律尚未公布清廷就灭亡了,但《中华民国民律草案》中的"亲属编"几乎完全承袭了《大清民律草案》中的内容,"第四编亲属,于民国四年法律编查馆修订,其篇目大体同'《大清民律》第四编亲属'"。③ "继承编"则把《大清民律草案》的相关内容与现行律中有效的民事部分及大理院判决杂糅在一起,使得这部草案同样呈现了传统的婚姻制度、宗祧继承等诸多的礼教内容。随后《中华民国民法典》中亲属编、继承编的内容初看起来非常现代,例如男女在婚姻和继承上一律平等,家庭关系上不再区分子女的嫡庶关系,更没有婚生子与私生子的划分,同时也将宗祧继承视为宗教关系不再纳入法典等,④

---

① 杨幼炯:《近代中国立法史》,中国政法大学出版社2012年版,第248页。
② 相关的讨论参见梁治平:《礼教与法律:法律移植时代的文化冲突》,上海书店出版社2013年版。
③ 杨幼炯:《近代中国立法史》,中国政法大学出版社2012年版,第220页。
④ 参见史尚宽:《民法总论》,中国政法大学出版社2000年版,第65—66页。

但仍然能看到某些传统婚姻家庭法的踪迹,毕竟"几千年传统的父权精神,根深蒂固,一时无法摆脱。故在该亲属编内容的表现系新旧思想妥协之产物,有男女平等的法条,也有父权优越的规定"①。

近代三部民法典中都无一例外地保留了传统家庭制度的某些特征,是基于社会现实的考虑,毕竟此时政府的公共职能仍未能有效地覆盖乡土社会,那么传统家庭的公共角色就需要继续保留。然而,近代私法改革中对传统家庭制度的肯定几乎是一厢情愿,因为思想界彻底否定了传统家庭的一切制度,尤其体现近代颇具影响的"破家非孝"当中。

三、近代的"破家非孝"思潮

由于家庭在传统社会中的核心地位,所以近代知识人对传统社会的批判自然以家庭为靶子,"20世纪转折之际,传统中国家庭及其体现的保守价值成为寻求将耻辱震荡的中国拽入现代社会的热情改革家们攻击的主要目标之一"②。思想界将西式家庭奉为圭臬,不遗余力地揭露传统家庭的缺陷弊端,非难传统家庭的伦理孝道,在20世纪前20年中的礼法之争和新文化运动中得到了集中体现。

在礼法之争中,法理派认为亲属容隐、存留养亲、干名犯义等涉及传统家庭的法律规定都应该被彻底废除,杨度是这种主张最强烈的支持者。他曾以宪政编查馆特派员的身份在资政院发表了《关于修改刑律的讲演》和《论国家主义与家族主义之区别》两场演讲,一方面揭露传统法律的弊端,另一方面提出未来法律改革的方向。在杨度看来,传统中国的法律特征表现为:"天子治官,官治家长,家长治家人,以此求家庭之统一,即以谋社会之安宁,故中国之礼教与法律,皆以家族主义为精神也。"③这种法律突显了家庭的作用而忽略了国家的作用,结果使个人无法从家庭中抽身出来服务国家,"今日中国致弊之由,皆是坐此等孝子慈孙太多,而忠臣太少也。今日如必使国家主义发达,则非将孝子慈孙皆变而为忠臣,未见其可也"。④ 于是杨度要求改革这种家庭制度,并且提出了明确的改革措施:"中国如欲破此家庭制度也,亦非可以骤进,惟宜于国家制定法律时

---

① 谢在全等:《民法七十年之回顾与展望纪念论文集(3)·物权亲属编》,中国政法大学出版社2002年版,第207页。
② 罗思文等:《生民之本——〈孝经〉的哲学诠释及英译》,何金俐译,北京大学出版社2010年版,第4页。
③ 刘晴波主编:《杨度集》,湖南人民出版社1986年版,第531页。
④ 刘晴波主编:《杨度集》,湖南人民出版社1986年版,第529页。

采取个人为单位,以为权利、义务之主体,而又以教育普及,使无能力之家人,皆变而等于有能力之家长,人人有一家之责任,即人人有一国之责任,则家族制度自然破矣。"①换言之,改革传统家庭制度的根本目标就是要"破家立国","今欲转弱为强,则必自使官吏能尽心国事始;欲使官吏尽心国事,则必自去其家人之累始;欲去其家人之累,则必自使有独立之生计能力始;欲使其有独立之生计能力,则必自与之以营业、居住、言论各种自由权利,以及迫之以纳税、当兵之义务始。欲与之此种权利,迫之以此种义务,则必自使之出于家人登于国民始"。②面对杨度的主张,捍卫传统家庭制度的礼教派予以了反驳,例如劳乃宣就曾撰文指出:"若子孙触忤祖父母、父母,官府忤惩治之法,若祖若夫无呈送之所,实为大拂民情之事……呈送出于其祖其父,若外国人不以子孙违犯为罪,尽可不来呈送;此条存于律中,于彼固无妨损也。词条甚有关系,仍应照增,万不可删。"③劳乃宣的同侪陈宝琛也撰文附和:"以数千年固有之律法,一旦革除之,谨饬之士不知律意所在,或且疑为诲淫。无知之氓莫明法理之原,遂直视为驰禁。甚谓国家崇尚新法,贞节不重,佻达无伤,一歧百误,堤决流倒,有非首议之人所能预料者。"④可问题在于,礼教派的批判更多地停留在道德伦理的层面,根本没有论及传统家庭的公共角色,从而导致其回应几乎没有任何影响力。

仔细分析双方的争论可知,杨度将传统法律的特征归结为家族主义,这种说法也得到了后世学者的认同,例如瞿同祖就持有类似的主张:"中国古代法律的主要特征表现在家族主义和阶级概念上。"⑤但杨度彻底否定家族主义而极力推崇国家主义,显然是将个人从一个枷锁解放出来又投入另一个枷锁,并没有实现真正的个人自由。更为关键的是,杨度的"破家立国"主张也与社会现实有极大的距离,无论中国还是西方,家庭都是社会不可或缺的构成部分,其角色和功能绝非其他组织能轻易取代的,尤其对于近代中国而言,家庭转型也是政治转型的重要组成部分:"改革者希望根据西方的个人权利观念创建一个强大的国家。但这种日渐清晰的国家观念如何改变中国传统家庭的角色?"⑥换言之,如何处理

---

① 刘晴波主编:《杨度集》,湖南人民出版社1986年版,第258页。
② 刘晴波主编:《杨度集》,湖南人民出版社1986年版,第532页。
③ 劳乃宣:《声明管见说贴》,载《桐乡劳先生(乃宣)遗稿》,文海出版社1969年版,第942—943页。
④ 陈宝琛:《陈阁学新律无夫奸罪说》,载《桐乡劳先生(乃宣)遗稿》,文海出版社1969年版,第953—954页。
⑤ 瞿同祖:《中国法律与中国社会》,商务印书馆2014年版,序言页XII。
⑥ Alison Sau-Chu Yeung, Fornication in the Late Qing Legal Reforms: Moral Teachings and Legal Principles, 29 *Modern China* 315(2003).

近代国家与传统家庭的关系,不仅是杨度们必须思考的问题,同样是劳乃宣们无法回避的问题。彻底否定传统家庭的主张显然行不通,毕竟传统家庭的公共角色无法被轻易取代。大清帝国完全将注意力集中到了政治领域而鲜有关注家庭领域,礼教派虽然努力捍卫传统家庭,但所举理由更多是对传统家庭的道德辩护,根本没有涉及其公共职能的问题。法理派虽然也讨论了传统家庭的问题,却几乎完全否定了它的存在价值。

无独有偶,法理派对传统家庭的否定在新文化运动中得到了继续,而且更加彻底。作为这场运动的代表人物之一,陈独秀对传统家庭的批判态度比杨度还要激进,例如他认为传统中国"重家族,轻个人,而家庭经济遂蹈危机矣。蓄妾养子之风,初亦缘此而起。亲之养子,子之养亲,为毕生之义务"。[①] 这种家族主义作风将决定权赋予了家长而非个人,其后果可想而知:"一曰损害个人独立自尊之人格;一曰窒碍个人意志之自由;一曰剥夺个人法律上平等之权利;一曰养成依赖性,戕贼个人之生产力。"[②]基于此,陈独秀大力主张明确个人权利义务关系的西式家庭制度才是我们学习和改革的榜样:"盖其国为法治国,其家庭亦不得不为法治家庭;既为法治家庭,则亲子昆季夫妇,同为受治于法之一人,权利义务之间,自不得以感情之故而有损益。亲不责子以权利,遂亦不重视育子之义务。"[③]和陈独秀一样,鲁迅也强烈地批判传统家庭:"世间又有一类长者,不但不肯解放子女,并且不准子女解放他们自己的子女;就是并要孙子曾孙都做无谓的牺牲。"[④]但鲁迅并没有将"破家"推向极端,以致鼓励子孙殴打父祖或女儿咒骂亲娘,而是同样要求明确父母子女之间的权利义务,尤其不能因为是长者就享有权利,更不因是幼者就全是义务,"此后觉醒的人(指父辈——引者注),应该先洗净了东方古传的谬误思想,对于子女,义务思想须加多,而权利思想却大可切实核减,以准备改作幼者本位的道德。况且幼者受了权利,也并非永久占有,将来还要对他们的幼者,仍尽义务"。[⑤]

除了批判传统家庭中不平等的身份关系,新文化运动也否定了传统家庭中

---

① 陈独秀:《东西民族根本思想之差异》,载《陈独秀文选》,四川文艺出版社2008年版,第62页。

② 陈独秀:《东西民族根本思想之差异》,载《陈独秀文选》,四川文艺出版社2008年版,第61页。

③ 陈独秀:《东西民族根本思想之差异》,载《陈独秀文选》,四川文艺出版社2008年版,第62页。

④ 鲁迅:《我们现在怎样做父亲》,载《鲁迅全集》(第一卷),人民文学出版社2005年版,第145页。

⑤ 鲁迅:《我们现在怎样做父亲》,载《鲁迅全集》(第一卷),人民文学出版社2005年版,第137页。

的孝道伦理。代表人物吴虞将孝道与专制政治联系起来了:"儒家以孝弟二字为两千年来专制政治与家族制度联结之根干,而不可动摇。"①这种说法也得到了李大钊的支持:"君臣关系的'忠',完全是父子关系的'孝'的放大体,因为君主专制制度,完全是父权中心的大家族制度的发达体。"②具体而言,"教"字从孝,所以孝道不仅是家庭也是国家的根本,即教人孝敬忠顺,否则就有各种罪名惩罚加之于身,"他们教孝,所以教忠,也就是教一般人恭恭顺顺地听他们一干在上的人愚弄,不要犯上作乱,把中国弄成一个'制造顺民的大工厂'。孝字的大作用,便是如此"③。不仅在国家大事上要求忠孝,就连婚姻家庭也要受孝道的约束,"男子娶妻是一方面为父母娶的,一方面为子孙娶的,自己全不能做主,那自由恋爱的婚姻,更说不上了"④。因此无论大事小事,都要以孝道为前提,那么个人自由完全没有了,于是吴虞也提出了与陈独秀、鲁迅相类似的改革主张:以为父子母子不必有尊卑的观念,却当有互相扶助的责任。同为人类,同做人事,没有什么恩,也没有什么德。要承认子女自有人格,大家都向"人"的路上走。从前讲孝的说法,应该改正。⑤这种主张家庭成员人格平等的思想随着时间的推移影响不断扩大,例如曾经因撰写"非孝"一文而在杭州引起轩然大波的师范学校学生施复亮结合自己的家庭经历,强烈要求改革传统家庭中的不平等关系,"那时我的意思很简单,就是反对不平等的'孝道',主张平等的'爱'"⑥。而鲁迅先生则通过"娜拉"这出戏剧主张家庭中的自由的重要性,"自由固不是钱所能买到的,但能够为钱而卖掉"。⑦

仅就彻底否定家庭伦理这一点而言,"破家非孝"思潮所暴露出来的问题显而易见。在传统家庭中,子女向父母尽孝固然是法律的要求,但法律并未要求子女无条件地向父母妥协,毕竟养亲、敬亲和谏亲都是孝道的内在要求。《论语·为政》中说:"今之孝者,是谓能养,至于犬马皆能有养,不敬,何以别乎?"这句话

---

① 吴虞:《家族制度为专制主义之根据》,载《吴虞文录》,黄山书社2008年版,第3页。
② 李大钊:《由经济上解释中国近代思想变动的原因》,载《李大钊全集》(第三卷),人民出版社2006年版,第144页。
③ 吴虞:《说孝》,载《吴虞文录》,黄山书社2008年版,第9页。
④ 吴虞:《说孝》,载《吴虞文录》,黄山书社2008年版,第13页。
⑤ 吴虞:《说孝》,载《吴虞文录》,黄山书社2008年版,第13页。吴虞的"非孝"不仅体现在思想观念上,而且体现在具体实践中,例如在辛亥革命的前一年他与父亲打过一场官司,但官府并没以各种忤逆的罪名惩罚他。
⑥ 施复亮:《五四在杭州》,载中国社会科学院近代史研究所编《五四运动回忆录》(下),中国社会科学出版社1979年版,第755页。
⑦ 鲁迅:《娜拉走后怎样》,载《鲁迅全集》(第一卷),人民文学出版社2005年版,第168页。

的意思是养亲乃孝道的基本要求,却又不止于此,因为敬亲才使人与禽兽有了根本区别。但敬亲也不是无条件妥协,其中就包括了谏亲,同样是孝道必不可少的构成部分,《孝经·谏争》(第十五章)中就明确地指出了这一点:"昔者,天子有争臣七人,虽无道,不失其天下;诸侯有争臣五人,虽无道,不失其国;大夫有争臣三人,虽无道,不失其家;士有争友,则身不离于令名;父有争子,则身不陷于不义。故当不义,则子不可以不争于父,臣不可以不争于君。"所以子争于父并非不孝,反而是尽孝。现代也有人坚持同样的主张,例如蔡元培就强调"谏亲"是尽孝的体现:"今使亲有乱命,则人子不惟不当妄从,且当图所以谏阻之,知其不可为,以父母之命而勉从之者,非特自罹于罪,且因而陷亲于不义,不孝之大者也。若乃父母不幸而有失德之举,不密图补救,而辄暴露之,则亦非人子之道。"[①]遗憾的是,近代的"破家非孝"思潮根本不顾古人和时人关于孝道的全面主张,极端且激进地否定传统家庭的伦理价值。退一步讲,姑且认为"破家非孝"思潮追求家庭中的平等自由,但现实家庭中的成年人与未成年人之间必然是不平等的;即使两人在人格上做到平等,也绝不意味着两人拥有同样的财产或者受到同样的照顾,更何况家长对未成年子女必然要进行规制而不是任其为所欲为,无论在古代还是在现代都是如此,所以即使实现了家庭的平等自由,却未必能产生家庭的和睦幸福。

质言之,传统中国的历史现实是"皇权不下县",政府权力难以延伸到乡土社会,其公共职能自然也无法到达,而乡土社会又鲜有其他组织机构来分担政府的公共角色,因而传统家庭就不得不扮演了相应的公共角色。但近代的"破家非孝"思潮彻底否定了传统家庭的制度及伦理,自然连带否定了其公共角色,最终导致知识人在近代法律改革中几乎完全失语。造成这种结果的原因,很大程度上归咎于"破家非孝"思潮中的知识人对西式家庭的认知偏差。

四、"破家非孝"思潮中对西式家庭的认知偏差

结合上文可知,"破家非孝"思潮批判传统家庭的依据是西式家庭的价值逻辑,尤其把西式家庭的独立自由平等精神奉为圭臬。诚如陈独秀曾明确褒扬西式家庭的独立精神:"西俗成家之子,恒离亲而别居,绝经济之关系。所谓吾家之家庭(My family)者,必其独立生活也;否则必曰吾父之家庭(My father's fami-

---

① 蔡元培:《中国伦理学史》,商务印书馆2010年版,第152页。

ly),用语严别,误必遗讥。"① 胡适也主张传统婚姻家庭改革要参酌西方婚姻家庭制度,提倡家庭成员间的彼此平等且父母女子相互尊重,在阅历、见识、思想等方面极有优势的父母也不能漠视子女的意见,特别是双方意见相左时应相酌而行。② 他甚至还创作了话剧《终身大事》,通过男女主人公的故事宣扬自由恋爱、婚姻自主的思想。鲁迅尽管没有直接表态要效仿西式家庭,却借助"白蛇传"的故事强调家庭作为私人领域的重要性,甚至为白娘子打抱不平而指责法海多事,干涉他人家庭私事:"白蛇自迷许仙,许仙自娶妖怪,和别人有什么相干呢? 他偏要放下经卷,横来招是搬非,大约是怀着嫉妒罢,——那简直是一定的。"③ 其他类似的主张也都对西式家庭的诸种价值充满了艳羡,甚至将其作为现代文明的象征。坦诚地说,"破家非孝"思潮赞誉西式家庭本无可厚非,但用这种家庭制度彻底否定中国传统家庭制度的做法显然误解了西式家庭的内在逻辑,因为西式家庭在近代西方社会中的角色与传统家庭在中国社会的角色有着天壤之别。

众所周知,"破家非孝"思潮所赞誉的西式家庭主要指近现代以来的西式家庭。毕竟陈独秀、胡适、鲁迅、蔡元培等人几乎都是在19世纪末20世纪初这个时期前往东西洋留学,他们对西式家庭的认知多以切身感受为前提,所以对中国传统家庭的批判也正是建立在这种认知之上的。事实上,西式家庭有自己的演进逻辑,尤其自近代以来发生了内外两方面的重大变化。西式家庭的外部角色受到了社会中多元集团相互博弈的巨大影响,其在政治领域中的地位是江河日下,尤其从中世纪晚期以来,西方社会中的王室、贵族、商人、教会等集团都在为自身的生存发展进行斗争。君主不得不面对来自贵族和其他集团的威胁,因为他想要保持甚至扩大自己的权力,必然对其他集团构成威胁,所以其他集团也努力限制君主权力以求自保,尤其是贵族要"保护其古来所遗留下来的特权,使其免受其他集团的侵害。它想要维持与其在等级制中的位置相连的社会特权和政治权利"。④ 商人基于行业特征天然地拒绝公权力的入侵,"由于商人集团有充分的脱离国家管理自己事务的独立性,而商人活动又往往相当集中地在他们自己的社会内进行,因而,他们实在没有理由拥护一个由政府官僚和政府的法院所发展起来的法律。对他们更好的倒是依赖那些在商人集团内部确立的规则、法

---

① 陈独秀:《东西民族根本思想之差异》,载《陈独秀文选》,四川文艺出版社2008年版,第62页。
② 参见胡适:《婚姻篇》,载《胡适全集》(第21卷),安徽教育出版社2003年版,第27—29页。
③ 鲁迅:《论雷峰塔的倒掉》,载《鲁迅全集》(卷一),人民文学出版社2005年版,第180页。
④ 昂格尔:《现代社会中的法律》,吴玉章等译,译林出版社2001年版,第69页。

庭和非正式的控告措施"。① 教会通过信徒的信仰介入世俗社会,无论贩夫走卒还是天潢贵胄的灵魂都需要救赎,这既是教会干预世俗社会的根本手段,也是教会表现自己权力的主要方式,同时教会还会对普罗大众展现出仁慈的一面,为帮助鳏寡孤独而建立各种各样的慈善或福利机构,履行类似世俗政府承担的公共角色。在王室、教会、商人、贵族等多元力量集团的角逐中,谁也无法彻底消灭对方,所以彼此既相互斗争又相互妥协,最终造就了法律秩序的产生,"法律秩序要发展,必须以这样一种环境为前提,即没有一个集团在社会生活中永恒地占据支配地位,也没有一个集团被认为具有一种与生俱来的统治权力"。② 多元集团斗争妥协的另一个结果就是促进了公共领域的发展和完善,"公共财政从封建君主的私人家产中分化出来。官僚政治和军队(以及司法行政的部分),也从君主法庭的私人领域独立出来,公共权力机关构成为自主的"。③ 随着公共领域在这个过程中的逐步发展,作为私人领域的西式家庭在政治角逐中的角色几乎消失殆尽,退回到纯粹的私人领域。

然而在古希腊时代,作为私人领域的西式家庭却能够公然对抗作为政治领域的城邦干涉,例如从索福克勒斯那出著名的悲剧《安提戈涅》中可以明确发现家庭与城邦作为公私并立的二元结构:安提戈涅的哥哥在攻打城邦的过程中身亡,她基于家庭伦理的要求安葬了哥哥,但城邦的统治者克瑞翁认为其兄乃是城邦的叛徒,并下令将该叛徒弃尸荒野乃是城邦正义的体现。虽然安提戈涅最终因违反克瑞翁的命令而被处死,但她反对城邦法则干涉家庭法则的做法却得到了后世的认同,因而阿伦特才明确指出:"私人生活领域与公共生活领域的区分对应于家庭领域与政治领域的区分,而至少从古代城邦兴起以来,家庭领域和政治领域就一直是作为两个不同的、分离的领域而存在的。"④罗马社会中的家庭领域与政治领域同样平起平坐,子女在家庭这种私人领域中绝对服从家长的权威,但在公共领域则完全平等,父与子不仅可以在城中同时参加选举,而且可以在战场上并肩作战;子成为将军时可以指挥其父,子成为高级官吏时也可以审判其父。更为重要的是,在希腊罗马时代,从家庭领域进入公共领域完全没有人为的障碍或门槛,尤其是身份上或财产上的限制,正如贡斯当所指出的:"在斯巴达

---

① 昂格尔:《现代社会中的法律》,吴玉章等译,译林出版社2001年版,第70页。
② 昂格尔:《现代社会中的法律》,吴玉章等译,译林出版社2001年版,第63页。
③ 尤根·哈贝马斯:《公共领域》,汪晖译,载汪晖等编《文化与公共性》,北京:生活·读书·新知三联书店2005年版,第127页。
④ 阿伦特:《公共领域与私人领域》,刘锋译,载汪晖等编《文化与公共性》,北京:生活·读书·新知三联书店2005年版,第62页。

与罗马,即使最卑微的公民也有权力。"①相反每个公民都必须参与到管理国家的活动之中,这在现代看似是一种义务实际在古代是一种权利(自由):"古代人的目标是在有共同祖国的公民中间分享社会权力:这就是他们所谓的自由。而现代人的目标则是享受保障的私人快乐;他们把对这些私人快乐的制度保障称作自由。"②换言之,古代人无论财产多寡或身份高低都有参与政治的权利(自由),并因自己的投票具有价值而感到自豪。

但近代公共领域的发展使得家庭领域与政治领域的并立共存不再可能,从家庭领域进入政治领域要受到诸多限制,例如财产多寡。拥有大量财富的私人衣食无忧,自然也拥有更多闲暇,从而能从家庭中脱离出来毫无负担地参与公共生活:"私人财富之所以成为进入公共领域的一个条件,并不是因为它的拥有者在积累它,而是因为它以一种合理的确实性保证它的拥有者不必努力地去为自己提供各种用品和消费资料,从而能够自由地从事公共活动。很明显,只有在更迫切的生活需要得到满足之后,公共生活才有可能。"③于是更多的个体将注意力放在了私人财富的积累上而不是发挥家庭在政治领域的作用,结果使家庭领域距离公共领域越来越远了,造成家庭的外部角色更是一落千丈,不仅难再与公共领域平起平坐,甚至还要通过法律防止公共权力的入侵,法典化运动中出现的"私有财产神圣不可侵犯"的法律原则可以说是西式家庭角色弱化的直接体现。

与西式家庭的外部角色被削弱完全不同,其内部结构在近代以来发生了革命性变革。资本主义的自由市场、契约神圣等观念渗透到社会领域的同时也不可避免地进入到家庭领域,从而深刻地改变了西式家庭的内部结构,使得曾经普遍流行的身份等级制成为众矢之的,基于个人情感的婚姻取代了基于家族利益的婚姻,婚嫁自主取代了父母之命,"个人主义之所以取代了家庭主义,是因为传统社会中许多家庭功能已被现代社会中市场和其他组织所取代了,而后者则具有更好的效率"④。被"破家非孝"思潮艳羡不已的平等自由的婚姻家庭制度可以说是这种市场机制的产物,但在此之前的西式婚姻家庭制度与传统中国的婚

---

① 邦雅曼·贡斯当:《古代人的自由与现代人的自由》,阎克文等译,上海人民出版社2005年版,第37页。当然,希腊罗马社会中的所有公职只对自由民开放而不对奴隶开放,但奴隶在当时并不是被视为人而是财产,所以在这个意义上,自由民从事公职并没有身份上的限制。

② 邦雅曼·贡斯当:《古代人的自由与现代人的自由》,阎克文等译,上海人民出版社2005年版,第40页。

③ 阿伦特:《公共领域与私人领域》,刘锋译,载汪晖等编《文化与公共性》,北京:生活·读书·新知三联书店2005年版,第94页。

④ 加里·斯坦利·贝克尔:《家庭论》,王献生等译,商务印书馆2005年版,第421页。

姻家庭制度有着极大的相似性：几乎都是家长主宰一切而且独断专行。西方法律史学家对这种家庭制度也早有讨论："最年长的父辈——最年长的尊亲属——是家庭的绝对统治者。他握有生杀大权，他对待他的子女、他的家庭像对待奴隶一样，不受任何限制。"①家长的权力范围涉及家庭内部的方方面面："父对子有生死之权，更毋待论的，具有无限制的肉体惩罚权；他可以任意变更他们的个人身份；他可以为子娶妻，他可以将女许嫁；他可以令子女离婚；他可以用手痒的方法帮子女转移到其他家族中去；他并且可以出卖他们。"②这种婚姻家庭制度不仅强调家长权，更加追求家族利益，结果子女在婚姻家庭中几乎缺乏任何自主权，"最早的状况是亲属取得在国家、核心家庭及个人之上的优先性：'家族'的利益被视为至高无上"。③情感因素在婚姻中是可有可无的，"追求爱情的婚姻是很难被容许的，除非这一婚姻能够为家庭带来利益"。④即使到了中世纪后期也依然如此，最为典型的例子就是亨利八世的婚姻完全成为政治、宗教、外交等多种因素综合的产物。尽管他本人对这桩婚姻安排非常不满，但这种做法仍然是当时婚姻制度的一种常态："16世纪英国有产阶级的婚姻因此是一家庭与亲属的集体决定，而非一个人决定。过往世系联合、政治庇护、世系关系的扩张，及财产保存和积累都是主要考虑。财产和权力是主导婚姻谈判的两项主要因素，而在一个对身份和阶层如此敏感的社会，最大的恐惧便是社会地位在婚姻中堕落，和一个身份地位比自己低的家族联姻。"⑤遗憾的是，"破家非孝"思潮的鼓吹者们根本没有看到西式家庭的历史维度，从而以偏概全地将近现代平等自由的西式家庭制度想当然地认为历来如此，进而用近现代的西式家庭制度全面否定传统中国的婚姻家庭制度。

近代的自由市场、契约神圣等观念对西式家庭内部关系的深刻影响集中体现在身份关系上，即旧有的身份等级制被近代的平等自由制度所取代，"法律地位不再用等级或出身来确定"，⑥法律史家亨利·梅因的"从身份到契约"论断非常精辟地总结了这一变化。然而我们必须注意，梅因所说的这种革命性变化主要体现在家庭的人身关系上，但在家庭的财产关系上却鲜有这种革命性变化，尤

---

① 梅因：《古代法》，沈景一译，商务印书馆2009年版，第82页。
② 梅因：《古代法》，沈景一译，商务印书馆2009年版，第91页。
③ 劳伦斯·斯通：《英国的家庭、性与婚姻1500—1800》，刁筱华译，商务印书馆2011年版，第432页。
④ 加里·斯坦利·贝克尔：《家庭论》，王献生等译，商务印书馆2005年版，第416页。
⑤ 劳伦斯·斯通：《英国的家庭、性与婚姻1500—1800》，刁筱华译，商务印书馆2011年版，第61页。
⑥ 哈贝马斯：《公共领域的结构转型》，曹卫东等译，学林出版社2003年版，第85页。

其财产继承在古代和现代几乎没有实质性的差别。近代法典化运动以来的各国都以自由主义精神作为立法宗旨,在私有财产的继承基本上坚持"平等继承"的法律原则,即使在普通法传统的英国也是如此。① 但这种"平等继承制"实际上并非自由主义的原创,而在古代社会就是如此:"当民事社会开始,各家族在经过许多世代以后已不再结合在一起时,自发地就产生了这种观念,要把领地在每一世代的所有成员中平均分配,并且不专为长子或其支系保留任何特权。"② 甚至古代伊斯兰世界中也存在类似的财产继承制度:"根据可能保存着一种古代阿拉伯习惯的穆罕默德法律,财产继承权是在诸子中平均分配的。"③ 这些现象表明古代与现代的财产继承制度几乎是如出一辙,但由此认为财产继承制度自古以来就没有实质性变化,可能会面临一个重要挑战——中世纪西方社会中普遍流行的"长子继承制"。事实上,"长子继承制"与"平等继承制"并不矛盾,因为在攻伐不断的中世纪,封建领主为了自卫不得不采取"长子继承制",因为将权力集中在一个人手中比诸子均分更能进行有效的防卫:"只要全部组织建筑在它上面的土地能保留在一起,它就能有力地进行攻击和防卫;分割土地也就是分割这小小的社会,也就是在普遍暴乱的世纪中给侵略造成机会。我们可以完全断定,'长子继承权'制被优先采用,并不是为了一个子而剥夺其余诸子的继承权。分裂封地要使每一个人受到伤害。封地的巩固会使每一个人获得好处。'家族'可以因权力集中于一个人手中而更强大有力量;赋予继承权的封建主并不能较其同胞和亲属在占有、利益或享受上有任何优越之处。"④ 由此可知,长子为了保护家族利益而成为家族的代表,拥有处分家族财产的绝对权力,但这并不意味着他就是家庭财产的所有权人,梅因敏锐地指出了这一点:"后期的罗马法律学像我们自己的法律一样,把对于财产上所有的无限制权力看作财产所有权。"⑤ 这种误解所导致的严重后果是:"原来本可与其亲属在平等的地位上共祸福的年轻兄弟,则在不知不觉间下降为僧侣、军事冒险家或是官邸的食客。"⑥ 职此之由,中世纪的"长子继承制"只是迫于现实安全的考虑而采取的权宜之计,长子实际上是作

---

① 参见 F.H.劳森等:《英国财产法导论》,曹培译,法律出版社 2008 年版,第 175 页。此处所说的"平等继承"主要在男性后裔间进行了,并不包括女性,但很难单纯用歧视女性来解释,而主要是因为各种不便,这在中国也得到了证明,例如在当前中国农村的继承实践中,出嫁的女儿在很多情况下也不继承父母的遗产,却非歧视,而是女儿继承财产后当需要赡养父母时却存在各种不便,所以实践中往往就由儿子继承父母的财产。
② 梅因:《古代法》,沈景一译,商务印书馆 2009 年版,第 149 页。
③ 梅因:《古代法》,沈景一译,商务印书馆 2009 年版,第 157 页。
④ 梅因:《古代法》,沈景一译,商务印书馆 2009 年版,第 154 页。
⑤ 梅因:《古代法》,沈景一译,商务印书馆 2009 年版,第 155 页。
⑥ 梅因:《古代法》,沈景一译,商务印书馆 2009 年版,第 155 页。

为家族财产的代表者或管理者而非真正的所有者,财产制度从本质上来说仍然是"平等继承",因此我们仍然可以说从古至今的西方家庭的财产继承制度基本上是一脉相承的,只不过"平等继承制"中的平等价值经过自由主义的渲染之后,与西式家庭中的独立自由精神一起成为近现代私人领域中光彩夺目的象征。"破家非孝"思潮将它们引入现代中国后,以此彻底否定了传统家庭的一切,反而造成了严重的误解。

  从西式家庭的内部结构和外部角色的变化可以看出,其在公共领域的影响逐渐消失,尤其到了近代社会几乎变成了纯粹的私人领域。反观传统中国,私与公或者家与国两者向来都辇毂不清,尤其是传统家庭在公共权力缺失的地方发挥了公共权力的作用。在这个意义上,如果将传统中国的家庭与国家关系描述为"家国同构",那么近代以来西方社会中的家庭与国家关系似乎就可以对应为"家国分离"。① 在近代"破家非孝"思潮中,杨度的"破家立国"主张认为西方的强大在于国家主义,所以中国必须进行"破家立国"式改革,即彻底废除家庭这种私人领域只保留国家这种公共领域。但他根本没有意识到西式家庭作为私人领域在近代西方社会中的作用和角色,最终不只误解了近代西方的社会现实,更加误导了近代中国的社会转型;不仅与传统中国的现实大相径庭,更与近代西方的"家国分离"逻辑截然相悖。新文化运动的诸学人将自由主义奉为圭臬,把平等自由的近代西式家庭制度视为西式家庭制度的全部历史,由此主张现代中国的家庭改革必须向此看齐,进而否定中国传统家庭的一切制度和价值。这种主张虽然避免了杨度式的极端主张,却又犯了另一种错误——将近代西方的"家国分离"逻辑强行套用在传统中国的"家国同构"现实上。中国的传统家庭并非要阻止公权力的入侵,反而是在公权力机关无法到达的情况下扮演了公权力的角色,履行其公共职能,所以传统家庭的公共角色是公权力自上而下的延续,但新文化运动的学人们根本没有抓住自由主义通过限制公权以保护私权的实质,自然也就无法认识到近代西方"家国分离"逻辑背后的价值追求,只是简单地将自由主义的自由平等价值转化为空洞的政治口号,以此全面批判传统家庭,必然难以切中要害,最终在近代政法转型中鲜有建树。

  如前所述,近现代的法律改革中人为地保留了诸多传统家庭制度的特色,尤其体现在亲属继承法上。正是这种保留,才使得传统家庭的公共角色得以呈现

---

① 至少在希腊罗马,家庭与国家表现为两个相互独立的领域,从家庭进入国家并没有特别的限制,尤其是财产上的限制。虽然近代以来的两个领域仍然独立存在,但自由主义通过限制权力以保护权利的主张画出了各自的界限,从而强化了"家国分离"的逻辑,因而本文所说的"家国分离"特征主要指近现代以来的西方社会。

出来,毕竟政权无论如何更迭,社会生活仍要继续,公共秩序都需要维护,传统家庭的公共角色自然无法被轻易取代,所以近代立法者们在多次法律改革中都无一例外地特别保留了传统家庭的许多制度。与其说是特别保留,不如说是不得已,毕竟政治无法取代家庭。只要传统家庭还继续存在,那么其公共角色就仍会发挥作用,使得公权力能够自上而下地贯通。这不仅是传统中国"家国同构"逻辑自上而下的体现,更是传统中国"皇权不下县"历史现实的反映。在这个意义上,近代中国的亲属继承立法改革,与其说是一种妥协,不如说是一种接榫,目的是要将传统家庭顺利地导向现代家庭。等到现代社会中的政府提供公共产品的能力增强了,其权力范围能够触及乡土社会,那么传统家庭的公共角色自然就会消失。但近代的知识人将西式家庭制度奉为圭臬,把西式家庭中的身份革命视为家庭演进的全部成就,既没有注意到鲜有变化的财产继承制度,也未意识到西方近代社会中的"家国分离"逻辑,从而导致其思想主张在近代中国法律改革的实践中难有建树。事实上,近代西方社会多元集团的存在,分担了不少政府的公共职能,那么西式家庭就无须多此一举地介入公共领域,只是保持纯粹的私人领域特征,"政治、经济、宗教等功能有其他团体来承担,不在家庭的分内"①。西式家庭变成纯粹私人领域的原因是复杂的,但西方社会中公私分离的传统却是源远流长,只不过近代以来多元集团相互博弈无形中促进了公共领域的发展,使得西式家庭既没有机会也没有必要承担任何公共角色,所以近代西式家庭在身份制度和财产制度方面无论是否发生了革命性变革,其作为私人领域的属性始终都鲜有革命性变化。但西式家庭的这种属性完全没能进入近代学人的视野,相反那些关于西式家庭的政治口号却深深地吸引了近代知识人,使得他们更少关心这些政治口号在社会实践中产生的问题,最终难以为近代的法律改革提供思想资源。

五、结 论

传统家庭在传统中国处于核心地位,政治、经济、文化无不以此为出发点,从而造就了传统家庭的多种角色。与之不同,西式家庭自古希腊时代以来就是作为私人领域而存在的,其角色相对单一,在历史演进中背的包袱自然也少,所以无论其经历何种革命性变化,作为私人领域的属性都没有太大的变化。可是近代中国的"破家非孝"思潮将西式家庭中的身份革命视为西式家庭的全部变革,对西式家庭中的平等自由艳羡不已,并以此为标准彻底否定了传统家庭的一切制度。事实上,身份革命只是西式家庭演进的一个方面,财产制度就缺乏明显的

---

① 费孝通:《乡土中国生育制度乡土重建》,商务印书馆2011年版,第44页。

"古今之变"。更为重要的是,西式家庭的外部角色伴随着政治变化而日渐淡去,尤其在近代以来变成消极地靠法律保护的纯粹私人领域。所有这些特征在近代中国的"破家非孝"思潮中却被人为地无视了,只是以"平等自由"的政治口号批判传统家庭,从而造成了本末倒置的后果。幸运的是,近代中国的法律改革者并没有亦步亦趋追随这种"破家非孝"思潮,而在多次法律改革中保留传统家庭的诸多特征,这并非妥协而是接榫,因为他们深知传统家庭的公共角色就孕育在传统家庭制度之中,只能承认和接受,却难以轻易地取而代之。

传统家庭的公共角色是"家国同构"逻辑自上而下的呈现,与"家国分离"逻辑下的近代西式家庭的私人角色有着天壤之别。这种公共角色在西式家庭中几乎就没有出现过,因为西方社会从来就不需要家庭来承担这种角色,但它在中国的传统家庭中不可或缺。近代的"破家非孝"思潮看到了西式家庭中因身份革命而产生的平等自由,却没有看到它在整个社会中的私人属性,于是大力主张对传统家庭的西式改造,结果只会是削足适履,缘木求鱼。基于此,跳出"中西之争"的窠臼,立足于传统中国的社会现实,探索传统家庭演进的内在逻辑不仅是实事求是之举,也才能真正发掘传统家庭的价值和贡献。

Anti-family System in Early Modern China and The Public Role of Traditional Family

Yi Weifeng

Abstracts: The public role of traditional family in China is fully based on the logic of "integrity of family-state". In other words, traditional family is the actual proxy of public authority in the earth-bounded China. However, scholars of early modern China were honestly submitted to western thought of family, and criticized the whole virtues of traditional family according to that. The key point is that the scholars were completely unaware of the logic of "separation of family-state" in western tradition. Namely, the family belongs to private sphere and plays no public role in early western society. Because of this, legal reformers reasonably reflected the thought trend of the scholars, succeeded to the virtues of traditional family, and prudently connected the transition between traditional family and modern family in early modern China.

Key words: Traditional Family; Public Role; Legal Reform

(责任编辑:艾佳慧)

论高丽对唐财产刑的变异

张春海*

[摘 要] 高丽在移植唐律制定本国律典时,虽较为完整地移植了五刑体系,但在具体实践中却有大幅变异。以财产刑而论,唐律只规定了一种财产刑——赎刑,此刑仅是一种附加刑,并在适用上有严格限制。而在高丽,却出现了赎刑、罚金、收田三种财产刑,且均具有了近似主刑的地位。这些财产刑不仅适用广泛而频繁,且在适用方法上也和唐制有较大差异。高丽对唐律财产刑的以上变异,与其政治体制、社会结构和唐存在重大的差异有关。与此同时,意识形态及文化传统方面的差异也是导致高丽对唐制进行变异的原因。

[关键词] 高丽;赎刑;罚金

高丽王朝(918—1392年)在模仿唐律制定本国律典时,较为完整地移植了笞、杖、徒、流、死的五刑体系。① 不过,在这种显性的制度层面的一致性背后,高丽人在具体的实践中对唐制做了大幅变异。以财产刑而论,唐律只规定了赎刑一种,且在适用上有严格限制。虽然玄宗时期开始出现了罚俸刑,但适用的对象仅限于官员,并非是一种普遍性的刑罚。可在高丽,财产刑不仅是一种普遍性刑罚,而且在种类与适用方法上也和唐制不同。对这一现象进行研究,不仅有助于我们深化对高丽时代律令的认识,也有助于我们揭示中华法系内部的多样性与复杂性。②

---

* 张春海,北京大学历史学博士,南京大学法学院副教授。本文是国家社科基金项目"高丽移植唐代法制变异问题研究"[14BFX143]的阶段性成果。

① 《高丽史·刑法志》名例条:"笞刑五:一十,折杖七,赎铜一斤……杖刑五:六十,折杖十三,赎铜六斤……徒刑五:一年,折杖十三,赎铜二十斤……流刑三:二千里,折杖十七,配役一年,赎铜八十斤;……死刑二:绞,赎铜一百二十斤;斩。"[朝鲜]郑麟趾著、孙晓等点校:《高丽史》卷八十四《刑法一》,西南师范大学出版社、人民出版社,2014年版,第2656—2657页。

② 到目前为止,对此问题,学界尚无人注意,更无相关的研究成果问世。故笔者撰写此文,以为抛砖引玉之举。

一、赎刑:从严格到宽松

赎刑是唐律规定的五种正刑的代用刑,在适用上有极为严格的限制,刘俊文曾总结说:

> 唐之赎刑,不是汉、梁曾有过的普遍赎刑,而是秦及魏晋南北朝隋历代所实行之有限制赎刑,且限制较历代尤严:首先,是赎者之限制。唐律规定合赎之人,主要有三类,一为享有准赎特权之人,包括全部流内官及七品以上官爵之部分亲属、五品以上官爵之妾在内,此可谓之特权赎;二为不具备一定责任能力之人,包括七十以上之老人、十五岁以下之孩童及废疾以上病患者在内,此可谓之责任赎;三为犯有某些法定征赎罪名之人,包括犯过失杀伤人罪及犯疑罪之人在内,此可谓之法定赎。除上述三类,概不合赎。其次,是罪刑之限制。唐律规定死罪一般不准赎,必犯流罪以下始听赎;同时在流罪中又规定犯五流不准赎……第三是程序之限制。唐律规定,凡有官爵之人,犯罪需赎者应先以官当,即以官抵刑,只有在罪轻不尽其官之情况下才准留官收赎……可见唐之赎刑,其使用范围相当狭窄。①

可见,赎刑在唐代是一种特殊的"权利",其适用有极为严格的条件限制。从玄宗时期开始,虽开始发生一些变化,②但不是变得宽松,反而更加严格。《宋刑统》卷二"以官当徒除名免官免所居官"门引一条年代不明的格文:"勋官、散试官不许赎罪。"③此格应是唐格。由此格可知,赎刑的适用范围愈加狭窄,勋官和散试官已不能如从前那样用赎。

总之,严格化一直是唐代赎刑规定与适用的一大特点,在近300年间,基本没有松动之时,直到中晚唐依然如此。《全唐文》卷六百七十二载有白居易的两

---

① 刘俊文:《唐律疏议笺解》,中华书局,1996年版,第55页。
② 刘俊文云:"唐赎以铜,此为常法,实际执行中多有变化",(刘俊文:《唐律疏议笺解》,第55页。)并举天宝六载(747年)四月八日敕文(该敕文云:"其赎铜如情愿纳钱,每勋一百二十文。若负欠官物,应征正赃及赎物无财,以备官役折庸,其物虽多,止限三年。一人一日折绢四[按当作三]尺。若会恩旨,其物合免者,停役。"[宋]王溥撰:《唐会要》卷四十《定赃估》,中华书局,1998年版,第727页。)指出:"此敕说明,至迟在天宝以后,唐之赎刑已是铜、钱并用,无财者且可以服官役折抵也。"(刘俊文:《唐律疏议笺解》,第56页。)但此仅为执行手段的变化。
③ [宋]窦仪等撰:《宋刑统》,法律出版社,1999年版,第32页。

道判词,其一:"得甲去妻后,妻犯罪,请用子荫赎罪,甲怒不许",判:"二姓好合,义有时绝;三年生育,恩不可遗……赎罪宁辞子荫……";①其二:"得丁氏有邑号,犯罪当赎,请同封爵之例,所司不许,辞云:邑号不因夫、子而致。"判:"丁氏恩降闺门,罪罹邦宪,宠非他致,既因表以勋贤,咎虽自贻,亦可免于刑戮,若不从其宽典,则何贵于虚封……宜听辑矣之辞,难夺赎兮之请。"②在此两案中,判由一概不许用赎,判词则从法理和人情的角度出发,竭力论证可以用赎,反映的均是用赎严格的事实。

那么,高丽的赎刑又是如何呢?《高丽史》卷八十四《刑法一》:"笞刑五:一十,折杖七,赎铜一斤。二十,折杖七,赎铜二斤……死刑二:绞,赎铜一百二十斤。斩。赎铜,上同。"③从文本上看,高丽赎刑和唐并无不同,在现存史料中,也确有按照文本规定适用此刑的记载。《高丽史》卷八十八《后妃一》:"宫人金氏有宠,号邀石宅宫人,庆州人。融大诈称新罗元圣王远孙,认良民五百余口为奴婢,以赠金氏及平章韩蔺卿、侍郎金诺为援。御史台按问得实,奏请罪之。穆宗命罚金氏铜一百斤,流蔺卿、诺于外,闻者皆贺。"④

本案两名涉案人韩蔺卿和金诺都被判处了流刑,至于金氏,因其妇女的身份,依据唐律的法理,不可单独配流。由于她是穆宗宫人,符合特权赎的条件——根据《高丽律》的规定,"一百斤"的赎铜数正好是"流三千里"的代用刑——故被罚铜百斤。总之,该案赎刑的运用是合乎唐律原理的。

不过,高丽赎刑对唐制亦有一大变异:高丽赎刑的适用标准远较唐宽松。如前文所论,在唐代,赎刑是一种特权与优待,其适用有严格限制。高丽的情形则大不相同。首先,在文本上,国王以制、判的方式对律文进行修改,扩大了用赎的范围,如肃宗十年(1105 年)判"进士虽无荫,凡轻罪赎铜",⑤赋予了进士赎的特权。

其次,在司法层面,赎刑的适用更为广泛。徐兢在出使高丽时就观察到:

---

① [清]董浩编:《全唐文》卷六百七十二,上海古籍出版社 1990 年版(下同),第 3038 页。
② 《全唐文》卷六百七十二,第 3042—3043 页。
③ 《高丽史》卷八十四《刑法一》:"笞刑五:一十,折杖七,赎铜一斤;二十,折杖七,赎铜二斤……死刑二:绞,赎铜一百二十斤;斩(赎铜上同)。"([朝鲜]郑麟趾著、孙晓等点校:《高丽史》卷八十四《刑法一》,第 2656—2657 页。)
④ 《高丽史》卷八十八《后妃一》,第 2773 页。
⑤ 《高丽史》卷八十五《刑法二》,第 2710 页。

"(高丽)亦有枷杻之法,然淹延不决,有至阅时经岁,唯赎金可免。"①大量案件实际上多以赎的方式结案,这种方式更以国王发布的教令为支撑。如高丽靖宗五年(1039年)十一月制:"八关会虽是前规,既行盛礼,宜播德音。其犯公徒私杖以下及诸征赎,皆免之。"②质言之,对于公徒、私杖以下之罪,高丽赎刑为普遍之赎刑。

当然,赎刑的这种变异不能完全突破唐制的基本框架——故对于公徒、私杖以上之罪,高丽赎刑仍为限制之赎刑。忠肃王十五年(1328年)十二月,资赡司状申:"银瓶之价日贱,自今上品瓶折寳布十匹,贴瓶折布八九匹,违者有职征铜,白身及贱人科罪。"③正因为在公徒、私杖之上,高丽赎刑为限制性赎刑,故如犯同样之罪,官员可享受赎刑的待遇("有职征铜"),而"白身及贱人"就要被依律科罪,承受实刑。

到了高丽后期,随着既有社会秩序的渐趋瓦解,赎刑的适用又发生了较大变化。

首先,赎刑越来越重,且时而与实刑并用,不再是一种单纯的代用刑。恭愍王二十年(1371年)十二月教:"罚惩非死,民极于病。比来中外官曾不恤刑,既杖且赎,民何以堪? 自今毋得并行杖赎,如有违者,许诸人赴官陈诉,倍数征还。"④辛禑十四年(1388年)六月教:"刑罚轻重,当有定法……今后中外官司务加矜恤,毋致冤枉。其杖与赎毋得并行。"⑤既杖且赎成为一种普遍现象,屡禁不止。这也完全突破了唐律的原理。

其次,赎刑的适用范围进一步扩大,逐渐突破了公徒、私杖的限制。朝鲜太祖元年(1392年)十一月,工曹典书李敏道上书论时务,其四曰"禁征布"。都评议使司议云:"书曰金作赎刑,自笞杖以至死罪,情可矜、法可哀者,征钱以赎。前朝征布,盖其遗意。"⑥由此可知,到了高丽末期,不仅是官员,就连平民,也可以赎公徒、私杖以上之罪了。

---

① [宋]徐兢:《宣和奉使高丽图经》,中华书局1985年版(下同),第55页。
② 《高丽史》卷八十《食货三》,第2560页。
③ 《高丽史》卷七十九《食货二》,第2524页。
④ 《高丽史》卷八十五《刑法二》,第2711页。
⑤ 《高丽史》卷八十五《刑法二》,第2712页。
⑥ 《朝鲜王朝实录·太祖实录》太祖元年十一月甲午条,首尔大学奎章阁本。

二、罚金刑：从无到有直至普遍化

中国罚金刑的起源甚早。至少到汉代，罚金刑就已成了一个独立的刑种。①不过，唐律并未规定罚金刑，此刑被逐出了国家的法典。然而，在高丽，罚金却是一种主刑，适用极为频繁。孙穆在其《鸡林类事》中就提道："（高丽）国法至严，追呼虽寸纸不至即罚，凡人诣官府，少亦费米数斗，民贫，甚惮之。"②《宣和奉使高丽图经》卷二十妇人条："臣闻三韩衣服之制，不闻染色，唯以花文为禁，故有御史，稽察民服，文罗花绫者，断罪罚物，民庶遵守，不敢慢令。"③这是对唐制的一大变异。

在高丽，罚金刑除了用"罚"表示外，更常用"征"来指称。高丽的各种官方文件，多会涉及"征"。试举几例：

1. 睿宗十一年（1116年）四月，制曰："其西京及随驾员将军卒及沿路州府郡县长吏，有所犯停囚，应受公徒私杖以下罪。上京留守百官于驾出后，凡有征、赎等杂轻罪，咸赦除之。"④

2. 睿宗十五年九月制曰："庶推小惠，以慰舆情。八月乙酉以后，误有所犯，为所司论劾及赎铜征瓦，咸除之。"⑤

3. 毅宗二十二年（1166年）四月，宣旨曰："迎驾时有所违误，为有司所拘执者，公徒私杖以下赎铜征瓦，并皆放除。"⑥

4. 明宗四年（1174年）十二月乙卯，诏曰："思欲宽宥，恩泽广被中外。可赦斩绞二罪以下，除刑付处。庚寅、癸巳配流者，皆移免上京，并除赎铜

---

① 关于中国罚金刑的起源，学界观点不一。有学者认为，夏代即有此刑，他们认为《尚书·舜典》中记载的"金作赎刑"就是罚金刑。多数学者认为，罚金刑正式出现在西周时期，到了秦代，作为罚金刑之赀刑的规定已较为完整，汉承秦制，不仅正式出现了"罚金"之名，而且罚金之制更为完善。蔡枢衡先生则认为罚金刑正式出现在秦始皇时期，指出："春秋时代创造了赎赀制度。《说文解字》：'赀，小罚以财自赎'……是以财代刑……商鞅为秦立法，遂定以赀代刑制度。云梦秦简有赎。秦始皇前进一步，改为罚金。"（见氏著：《中国刑法史》，广西人民出版社1983年版，第90页。）
② ［宋］孙穆：《鸡林类事》，第25页。
③ ［宋］徐兢：《宣和奉使高丽图经》卷二十，第69页。
④ 《高丽史》卷十四《睿宗三》，第406页。
⑤ 《高丽史》卷十四《睿宗三》，第425页。
⑥ 《高丽史》卷十八《毅宗二》，第578页。

征瓦。"①

这些文书均同时提到了"征"与"赎"。"赎"即赎铜,"征"即征瓦或征布。两者并用,且所收物品不同,说明它们是两种刑罚,则"征"当为罚金。

高丽后期还出现了征银之制。忠烈王三十四年(1308年)九月,"百官贺王诞日,各献茶果。典仪寺不及,书云观梨一器而已。典仪兼官李彦忠、书云提点崔诚之并征银一斤"。②此处之征银,和唐代从玄宗时期开始实行的罚俸不同。唐代的罚俸仅适用于官员,而高丽征银的范围甚广。对此,史料中有不少记载,兹举几例:

> 1.(洪)承绪中第,累官至正尹。美容仪,尝与辛育才争田,殴杀之。其妻告辨伪都监,承绪逃,乃征银瓶,人以无状目之。③
> 2.(忠烈王)三十四年,忠宣王复位,教曰:"……四件奴婢……若有藏闪不出者,征银二斤,以其奴婢准数充役。"④
> 3.朱印远,悦子也,忠烈朝登第,累迁庆尚道按廉使……又恶闻乌鹊声,常令人操弓矢嚇之,一闻其声,辄征银瓶,民甚苦之。宣罢其职。⑤

从性质上看,征银同征瓦、征布一样,亦是罚金刑的一种适用方式。征银制的出现与盛行,与银成为普遍流通的货币有关。如学者所揭示的那样,在以元为中心的天下,"白银到处通用,是一切价值的基准"。⑥高丽作为元帝国的一个特殊组成部分,交易也多以白银支付,并因此而影响到刑法的适用。

高丽的罚金刑亦是对唐制的变异,这首先表现于律令文本。仁宗十二年(1134年)判曰:"殴人折齿者,征铜与被伤人。"⑦此乃以国王教令的方式,对既有律条进行修改,超出了唐律的范畴。

对于同样之罪,唐《斗讼律》"斗殴折齿毁缺耳鼻"条规定:"诸斗殴人折齿、

---

① 《高丽史》卷十九《明宗一》,第600页。
② 《高丽史》卷三十三《忠宣王一》,第1059页。
③ 《高丽史》卷一百五《洪子藩附洪承绪传》,第3229—3230页。另:洪承绪之生卒年不详,大约生活在忠宣王之后到恭愍王之前的时期(1313—1351)
④ 《高丽史》卷八十五《刑法二》,第2719页。
⑤ 《高丽史》卷一百二十三《嬖幸一》,第3736页。
⑥ [日]杉山正明:《忽必烈的挑战——蒙古帝国与世界历史的大转向》,周俊宇译,社会科学文献出版社2014年版,第216页。
⑦ 《高丽史》卷八十四《刑法一》,第2687页。

毁缺耳鼻、眇一目及折手足指,若破骨及汤火伤人者,徒一年;折二齿、二指以上及髡发者,徒一年半。"①《高丽律》只移植了唐律的69个条文,此条是否在内,由于史料缺略,已不得而知。即使《高丽律》并未移植此条,但在定罪量刑时,也应遵循其法理。但到仁宗时,却做出了上述"征铜"的变异。根据这条史料,日本学者仁井田陞还据其"从复仇到赔偿"的理论,得出了高丽法制尽量避免唐律之"实刑主义"而实行"赔偿主义"的结论。②。

关于高丽罚金刑的性质,仁宗曾对金国使节说:"自来小国旧法:犯罪人处断流配外,更不征赎。是以因循,至于今日。"③由此可知,在高丽,罚金与赎刑一样,具有代用刑的性质,是一种主刑,与五刑不并科。正因如此,到了高丽后期,随着既有秩序逐渐瓦解,出现了大量适用罚金刑而不适用实刑的现象。

罚金刑的泛滥,使最高统治者不得不屡下禁令。1038年,忠宣王下教:"往往守令贪污不法,至于民吏所犯可决杖者,反征银物,以充其欲。"④辛禑四年十二月,宪司上疏曰:"且各镇军官因军人小错,赎罚太重,以致失业流移。今后军人随所犯轻重,依例断罪,毋得赎罚。"⑤罚金的滥用甚至到了连宗主国元朝都不得不出来干涉的程度。忠穆王后四年(1348年)七月,元使实德在途中见到造成都监的榜文:"纳木石不及期者,征布配岛。"他将榜文取回,对高丽宰相蔡河中说:"此邦之民,其何以生?吾将奏于帝。"⑥

那么,高丽的罚金刑究竟有多重呢?《高丽史·卢英瑞附朴良衍传》:"良衍,尝以亲从护军管内乘,潜易良马八匹。事觉征布八百匹,流之。"⑦尽管我们不知道当时的马价,但从常识来看,潜易良马八匹,其"剩利"的倍赃绝对不会达到布八百匹之多。⑧ 因此,该案中的"征布八百匹"乃是一种罚金。财产刑的适用还打破了从前的惯例,在罚金的同时,还要再课以实刑,故朴良衍又被处以了流刑。

---

① 刘俊文,《唐律疏议笺解》,中华书局1996年版(下同),第1469页。
② [日]仁井田陞著,池田温补编:《唐令拾遗补》,东京大学出版社,1997年版,第274页。
③ 《高丽史》卷十五《仁宗一》,第465页。
④ 《高丽史》卷八十四《刑法一》,第2672页。
⑤ 《高丽史》卷八十四《刑法一》,第2676页。
⑥ 《高丽史》卷三十六《忠惠王世家》,第1151页。
⑦ 《高丽史》卷一百二十四《嬖幸二》,第3769页。
⑧ 《唐律疏议·贼盗律》"以私财奴婢贸易官物"条:"诸以私财物、奴婢、畜产之类贸易官物者,计其等准盗论,计所利以盗论。"(刘俊文《唐律疏议笺解》,第1414页),准盗论无倍赃,以盗论有倍赃。如有剩利则以盗论累并于准盗论累课。即便如此,朴良衍潜易良马八匹的倍赃也不太可能达到八百匹之多。

一般而言，罚金乃"罪之最轻者用之"①，针对的是那些社会危害性不大的轻微违法犯罪行为。对于这些犯罪，不处以身体刑或劳役刑，而代之以罚金刑，不仅不损伤受罚者的尊严，而且还能在一定程度上有补于国家财政，可谓一举两得。在汉代，罚金刑即主要适用于轻微违法、误犯、过失犯罪。②比之汉代，高丽罚金刑的适用范围要广得多，已不限于轻微的违法犯罪行为。比如，上文所论殴人折齿的行为就属于重于"公徒、私杖"之较为严重的犯罪。正因如此，官吏们才有了选择性适用的可能。在此状况下，对公徒、私杖以下等"杂轻罪"是处以赎刑还是处以罚金刑，已无明显的区别，赎即是罚，罚即是赎，都以惩罚为目的，而无优惠之意味，故"赎罚""征赎"常并称。

有意思的是，在唐后期社会秩序瓦解的过程中，也出现了法外征、罚的现象。《资治通鉴》卷二百三二贞元三年（787年）七月甲子条："时关东防秋兵大集，国用不充。李泌奏：'自变两税法以来，藩镇、州、县多违法聚敛。继以朱泚之乱，争权率、征罚以为军资，点募自防。'"胡三省注曰："征罚者，吏民有罪，罚使纳钱谷以免罪而如数征之也。"③不过，此种实践并未被朝廷的法令所肯定，未能如高丽那样进入到国家的法律体系之中。

三、收田刑：新型的全方位财产刑体系

在唐代，从玄宗时期开始出现的罚俸刑，其实质是一种财产刑，④故在中晚唐时期，在官员犯行政过失罪的情况下，赎刑多为罚俸所取代。之所以会出现这种现象，主要有两方面的原因：首先，从适用程序上看，适用赎刑的程序较为繁琐，且计算颇为困难。⑤其次，徒刑赎铜，最多不过徒三年赎铜六十斤，折换成钱才7200文（7.2贯），惩罚的力度较小；而罚俸则不同，少则一月，多则半载，其力度远非赎铜可比。对官员们来说，赎刑是一种特权，而罚俸则是实实在在的惩罚。

高丽建国之初，也曾存在过"追其禄俸"的刑罚。太祖十七年（934年）五月

---

① ［清］沈家本：《历代刑法考》，中华书局2006年版，第330页。

② 关于这一问题较为详细的讨论，可参看闫晓君《汉初的刑罚体系》（《法律科学》，2006年第4期）一文中的有关论述。

③ ［宋］司马光编著、［元］胡三省音注：《资治通鉴》卷二百三二贞元三年七月甲子条，第7492页。

④ 见张春海：《唐代罚俸制度论略》，载《史学月刊》2008年第11期。

⑤ 《唐会要》卷四十《定赃估》以及《全唐文》卷九百六十八所载大中六年十月中书门下的《议平赃定估奏》（《全唐文》卷九百六十八，第4458页）中对此多有议论，不再赘言。

诏:"尔等遵我训辞,听我赏罚。有罪者无论贵贱,罚及子孙。功多罪小,量行赏罚。若不改过,追其禄俸或一年、二三年、五六年以至终身不齿。"①但自此以后,史料中再无类似记载,此制根本就未真正实行过。

不过,高丽同样存在以官员为主要处罚对象的惩罚方式,即收职田。《高丽史·刑法志》载有这样一条法令:"官吏临监自盗及临监内受财枉法者,徒杖勿论,收职田归乡。"②收职田与归乡刑并列,两者合起来成为律典规定的徒、杖刑的代用刑。其中,徒刑、杖刑或归乡刑为主刑,收职田为附加刑。天会五年(1127年),高丽使节金子镠出使金朝时,"不能检下,致令崇吉刺伤人命"。他回来后,即被收职田,同时被处以远流的刑罚。③

由于官员在被除名之后,官职丧失,自然不应再受职田,故收职田常与除名并科。文宗十二年,"开城牧监直员李启私遣人捕府军金祚,祚乃投河而死。刑部奏当脊杖配岛,制:'除名收田。'"④辛禑王时,宋天逢上疏国王:"今忠佐不忠不敬之罪已具前疏,固不容诛……乞收告身,籍没家产,鞫问决罪,以戒后来。"结果"命削官收田"。⑤当然,除名并非收职田的必要条件,只要是犯各种"公私杂罪"之人均可被处以此刑。忠宣王在其即位教书中就宣布:"公私杂罪者还其职田。"⑥这些犯罪人中的不少应未达到被除名的程度,但仍被收职田。⑦

高丽的职田,就其名称而言,当来自隋唐时期授予官员的"职分田",职分田的意义在于以其收获物充当俸禄。从这个层面看,高丽收职田的旨趣与唐代的罚俸有相通之处。

不过,唐代职分田的所有权归国家,官员离任时要将职田移交给后任。⑧而高丽的职田则为世袭,收职田也因此而成了一种较重的刑罚。在唐代,官员后代

---

① 《高丽史》卷二《太祖二》,第 37 页。
② 《高丽史》卷八十四《刑法一》,第 2666 页。
③ 《高丽史》卷十五《仁宗一》,第 465 页。
④ 《高丽史》卷八十四《刑法一》,第 2687 页。
⑤ 《高丽史》卷一百十一《宋天逢传》,第 3403 页。
⑥ 《高丽史》卷三十三《忠宣王一》,第 1048 页。
⑦ 因官员只要犯徒、杖以上之罪,几乎都可能被处收职田,故史料中收职田的例子甚多。显宗十六年(1025 年)十二月,下教:"凡犯罪收职田者蒙赦,除真盗及伪造公私文书、受财枉法、监临自盗、谄曲奸邪所犯外,并听还给。"(《高丽史》卷五《显宗二》,第 126 页。)毅宗五年四月,"少府少监韩令臣尝为典解库判官,以私粗布潜换官布三十匹,收职田,放还田里"。(《高丽史》卷十七《毅宗一》,第 534 页。)
⑧ 关于唐代职分田性质的论述,可参看张泽咸:《唐代阶级结构研究》,中州古籍出版社 1996 年版,第 144—145 页。

能够继承的是永业田。① 开元二十五年令："诸永业田皆传子孙，不在收授之限，即子孙犯除名者，所承之地亦不追。"②既然子孙犯除名都不追缴其所继承的永业田，那么，对官员本人就更无夺永业田之理了。在史料中，我们也从未见到这样的事例。高丽的职田，从其可继承的性质来看，与唐代的永业田类似，故韩国学者才有"作为官员永业田之职田"的说法。③

此外，高丽还有"不得受永业田"之罚。靖宗七年（1041 年）正月，门下省奏："旧法，凡犯罪者不得受永业田。上将军李洪叔曾犯宪章，流配岭表，其妻子孙不当给田。"④如果说收职田针对的主要是官吏的话，那么收永业田针对的则是所有有资格被授予永业田之人。《高丽史·刑法志》便载有这样一条法规："判：镇人犯归乡罪者，仍留配本处。若受田丁者，收其田与他。"⑤这样一来，收田之刑就形成了一种全方位覆盖的附加刑体系。

与收田之刑相应，还有收田丁之罚。元宗十四年（1273 年）十月传旨曰："向者讨耽罗，京外别抄亡者甚多，不可不惩，故曾以罪状轻重征银，收其田丁。今国家多难，天文屡变，欲修德弥灾，其已征白银外，其所收田丁，悉令还之。"⑥从与征银并列的情况看，收田丁的性质应近于罚金，属财产刑的范畴。这是因为田与丁均是高丽人财产最重要的组成部分，⑦是可以继承的。⑧

有韩国学者在研究高丽的官人犯罪问题时，将收职田同高丽前期的田柴科制度相联系，认为在高丽前期，"对官人犯罪执行刑罚的过程中，刑罚体系和收租地分配体系同时启动，以对犯罪人进行处罚，这是完整、全面地反映高丽官僚运

---

① 当然关于唐代官员永业田的给授是有争论的，王国维认为"有名无实"，张泽咸则不同意这样的看法（可参见张泽咸：《唐代阶级结构研究》，第 140—142 页）。

② ［唐］杜佑：《通典》，中华书局，2003 年版，第 30 页。

③ ［韩］최연식：《高麗前期의職田과그支給形態》，载《韩国史研究》（70），1990 年 9 月，第 66 页。

④ 《高丽史》卷七十八《食货一》，第 2485 页。

⑤ 《高丽史》卷八十四《刑法一》，第 2668 页。

⑥ 《高丽史》卷二十七《元宗三》，第 867 页。

⑦ 《高丽史》九十一《宗室二·王珦传》："忠烈王三子……珦忠宣二年封丹阳府院大君……红贼陷京城，珦与典理判书印安等降于贼。及贼平，监察司劾奏：'珦（王有）等降贼……罪莫大焉，不可与愚民一视。若以罪经赦宥，则乞禁锢子孙，籍没田民，以惩后人。'王从之。"（《高丽史》九十一《宗室二·王珦传》）《高丽史》卷一百十一《庆复兴传》载庆复兴移檄德兴君者曰："本国父老子弟或以功名、或以朝觐，用宾中国……尔尚不知委质报德误从白家之息自纳篡逆之，必使之夷三族拨坟墓潴宅舍、没田口然后已乎？"（《高丽史》卷一百十一《庆复兴传》）"田"与"民"（或"口"）并列，均为籍没的对象。

⑧ 靖宗十二年判："诸田丁连立无嫡子，则嫡孙；无嫡孙，则同母弟；无同母弟，则庶孙；无男孙，则女孙。"（《高丽史》卷八十四《刑法一》，第 2683 页。）

行构造之高丽独有的一种体制"。① 我们认为,对收田之刑,还可以这样理解:高丽土地制度的一个重要原则是按照人们所服之役分配土地(当然"功荫田"除外):只要你为国家工作,不论是高官还是贱吏,均可分得一定的田土,而犯罪之人在服刑期间已不再为国服务,其田土当然要被回收。作为一个反证,因功荫所得之田,即使本人犯罪,也不在收回之限,而可传给子孙。②

四、制度变异的原因

一个国家的法律对犯罪与刑罚如何设定,首先取决于其国民特别是统治阶层对于各种行为之社会危害性的认识,而这种认识又与该国的政治体制与社会结构有关。在这些方面,高丽与唐均存在重大差异:高丽是一个"君弱臣强"③的贵族社会,而唐则是一个君主集权的国家。

高丽贵族制④的社会结构与权力格局乃因袭新罗而来,而新罗实行以血统为中心的"骨品制度"。⑤ 高丽太祖王建之能化家为国,主要在于地方豪族势力的支持。统一之后,大的豪族势力与和平归顺高丽的新罗贵族,在既有社会结构的影响下,逐渐取代了骨品制下的旧贵族,形成了一种新的贵族势力——在京贵族集团。整个高丽时期,王权相对微弱,贵族势力强大,对王权形成了有力的牵

---

① [韩]尹薰杓《고려시기관인법죄의행형운영과그변화》,刊于《고려시대의형법과형정(한국사론33)》국사편찬위원회 2002,第 90 页。

② 显宗十二年十月判:"功荫田,直子犯罪,移给其孙。"文宗三年五月,"定两班功荫田柴法……功荫田者之子孙谋危社稷、谋叛、大逆、延坐及杂犯公私罪除名外,虽其子有罪,其孙无罪,则给功荫田柴三分之一。"(《高丽史》卷七十八《食货一》,第 24872 页。)

③ 朝鲜王朝时期的史学家洪汝河即云:"然高丽一代之制……君弱臣强,而君臣之道缺。三纲沦,九法斁,而礼之大本亡焉。"[朝鲜]洪汝河:《木斋文集》卷十《礼志论》,韩国文集丛刊[124],(首尔)景仁文化社,1996 年版,第 519 页。

④ 参见[韩]邊太燮:《韩国史通论》第三编第一章《門閥貴族社會의형성》,三英社,1999 年;[韩]李基白:《高麗中央官僚의貴族적성격-成宗대를中心으로》(《東洋學》5 단국대학교동양학연구소,1975》)。

⑤ 所谓"骨品制度"是指新罗之按照血统的尊贵与卑贱程度来决定人们在政治、社会、文化及日常生活中是否享有某种特权的等级身份制度。新罗的骨品制共分为圣骨、真骨、六头品、五头品、四头品、三头品、二头品、一头品八个等级。其中圣骨为金氏王族中具有成为国王资格之人的等级,在真德女王之后,圣骨消失。真骨为金氏王族中没有成为国王资格的人之等级,因真德女王死后,圣骨等级消失,所以真骨出身的太宗武烈王才得以继位。六头品、五头品、四头品为一般贵族,其中六头品号为"难得",是仅次于真骨一级的特权阶层。三头品、二头品、一头品之后也逐渐消失,被统称为平民或百姓,相当于一般的自由民阶层。另外,新罗社会还存在数量庞大的贱民阶层。(参见[韩]李基白:《韩国史新论》,第 78 页)

制,重要国政一般都要经大贵族的合议才能实行。《高丽史·崔莹传》记载:

> 辛禑元年(崔莹)判三司事。二年,都堂以禑命欲宥在贬康舜龙、郑思道、廉兴邦、成大庸、郑寓、尹虎、郑梦周等,议已定,莹出猎,不与其议,及还,录事请署其案,莹怒曰:"国家大事,必大臣合议然后行,何不预告,遽取署耶?"遂不署。①

唐代社会虽亦残留贵族制的色彩,但皇权持续提升,稳固地建立起了强大的君主专制政体。唐律在五刑之后首列"十恶",此制乃"王权天命论"的法制化,② 在法典中的位置与重要性上,远远凌驾于体现官僚贵族特权的议、请、减、荫等制。

这种体制与结构上的差异,使高丽在移植唐代法制时,不得不对之进行大规模的变异,财产刑不过是其中的一环而已。具体而言,由于贵族制的色彩,唐在律典中规定了赎刑制度,但在强劲皇权的笼罩下,其适用极为严格。在唐代,赎刑的适用对象尽管有数类,但主要是各级官员及其亲属。即,适用赎刑的首要前提,是当事人的身份必须是君主的臣属。赎刑作为官员特权的一种,因身份而取得,反过来亦具有确认身份的作用,故其适用不能不严格。

在高丽,高门贵族不仅世代占据着一些重要职位,而且还通过"荫叙"制度及在科举制上设置于己有利的条件③,使其势力世代相承,无世袭之名而有世袭之实,从而使赎刑权失去了确认身份的附加功能,其适用标准宽松即可从这方面获得解释。

在高丽的收田刑体系中,最重要的当属收职田。此制亦是基于半岛贵族制的国情,以"砺士行"为目的而创设。高丽末期,由于既有制度崩解,此法不能维持,大臣们相继上疏,要求恢复。尹绍宗上疏云:"窃观祖宗之制,凡有所犯者,不给田以砺士行……请令辨正都监收诸人所赐田民,及所鬻告身,以砺风俗。"④ 此制直到朝鲜王朝的世祖时期才告废止。⑤《朝鲜王朝实录·世祖实录》世祖十二

---

① 《高丽史》卷一百十三《崔莹传》,第 3462 页。
② 高明士:《从律令制的演变看唐宋间的变革》,载《台大历史学报》第 32 期,第 13—14 页。
③ 参见[韩]朴龍雲:《高麗時代蔭叙制와科擧制研究》,一志社,1990 年,第 659—660 页。
④ 《高丽史》卷一百二十《尹绍宗传》,第 3657—3658 页。
⑤ 关于朝鲜前期职田制度的变动问题,可参看[韩]李景植:《朝鲜前期職田制의運營과 그 變動》,载《韩国史研究》(28),1980 年 3 月。本文不赘论。

年(1466年)八月甲子条:"革科田,置职田。"①所谓"科田"即高丽时期的职田。②因新实行的职田法不再如高丽时期那样世袭,大司宪梁诚之上疏反对:"科田所以养士大夫者也。臣闻将置职田……而致仕之臣,与夫公卿大夫之子孙,将不食一结田,似乖所谓世禄之意也。我东方土瘠民贫,士农各异,若不食禄食租,则与齐民无异矣。与齐民无异,则国无世臣矣。"③

所谓"士"即当时被称为"士大夫"的世家大族。世家大族并不从事具体的生业,完全以做官为生。④ 如被收职田,就意味着对其经济基础的打击,甚至导致家道的衰落,从而将其从贵族集团中排除,而这能进一步巩固贵族集团小集团的特性,⑤有利于贵族制的长久维持。质言之,收职田是贵族社会内部淘汰机制的组成部分之一。

在高丽,"士"之地位的高低取决于门阀,而门阀的高低不仅取决于血缘,还取决于家风特别是家族成员的品行。因此,高丽社会特重"风俗"。如在婚宦、行为上有所不端,就会被认为有"咎痕",对本人及其子孙乃至整个家族都将产生重大影响,收职田亦是此种系统性制度中的一环。辛禑十四年七月,大司宪赵浚等在上书中说:"我太祖……乃定田制……凡士大夫受田者,有罪则收之,人人自

---

① 《朝鲜王朝实录·世祖实录》世祖十二年八月甲子条。
② 朝鲜初期河纬之:《丹溪遗稿·戊午庭对策》:"臣谓职田之法,始于隋唐……国家科田之制,因爵之等级,定田之多寡。职虽已去,而田则不去。身虽已殁,而犹及后嗣。其忠信重禄之美,非隋唐职田之比"(《韩国文集丛刊》[8],1996年版)指出了到当时(朝鲜王朝初期)为止的职田(科田)之法与唐制的不同,即半岛的职田到了后来实际上变成了世袭,故收职田也就成为一种比较重的财产刑。
③ 《朝鲜王朝实录·世祖实录》,世祖十二年十一月庚午条,首尔大学奎章阁本。
④ 柳寿垣《迂书》卷一《论丽制》"奴婢"条:"或曰:丽末百姓无寸土,欲禁士族占据私田之弊,则巨室世族皆曰:士族无世业,则必然流入于工商杂技,占据私田之弊。不可禁止云。"柳寿垣《迂书》卷一《论丽制》,民族文化推进会本。
⑤ 奥尔森就指出:"当这些分利集团企图通过政治行动达到其目标时,排挤新成员的原因在于:该集团若能以最少的人数取胜,则其中每一成员分得的利益最多。……采用政治或军事手段来达到目的的特殊利益集团的一个有趣例子就是掌握统治权的贵族或寡头。……该集团必定是排他性的……全部历史上所有贵族统治集团都有排他性的事实……当统治集团的地位足够稳定,能将其权力传给其后代时,这种排他性就更加明显了。……这种排他性是如此根深蒂固,以致有些人认为这是'天赋的',并找出一切理由来为其辩护。"([美]曼库儿·奥尔森:《国家兴衰探源——经济增长、滞胀与社会僵化》,吕应中等译,商务印书馆1999年版,第77—78页。)他还指出:"对于一个不按人口比例分配农业收成的分利集团而言……最少人数的分利集团中的成员可以取得最大的收益。"(《国家兴衰探源——经济增长、滞胀与社会僵化》,第172页。)

重,不敢犯法,礼义兴而风俗美。"①收职田有助于维护贵族集团文化上的优越地位,从而增强贵族制本身的合理性。

相比之下,唐代的罚俸制是基于皇权专制体制下官僚政治的现实而为,以对官员的控制与惩罚为目的,不符合半岛的国情,故高丽法典及司法实践中,不得不进行变异,从而创设出收职田的处罚,形成了有自身特色的刑罚与刑罚体系。总之,高丽的收田之刑作为一个完整的体系,它与半岛特定的结构与体制紧密联系,是整个制度系统的有机组成部分。

当然,影响法律的因素从来都不是单一的。除了权力、体制与结构的原因外,文化传统、宗教信仰、经济发展程度等因素对高丽财产刑的盛行也有一定影响。

首先,它和半岛的传统与风习密切相关。《宣和奉使高丽图经》卷十九民庶条:"然其为人寡恩好色,泛爱重财。"②"泛爱"指基于佛教的轻刑传统。关于此,孙穆在其《鸡林类事》中说:"夷性仁,至期多赦者。"③洪汝河云:"若高丽政刑,一切不论轻重,专以慈仁姑息为心。"④高丽神宗亦下诏:"视古哲王,宽刑宥罪,崇德报功。"⑤在这种传统下,一些从中国移植而来的刑罚制度逐渐轻刑化,最典型的就是杖刑。在唐代,杖刑几乎等于死刑,故不行杖罚竟成了为政宽仁的表现。⑥ 天宝六载(747 年),玄宗下令削除绞、斩两种死刑,实际情况却是"其实有司率杖杀之"。⑦ 而在高丽,杖刑确为一种轻刑,并给宋朝使节留下了深刻印象,在他们记录中多有高丽"笞杖极轻"⑧、"笞杖颇轻"⑨之类说法。赎刑的大规模适用,也当与此轻刑化传统有关,主要适用于"情可矜、法可哀"的情形。

"重财"与"泛爱"并列,足见它是当时半岛的另一重要社会风习,反映了高丽

---

① 《高丽史》卷七十八《食货一》,第 2490—2491 页。
② [宋] 徐兢:《宣和奉使高丽图经》,第 69 页。
③ [宋] 孙穆:《鸡林类事》,载杨渭生等编《十至十四世纪中韩关系史料汇编》(上),学苑出版社,1999 年版,第 25 页。
④ [朝鲜] 洪汝河:《木斋文集》卷十《刑法志》,韩国文集丛刊[124],1996 年版,第 524 页。
⑤ 《高丽史》卷二十一《神宗世家》,第 649 页。
⑥ [后晋] 刘昫:《旧唐书·韩思复传》:"韩思复……初为汴州司户参军,为政宽恕,不行杖罚。"(中华书局,1975 年,第 3148 页)又《旧唐书·徐有功传》:"徐有功……为政宽仁,不行杖罚。"(第 2817—2818 页)
⑦ [宋] 司马光编著、[元] 胡三省音注:《资治通鉴》卷第二百十五天宝六载春正月丁亥条,中华书局,1995 年版,第 6876 页。
⑧ [宋] 徐兢:《宣和奉使高丽图经》卷十六,第 55 页。
⑨ [宋] 孙穆:《鸡林类事》,第 25 页。

人对财产所持的人生态度。《宋史·高丽传》载高丽肃宗事迹云:"颙性贪吝,好夺商贾利。富室犯法,辄久縻责赎,虽微罪亦输银数斤。"①高丽财产刑的盛行当与此现实有关。

其次,就经济的发展程度而言,高丽与唐也不可同日而语。无须多方论证,仅从货币的使用和流通一个侧面就足以说明问题。②直到睿宗十七年(宋宣和四年),徐兢出使高丽时看到的情况还是"无泉货之法,惟纻布、银瓶,以准其直。至日用微物不及匹两者,以米计锱铢而偿之"。③因为"国民贫俗俭",④高丽的官府亦颇为困窘。《宣和奉使高丽图经》卷三郡邑条:"治民惟牧守都护,公廨数楹,令长则随所在舍于居民。夷政租赋之外无健讼在官者。公田不足以资用,则亦仰给于富民云。"⑤在这样的财政状况下,朝廷必须多方筹集资金,财产刑不过是其中的一个途径而已。

再者,高丽财产刑的盛行,与本国佛教的兴盛也有关系。高丽的财产刑以"赎铜、征瓦"为主要形式,如果说赎铜可以弥补财政之缺,那么"征瓦"的作用何在?如果我们注意到瓦的建筑材料属性,对其用途就可揣知一二了。

在整个高丽时期,除去大量创建寺刹外,国家并无重大的建设活动⑥。而高丽历代国王都十分佞佛,在位期间热衷于建设各种裨补寺刹,而这需要大量的建筑材料与金钱,铜与瓦尤必不可少。比如,高丽文宗时期创建的兴王寺,"凡二千八百间,十二年而功毕",⑦其需要材料数量之大可想而知。与此同时,在高丽社会,每年都要举行各种形式的与佛教相关的活动。⑧单就"饭僧"一项,每次少则

---

① 《宋史·高丽传》,中华书局,1977年,第14048页。
② 高丽使用货币的时期非常晚,《高丽史·食货志》货币条载:"成宗十五(996)年四月,始用铁钱"。(《高丽史》卷七十九《食货二》,第2519页)不过之后好像并没有流通,所以在肃宗二年(1097)十二月又下教说:"朕承先王之业,将欲兴民间大利,其立铸钱官,使百姓通用。"在肃宗六年四月,铸钱都监还上奏说:"国人始知用钱之利,以为便,乞告于宗庙。"到肃宗九年又命令"州县出米谷开酒食店,许民贸易,使知钱利。"但当时的情况却是"泉货之行已三岁矣,民贫不能兴用。"(《高丽史》卷七十九《食货二》,第2520页)以后在高丽还时常有废钱之议。
③ [宋]徐兢:《宣和奉使高丽图经》卷三贸易条,第10页。
④ [宋]徐兢:《宣和奉使高丽图经》,第71页。
⑤ [宋]徐兢:《宣和奉使高丽图经》,第10—11页。
⑥ 比如一直到高丽末期,其不少重要的城市都没有城墙,就连高丽之王京开京,其建设也相对简单,比如徐兢在其《宣和奉使高丽图经》卷三"国城"条(第9页)中就说:"今王城在鸭绿水之东南千余里,非平壤之旧矣。其城周围六十里,山形缭绕,杂以沙砾,随其地形而筑之,无濠堑,不施女墙,列构延屋如廊庑状,颇类敌楼。虽施兵仗以备不虞,而因山之势非尽坚高,至其低处则不能受敌。万一有警,信知其不足守也。"
⑦ 《高丽史》卷八《文宗二》,第233页
⑧ 具体参见朴龙云:《高丽时代史》,一志社,1996年版,第346—351页。

几百,多则10万,其所需要的费用之广可见一斑,高丽财产刑的广泛运用当与此有一定关系。

五、小　结

高丽对唐财产刑的变异主要体现在以下三个方面:首先,高丽赎刑的适用极为普遍,对公徒、私杖以下之罪,为普遍之赎刑,而非如唐代那样有种种严格的限制。其次,在唐代,罚金刑被逐出了国家的法典,而在高丽,罚金却是一种主刑,不仅适用频繁,而且已进入到国家正式的法律体系。再次,在贵族制的权力格局下,高丽还创设出以官员为主要适用对象的收田刑。

高丽对唐代财产刑的此类变异,首先与其在政治体制与社会结构上和唐存在重大差异有关。这种差异的关键在于:高丽是一个等级森严的贵族社会,而唐则是一个君主集权制国家。在贵族制下,赎刑权失去了其在唐代所具有的确认身份的功能,故适用标准相对宽松。而贵族制又是一种小集团的统治,需有一种内部的淘汰机制,以"砺士行"为目标的收田刑便具有了这样的功能。另外,在政治、体制与结构的因素外,意识形态、经济发展程度与文化传统等方面的差异也是高丽对唐制进行变异的原因,重财的习俗及佛教的兴盛亦都在不同程度上刺激了高丽财产刑的发达。

On the Variation of Property-oriented Penalties which Koryo had to Tang Dynasty

Zhang Chunhai

Abstract:In the process of Koryo's transplanting Tang code in order to make its own law and code, although Koryo had transplanted the Five Penalties, but it had a sharp variation in practice. In terms of property-oriented penalties, Tang code only prescribed one kind that was punishment redeeming. In Tang the redeeming was just one kind of accessory penalty, and it should be applied under strict restriction. But in Koryo, there were three kind of property-oriented Penalties including punishment redeeming, fine and confiscation of field. All of them were approximately given the position of principal penalty. These property-oriented penalties not only were applied widely and frequently, but had big difference from Tang. The above mentioned Koryo's variation of property-oriented penalties of Tang code was related to the big difference of their politics system and social structure between Koryo and Tang. Furthermore, ideological and cultural traditions of differences was also the reason of such variation.

Key words: Koryo; Punishment Redeeming; Fine

（责任编辑：艾佳慧）

民商法学

日本民法解释方法论的变迁与其特质

[日]山本敬三*著
冯洁语**译 叶周侠***校

[摘 要] 自1898年《日本民法典》施行至今,从比较法视角来看,关于日本民法解释方法方面的讨论发生了意味深长的变迁。本文通过对此种讨论变迁的检讨,从以下三个观点分析了日本民法解释方法论的比较法特质:1.法解释的目的是社会治理还是纷争解决;2.法解释构造(特别是法律获得与法律适用之区别);3.法解释正当化的依据与方法(基于制定法正当化和基于价值判断正当化之间的关系和其中理论扮演的角色)。

[关键词] 法解释的方法;民法;利益衡量;议论理论

一、前 言

自1989年《日本民法典》施行至今,即使是从比较法角度来看,关于日本民法解释方法的讨论也经历了十分有趣的变迁。在这方面,适应各个时代的要求,形成了各种各样关于法解释的目的、构造和正当化的根据与方法的观点。通过检讨此种讨论的变迁,本文试图明确日本民法解释方法论的比较法特质。①

---

* 山本敬三,京都大学教授。
** 冯洁语,南京大学法学院助理研究员。本翻译系2018年度教育部一般人文社科研究青年项目(18YJC820017)阶段性成果。
*** 叶周侠,日本京都大学博士研究生。
① 本文根据原载于克劳斯-威尔海姆·卡纳里斯教授(德国慕尼黑大学名誉教授)八十岁纪念文集的 Keizo Yamamoto, Privatrechtsdogmatikimjapanischen Recht – Entwicklung der Diskussionüber die Zivilrechtmethodik in Japan, in: Privatrechtsdogmatikim 21. Jahrhundert, Festschrift für Claus-Wilhelm Canariszum 80. Geburtstag, 2017, S. 1221 一文修正而成。本文受邀根据"21世纪的私法解释学"这一统一主题,从"私法解释学的国(见下页)

(为方便读者查找相关文献,本译文对原文脚注中的日文文献信息皆保留日文形式。——编者注)

下文二与三中，回溯日本民法解释方法相关讨论的变迁。其中，下文二处理《日本民法典》制定至第二次世界大战（也即到支配性的民法解释方法确立为止）相关讨论的发展。② 下文三处理第二次世界大战至今相关讨论的发展。在此基础上，下文四基于上述讨论之变迁，分析日本民法解释方法的比较法特质。

二、战前的民法解释方法论

（一）注释法学之克服

1. 从文义解释转向逻辑解释——民法起草者的民法解释方法论

首先，在最初阶段（即从整备法典的明治时代中期到后半期），占支配地位的是按照文字对法典做注释性的解释。此际，法解释被理解为，以法律条文为对象，逐字确定其意义。具体而言，以语言的惯用意义与语法规则为基础，确定法律文本的意义，其中，尤须考虑法律专用术语在法学中的特殊用法。此种方法被称为"文义解释（文理解释）"。

不过，《日本民法典》的起草者自身（特别是富井政章与梅谦次郎）很早就指出，仅依赖此种方法是存在疑问的。这是因为，法律本是基于特定目的，规范社会生活，如果拘泥于字句，反而可能会导致与目的相违背的结果。法律文本本身不能等同于法律，而是须参照法律文本所确定的法律精神加以解释。为此，必须将法律整体的构造、各项规定之间的相互关系、立法理由以及立法当时的状况、被继受的母法等作为资料，以"推理"出法律精神。此种做法不仅在法律有规定

（接上页）际展望"视角介绍日本法的特色，选取最能展现这一主题的题材即民法解释方法并展开讨论。本文前半部分（二、三）与笔者以前的概述完全相同（山本敬三「法的思考の構造と特質：自己理解の現況と課題」『岩波講座現代の法 15』〔岩波書店、1997 年〕231 頁），但之所以简略后仍再次提出，是为了给并不熟知日本法的读者提供前提知识。适当地提及相关的欧文文献也是出于相同的考虑。本文后半部分（四）是以揭示日本民法解释方法论相关讨论的比较法特色为目的，对其做的整理与分析。即使是对于日本的研究者和法律实务人士而言不言自明的事项，从外部视角来看，也反映了重要的特质。考虑到此种检讨重新在日本出版也多少有些意义，因此决定公开发于《民商法杂志》。（本文后发表于《民商法杂志》第 154 卷第 1 号。译文以日本版为主，部分参考了德语版。——译者注）

② 详尽论述此种讨论变迁的，除瀨川信久「民法の解釈」星野英一編集『民法講座（別卷 1）』〔有斐閣、1990 年〕1 頁以下〔该文中文版参见瀨川信久：《民法的解释》，班天可、陈颖译，载梁慧星主编《民商法论丛》第 56 卷。——译者注〕，山本·前揭注 1）231 頁外，还有 Gundram-Rahn, Rechtsdenken und Rechtsauffassung in Japan, 1990（其对象是 20 世纪 80 年代为止的讨论状况，目的是就此明确日本特有的法律观念——但 20 世纪 80 年代后的议论理论对 20 世纪 80 年代为止的民法解释方法论做了全面的批判）。

的情况中,而且在法律欠缺规定的情况中也是妥当的。此种解释方法被称为"逻辑解释(论理解释)"。③

此种民法起草者所采解释方法论的基础在于:必须通过法律,亦即继受法实现日本社会的近代化,因此可以认为他们采用了这个意义上的制定法实证主义。④

2. 学说继受——日本概念法学的形成

(1) 学说继受——继受法的二重构造

之后,在19世纪10年代至20年代期间,日本的民法解释学发生了所谓的"学说继受"。"学说继受"是指:"既存的法'学问化'时,该国的法律人(主要是法学家)完全以某一特定的外国法为依据,在重要的几个方面(纵使不是全部方面),对既存法做不同于当时既存法规范构造不同的改造。"⑤

例如,根据《日本民法典》第415条,债务不履行所致损害赔偿的构成要件是债务不履行和应归责于债务人之事由。尽管如此,在学说继受时期,该规定被解释为,规定了履行迟延、履行不能与不完全履行(积极侵害债权)三种债务不履行的类型,而应归责于债务人这一要件则从过失责任主义,解释为故意、过失或在诚实信用上可等同视之的事由。⑥

像这样,可以说日本民法被嵌入到了德国法的模型中,忽视了各条规定的母法为何。此种现象必须放在当时的背景下理解,当时德国法的解释学通过明确且严密的法律概念和制度实现了体系的整理,对于日本人而言,具有非常大的魅力。由此,通过学说继受进行继受法的同化,正是日本法的特色所在。

(2) 日本概念法学的形成

即使是在这一时期,民法解释方法论方面仍如前述重视逻辑解释。其代表性主张者是石坂音四郎,根据石坂音四郎的理论,逻辑解释包含"有机体解释"和"目的解释",前者指把法律全体当作一个有机体,将各个规定作为该有机体的一部分加以解释的方法,后者是指把法律当作为了实现某一目的的手段,参照该目

---

③ 富井政章『民法原論第1卷 総論上〔訂正4版〕』(有斐閣、1904年、初出1903年)82頁以下を参照。类似参见:梅謙次郎『民法総則』(信山社、復刻版1990年、初出1904年)304頁以下。关于民法起草者的民法解释方法论,详见:瀬川信久「梅・富井の民法解釈方法論と法思想」北大法学論集41卷5・6号(1991年)393頁。

④ 参见:瀬川・前揭注3)401頁以下・417頁・426頁。

⑤ 除北川善太郎『日本法学の歴史と理論』(日本評論社、1968年)25頁以下外,也参见: Zentaro Kitagawa, Rezeption und Fortbildung des europäischen Zivilrechts in Japan, 1970, S. 67.

⑥ 参见:我妻栄『新訂債権総論』(岩波書店、1964年)98頁以下・102頁以下・143頁以下・150頁以下。

的,解释各个规定的意义的方法。⑦ 但是,在这一时期,法解释学的论文和体系书中实际进行的法解释,则重视前者的逻辑层面。⑧

对此,首先区分法律适用和法解释。法律适用是指确定具体的事实,将其涵摄于法律规范的程序。可以说,如果事实确定,这一个程序本身通过三段论自动进行。但是,作为前提的是,法律规范的内容事先明确。对此,必须要进行法解释。

通过法律规范所含法律概念的分析和其逻辑的适用所欲明确的目标,则是法律规范的内容。进行此种法律概念的体系性分析的模型则是德国的潘德克屯法学。因此,此种方法往往被称为"概念法学"——实际上,在某些点上与德国存在不可忽视的差异。⑨

此种日本的"概念法学",为的是构建逻辑上无矛盾的法律体系,因此,格外重视"理论"。

例如,关于损害赔偿的范围,《日本民法典》第416条参照英国法,规定因不履行通常产生的损害和虽因特殊情况但当事人预见或可预见该情况的损害。尽管如此,学说则从遵从德国法进行解释,以差额说为前提,认为可赔偿损害与债务不履行之间存在相当性因果关系。因此,像这样,将相当因果关系作为损害赔偿责任一般理论,而第416条采相当因果关系,并将该条类推到了侵权责任中——尽管规定的是因债务不履行所致的损害赔偿责任。

(3) 日本的"概念法学"在民法解释方法论中的位置

因为此种学说继受,日本产生了所谓继受法二重构造的特殊问题。但是,通过日本的"概念法学",总体上,基于"理论"连贯地解释了日本民法的各制度、各

---

⑦ 石坂音四郎「法律解釋論」同『民法研究第4卷』(有斐閣、1917年、初出1915年)105頁以下。进一步也参见:同「法律ノ解釋乃ヒ適用ニ就キテ」同『民法研究第2卷』(有斐閣、1913年、初出1912年)174頁以下,同「法律學ノ性質」同『民法研究第3卷』(有斐閣、1914年、初出1913年)36頁以下。对日本"概念法学"的介绍(含石坂)、检讨也参见:Rahn, a. a. O. (Fn. 2), S. 116 ff.

⑧ 参见:辻伸行「石坂音四郎の民法学とドイツ民法理論の導入——ドイツ民法理論導入全盛期の民法学の一断面」水本浩＝平井一雄編集『日本民法学史・通史』(信山社、1998年)138頁以下。

⑨ 例如,日本承认法律存在漏洞,并以漏洞填补方法为问题进行讨论。(石坂・前揭注7)『民法研究第2卷』187頁以下等)。在这个意义上,日本的"概念法学"与否定漏洞存在的德国概念法学不同,应当说是"不真正"的概念法学。(北川・前揭注5)『日本法学の歴史と理論』305頁以下等)。但是,辻指出,石坂确实承认法律存在漏洞,但是在其民法解释学相关论稿中,则认为结论是从法律出发获得的推论。辻前揭注8)152頁以下、156頁。

规定,克服了之前注释法学残留的问题。这一点可以说是日本"概念法学"最大的功绩。

(二) 从制定法实证主义中脱离——末弘严太郎

之后,自大正时代末期到昭和时代,日本的"概念法学"受到了严厉的批评,出现了摸索新的民法解释方法论的动向。其先驱是末弘严太郎。⑩

1. 承认法官造法

根据之前"概念法学"的观点,原则上,区分法解释和法律适用,法解释的内容也是从现行法律体系中,通过概念的逻辑演绎推导得出的。如果贯彻此种观点,那么,按理说,法律体系中已经准备了任何问题的答案,所谓解释,就是发现并说明答案。

但是,面对具体案件,法官实际上真的是如此为之吗?对此,末弘认为,就事实来看,法官也造法。当然,这和立法是不同的。立法的情况下,预想作为适用对象的不特定事实,制定抽象法规。与之相对,法官不过是为了在法律上处理被分派的具体案件,在必要的限度内,制定必要的法。但是,因为预想也应适用于将来其他同类案件,所以还是具有法的性质。⑪

2. 社会法之尊重

那么,法官如何造法?

根据末弘的观点,各种法律规范规定一定的社会关系,不过是规范的内容自始就确定了。因此,即使是法律,也需要精确地决定,其想要规定的是哪种类型的社会关系和与之相应的规范内容。

但是,这样的话,与之不同的社会关系方面,就会存在"法律漏洞"。这种情况下,必须明确有疑问的具体社会关系的特质,创设对其而言妥当的法律规范。此时,在此种关系中,若已经存在习惯法等"社会性的法律规范",那么原则上必

---

⑩ 其中尤其以末弘经手的民法判例研究会『判例民法大正 10 年度』(有斐閣、1923 年)的序言格外重要。进一步见:末弘厳太郎『物権法上巻』(有斐閣、1921 年)的"自序"、同『民法講話上巻』(岩波書店、1926 年)、同「法律解釈に於ける理論と政策」同『民法雑考』(日本評論社、1932 年、初出 1931 年)1 頁、同『法学入門』(日本評論社、1934 年、初出 1929—31 年)等。对末弘见解的介绍与检讨,参见:瀬川・前掲注 2)3 頁以下、Rahn, a. a. O.(Fn. 2), S. 143 ff.

⑪ 参见:末弘・前揭注 10)『民法雑考』16 頁以下、同・前揭注 10)『法学入門』155 頁以下・167 頁以下・180 頁以下。

须以此为标准。但是,在不存在此种规范的情况下,法官必须根据"全人格的判断"[12],创设与该具体社会关系的特质相适应的法律规范。但是,因为创设出来的也是法律,所以必须受到更高位阶的法律规范的拘束,必须考虑与其他法律规范的"整齐协调(均整)"。[13] 末弘的考虑正是如此,聚焦"事实",实现与之相应的"正义",与之同时,坚持相同事物相同裁判的"公平"要求。[14]

3. 末弘在民法解释方法论变迁中的位置

末弘的此种见解,导致日本重新审视了之前处于支配地位的制定法实证主义。此外,由尤根·埃里希(Eugen Ehrlich)奠基的法社会学引人注目,[15]日本民法解释方法论开始关心日本的"活法"。[16] 由此,意识到了与继受的西欧法不同的"固有法"的存在。

(三)支配性的民法解释方法论之确立——我妻荣

因末弘所提的这一问题,传统法学在接受此种批评的同时,迫切需要重新确保自身存在的基础。回应此种需求,确立了之后民法解释方法论的,则是我妻荣。[17]

1. 法律判断与法律构成的区别

的确正如末弘所说,当时为止的日本"概念法学"未能正确认识到法律判断的现实情况。这尤其体现在,当时一直认为实际的法律判断本身通过三段论形成。实际上,在进行法律判断的真实的心理过程中,各种各样的因素均起作用,进行的是全人格的判断。所谓三段论,不过是前述判断完成后,"从背后披上的外衣形式"。我妻的出发点,正是在必须清晰地意识到这一点的基础上,论述民

---

[12] 参见:末弘・前揭注 10)『民法講話上巻』33 頁以下、特に 35 頁以下・39 頁以下・51 頁、同・前揭注 10)『法学入門』157 頁以下。

[13] 参见:末弘・前揭注 10)『民法雑考』24 頁以下、特に 32 頁以下。

[14] 参见:末弘・前揭注 10)『民法講話上巻』47 頁以下、同・前揭注 10)『法学入門』160 頁以下。

[15] *Eugen Ehrlich*, Grundlegung der Soziologie des Rechts, 1913、エールリッヒ(河上倫逸=M.フーブリヒト訳)『法社会学の基礎理論』(みすず書房、1984 年)。

[16] 参见:末弘厳太郎『農村法律問題』(改造社、1924 年)、同・前揭注 10)『民法講話上巻』24 頁以下。

[17] 我妻栄「私法の方法論に関する一考察」法協雑誌 44 巻 6 号・7 号・10 号(1926 年)。该论文收录于:我妻栄『近代法における債権の優越的地位』(有斐閣、1953 年)475 頁以下(以下引用该书)。对我妻见解的介绍与检讨参见:瀬川・前揭注 2)12 頁以下、*Rahn*, a. a. O. (Fn. 2), S. 152 ff.

法解释方法论。[18]

2. 法律判断客观性之确保

即使像这样认为实际法律判断是全人格的判断,也不能将其委蛇判断者的恣意,必须尽可能维持客观性。在这个方面,为了实现客观,按我妻的观点,下述两点是必须的。

第一点,明确何种判断才是妥当的判断标准。我妻认为,这是"法律应当实现的理想"的问题,换言之,是关于价值和原则的问题。但是,在这方面如果只提出抽象的、一般性的指导原则,难免恣意的渗入。因此,对于各种法律关系,必须尽可能明确相应的具体指导原则。[19]

第二点,我妻认为,为了明确此种具体的指导原则,必须进行"社会生活的实证研究"。这是说,将问题案件看作一种社会现象,明确其法律处理和其他社会因素之间存在怎样的关系。唯有以此种分析为基础,才能在对该案件进行法律判断时避免短视的、主观的判断与空想的判断。[20]

3. 法律构成的弹性

但是,我妻认为,仅仅如此,即使获得具体妥当的判断也仍然不是"真正的法律判断"。为了保障法律确定性、面对国家权力确保个人自由,更进一步要求以现行法为基础,对此种判断进行法律上的构造。

然而,仅仅单纯适用逻辑体系,无法实现具体妥当的判断。必要的是,在具体妥当的判断基础上,构造三段论。为此,一方面,对作为大前提的现行法体系必须顺应社会情势的变化做弹性的解释,另一方面,如果前者存在限度的话,那么就有必要对作为小前提的事实在可能的范围内进行调整。这是因为,唯有通过如此精巧的操作和达成"法律构成",才可能以"裁判"的形式实现具体妥当的判断。[21]

4. 我妻在民法解释方法论变迁中的位置

总之,首先基于具体指导原则做出妥当的价值判断,然后基于现行法对其进行法律构成的观点,在民法解释方法论上确立了支配地位。此种"法解释由法律判断和法律构成组成"、"法律判断优先于法律构成"和"法律构成可以顺应法律判断调整"的理解方式,也在很大程度上框定了之后民法解释方法论的讨论。

---

[18] 参见:我妻荣·前揭注17)534页以下。
[19] 参见:我妻荣·前揭注17)492页以下。
[20] 参见:我妻荣·前揭注17)505页以下。
[21] 参见:我妻荣·前揭注17)532页以下、特に535页以下、553页以下。

三、第二次世界大战至今民法解释方法论之展开

(一) 法解释论战

1. 针对法解释客观性提出的质疑——来栖三郎

第二次世界大战后不久,对于上述支配性的民法解释方法论,出现了针对法解释的"客观性"的根本性质疑。引发这一讨论契机的则是来栖三郎。㉒

(1) 法解释的主观性。

来栖的出发点是聚焦法解释的现实。据此,法解释中,与其说存在唯一正确的客观的解释,不如说是不得不承认存在复数的解释可能性。当然,尽管以条文用语为出发点存在"一定的边界",但是在这其中,采何种解释,这是决断的问题。左右决断的,不外是解释者的"主观价值判断"。法律人无视了这一点,认为法解释是基于规范的逻辑演绎,就好像存在客观唯一正确的解释一样。这难道不是以客观为名,主张自己的观点么,不是一种假法规之权威的权威主义么?这正是来栖的质疑。㉓

(2) 克服的方向性。

此种价值判断与法律构成的对立,对应我妻的法律判断和法律构成的二分。但是,在我妻那里,法律构成被认为具有重要的意义,与之相对,来栖认为要是更具决定性的是价值判断,则应当让其走向前台。具体而言,围绕法解释的争论,也不应基于形式理由进行,而是必须基于实质理由进行。而且,由于这是实践性的决断问题,各人均须对结果承担政治责任。

然而,在此基础上,来栖提倡"社会学的方法",将其作为"法律人应遵从的正确的法解释方法"。通过"观察和分析现实社会关系",从中汲取法律规范这一点,也正是前述末弘的方法。来栖意欲继承这种方法,之所以这么做,正是因为基于此种方法,可以避免在法律规范中寻求不存在之物——这实为巧妇难为无

㉒ 来栖三郎「法律家」同『来栖三郎著作集 1 法律家・法の解釈・財産法』(信山社、2004 年、初出 1953 年。以下引用为『来栖著作集 1』)49 頁、同「法の解釈と法律家」同『来栖著作集 1』(初出 1954 年)73 頁;参见:「〈座談会〉法解釈学の科学性」法時 26 巻 4 号(1954 年) 51 頁。对来栖见解的介绍与检讨,参见:瀬川・前掲注 2)22 頁以下、Rahn, a. a. O. (Fn. 2), S. 203 ff.

㉓ 参见:来栖・前掲注 22)『来栖著作集 1』75 頁以下、前掲注 22)法時 26 巻 4 号 51 頁以下「来栖」。

米之炊,也可以不再"让主观伪装成客观"。㉔

2. 追求作为科学的法学——川岛武宜

与来栖几乎同时,川岛武宜参照美国的法律现实主义,对传统民法解释方法论提出了根本性质疑,扮演了法解释论战的领袖角色。㉕

(1) 价值判断与法律构成的对立。

川岛也将价值判断与(在以现行法为大前提的三段论意义上的)法律构成相对立,并关注前者价值判断。根据川岛的观点,后者法律构成不过是为了正当化已经取得的结论,而论证法律规定的用语中所包含的结果。当然,由于裁判不能基于法官个人主观的标准,必须适用作为"法"而被承认的客观的标准,所以构成的操作不可欠缺。但是,这终归是事后正当化的问题,决定实际结论的不外是价值判断。㉖

(2) "作为科学的法学"。

在这一方面,川岛和来栖相同,将价值判断本身看作是主观的决断。要言之,价值判断是指,对于各个判断主体而言,优先选择哪种价值的主观实践行为。㉗ 如果是那样的话,此种价值判断、随后的法解释,会不会最终变为"各说各话"? 那么,法学不是无助于确定性吗? 为了回答这些问题,川岛提倡的正是"作

㉔ 参见:来栖·前揭注 22)『来栖著作集 1』82 頁以下、前揭注 22)法時 26 卷 4 号 57 頁以下·60 頁「来栖」。但是,之后,来栖认为,法律判断是一种基于法的"拟制"将法律判断基于法作出这一点理解为一种"拟制"(因为可以"和实体任意偏离"〈虽知其不存在,但当其存在〉或是"假定的",所以是为了实现人人所希望的结果而采取的便宜手段,换言之,作为实现"根植于现实中的理想"的工具发挥作用),从而揭示了可为"法律构成"所具有的社会意义提供基础的思考方向(参见:来栖三郎『法とフィクション』〔東京大学出版会、1999 年〕)。对于来栖的评价,也参见:村上淳一「はしがき」来栖『法とフィクション』i 頁、木庭顕「余白に」来栖『法とフィクション』361 頁、広渡清吾「法的判断論の構図——法の解釈·適用とは何か」同『比較法社会論研究』(日本評論社、2009 年、初出 2004)289 頁。

㉕ 对川岛见解的介绍与检讨,参见:瀬川·前揭注 2)34 頁以下、Rahn, a. a. O. (Fn. 2), S. 216 ff.

㉖ 参见:川島武宜「科学としての法律学」同『科学としての法律学〔新版〕』(弘文堂、1964 年、初出 1955 年)19 頁·44 頁、同「市民的実用法学の方法と課題」『科学としての法律学』(初出 1958 年)116 頁·119 頁·143 頁以下·152 頁、同「判例研究の方法」『科学としての法律学』(初出 1962 年)192 頁·194 頁以下、同「法的コミュニケイションにおける記号的技術-法律学の対象に焦点をおいて」『川島武宜著作集第 6 巻』(岩波書店、1982 年、初出 1966 年。以下引用为『川島著作集 6』)155 頁以下·165 頁以下、同「『法律学』の現代の問題点」同『川島武宜著作集第 5 巻』(岩波書店、1982 年、初出 1968—70 年。以下引用为『川島著作集 5』)222 頁以下·264 頁以下。

㉗ 参见:川島·前揭注 26)『科学としての法律学』20 頁·62 頁以下。

为科学的法学"。

话虽如此,此种作为科学的法学的内容,即使是在川岛的观点中也一直随着时代而变化。

A. 价值判断的合理化。

最初,川岛意指的,不是价值判断本身,而是用经验科学的方法准备合理判断价值的前提条件。具体而言,必须明确作为价值判断标准的价值内容与价值体系,各个价值判断的内容、价值判断与价值体系之间的关系、价值判断之间的关系。[28] 此外,川岛也着眼于概念与逻辑构成(作为进行和传达价值判断的手段),认为有必要整备旨在更合目的、更有效率地进行价值判断的技术。[29]

B. 裁判的可预见性。

与此种以价值判断合理化为目标的立场相对,之后,川岛又似乎倡导以未来裁判的可预见性为目标的法学。该主张所依据的考量在于,对于市民活动而言,在自身权利义务方面进行怎样的裁判具有非常重要的意义。

因此,川岛认为,只要在经验科学上明确决定法官裁判行为的诸要素,那么预见裁判是可能的,这些要素中最为重要的是"裁判的先例",换言之,川岛将关注重点放到了"判例"上。但是,这并不是指判决中所示的,为了实现正当化的法律构成。为预见裁判结果所必要的,是对获得结论具有决定影响的"判断框架"。这是指,针对怎样的社会事实做出怎样的决定的标准。从各个判决中抽取此种标准,正是法学的任务。[30]

C. 通过控制裁判实现裁判的可预见性。

话虽如此,实际法官作出决定的过程,是一个极其复杂的、通过各个要素而建立结论的心理过程,不论怎样做,预见其结果都存在限度。为此,之后,川岛提倡预先设定裁判的标准,通过此种方式控制裁判,使其结果可预见。[31]

作为实现这一点的手段,"法律构成"重获关注。但是,此种"法律构成"不是为了事后正当化结论的法律构成。此处的问题点是从中发现做出裁判的标准,"为了在裁判之前,向法官传达实现裁判规范的法律构成"。根据川岛的观点,法学的重要任务正是在于,为做出此种意义上的法律构成,为控制裁判,提供切实

---

[28] 参见:川岛·前揭注 26)『科学としての法律学』28 页以下·49 页以下·65 页以下。
[29] 参见:川岛·前揭注 26)『科学としての法律学』67 页以下。
[30] 参见:川岛·前揭注 26)『科学としての法律学』140 页以下·156 页以下·164 页、175 页以下·200 页以下·215 页以下·219 页以下。
[31] 参见:川岛·前揭注 26)『川岛著作集 5』287 页以下。

有效的工具。㉜

3. 法解释论战的争议焦点

正如上文所述,可以看到,来栖要求明示实质理由,而川岛的目标则是通过确保裁判的可预见性,使得民法解释成为为市民服务的工具——在这个意义上,实现民法解释方法论的民主化。

受到该问题的影响,20 世纪 50 年代后半期到 60 年代,围绕民法解释方法论展开了激烈的论战。其中,在法解释包含价值判断这一前提下,着重讨论该价值判断是主观还是客观;如果是主观的,如何应对;如果是客观的,如何实现。㉝话虽如此,这里所谓"客观性",多数情况下,等同于基于马克思主义历史观的社会科学理论所产生之结果——此种社会科学理论是当时市民运动的指导思想(主心骨)。相比法解释方法,站在论战中心的也毋宁说是理念。因此,论战并未结束,两种观点并行发展。

(二) 利益衡量(考量)论

1. 利益衡量论之倡导——加藤一郎

之后,20 世纪 60 年代中期开始,当时民法解释学的实践者们提倡利益衡量论作为新的民法解释方法。㉞点燃导火索的则是加藤一郎。

(1) 价值判断与法律构成的对立。

加藤的出发点也同样是价值判断与法律构成的对立。而且,他认为实际的结论并非通过依据法律规范的形式化的法律构成所得出,而具有决定意义的是

㉜ 参见:川岛・前揭注 26)『川岛著作集 5』209 頁以下・222 頁以下、同・前揭注 26)『川岛著作集 6』154 頁以下、同「法的構成」同・前揭注 26)『川岛著作集 5』(初出 1975 年)328 頁以下。

㉝ 对论证的整理,参见:例如,碧海純一「戦後日本における法解釈論の検討」恒藤先生古稀祝賀記念『法解釈の理論』(有斐閣、1960 年)45 頁以下、水本浩「民法学における利益衡量論の成立とその成果」『現代民法学の方法と体系』(創文社、1996 年、初出 1970—71 年)100 頁以下、瀬川・前揭注 2)44 頁以下。

㉞ 对利益衡量论的介绍与检讨,参见:瀬川・前揭注 2)53 頁以下、瀬川信久「民法解釈論の今日的位相」同編『私法学の再構築』(北海道大学図書刊行会、1999 年)3 頁、大村敦志「利益考量論の再検討」『新しい日本の民法学へ』(東京大学出版会、2009 年、初出 2008 年)372 頁、同「新しい利益考量法学のために」星野英一先生追悼『日本民法学の新たな時代』(有斐閣、2015 年)77 頁、*Rahn*, a. a. O. (Fn. 2), S. 248 ff.

价值判断。当然,加藤也认为,法解释不是单纯像"大冈裁判"*那样,要成为"法律判断",依据法律规范的法律构成是必要的。㉟但是,加藤认为,此种法律构成不是僵化的,而是极具弹性、可操作的。在这个意义上,可以认为,加藤的立场将过去我妻的观点更推向了极端。

(2) 价值判断的过程——基于外行价值判断的利益衡量。

加藤的主张最新的点在于,在这基础上,将决定性的价值判断的过程理解为利益衡量。要言之,其将法律纷争理解为当事人以及社会利益的冲突,认为对前述利益冲突进行调整是法律判断因而也是裁判的任务。㊱这是因为当时的背景正是当时社会上新型利益纷争多发,迫使判例和学说作出应对。在这个意义上,利益衡量论不外是这些工作者的日常实践在方法论上的反映。

根据加藤的观点,在进行此种利益衡量之际,暂时要有意识地排除既存法律规范,必须用与外行相同的水平进行实质的价值判断。㊲例如,飞机坠落致地面上第三人死亡,死者家属对航空公司请求损害赔偿的情况,日本没有加入所谓的罗马公约(《外国航空器对地面第三人造成损害赔偿的公约》),也没有特别法,因此适用关于侵权行为的民法一般规定(《日本民法典》第709条)——以加害人具有故意或过失为要件。但是,加藤在结论上认为应当采航空公司无过错责任,因为对于受害人而言,此种情况与天灾等同,没有办法避免受害,但就这一点而言,航空公司运行有坠落风险的飞机,其可以将此种风险或通过运费转嫁或通过保险覆盖。㊳

(3) 加藤在民法解释方法论变迁中的位置。

加藤的此种观点,与通过法律构成控制价值判断的川岛的观点迥异。当然,加藤也承认价值判断的一般标准是"历史的和社会的认识"和"最大多数的最大幸福"。但是,加藤理论的特征在于,在具体情况中,相比这些标准,认为常识性

---

* 大冈裁判是指日本江户时代中期的名臣大冈忠相做出的裁判,大冈忠相(1667年—1752年)在日本类似中国的包拯与狄仁杰的形象。大冈做出的裁判兼顾法律与人情,虽然目前流传下来的大冈裁判大部分均只是传说而已(除白子屋案件以外),例如,其中比较有名的一个案件是,两妇人均宣称自己是某小孩的母亲,发生争议。大冈决定让其二者拉着小孩的手拔河,争夺小孩。其中一位妇人拼尽全力,拉扯小孩,另一位则心疼小孩,未尽全力。大冈认为哪有父母不疼爱小孩之理,故赢得拔河的妇人必然不是小孩的母亲。——译者注。

㉟ 参见:加藤一郎「法解釈学における論理と利益衡量」同『民法における理論と利益衡量』(有斐閣、1974年、初出1966年)27頁以下・77頁。

㊱ 瀬川・前揭注2)58頁以下,指出了利益衡量论的特点。

㊲ 参见:加藤・前揭注35)25頁。

㊳ 参见:加藤・前揭注35)25頁以下。

的平衡感觉具有决定性。㊴

加藤的此种观点和战前的末弘与我妻的观点相比,以信赖法官的判断为前提这一点是相同的,但认为不是法律人,而是外行常识性的价值判断具有决定意义,在这一点上迥异——这点可以理解为国民的法律观点。可以说,这就更进一步向来栖和川岛的为市民服务的民法解释推进,开辟了大众化的道路。可以说这背后是由于,在 20 世纪 60 年代至 70 年代,为应对政治、经济和社会情势的急速变动,日本在很多领域中均发生了市民运动。

2. 利益考量论的发展——星野英一

与加藤几乎同时期,星野英一提倡不同于加藤的"利益衡量论",对之后的民法解释方法论的发展产生了巨大影响。

(1) 文义解释和尊重起草者的意思。

A. 文义解释。

与加藤相同,星野同样认可法解释中包含价值判断,倡导基于利益考量进行法解释。但是,按星野的观点,不是立即基于利益考量进行价值判断,首先,必须将法律的条文作为解释的出发点。其基于的观点是,民主社会中,法解释对于外行而言必须是容易理解的。据此,能够成为外行行动指南的,最为重要的就是法律的条文,所以首先必须单纯按照文义和逻辑加以解释。

B. 尊重起草者的意思。

当然,仅采此种方法,在多数情况下,可能仍会留下复数解释的可能性。对此,星野接着提出,必须调查立法者或者起草者的观点,并尊重之。所谓法律,是立法者因某种目的而制定的,所以不能忽视目的加以解释。㊵

C. "中间理论"之排除——重新审视学说继受。

从上述考虑出发,星野认为,应当尽量排除法学里特有的"理论"。此时,星野特别考虑的是,因前述学说继受导入到日本民法中的德国民法理论问题。㊶

㊴ 参见:加藤・前揭注 35)68 頁以下。

㊵ 参见:星野英一「民法解釈論序説」同『民法論集第 1 卷』(有斐閣、1970 年、初出 1968 年。以下引用为『民法論集 1』)11 頁以下、同「民法の解釈の方法について」同『民法論集第 4 卷』(有斐閣、1978 年、初出 1976 年。以下引用为『民法論集 4』)70 頁以下、同「民法の解釈のしかたとその背景」同『民法論集第 8 卷』(有斐閣、1996 年、初出 1988 年。以下引用为『民法論集 8』)193 頁以下。

㊶ 关于这一点,也参见星野・前揭注 40)『民法論集 1』12 頁以下、同『民法の焦点 PART1 総論』(有斐閣、1987 年。以下引用为『民法の焦点』)92 頁、「〈座談会〉民法学の課題(1)」法時 39 卷 3 号(1967 年)57 頁、「〈座談会〉私法における法の解釈」『法の解釈(ジュリスト増刊)』(有斐閣、1972 年)55 頁以下。

例如,前述的《日本民法典》第415条,其规定债务不履行和可归责于债务人之事由为损害赔偿责任的要件。尽管如此,该条却被解释为规定了履行迟延、履行不能和不完全履行三种债务不履行的类型,而可归责于债务人之事由被解释为故意、过失和根据诚信应被视为等同故意与过失的事由。星野认为,应当极力排除此种从条文无法得出的理论——星野将其称为"中间构成"或者"中间理论",认为还是应当从作为该条原本母法的法国法入手,就条文进行解释。㊷

（2）目的解释——利益考量与价值判断。

A. 目的解释的必要性。

根据星野的观点,法解释的前提,为了调整社会关系、解决纷争而适用现行法,所以必须考虑当下怎样解释是妥当的。因此,基于上述解释的顺序的同时,最终具有决定意义的是,从"当下该规定考虑的是怎样的目的"的观点作出的解释,也即"目的解释"。基于利益考量进行价值判断的,正是在这种情况下。㊸

B. 利益考量与价值判断。

不过,根据星野的观点,此种利益考量本身不过是分析对立的利益,明确采用怎样的解释将在多大程度上保护何种利益的工作。在这个意义上,利益考量仅仅是获得价值判断所需信息的过程。㊹

那么,价值判断本身该如何进行呢？在这一点上,星野一方面重视外行的常识,另一方面,认为最终客观正确的价值是存在的,必须明确此种价值的序列关系(价值位阶),并以之为标准。㊺ 如其所述,星野的立场是站在自然法的思想上,认为对于价值判断存在普遍妥当的标准,就这一点而言,不论是和来栖、川岛(二者认为价值判断是主观的),还是和我妻、加藤(二者对客观性存在怀疑)均有很大的不同。㊻

C. 利益考量的实际——类型化的手法。

不过,星野认为,民法中要"实现极其微妙、极其具体的利益调整和价值调和"非常困难,很多情况下,无法单纯抽象决定。㊼ 当然,必须根据具体问题进行

㊷ 参见:星野英一『民法概論Ⅲ』(良書普及会、1978年)45页以下・56页以下。
㊸ 参见:星野・前揭注40)『民法論集1』15页以下、同・前揭注40)『民法論集4』81页以下、同・前揭注40)『民法論集8』202页以下。
㊹ 参见:星野英一『民法解釈論序説』補論」同・前揭注40)『民法論集1』59页以下、同・前揭注40)『民法論集4』82页、同・前揭注40)『民法論集8』202页以下。
㊺ 参见:星野・前揭注40)『民法論集1』27页・31页以下・42页以下、同・前揭注44)『民法論集1』57页、同・前揭注41)『民法の焦点』102页以下、同・前揭注40)『民法論集4』87页以下。
㊻ 参见:瀬川・前揭注2)69页。
㊼ 参见:星野・前揭注40)『民法論集1』46页等。

利益考量和价值判断,根据与民法解释学相关的各个问题,进行利益考量与价值判断本身的"实战"。此际,星野格外重视针对利益状况加以类型化的手法。

例如,《日本民法典》第 177 条继受自法国法,规定物权变动非经登记不得对抗第三人。该规定是否适用于基于取得时效的物权变动存在疑问,星野基于案例分析,大致区分两种类型,即必须区分疆界纷争型和二重让与型。[48]

所谓疆界纷争型是指,因疆界不明,长期占有邻地的情况。根据星野的观点,此种情况,如果时效取得人是善意(不知占有他人土地)的情况下,即使未对时效取得进行登记也无可厚非,所以就算没有登记,时效取得也得对抗第三人(邻地的受让人),与之相对,恶意的情况下,应当采非经登记,时效取得不对抗第三人的观点,因为对此可提出明明时效取得可以登记而未登记的责难。

和疆界纷争型相对,二重让与型是指,土地的受让人虽接受交付,但未登记的情况,经过相当长的时间之后,让与人又将该土地让与第三人。此种情况下,星野认为,二者因为存在二重让与的关系,第一受让人怠于登记,所以其取得所有权不得对抗第三人。但是,如果在第二受让人受让登记之后(换言之,确定取得了所有权之后),占有人仍然继续持续占有并经过了适用时效取得所必要的期间,那么,虽然未经登记,该时效取得也得对抗第三人。

3. 围绕利益衡量论的论战

上述利益衡量论引起了剧烈反响,20 世纪 60 年代至 70 年代,围绕利益衡量论展开了激烈的论战。[49]

其中,第一个问题是利益衡量论无法明示价值判断的客观性与原则性的标准。当然,正如下文所述,至少星野提示了价值位阶的构想(即使没有具体展开),所以这种批评并无道理。其实,就此提出批评之人,其问题在于能不能采历史的发展方向和近代法的应然状态作为价值判断的客观标准。[50] 在这个意义上,这一问题是当时法解释论战中价值判断的主观性与客观性之争的延伸。

第二个问题是利益衡量论轻视法律构成。严谨地说,这一质疑具有以下两点含义。

---

[48] 参见:星野英一「取得時効と登記」同・前揭注 40)『民法論集 4』(初出 1975 年)336 頁以下。

[49] 例如,参见:広中俊雄「現代の法解釈学に関する一つのおぼえがき」同『民法論集』(東京大学出版会、1971 年、初出 1969 年)381 頁、水本・前揭注 33)85 頁、甲斐道太郎『法の解釈と実践』(法律文化社、1980 年)等。

[50] 参见:広中・前揭注 49)386 頁、水本・前揭注 33)202 頁以下、甲斐・前揭注 49)101 頁。

其一,特别是像加藤主张的,利益衡量时,暂时有意识地排除既存的法律规范,必须用与外行相同的水平进行实质的价值判断。批评者们指责,这忽视了制定法的拘束力,即使从民主制的观点来看,也很成问题。[51]

其二,基于利益衡量的价值判断具有决定意义,其前提是对判断者尤其是对法官的信赖。批评者们质疑这一点,并强调为了避免判断者的恣意,事先决定判断的框架反而是必要的。到目前为止,民法解释学提出的法律构成正是为了这一目的,尽管对其仍有检讨之必要。[52]

(三)议论理论

1. 现代型诉讼的增加与实践哲学的复兴

尽管经过了上述论争,其后利益衡量论还是日渐影响法学家,并进一步影响到实务界人士。但与此同时,20世纪70年代后半期到80年代,出现了新的动向,重新质疑目前为止讨论的基本前提。其动因有以下两点。

(1) 现代型诉讼的增加。

20世纪60年代至70年代,以公害诉讼为发端,在日本原本应在立法与行政层面得到妥当解决的问题,也成为裁判争议的问题,此种发展引人注目。此种裁判的特征不仅仅在于对具体纷争的事后解决,还在于通过形成新的判例以及对立法、行政和舆论产生的波及效果,实现面向未来的政策形成机能。

因这种裁判多发,学者开始重新审视裁判本身的固有特质与边界。其动因一方面是再确认法律固有的思考模式,其与纯粹的政策判断不同;另一方面也关注到裁判这一制度的特质。[53]

(2) 实践哲学复兴潮流的影响。

---

[51] Rahn, a. a. O. (Fn. 2) S. 421 ff. 这是利益衡量论最大的问题。

[52] 例如,参见:甲斐·前揭注49)192页以下,水本·前揭注33)197页以下。

[53] 尤其是田中成明「法的思考と正義·裁判」論叢102卷3·4号(1978年)94页、「現代裁判の役割とその正統性」、『法的空間』(東京大学出版会、1993年、初出1984年)264页、『現代日本法の構図〔増補版〕』(悠々社、1992年、初出1987年)166页以下,和平井宜雄「現代法律学の課題」、『法律学基礎論の研究——平井宜雄著作集Ⅰ』(有斐閣、2000年、初出1979年。以下引用为『平井著作集Ⅰ』)1页,及「『法の解釈』論覚書」加藤一郎編『民法学の歴史と課題』(東京大学出版会、1982年)69页。但是,平井的主张是,在政策志向型诉讼日趋重要的今日,想办法尝试缩小"目的—手段"的思考模式与"法—正义"思考模式之间的矛盾与冲突。为了设计"正确的"社会制度而构想的理论框架正是"法政策学"。其成果,参见:平井宜雄『法政策学』(有斐閣、1987年)、『法政策学〔第2版〕』(有斐閣、1995年)。

该潮流的基础是菲韦格（Theodor Viehweg）㊱、图尔敏（Stephen E. Toulmin）㊲、佩雷尔曼（chaimperelman）㊳等自20世纪50年代起相继提出的观点。㊴据此，近代自然科学模型仅在逻辑与经验中寻求合理性标准，与之相对，在价值与评价相关的实践问题方面，也要强调合理思考与议论的可能性。其线索是古代、中世纪的论题学和修辞学，与之结合在一起的裁判程序和法庭辩论。其认为，在公正的程序条件下，以获得相互了解为目标，进行有论证的议论，可以确保合理性。

此种观点，也影响到了法解释方法论，产生了关注法律上的议论构成，以及议论中所用的论法和程序的新的方法论。此种动向，自20世纪80年代起被积极地介绍到日本，给处于胶着的方法讨论带了巨大冲击。㊵

2. 议论理论之提倡——平井宜雄

受到上述潮流影响，从所谓"议论"角度，对目前为止的法解释方法论提出全面批判，并倡导新的方法论的，正是平井宜雄。㊶

（1）战后法解释方法论的"非合理主义"。

㊱ *Theodor Viehweg*, Topik und Jurisprudenz, 1. Aufl., 1953；テオドール・フィーヴェク（植松秀雄訳）『トピクと法律学』（木鐸社、1980年）。关于菲韦格的见解，参见：植松秀雄「法律学の教義学性」加藤新平教授退官記念論集『法理学の諸問題』（有斐閣、1976年）483頁，等。

㊲ *Stephen E. Toulmin*, The Use of Agrument, 1958；スティーヴン・トゥールミン（戸田山和久＝福澤一吉訳）『議論の技法：トゥールミンモデルの原点』（東京図書、2011年）。关于图尔敏的见解，参见：亀本洋「法的議論と論理学——トゥールミンの理論を手がかり」及『法的思考』（有斐閣、2006年、初出1993年）226頁。

㊳ *Chaim Perelman*, Traité de l'argumentation, 1958；ペレルマン（三輪正訳）『説得の論理学——新しいレトリック』（理想社、1980年）、（江口三角訳）『法律家の論理——新しいレトリック』（木鐸社、1986年）。关于佩雷尔曼的见解，参见：瀬川信久「Ch.ペレルマン『議論の研究(Traité de l'argumentation)』」日仏法学13号（1985年）1頁。

㊴ 早在20世纪70年代初，中村治朗『裁判の客観性をめぐって』（有斐閣、1970年）就受到此种动向触发，论述其主张。

㊵ 田中成明「法的思考の合理性」同『法的思考とはどのようなものか』（有斐閣、1989年、初出1982—83年）51頁以下・特に94頁以下、及「法的空間の知的地平」同・前掲注53）『法的空間』（初出1983年）222頁，等。

㊶ 平井宜雄『法律学基礎論覚書』（有斐閣、1989年、初出1988—89年）、同『続・法律学基礎論覚書』（有斐閣、1991年、初出1990）——二者收录于前揭注53）『平井宜雄著作集Ⅰ』（以下根据该说引用），此外，也参见：ジュリスト編集部編『法解釈論と法学教育』（有斐閣、1990年、初出1989年）9頁以下。对议论理论的介绍与检讨，参见：瀬川・前揭注2）74頁以下。

平井首先质疑,战后的民法解释方法论存在"非合理主义"。

例如,根据来栖和川岛的观点,价值判断本身是主观的,并无决定的依据,法解释归于"见解不同"的结局。而根据星野的观点,即使认为价值判断是客观的,以价值位阶为基准,但法解释最终仍归于"信念"之争。尽管如此,另一方面,星野认为,民法中要"实现极其微妙、极其具体的利益调整和价值调和"非常困难,很多情况下,无法单纯抽象决定。但是,这样的话,只要没有提出标准,最终又会回到"哪一个结论才是对的"这一"直观"问题上。在这一问题上,不管怎样,(不论在哪一方身上)都没有看到有理有据的形式解决问题,对于批判也没有体现尽最大努力去克服的态度。这一点,就是平井说的非合理主义。⑩

根据平井的观点,对于法律人的培养而言,此种非合理主义是最有害的。法律人的工作,不是以物理力量或者实力,而是通过语言解决解决纷争。亦即,这是以语言为武器,摆明论据主张观点并接受反论,如此循环往复的一项工作。非合理主义与此种法律人的工作原本不容。为了避免此种非合理主义,平井主张必须聚焦平常法律人的活动,从"基于'议论'解决问题"的视角出发重新考虑这一问题。⑪

(2) 基于议论正当化。

然而,平井这里所称"议论"不是日常含义的"议论"。平井区分了发现的过程和正当化的过程,认为前者是获得某种言明*(主张与结论)的心理过程,后者是将获得的言明加以正当化的过程,平井所说的"议论"位于后者的层面。⑫ 此外,后者的正当化分为两个阶段,第一阶段是通过特定的法准则将某一言明正当化的层面——平井称其为"微观正当化",第二阶段则是通过别的论据正当化第

---

⑩ 平井·前揭注59)『平井著作集Ⅰ』151页以下·178页以下,亦参见:ジュリスト编集部前揭注59)9页以下。

⑪ 平井·前揭注59)『平井著作集Ⅰ』196页以下を参照。

* 平井所谓"言明"有申明、主张的意思,山本敬三在对其德语版中用了"Aussage"一词,有声称、论断的含义。参见:*Keizo Yamamoto*,PrivatrechtsdogmatikimjapanischenRecht – Entwicklung der Diskussionüber die Zivilrechtmethodik in Japan, in: Privatrechtsdogmatikim 21. Jahrhundert, Festschrift für Claus-Wilhelm Canariszum 80. Geburtstag, 2017, S. 1243. 段匡:《日本的民法解释学》,复旦大学出版社2005年版,第314页;濑川信久:《民法的解释》,班天可、陈颖译,载梁慧星主编《民商法论丛》第56卷——译者注。

⑫ 平井·前揭注59)『平井著作集Ⅰ』70页以下·198页以下。根据平井,此种区分直接依据Richard A. Wasserstrom, *The Judicial Decision*, 1961, p. 27.

一阶段中作为前提的法准则的层面——平井称其为"宏观正当化"。⑬

根据平井的观点,如果某一主张自身并不足以被接受,那么必须对其提出论据,如果对其存在反驳与再反驳,那么这同样必须基于论据进行。只要此种主张——反驳——再反驳的过程以具有相互批判可能性的形式进行,其便具有"合理性",由此剩下的言明,在此范围内获得"客观性"。⑭

像这样的话,存在的问题是,如何确保此种构造的"议论"在现实中合理进行。根据平井的观点,这不是实体问题,而应归为与程序与制度相关的问题。具体而言,必须为议论进行的"场"⑮创设制度框架,确立议论参加者必须遵守的"伦理",从议论的观点,确立判断是否符合"良好的法律论"的基准——该基准以"反驳可能性"的有无和程度为中心。⑯

(3)议论理论在民法解释方法论变迁中的位置。

上述议论理论在以下两点方面,与目前的民法解释方法论不同。

第一点是价值判断与法正当化的关系。

到目前为止的民法解释方法论,特别是战后的民法解释方法论,十分重视价值判断如何进行的层面,认为将其正当化的层面是次要的。法律构成作为正当化的工作,被理解为将价值判断的结果事后涵摄入条文的工作。当然,在价值判断中,虽然也指出了实质理由存在问题,但是,这与正当化工作之间存在怎样的关系也不是很明确。

与此相对,议论理论则重视价值判断本身如何正当化的层面。因此,在实质理论作为正当化的论据之外,对于法律构成也应当作为正当化的论证方式进行

---

⑬ 参见:平井·前揭注59)『平井著作集Ⅰ』74页以下·203页。平井将"微观正当化"与"宏观正当化"的区别对应麦考密克"演绎正当化(deductive justification)"与"第二阶段正当化(second-order justification)"的区分(*Neil MacCormick*,Legal Reasoning and Legal Theory,1978,pp. 19,pp. 100;参见:ニール・マコーミック〔亀本洋ほか訳〕『判決理由の法理論』〔成文堂,2009年〕),以及参见:阿列克西"内部正当化(interne Rechtsfertigung)和"外部正当化"(externeRechtsfertigung)的区别(Robert Alexy, Theorie der juristischen Argumentation,1983,S. 273 ff.)。关于麦考密克与阿列克西的见解,参见:亀本洋「法的議論における実践理性の役割と限界——N.マコーミックとR.アレクシーの見解を手がかり」同·前揭注55)『法的思考』(初出1985年)1頁。

⑭ 参见:平井·前揭注59)『平井著作集Ⅰ』87页以下·219页以下·224页以下。

⑮ 平井所谓议论进行的"场"不仅仅指物理场所,也指承载议论的规范表达。参见:班天可:《留下议论的平台:民法典的规范表达》,载《北京航空航天大学学报(哲学社会科学版)》2017年第1期,第70页注释7。

⑯ 参见:平井·前揭注59)『平井著作集Ⅰ』166页以下。关于"反驳可能性命题",亦参见:『平井著作集Ⅰ』230页以下。

再评价。

第二点是理解价值判断的客观性与合理性。

目前为止的民法解释方法论经常将价值判断的客观性等同于绝对正确性。这样的话,需要考虑的是,什么是绝对正确性这样一个棘手的问题,如果认为其不存在,那么,价值判断是主观的,继而也须承认其无合理性。

与之相对,议论理论和是否存在绝对正确性无关,认为与价值相关者,也可以具有客观性和合理性。其最为重视的,不是内容本身正确,而是在遵守公正的程序的同时,以相互了解为目标,并加以论证。如此,议论理论最大的特征在于,定位于主体间性平面,并基于此确保客观性与合理性。

四、日本民法解释方法论的特质

就上文来看,以日本民法解释方法论的变迁为线索,其特质与问题点可以从①法解释的目的、②构造和③正当化的根据与方法,三个观察角度加以整理。

(一)法解释的目的

第一个观察角度是法解释的目的,也即为何进行法解释。此种视角来看,战前与战后发生了巨大变化。

1. 为社会治理目的的法解释

战前,不仅法律制定的目的,而且法解释的目的,也是通过法律将日本社会引导向理想的方向,这一点尤其在民法起草者中非常明显。日本的"概念法学"通过以德国的理论为入手点体系化日本法,实现继受法的同化,而其当然的前提也是此种所谓社会治理的目的。我妻所确立的支配性的民法解释方法论也是,目的在于实现"法律所必须实现的理想",也即以实现具体的指导原则为目标。

当然,末弘则在"社会法律规范"存在的情况下,认为原则上必须以此为基准。但是,如果不存在此种规范,则法官必须根据"全人格的判断",创造与具体社会关系的特质相适应的法律规范。这种情况下,其目标在于根据事实实现正义,可以认为此种观点和前述观点是类似的。

2. 为纷争解决目的的法解释

与之相对,战后,为了解决纷争而进行法解释的观点成为有力说。

其发端是来栖(通过要求明示实质理由)和川岛(通过确保裁判的预见可能性),意图使法解释成为为市民服务的工具。受此影响,加藤和星野的利益衡量论对法解释的理解则是以市民追求社会上相互对立利益这一事实为出发点,在其利益冲突的情况下,法官为了解决围绕利益冲突而起的纠纷所作的便是法解释。[67] 受到实践哲学复兴影响而登场的平井的议论理论则更进一步,视法解释实践中的核心部分在于在纷争中双方当事人(作为其代理人的法律人)提出主张及论据。

(二) 法解释的构造

第二点是如何理解法解释的构造这一点。

1. 术语之整理

首先,作为前提,需要理解目前日本的讨论中,"法解释"这一术语含义广泛。其不仅包括确定既存的法律规范的含义,包括补充其漏洞,也包括法官造法。进一步来说,法解释除包括确定应适用的法(法律获得)以外,也包括适用由此确定的法(法律适用)。

正如前述,自战前我妻提出相关观点以降,法解释由"价值判断"与"法律构成"组成的理解成为一般理解。其中,"价值判断"可以看作处于法律获得中。与之相对,在与三段论等同的情况下,"法律构成"可以被理解为法律适用。但是,"法律构成"一词也可意指为了从制定法中推导所适用的法律规范(三段论的大前提)而进行论证。此种情况下,"法律构成"指的是法律获得——确切地说是其正当化。

2. 法律获得与法律适用的区别

就此种区分法律获得与法律适用的观点来看,日本的讨论经历了下列变迁。

(1) 从法律获得为中心向区分法律获得与法律适用转变。

首先,当初,从起草者开始到日本的"概念法学"时期为止,进行的法解释是法律获得——狭义的法解释与漏洞填补。这一时期的目标是通过法律实现社会治理,因此,可以看到,将所确定的法律规范适用到具体事实这一点没有受到关注。

之后,战前末弘与我妻确立了法解释由法律获得与基于三段论进行的法律适用两个层面构成。之所以必须以规则的形式确定须适用的法律规范,之所以在存疑的事实中适用法律规范,末弘认为,是因为相同事务相同裁判的"公平"要求,而我妻则认为其根据是必须保证法律的确实性,面对国家权力确保个人自由。

(2) 法律获得与法律适用区别的相对化。

当然,我妻已经指出,为了构建具体妥当的判断,法律适用(法律构成)必须弹性化。战后,受到美国现实主义法学的影响,来栖以及其他学者尤其是川岛,强调具有决定意义的是主观价值判断,"法律构成"处于从属于价值判断的地位。

---

[67] 参见:濑川·前揭注2)58页。

加藤则更进一步，根据其利益衡量论，不仅"法律构成"可以弹性化，而且对于具体的纷争，通过外行的价值判断进行利益衡量只要解决问题便足够。可以说，基于通过外行的价值判断进行的利益衡量所进行的法律获得和法律适用是一体的。[68]

与之相对，星野主张的利益考量论则重视从条文出发的解释方法，将基于利益衡量与价值判断的解释作为获得法律的方法（法律获得的方法）。但是，在此之上星野完全没有言及须进行的法律适用。在这个意义上，可以说又回到了起草者的态度上。

(3) 重回法律获得与法律适用的区分。

与上述战后的法解释方法论相对，平井重新强调必须明确区分法律获得与法律适用。这是因为，根据平常法律人的活动，必须通过法律准则正当化具体案件的结论——平井称之为"微观正当化"，相当于法律适用。如果对于作为前提的法律规范存在反驳，那么对于该规范须进一步通过其他论据予以正当化——平井称之为"宏观正当化"，相当于法律获得。

（三）法解释正当化的根据和方法

第三点是上述法解释（确切地说是法律适用和与之相区别的法律获得）如何正当化。

正如上文所言，目前为止的讨论，区分"价值判断"与"法律构成"，在有些情况下，后者也被理解为为从制定法中推导所适用的法律规范（三段论的大前提）而进行论证。问题是，此种情况下，通过制定法正当化法律获得与前者"价值判断"之间存在怎样的关系，以及前者"价值判断"与法律获得正当化之间存在怎样的关系。

1. 通过制定法正当化

首先，通过制定法正当化这一问题上，必须区分制定法的完整性问题和制定法的拘束力问题。

(1) 制定法的完整性。

第一，日本自始就否定制定法的完整性，也即无漏洞性。民法的起草者本身承认《日本民法典》仍有漏洞。但是，当初制定法实证主义的观点强势，即使在制定法存在漏洞的情况中，也认为可以通过制定法的"逻辑解释"填补漏洞。

与此相对，战前末弘指出，法官实际上造法，此种理解到目前为止已经成为

---

[68] 平井・前揭注59)『平井著作集Ⅰ』102页以下。将此种不区分"微观正当化"与"宏观正当化"的立场称为"未分化主义"加以批判。

共识。此际,末弘认为,如果习惯法等"社会性的法律规范"存在,那么原则上必须以此为基准。之后,此种观点也被广为接受。在战后,民法解释方法论也重视法社会学方法与外行的价值判断,并且以必须在可能的范围内汲取日本的"活法"为前提。这一方面是继受国同化被继受之法过程中不可避免的现象,另一方面其意义也不限于此。[69]

(2) 制定法的拘束力。

第二个问题在于,制定法的拘束力和基于价值判断的正当化之间的关系。

A. 尊重制定法的拘束力。

民法的起草者,以实现制定法的目的作为法解释的目标,其当然的前提是制定法具有拘束力。日本的"概念法学"在这一点上是相同的。[70]末弘尽管认为限于制定法预想的特定社会关系范围内,制定法才是妥当的,但也以制定法具有拘束力为前提。

B. 忽视制定法的拘束力。

与之相对,我妻区分法律判断与法律构成,由于法律构成被限定于以三段论的形式涵摄到制定法,导致法律判断与制定法的拘束力之间的关系开始变得不明。尽管我妻把法律判断的基准作为"法律须实现的理想",但是为了明确具体指导原则,他主张有必要对"社会生活实证研究",因此可能会忽视立法者通过制定法所体现之目的。

此种倾向在战后的来栖和川岛那里变得更加明显,其区分价值判断与法律构成(其含义为通过三段论涵摄到制定法),具有决定意义的是前者价值判断。据此,制定法的拘束力的含义不过是受到作为三段论大前提的规则的拘束,也即法律文本的拘束力。

此种理解,在利益衡量论,尤其是在加藤那里更进一步。根据加藤的观点,价值判断与法律构成不同,进行价值判断,必须有意识排除制定法,用与外行相同的水平进行实质的价值判断。与之相对,根据星野的观点,在解释顺序上,固然首先进行文义解释与基于起草者意思的解释,但是具有决定意义的是基于利益考量与价值判断的目的解释。此种价值判断的基准,是客观正确的价值序

---

[69] 参见:Keizo Yamamoto, Rechtsverständnis und Rechtsvergleichung-Die Erfahrungender Rechtswissenschaft und Rechtpraxis in Japan, in: Stefan Grundmann/Jan Thiessen, Recht und Sozialtheorieim Rechtsvergleich, 2015, S.97 f.

[70] 但是,不容忽视的是,与此种主张者的主观理解相反,由于存在学说继受,对日本民法无视其个别规定的母法,反而按照德国法理论重新加以解释,其导致的结果是可能忽视制定法拘束力。

列——价值位阶,在这里,制定法具有拘束力是否有意义,是存疑的。

正如以上所述,平井的议论理论强调必须区分"微观正当化"(与法律适用相当)和"宏观正当化"(与法律获得相当),后者"宏观正当化"中制定法具有怎样的意义并不明确。这是平井得出的结论,其认为,应通过创设准备议论的程序与制度确保正当化的合理性(通过议论取得的)。

C. 通过制定法实现正当化与通过价值判断实现正当化的关系。

上述自我妻以来日本的讨论,问题点在于,割裂了制定法与价值判断的关系。正如起草者所言,制定法是为了实现特定目的而制定的。因此,制定法在制定中,必然是基于立法者自身的特定价值判断。制定法的拘束力,理应包含了此种立法者所持价值判断的拘束力。[71]

当然,立法者进行了怎样的价值判断,存在争议,对此有不同的见解。但是,这不是论者本身具有怎样的"主观价值判断"的问题(不是自身怎么考虑的),而是什么是立法者的价值判断的问题(立法者怎么考虑的)。到目前为止,日本的讨论最大的问题之一,即是对于这一点没有进行正确的把握。

2. 基于价值判断的正当化

此外,价值判断中,必须区分发现过程中的与正当化过程中的。

(1) 发现过程中指向价值判断。

正如平井所指出的,到目前为止尤其是战后日本的讨论,未能明确区分发现过程与正当化过程,[72]且认为"价值判断"具有决定意义。其中,加藤认为,价值判断是"主观价值判断",外行的价值判断是具有决定意义的,平井认为,此种观点严密地说,不是为了使得法律决定正当化,而是为了发现"妥当"的结论。在这个意义上,可以看到,战后日本的讨论,讨论的问题是发现过程中的价值判断。

(2) 正当化过程中的价值判断。

与之相对,正当化过程中的价值判断,也即基于价值与原则的正当化,在到目前为止日本的讨论中,很难说得到了充分的检讨。在以下两点上尤其存在疑问。

A. 价值·原则的衡量方法。

第一点,在判断某一问题之际,经常存在疑问是存在复数的价值与原则,其中可能发生抵触。此种情况下,为了正当化决定,必须衡量抵触的价值与原则。

---

[71] 参见:山本·前揭注1)251页以下。
[72] 平井·前揭注59)『平井著作集Ⅰ』126页以下。平井称此种立场为"心理主义"。

然而,到目前为止,日本的讨论没有对价值与原则的衡量方法做充分的检讨。对于这一问题,除了主张德国与奥地利的动态体系论的观点外,[73]也有倡导阿列克西创立的规则·原则·程序模型(Regel/Prinzipien/Prozedur-Modell)等。[74] 哪怕考虑到这些成果,也应当说日本民法解释方法论未尽的课题是检讨价值与原则衡量方法。[75]

B. 价值·原则的衡量与基于制定法正当化的关系。

第二点,必须明确此种价值与原则的衡量与基于制定法正当化的关系。

正如上述,制定法本身是对立法者在特定情况下做出的价值与原则的衡量和结果进行的事先的形式化。因此,基于制定法的正当化其含义,确切说来,不是用判断者自身的价值与原则衡量,而是基于立法者对价值与原则的衡量进行正当化。此种正当化的理由在于必须尊重立法者的决定这一原则性要求——这一原则源自现代民主制。该原则本身不含内容,而是将其交给了立法者决定。在这个意义上,这是形式原则。[76]

据此,违反制定法的造法要被正当化,便得在有充分的理由不惜打破该形式原则,也要基于其他价值和原则做出决定的情形下才可以。由于存在形式理由,所以明确基于价值和原则的正当化与基于制定法的正当化之间的关系得以可能。[77]

---

[73] 参见:*Walter Wilburg*, Entwicklungeinesbeweglichen Systems im Bürgerlichen Recht. Rede, gehaltenbei der Inauguration als Rector magnificus der Karl-Franzens-Universität in Graz am 22. November 1950; *Claus-Wilhelm Canaris*, Systemdenken und Systembegriff in der Jurisprudenz, 2. Aufl., 1983 S. 74 ff.; *Franz Bydlinski*, JuristischeMethodenlehre und Rechtsbegriff, 2 Aufl., S. 529 ff.; *Franz Bydlinski u. a.* (Hrsg.), Das Bewegliche System imgeltendenRecht, 1986 等。

[74] 参见:Alexy, a. a. O. (Fn. 63), *Robert Alexy*, Theorie der Grundrechte, 1985, S. 71 ff., 493 ff.; *ders*, Recht, Vernunft, Diskurs, 1995, S. 94 ff., 177 ff.亀本洋「法におけるルールと原理——ドゥオーキンからアレクシーへの議論の展開を中心に」·前揭注55)『法的思考』(初出1987—88年)125頁、山本顯治「アレクシーの法的論証理論について——『法的議論の理論』第二版を契機に」山下正男編『法的思考の研究』(京都大学人文科学研究所、1993年)515頁等。

[75] 日本对于动态体系的检讨,参见:山本敬三「民法における動的システム論の検討——法的評価の構造と方法に関する序章的考察」論叢138巻1·2·3号(1995年)208頁、从民法解释方法论角度对阿列克西的规则·原理·程序模型进行检讨,参见:山本·前揭注1)249頁以下。

[76] 参见:Alexy, a. a. O. (Fn.73), Theorie der Grundrechte, S. 89; *ders*, a. a. O. (Fn.73), Recht, Vernunft, Diskurs, S. 223 f.

[77] 参见:山本·前揭注1)252頁以下。

（3）理论扮演的角色。

在法解释的正当化方面，最后也应言及"理论"扮演的角色。

在日本，如果想到或者批评法解释相关的"理论"，其对象是战前通过学说继受导入的德国法理论。由此，日本的继受法形成二重构造，继而如何克服这一问题成了战后民法解释学的课题之一。正是基于这样的考虑，战后的民法解释方法论的目标是，根据条文，形成外行可以容易理解的法解释。

但是，这并不意味着，"理论"在法解释中丧失意义。为了对上述的正当化进行整合，必须整理"理论"，根据作为法准则基础的共同的价值与原则，这些"理论"综合说明了相关法准则。强烈批评学说继受的星野也没有否定价值体系化所必要的"理论"。[78] 如果说，之前学说继受中的"理论"以外部体系（externes System）层面为中心，那么可以说，现在必须探求包含内部体系（inneres System）层面的"理论"。[79]

五、结束语

20世纪90年代至21世纪头10年期间，以长期持续的结构性萧条和急速全球化进展为背景，基于新自由主义的观点，日本开始推进规制缓和政策。但是，21世纪头10年至21世纪10年代期间，一系列规制缓和政策导致了竞争过于激烈、国民间经济差距扩大等深刻的问题。[80] 在这种状况的背景下，以消费者合同法为发端，制定与修改了大量民事特别法。2017年，经历120年后，日本也致力于修改作为经济体系根基的《日本民法典》，债权法部分将有大修改。

如此，这近十几二十年间，日本迎来了立法的时代，关注重点也从法解释转移到立法。美国关于"法与经济学（法经济学分析）"的动向对日本公司法与经济法的讨论造成了巨大影响，此种影响也波及劳动法与消费者法，并进一步波及民

---

[78] 参见：星野・前揭注40)『民法論集4』90頁以下。

[79] *Claus-Wilhelm Canaris*, Funktion, Struktur und Falsifikationjuristischer Theorien, JZ 1993, 384 指出，"法学理论（juristischeTheorie）"由"评价以及一般性的法律原则、规则和示范性的问题解决方法"三点构成（Triasaus Wertungenbzw. allgemeinen Rechtsprinzipien, Regeln und paradigmatischen Problemlösungen）。最后一点"示范性的问题解决方法"格外必要，如有别的机会再加以检讨。

[80] 参见：*Yamamoto*, a. a. O. (Fn. 68 ff.), S. 101 ff.

法财产法领域。㉛ 民法解释方法论也会进一步发展。本文对于日本民法解释方法论讨论的整理与分析不过是民法解释方法论事业的备忘录,确认了到目前为止日本民法解释方法论所积累的意义,也可作为今后继续讨论的前提。

(责任编辑:尚连杰)

㉛ 相对较新的,参见:山本顯治「競争秩序と契約法—『厚生対権利』の一局面」神戸法学雑誌 56 巻 3 号(2006 年)142 頁、「投資行動の消費者心理と民法学《覚書》」編『法動態学叢書水平的秩序 4:紛争と対話』(法律文化社、2007 年)77 頁、「市場メカニズムと損害賠償-市場連動型不法行為における損害概念への一試論」神戸法学雑誌 58 巻 1 号(2008 年)77 頁、「関係的契約理論による損害賠償論の試み——私的自治の射程」ホセ・ヨンパルトほうか編『法の理論 29』(成文堂、2010 年)43 頁;内野耕太郎＝山本顯治「契約の経済学と契約責任論(上)(下)」NBL942 号 11 頁・943 号 28 頁(2010 年)、「(特集)法と経済学」社会科学研究 62 巻 2 号(2011 年)1 頁所収録諸论稿;飯田秀総「私法における法と経済学」法教 365 号(2011 年)10 頁;山本顯治「市場法としての契約法と瑕疵担保責任」神戸法学雑誌 63 巻 1 号(2013 年)1 頁;松田貴文「契約法における任意法規の構造——厚生基底的任意法規の構想へ向けた一試論」神戸法学雑誌 63 巻 1 号(2013 年)171 頁;西内康人『消費者契約の経済分析』(有斐閣、2016 年)。尤其是民法领域中"法和经济学"影响有限的主要因素和今后的展望,也参见:加賀見一彰「無駄ヅモ無き『法と経済学』改革」新世代法政策学研究 7 号(2010 年)345 頁。

间接占有的构成要件、移转与保护

[德]汉斯·约瑟夫·威灵** 著　倪龙燕*** 译

[摘　要]　通说所认为的间接占有构成要件中的占有物的托付、占有或占有权的传来、返还请求权等，对于间接占有均无意义。占有媒介关系有效与否，也不影响间接占有的成立。关键要素在于占有媒介人的占有、占用媒介人的他主占有意愿及间接占有人之占有意思。间接占有除了基于占有指令移转外，即使是无返还请求权的间接占有，亦可依第870条移转。因不存在仅针对间接占有本身禁止之私力，间接占有人并不享有《德国民法典》第859条、第861条、第862条的占有保护，而仅受第869条的特殊保护。

[关键词]　占有媒介人的占有；他主占有意思；占有移转；占有保护

间接占有对物并无事实上的控制力，而仅为拟制的控制力。其历史发展也表明了这一点：根据罗马法的交易习惯，使用承租人或用益承租人对于租赁物并无控制力，而是由出租人享有该控制力，因此罗马法仅认可出租人的占有（Possessio），即出租人为占有人，享有占有所生的利益。相反，根据日耳曼法的交易习惯，仅为使用承租人或用益承租人具有对物的控制力（Gewere）。两种存在冲突的交易习惯为德国法所继受。承租人依日耳曼-德国的交易习惯，被视为对物事实上控制力的持有人，可以通过占有返还之诉（Spolienklage）而享有占有法上的保护。此外，罗马法所认可的出租人占有的规则同样也被保留下来。但由于日耳曼-德国的交易规则中，出租人并无对物的控制力，所以出租人的"占有"是

---

*　本文译自《民法实务档案》1984年第184卷，第449页至第464页。Hans .Wieling "Vorassetzung, Übertragung und Schutz des mittelbaren Besitzes" Archiv für civilistische Praxis(AcP)Band 1984,449-464.感谢 Mohr Siebeck 出版社提供本中文译文发表授权。本文为"浙江理工大学浙江省丝绸与时尚文化研究中心"暨"华东师范大学人文社会科学青年跨学科创新团队项目(2018ECNU-QKT013)"阶段性成果。

**　汉斯·约瑟夫·威灵，德国法学家(1935—2018)，生前为德国特里尔大学教授。

***　倪龙燕，浙江理工大学讲师，法学博士。

一项拟制：出租人如同拥有对物的控制力一样，可以享有占有利益。德国共同法中的出租人之地位，通过法典化在《德国民法典》中以"间接占有"制度所继受①。对于该项制度，首先需要考虑的是哪些要素为间接占有的必要构成要件。

一、间接占有的构成要件

（一）占有媒介关系

《德国民法典》第868条规定了"间接占有"，即某人作为用益权人、质权人、用益承租人、使用承租人、保管人的占有，或者在其据以对他人而暂时有权利或有义务占有的类似关系中的占有。该种关系被称为"占有媒介关系"。问题在于，该法律关系（如租赁关系）是否必须有效，换言之，无效的占有媒介关系可否成立间接占有。第868条的文义无法明确回答该问题。条文中"作为（als）用益权人"的用词可以认为有效的法律关系并非必要，但后文"有权利或者义务"的表述则与前面的观点相反（即有效的法律关系是必要的）。②

根据通说，无效的占有媒介关系可以成立间接占有。③ 此观点可资赞同。

---

① Vlg.Weiling,Der mittelbare Besitz, Studi in onore di Cesare Sanfipppo I(1982).715 ff.

② 正如 H.Westermann,Sachenrecht,5.Aufl.1966 § 17,5d 反对这一过时的观点，认为从"作为"用益使用人这一表述无法推知法律关系无须有效这一结论。

③ RG 135,78;BGH NJW 55,499;Motive zu dem Entwurf eines Bürgerlichen Gesetzbuchs für das Deutsche Reich 3(1888),99;Protokolle der 2.Kommision 6071, Mugdan, Die gesammten Materialien zum Bürgerlichen Gesetzbuch für das deutsche Reich 3.(1899), 516f.;Windscheid-Kipp, Lehrbuch des Pandektenrechts I (9, Aufl.1906),797, Reiß, Über mittelbaren Besitz, Diss. Marburg1904), 21; Leonhard, Vertretung beim Fahrniserwerb (1899),7I;Przibilla,Erwerb und Verlust des mittelbaren Besitz, Diss .Freiburg,(1905),26; Biermann, Das Sachenrecht, 2.Aufl.(1903), § 868 N.2d;Rosenberg, Kommentar zum Sachenrecht (1919), § 868 N.II 2 b;Planck-Brodann,Kommentar zum Bürglichen Gesetzbuch III, 5.Aufl.(1933) § 868 Nr.3; Schlegelberger-Vogelsrecht (1939), § 868 N.14;Staudiger-Seufert, Kommentar zum Bürgerlichen Gesetzbuch, 11. Aufl. (1956). § 868N. 2a; Soergel-Mühl, Kommentar zum Bürglchen Gesetzbuch, 11.Aufl.(1978), § 868N.1;RGRK-Kregel, Kommantar zum BürglchenGesetzbuch, hrsg.vonRechsgerichtsräten und Bundesrichtern,12. Aufl.(1977), § 868 N.8; Westermann (o.Fn.2), § 17,5c, d; Wolff-Raiser, Sachenrecht, 10. Bearbeitung (1957), § 8 I 2; J.v.Gierke, Das Sachenrcht des bürglichen Recht, 4.Aufl. (1959), § 6 I 2;Lent-Schwab, Sachenrecht, 18.Aufl.(1981), § 7 II 2;E.Wolf, Lehrbuch des Sachenrechts,2.Aufl.(1979), § 2 B II b3.

虽然该观点无法通过"占有为事实,与权利无涉①"进行论证。因为间接占有并非事实,而是法律上的拟制。所以问题的关键在于,该法律拟制的基础是什么。事实上,这里是将某个事实与某种法律关系相联系。根据罗马法,出租人为占有人并非因为存在有效的租赁合同,而是因为承租人认可返还之义务,同时罗马法的交易习惯认为是出租人而非承租人享有对物的控制力②。关键就在于承租人认可返还义务之事实;只要该事实存在,出租人的占有即可成立。这一问题中,合同的有效性并不重要:虽然未成年人未经监护人同意,不能负债,但只要其保留标的物,则构成占有(Quamvispupillus sine tutorisauctoritate non obligetur, possessionemtamen per eumretingemus)③。虽然未成年人不可以为自己设定租赁标的物之义务,但即使该租赁合同无效,出租人仍为间接占有人④。间接占有是自罗马法中出租人的"占有"(Possessio)发展而来,由此可知,该法律拟制决不应取决于法律关系的有效性,而应以占有媒介人意思这一事实为基础。

相反的观点认为,占有必须要有有效的占有媒介关系。⑤ 但该要件无法进行合理的论证。⑥ 从结果出发也可以明确通说的观点是正确的。若某人作为善意的时效取得占有人,将标的物出租,即使租赁合同无效,仍应保障其时效取得的可能。对于时效取得来说,时效取得占有人是自己保有标的物,还是通过出租等方式由他人保管,甚至无论该租赁等合同关系是否有效,均不应有所区别。当合同关系无效时,占有人可以立即要求返还标的物(《德国民法典》第812条)。其对标的物之地位甚至强于存在有效合同的情形。无效租赁合同下的出租人也应受第869条规定的占有保护,如同无论该出租人是否为所有权人一样。第869条间接占有人所享有的请求权,在于保护间接占有人对于直接占有人向其返还标的物的预期。⑦ 出租人的预期不因租赁合同有效或无效而有所不同。所

---

① Vgl.Westermann(o.Fn.2)§17,5d.
② Wieling,StudiSanfilippo(o.Fn.1)716f.
③ Paulus D41,2,32 pr.
④ Savigny, Das Rechts des Besitzes, 7.Aufl.(1967),312 同样持有该观点。
⑤ Vgl.Isay, Die Geschäftsführungnachdem BGB(1900), 276; Aravantios, Die Anfechtbarkeit der Besitzübertragungimdeutschenbürglichen Recht, JherJahrb 48, 115ff.; Müller-Erybach, Das Recht des Besitzs, AcP 142,51; V.Bruns, BesitzerwerbduchInteressenvertreter(1910),157;Kreße,Besitz und Recht(1904),200.
⑥ 如上述Bruns所说:占有媒介关系必须为间接占有要件且该关系必须真实存在;Isay认为,占有媒介关系必须存在,而无涉当事人的内心意思。但依据交易习惯推知的占有意思对于占有的认定起决定性作用。
⑦ Vgl.Protokolle der 2.Kommission 3733,Mugdan(o,Fn.3)3,515.

以,占有媒介关系的有效性并非间接占有的构成要件。

占有媒介关系无须有效,因此,间接占有也并不要求占有媒介人在一定的期限内有权利或有义务进行占有。有学者一方面赞同通说,认为占有媒介关系并非必须有效,另一方面又认为占有媒介人必须在一定的期限内有权利或有义务占有[1]。而该一立场本身就自相矛盾。此外,双方当事人(至少占有媒介人)无须相信占有媒介关系有效(即预想的法律关系 Putativ-Rechtsverhaeltnis)[2]。当事人的信赖并不能明确地发挥作用。在此,更重要的是占有媒介人的意志。只要"承租人"有返还标的物之意愿,即使承租人知悉租赁合同无效,出租人也不会因此而丧失间接占有。

(二) 标的物的托付(Anvertrauen)

有学者基于间接占有的典型情形——用益权人、质权人、用益承租人、使用承租人、保管人或类似的关系,认为间接占有必须由间接占有人将标的物托付至占有媒介人。该观点首先由 Strohal 提出[3],此后 Endemann 将该要件进一步具体化,认为只有当占有媒介人从间接占有人处获得标的物的占有时,间接占有始得成立[4]。由此推知,当占有媒介人自第三人处取得占有,例如受托人基于预先的占有改定,从第三人处取得标的物,并为委托人占有时,间接占有则会被排除。然而对间接占有作此限制并无理由。Endemann 的学说对此结论总体上也是持

---

[1] 持有此观点的学者如:Biermann(o.Fn.3) § 868 N.2 b;Rosenberg(o.Fn.3), § 868N.II 2ba;Palandt-Bassenge, Bürgerliches Gesetzbuch,41.Aufl.(1982), § 868 N.2acc;Soergel-Mühl(o.Fn.3) § 868 N.8; Erman-Werner, Handkommentar zum BGB 7.Aufl.(1981), § 868N.8

[2] 此为过时之观点,Vgl.BGH NJW 55.499;OLG(KG) 18.141;F.Baur,Lehr des Sachenrechts,11.Aufl.(1981), § 7 B III 1 b dd;Lent-Schwab(o.Fn.3) § 7II 2;Soergel-Mühl(o.Fn.3), § 868 N.10;Schlegelberger-Vogels-Pritsch(o.Fn.3), § 868 N.14;Staudiger-Serfer(o.Fn.3), § 868 N.11;O.v.Gieke,Die Bedeutung des Fahrnisbesitzes für Streitiges Recht(1897),7.Fn.15.

[3] Strohal,Der Sachbesitz nach dem BGB, JherJahrb 38,20ff.;同持该观点的有 Gaertner, Der gerichtliche Schutz gegen Besitzverlust(1901),148;Pudor,Ist der Veräußer einer beweglichen Sache,die er dem Erwerb unter Eigentumsvorbehalt übergeben hat,mittelbarer Besitzer? JW 1905,314;Thiesing,Ist der Veräußerer einer beweglichen Sache,die er dem Erwerber unter Eigentumsvorbehalt übergeben hat,mittelbarer Besitz? ArchBR 20,246.

[4] Endemann, Bürgerliches Gesetzbuch II,5.Aufl.(1900), § 32,2;同持该观点的有 Kreß(o.Fn.8)193 f.

否定意见①，Strohal 也并未明确地提及"托付"要件。事实上，标的物的"托付"这一要件究竟指向何意，并不明确。取得标的物占有的破产管理人、强制执行管理人、遗产管理人为所有权人进行媒介占有，根本不涉及所有权人托付标的物的问题。因此，所谓的"托付"对于间接占有的成立并无意义。②

有部分学者提出以下要件：占有媒介人应从间接占有人财产中取得标的物，必须以间接占有人的财产减少为代价③。但该要件的哪个方面得以作为间接占有的标准并不明确。当法院执行人为债权人扣押标的物并进行占有时，上述要件更是错误。债权人取得间接占有，但并未以财产减少为代价。④

（三）占有或占有权的传来

Wendt⑤ 提出间接占有的以下标准：占有媒介人享有传来占有；其占有自间接占有人处传来。该观点可以溯及至萨维尼的占有理论。萨维尼指出，依罗马法的规定，原则上自主占有为禁令占有。⑥ 禁令占有仅为有所有权心素的占有（animus Domini）。但在几种特定的情形下，他主占有人得享有占有保护。萨维尼对此解释道，在该特定的情形下，自主占有人将其占有，或者说基于占有所享有的法律地位，移转给他主占有人，他主占有人取得传来的占有。⑦ Wendt 将此种地位视为现行法下的占有媒介人的地位，其占有必须自间接占有人处传来。《德国民法典》第 941 条、第 986 条、第 991 条均提及了传来占有，被当做该观点的力证。然而，上述法条中所涉及的情形并非占有的传来，而是占有权的传来。⑧ 占有权的传来这一要件也仅是用于描述间接占有人，而非作为间接占有

---

① Vgl. Leonhard（o.Fn.3）60f.；Isay（o.Fn.8）274；Kniep, Der Besitz des Bürgerlichen Gestzbuch（1900）；Rosenberg（o.Fn.3），§ 868 N.II 2c a；Geißler, Zur Frage des mittelbaren Besitz des Veräußerers einer unter Eigentumsvorbehalt übergebenen beweglichen Sache, JW 1905, 512；Przibilla, Zur Lehre vom mittelbaren Besitz, JW 1908, 395；Rohde, Studien im Besitzrecht XXI（1907），27；Biermann（o.Fn.3）§ 868 N.2c.

② Isay（o.Fn.8）61f.；Reiß（o.Fn.3）24；Przibilla（o.Fn.3）18；Rohde（o.Fn.15）XXI 27.

③ Leonhard（o.Fn.3）61f.；Reiß（o.Fn.3）25；Reißer（o.Fn.15）JW 1905, 521.

④ Vgl. Isay（o.Fn.8）275.；Przibilla（o.Fn.15），JW 1908, 396；Rosenberg（o.Fn.3）§ 868N.II2c；Rohde（o.Fn.15）XXI 28.

⑤ Wendt, Besitz und Inhabng, AcP 87, 44f.

⑥ 即为享有占有保护的占有。

⑦ Savigny（o.Fn.7）119.

⑧ Rosenberg（o.Fn.3）§ 868 N II 2c；Przibilla（o.Fn.3）15；Strohal（o.Fn.13），Jher-Jahrb 38, 26.

的标准提出的。① 萨维尼关于有所有权心素的占有含义在现今的占有法上已经有所突破。此外，如何理解"传来"也存在疑问。通说亦否认了 Wendt 的观点，实属赞同。②

另有观点认为，占有媒介人占有权源于间接占有人，或言源于其法律地位，是间接占有的构成要件。③ 间接占有人的占有权必须强于占有媒介人的占有权，占有媒介人的占有权仅为间接占有人完全的占有权的一部分。然而，认为间接占有人的占有权更强而占有媒介人的占有权劣后的观点，显属错误。所有权人出租其标的物，此时承租人的租赁权强于所有权，当涉及标的物占有的争议时，承租人优先。因此，占有媒介人的占有权为更强的权利。

其次，占有权传来这一标准的含义并不明确。任何非原始取得的权利均来源于他人。买受人自出卖人处取得所有权，但此种情形下并不成立间接占有。同样，人们也不会认为破产管理人的占有权来源于债务人。破产管理人是基于《破产法》第 117 条而独立享有占有的权利，但仍可以成为债务人的占有媒介人。④

再次，当占有媒介人并无占有权，更无所谓的占有权的传来时，间接占有仍可以成立。此种情形下，占有媒介人的占有权必须自间接占有人传来的观点亦不攻自破。例如，租赁合同无效时，仍然可以成立间接占有（参见上文"一"之"（一）"部分）。承租人对于出租人并无占有权，而仅有返还标的物之义务。此种情形下，并无所谓的传来的占有权。

最后，当间接占有人本身为无权占有时，没有权利可以传来给占有媒介人的情形，也可以成立间接占有。例如，小偷出租标的物时，其为间接占有人。⑤ 承租人根据租赁合同而对小偷享有租赁权。该占有的权利基于小偷的何种权利传来呢？在间接占有人与占有媒介人均无占有权（如，小偷的租赁合同无效时），

---

① Vgl.Protokolle der 2.Kommission 6037，3951,3966,Mugdan 3,642,670,674.

② Rosenberg(o.Fn.3)，§ 868 N.II2c；Wolff-Raiser (o.Fn.3)，§ 8 I 1a；Baur (o.Fn.2)，§ 7 B III 7 b bb；Müller-Erybach (o.Fn.8)，AcP 142,57；Przibilla (o.Fn.3) 15；Soergel-Mühl (o.Fn.3)，§ 868 N.11.

③ RG 49,173；OLG Düsseldorf JZ 51,270；Baur (o.Fn.2)，§ 7 B III 1 a；Wolf-Raiser Baur (o.Fn.3)，§ 8 I 1a；Westermann(o.Fn.2)，§ 18,5；Biermann (o.Fn.3)，§ 868 N 2c；Soergel-Mühl （o. Fn. 3），§ 868 N. 11；Staudinger-Seufert （o. Fn. 3）；§ 868 N. 3；Schlegelberger-Vogels-Pritsch (o.Fn.3)，§ 868 N.24；Palandt-Bassenge (o.Fn.11)，§ 868 2 a bb.

④ Vgl. Rosenberg(o.Fn.3) § 868 N II 2c.

⑤ Rosenberg(o.Fn.3) § 868 N II 2 a.

但间接占有仍得成立的情形下,上述观点更加值得怀疑。

所以,通说要求的"占有权的传来",也不应成为判断间接占有的标准。①

(四)返还请求权

理论上均认为间接占有人对占有媒介人的返还请求权是间接占有的核心要件。② 论证如下:首先根据第 870 条的规定,间接占有以请求权为前提;其次,第 868 条要求占有权仅存在于"一定期间",若出租人等无返还请求权,则占有媒介人的占有无时间限制;最后,返还请求权为间接占有人与物之间联系的重要体现,缺乏请求权,则出租人等对物无控制力,亦无间接占有。

1. 对于最后一点而言,根据交易习惯,无论间接占有人是否有请求权,在任何情况下间接占有人均无对标的物的控制力。尽管根据交易习惯,出租物仍然为出租人的财产,但并无法论证出租人具有对物的控制力。③ 此外,抽象的请求权也不能够产生对物的关系和对物的控制力。请求权仅为要求一方当事人为或不为一定行为的权利,并不会在债权人和标的物之间产生对物的控制力。④ 例如,某人购买某物,根据第 433 条第 1 款的规定,其对出卖人有请求权,但买受人并不因此成为间接占有人。同样,尽管被盗之人对小偷有请求权,但该被盗之人亦非间接占有人。

2. 第 870 条的论证也毫无说服力。该规定仅说明间接占有可以通过让与返还请求权的方式移转。有可能存在无返还请求权的间接占有,对此要么无法进行移转,要么可以通过其他的方式移转。暂不考虑第一种情形,我们对第二种情形进行讨论。当占有媒介人以可识别的方式作出如下决定,即自此为新的占有人作为媒

---

① 同样持有该正确观点的是:Rosenberg(o.Fn.3) § 868 N II 2c; Planck-Brodmann (o.Fn.3), § 868 N.2c; Strohal(o.Fn.13), JherJahrb 38, 26.

② Vgl. Biermann(o.Fn.3) § 868 N.2 a; Rosenberg (o.Fn.3), § 868 N.II 2b; Soergel-Mühl (o.Fn.3), § 868 N.13; Erman-Werner (o.Fn.11), § 868 N.4 und 8; Staudinger-Seufert (o.Fn.3), § 868 N.2 b; RGRK-Kregel (o.Fn.3), § 868 N.7; Westermann (o.Fn.2), § 17.5., § 18,6; Wolff-Raiser (o.Fn.3), § 8 I 2; Baur (o.Fn.12), § 7 B III 1 a; Lent-Schwab (o.Fn.3), § 7 II 2; O.v.Gierke (o.Fn.3), § 6 I2; Kreiß (o.Fn.8) 202; Rohde (o.Fn.15) XXI 14; Windscheid-Kipp(o.Fn.3) I 795; Klein, Der mittelbare Besitz des Bürgerlichen Gesetzbuchs, Diss .Bonn(1899),19; Aravantinos (o.Fn.8), JherJahrb 48,118; Wendt (o.Fn.19), AcP87, 45; Strohal, 24. DJT IV 132; O.v.Gierke, 24. DJT III 33; RG 89,349;132,186; BGH 10,87.

③ Wieling, StudiSanfilippo (o.Fn.1) 728 ff.

④ Przibilla(o.Fn.3) 21; Rohde, Studien im Besitzrecht I(1913), 64f.

介进行占有时,间接占有从此刻起移转至新的占有人,此种情形已被广泛认可。① 对此,以新的占有人有取得间接占有的意思为前提。② 间接占有人指令占有媒介人自此为新的占有人作为占有媒介进行占有,且占有媒介人听从其指示时,间接占有移转至取得人。此种情形无异于根据第 870 条的规定进行移转。③ 上述情形下,请求权的移转并无意义;无论原间接占有人是否将其对占有媒介人的请求权移转至取得人④,甚至是否存在返还请求权,并不重要。据此,第 870 条无法论证返还请求权这一构成要件。

3. 另一个论据在于,间接占有人必须有返还请求权,否则无法实现其占有,占有媒介人将持续地保有标的物。该论据本身存在异议。若承租人侵吞租赁物,尽管出租人一直享有对承租人的请求权,但并不成立间接占有。买受人尽管对出卖人有返还请求权,也可实现占有权,但并不享有间接占有。这表明返还请求权并非在任何情形下均为间接占有的充分条件。在此应存在另外一个要素,据此以判断返还请求权人是否享有间接占有。我们需要进一步考虑的是,该要素可否成为判断间接占有的唯一的、决定性的标准,而返还请求权对于间接占有的判断毫无意义。

一些学者认为间接占有必须有返还请求权,同时又强调事实上的关系对于界定间接占有有重要意义。因此,如 Kipp 提到⑤,从权利的角度来看,承租人和小偷的占有并无区别;其区别在于客观事实。另有一些学者反复强调,间接占有

---

① Vgl. RG 135,78; Planck-Brodmann (o.Fn.3), § 868 N.4 b und § 870 N.5; Soergel-Mühl (o.Fn.3), § 868 N.4; Erman-Werner(o.Fn.11), § 868 N.21; RGRK-Kregel (o.Fn.3), § 868 N.21; Palandt-Bassenge(o.Fn.11), § 868, N.4 c; Wolff-Raiser (o.Fn.3), § 15 II 2; Westermann (o.Fn.2), § 19 II3; Baur (o.Fn.12), § 7 B III 3 b; Heinr. Lange, Sachenrecht (1967), § 10 V.2; Lent-Schwab(o.Fn.3), § 7 II 2.

② 通说见: Vgl. z.B. Palandt-Bassenge(o.Fn.11), § 868, N.2a aa; Planck-Brodmann (o.Fn.3), § 868 N.4 a; Soergel-Mühl (o.Fn.3), § 868 N.12; Staudinger-Seufert (o.Fn.3), § 868 N.11 b; Westermann (o.Fn.2), § 19 I 2; E.Wolf (o.Fn.3), § 2 F II b 2 bb; Kaemmerer, Die Zulässigkeit einer Vertretung im Besitzerwerb(1908),134f..在此并不考虑在法定的占有媒介关系下的占有意愿。

③ 同样持有该正确观点的有:Erman-Werner(o.Fn.11). § 870 N.2; Westermann (o.Fn.2), § 19 III 4;另可参见 BGH NJW 59,1539。相反观点则强调,在指令交付的情形,旧的间接占有消灭,新的间接占有产生,Vgl. Soergel-Mühl (o.Fn.3), § 870 N.5; RGRK-Kregel (o.Fn.3), § 879 N.7; Palandt-Bassenge(o.Fn.11), § 870, N.1;但上述学者也承认两种情形下的结果完全相同,而仅为术语的问题。

④ Vgl. Westermann (o.Fn.2), § 19 III 4.

⑤ Windscheid-Kipp(o.Fn.3) I 795.

中起决定作用的并非占有媒介人权利上的联系,而是事实上的行为。① 若确实如此,则我们需要进一步讨论占有媒介人事实上的行为是否为唯一的决定性因素,而请求权不再有任何意义。如 Westermann 提出了以下结论②:当权利的状态与事实上的行为不一致时,应由占有媒介人事实上的行为起决定性作用。例如,承租人在出租人死亡后将表征继承人误以为真正的继承人,而为其持有房屋,并向其支付租金,该行为使表征继承人成了间接占有人。尽管表征继承人对承租人无返还请求权,但其基于承租人事实上的行为取得了间接占有。真正的继承人尽管享有返还请求权,但根据《德国民法典》第 857 条(或者第 870 条)丧失其已取得的间接占有。虽然 Westermann 也强调请求权对于间接占有成立的意义,但上述案例表明,请求权在事实上毫无意义。③

4. 判断请求权是否为间接占有必要要件的关键在于,立法创设间接占有制度所遵从的目的导向。法律规定出租人等为间接占有人,一方面让其获得占有保护(第 869 条);另一方面在于界定特定范围的人,其虽然不享有对物事实上的控制力,但却有移转或取得物权性权利的可能。仍须检验是,若占有媒介人愿意为某人媒介占有,但此人对于占有媒介人并无返还请求权,此时该人应否属于上述特定范围的人。

上述问题之所以较少出现,是因为几乎在所有的情形下,上位占有人对于占有媒介人均享有返还请求权。若所意欲成立的占有媒介关系无效,通常根据第 812 条(不当得利返还请求权)或者第 985 条、第 1007 条、第 825 条等法律规定仍然存在请求权。兹举下例:小偷经常将偷来的汽车交由知情的修理厂占有人,让其喷上其他颜色油漆,以供小偷使用。④ 若该汽车被第二个小偷偷走,第一个小偷可否根据第 869 条享有请求权? Baur 对此持否定观点:小偷与修理厂之间的合同关系,依第 134 条、第 183 条为无效;基于第 812 条产生的返还请求权被第 817 条第 2 款排除。因此,第一个小偷并非间接占有人。但从立法的目的出

---

① Vgl.Westermann(o.Fn.2),§17,5 d;Lent-Schwab(o.Fn.3),§7 II 2;Soergel-Mühl(o.Fn.3),§868 N.10;Schlegelberger-Vogels-Pritsch(o.Fn.3),§868 N.14.

② Erman-Westermann(6.Aufl.1975),§868 N.9;如今如上述 Erman-Werner(o.Fn.11)

③ 相似的观点如 O.v.Gierke,24 DJT III 33:当所有权人在不知情的情况下承租自己之物,尽管不存在返还请求权,其为出租人的间接占有进行媒介占有。只有事实关系明确时,请求权才有决定作用。对此略持反对意见的是:Wolff-Raiser(o.Fn.3),§8 I 3 Fn.23 und §14 II 2 及§8 III。

④ 例子由 Baur(o.Fn.12),§7 B III 1 b dd"小偷将标的交给窝藏者保存"这一原型进行改编。

发所得出的结论却与此相反:小偷的占有也理应被保护。假使该物自第一个小偷自己处被偷,其根据第861条享有请求权。若第一个小偷依据修理或者保管合同将标的物交付他人后被偷,因其重新获得直接占有的可能性应予保护,故亦应受到第869条的调整。① 在上述案例中,第一个小偷也存在上述可能性。作为占有人的修理厂,有应小偷之要求而返还汽车之意愿,与存在返还义务的情形完全相同。但重新获得标的物的可能性因第二个小偷的偷盗行为而消灭。依立法之目的,第一个小偷应享有第869条的请求权。② 尽管第一个小偷无返还请求权,但依据第869条之意义应将其视为间接占有人。

从间接占有人取得标的物上权利的可能性的角度来看,如时效取得,因小偷为恶意而被排除。但小偷仍有可能移转标的物的权利给善意取得人。假设交易的标的物为被偷的汽车,小偷出卖汽车给善意的买受人并告知其可以自修理厂取得汽车;同时,小偷向买受人移转对修理厂的"返还请求权"。若小偷为间接占有人,则买受人可以根据第934条成为所有权人,反之而不然。就此而言,该小偷是否为间接占有人?③ 立法者论证了以下区别:出卖人若为间接占有人,则买受人对于出卖人为所有权人的善意信赖有足够的基础。反之,若出卖人无间接占有,则取得人缺乏上述信赖基础。④

对此,关键在于,买受人对于出卖人为所有权人的信赖是否存在事实上的客观基础。由于间接占有可以成为信赖基础,因此决定间接占有的必须为事实上的关系,而非法律关系。法律关系因不可感知而不得作为信赖的基础。因此,间接占有不应取决于请求权。间接占有中何种要素可以被感知,从而可以作为信赖之基础?唯一可以考虑的即为占有媒介人在特定情况下返还标的物的意愿。该意愿作为事实,独立于义务,独立于间接占有人的返还请求权。在上述案例情形中与存在有效的保管合同的情形中,作为占有人的修理厂所具有返还的意愿,即信赖的基础,并无不同。因此上例中,应存在依第934条而善意取得的可能性。该要件并不重要。

在上述提及的表征继承案中,起决定作用的同样是当事人的意愿⑤:被继承

---

① Vgl oben bei Fn.10.
② 据此,第一个小偷可以履行对失主的返还请求权。
③ 虽然认可小偷可以享有间接占有相关的保护功能,但对于小偷是否应视为间接占有人而享有相关的移转功能,并不必然应持肯定意见。占有包括间接占有可以因某个作用被认可,但其他作用被否定而整个制度被否定。Vgl.Wieling,StudiSanfilippo(o.Fn.1)726,737.从实践出发,人们尽可能地避免这一结果。
④ Protokolle der 2.Kommision 3705f., Mugdan(o.Fn.3)3,6323 f.
⑤ Vgl.oben c a E.

人将标的物交由他人保管,表征继承人被保管人视为真正的继承人,保管人具有向表征继承人按照其要求而返还标的物的意愿。表征继承人取得标的物的事实上的期望,理应根据第 869 条得到保护。保管人的返还意愿也论证了表征继承人存在间接占有的权利表征,其可以根据第 931 条、第 934 条移转标的物;若标的物非属被继承人所有,则表征继承人可以成为时效取得占有人。

人们不能用以下理由进行反驳,即小偷或表征继承人并不应成为间接占有人,因为其对直接占有人并无返还请求权;该论证混淆了占有与权利。间接占有为重新获得标的物事实上的期待,是客观的返还意愿下的权利表征。

综上表明,返还请求权并非间接占有的构成要件。① 返还请求权人(被盗的所有权人或真正的继承人)不一定为间接占有人;而依据第 868 条、第 869 条的保护目的,无返还请求权的人可以享有间接占有(小偷或表征继承人)。

(五) 占有媒介人的占有

根据上述分析可知,返还请求权、占有媒介关系、占有权的传来等事实上对于间接占有均无意义。那么究竟何者为关键要素?为了回答该问题,必须回溯至引入间接占有制度的立法目的:一方面在于使依共同法享有禁令保护的特定范围的人,仍然受有保护(第 869 条)。② 在罗马法中享有禁令保护的有出租人、出借人、寄存人等。保护的基础并非在于出租人等与物之持有人存在特定的法律关系,而是在于物之持有人任何时候均有返还标的物之意愿,或者至少根据罗马法的交易习惯应当存在该意愿。③ 若该特定范围的人仍然能够得到该保护,则该保护也必须是以物之持有人事实上的行为为基础。

另一方面,某些非物之持有人也应存在取得或移转物权的可能性。对此,人们并未完全忽略对物的事实上的关系,如在第 931 条、第 934 条情形下,间接占有因其事实上、可被感知的与物的关系,而非法律上的关系,而成为该种(取得或移转物权)可能性的基础。

1. 间接占有的构成要件是占有媒介人的直接占有④及与此相关的特定的占

---

① 同样持有这一正确观点的有:Przibilla(o.Fn.3) 19 und JW(o.Fn.15)1908,396;Planck-Brodmann (o.Fn.3), § 868 N.3; Schlegelberger-Vogels-Pritsch (o.Fn.3), § 868 N. 22.; Heck, Grundiriß des Sachenrchts(1930), § 11,6; E.Wolf(o.Fn.3), § 2 B II b4; Stark, Berner Kommentar, Sachenrecht, Art.920 ZGB N.18 此外亦有; Westermann, Gierke o.Fn. 38f.

② Vgl. Wieling,StudiSanfilippo (o.Fn.1)726f.

③ 参见前述"一"之"(一)"部分内容。

④ 该直接占有亦可为拟制,例如依据第 857 条。

有意思①。因此,占有媒介人不得为自主占有人②,而应为他主占有人。但这并不意味着占有媒介人必须是"为间接占有人占有"。例如承租人等占有并非是为了出租人的利益,而是为了自己的利益③;占有媒介人也并非任何时候都要有返还标的物的意愿或遵从出租人指示的意愿。由此可知,罗马法上的承租人相当于现今占有法下的占有辅助人的地位,而非占有媒介人。他主占有的意思仅仅意味着占有人并非有将标的物永久地自主保有的意思,而是原则上具有在特定条件下返还标的意愿。正是将上述意思作为第 868 条拟制的真正基础,出租人等尽管不享有对物的控制力,但却可以在特定范围内享有占有之利益。

因此,作为间接占有的要件,具有他主占有意思的占有媒介人已足矣。④ 这也就意味着,间接占有会随着占有媒介人的他主占有意思的变化而产生及消灭。当占有媒介人不再认可间接占有人时,例如转变为自主占有或者为其他上位占有人占有时,间接占有消灭。⑤ 因此,因小偷为自主占有人,故失主并无间接占有。同样,因出卖人仍以所有权人的身份进行占有,故买受人在取得标的物之前,并非间接占有人⑥。所有权保留买卖中的买受人亦非自主占有人,出卖人为间接的自主占有人,买受人为出卖人进行媒介占有。⑦ 无权处分人在标的物上

---

① 直接占有人与间接占有人的联系,仅需存在于最后的占有媒介人上即可。相反,每个占有媒介人均必具有后文所述的占有媒介意思。

② 当所有权人将标的物设置用益使用而交由他人再回质时,占有媒介人当然亦为间接自主占有人。所有权人虽然作为直接他主占有人的占有媒介人,同时也构成间接自主占有人。

③ 立法者在第 868 条故意避免了"为他人占有"这一术语:Protokolle der 2.Kommision 3705f., Mugdan(o.Fn.3)3,515。

④ 持有这一正确观点的有:Protokolle der 2.Kommision 3705f., Mugdan(o.Fn.3)3,516f.;Przibilla(o.Fn.3)19,24;E.Wolf(o.Fn.3),§2 B II b4;O.v.Gierke,24 .DJT III33;Planck-Brodmann (o.Fn.3),§ 868 N.3;Schlegelberger-Vogels-Pritsch (o.Fn.3),§ 868 N.14.;Erman-Werner (o.Fn.11),§ 868 N.9;BGH NJW 55,499.

⑤ 参见上述"(四)"之"2"部分内容。

⑥ 当然在此并不考虑占有改定的情形。

⑦ Bierman(o.Fn.3) § 868 N.2b;Thiesing(o.Fn.13),ArchBR 20,240ff.;O.v.Gierke II (1905)§ 114 Fn.39;L.Raiser,DinglicheAnwartschaften (1961),71ff.;根据其观点,在此并不构成间接占有,因为间接占有的目的在于保护出租人自承租人处重新取回标的物预期。参见"一"之"(1)"部分内容。在所有权保留买卖中,标的物通常并不会返还给出让人。尽管事实上绝大多数情形,标的物不会返还给出让人。但这并不意味着在例外情形下出卖人要求返还标的物的机会不应得到间接占有的保护。Kreiß(o.Fn.8)193 N.569 und Planck-Brodmann (o.Fn.3),§ N868 N.2b 认为,所有权保留买卖的出卖人并未间接占有,因为通过间接占有的移转,对物的控制力移转至买受人。因此,买受人通过第 936 条 II 款可以受到足够的保护。此外,对于出卖人应取得时效取得的可能性也难以得到认可。

设定用益物权(无论有效与否),该无权处分人为间接占有人而非真正的权利人。① 这并非因为如通说所认为的,无权处分人享有一定的返还请求权,而是因为标的物的占有人具有在特定条件下向设定人返还标的物的意愿。

2. 占有媒介人他主占有这一要件,并不意味着占有媒介人不得为所有权人。关键仅在于占有媒介人的意愿,而非权利状态。若某人基于错误而承租或抵押自己所有的物,其可以作为合同相对人的间接占有的媒介。当其他要件满足时,合同相对人还可以时效取得。② 所有权人回租已设用益权的标的物,所有人可以作为用益权人的间接他主占有的媒介。在让与担保的情形中,直接占有标的物的让与担保权人是否有为让与担保人进行媒介占有的意愿是唯一重要的因素。尽管让与担保权人为所有权人,但其明知根据与让与担保人之间的内部关系,自己仅享有担保性的权利,而无独立的所有权。通常在此情形下,让与担保权人并非有自主占有的意愿,而是作为让与担保人占他主占有的媒介。③

3. 根据法律规定,占有媒介人必须"暂时地"有权利或有义务进行占有。这句话不应作文义理解,因为对于间接占有而言,占有媒介人是否有权利进行占有无关紧要(参见"一"之"(三)"部分)。一种流行的观点认为,占有媒介人的占有必须有时间上的限制。时间上的期限通过特定条件或者时限的方式设定。依上述观点,在不动产上设定永久地上权的自主占有人并非间接占有人④,不能时效取得(第900条、第927条)。对此结果实难赞同。对于间接占有的特殊性,人们不应关注时间上的特别限制,而应考虑其内容上的一般性的限制⑤,即占有媒介人须作为非所有权人进行占有。原则上,其必须具有满足特定条件下返还标的

---

① 正如下述错误的观点: Rohde(o.Fn.15) XXI39; Kreiß(o.Fn.8) 202 Fn.562; Grütymann, KrVjschr 41, 506,因为无权利人并无返还请求权,§1055 I.因请求权并非重要,则上述亦不重要。若时效取得的占有人将标的物移交给用益权人,则时效取得应被终止吗?

② 正确的观点如: Przilla(o.Fn.15),JW1908,396; O.v.Gierke, 24. DJT III33.

③ 根据通说,让与担保权人为让与担保人的占有媒介人[Vgl.BGH NJW 61 777; Soergel-Mühl (o.Fn.3), §868 N.15; Staudinger-Seufert (o.Fn.3), §868 N.15; RGRK-Kregel (o.Fn.3), §878 N.12; Wolff-Raiser (o.Fn.3), §8 Ic, Fn.10.]但是在个案中该意志起决定作用,在此并予以考虑。相反的观点认为,让与担保权人总是作为所有权人而自主占有,因此否定在此种情形下存在占有媒介关系。[Vgl. Rosenberg(o.Fn.3), §868 N.II 2 d; Palandt-Bassenge(o.Fn.11), §868 N. 2 b bb]而忽视了其仅取决于事实的意思。

④ Vgl. Klein(o.Fn.29) 70; Reiß (o.Fn.3)31; Przibilla(o.Fn.3)32; Rohde(o.Fn.15) XXI 21; Wendt(o.Fn.19), AcP 87,61.

⑤ Vgl. Rosenberg (o.Fn.3), §868 N. II 2b; Wolff-Raiser (o.Fn.3), §8 I 1b; Staudinger-Seufert(o.Fn.3), §868 N.3; ZGB Art.920 I:"若占有人基于定限物权将标的物移转给他人的,两人均为占有人。"

物的意愿。① 通说也认为,永久的地上权人应享有间接占有。

(六)间接占有人的占有意思

除占有媒介人的占有及其他主占有之意愿为间接占有的构成要件外,还需间接占有人之占有意思。其必须知悉并且愿意占有媒介人对其具有限制的占有意愿(参见上文"一"之"(四)"之"3")。② 该占有之意思为自主占有或他主占有并无区别,两者均有可能。与直接占有相同,在此仅需要自然的意思能力,而不需要行为能力。依该占有意思之要件,可以回答下述问题:无因管理人或者拾得人可否作为被管理人或者遗失人的占有媒介。某人以自己的名义取得标的物,但具有为他人占有的可识别的意思,此种情形是否立即构成间接占有不无疑问。对此通说持肯定意见③,即无因管理可以成立占有媒介关系;因为此种情形下为法定的债务关系,占有意思并非必要。

此观点实难赞同。间接占有中必须以占有意思为前提,任何人不得违背间接占有人的意志而设立间接占有。无因管理中本人不愿意接受标的物或者拒绝间接占有的,他人不得强制为其分配间接占有。无因管理的法律关系(negotiorumgestio)是为本人设定(买卖价款)补偿义务,而非获得标的物或达成间接占有的合致。仅于无因管理中的本人知悉标的物被他人占有并表示同意时,间接占有始得成立。④ 当然,应当根据 Rosenberg 观点⑤,将同意的效果溯及至无因管理人取得标的物之时。否则在上述案例中,无因管理人自善意的自主占有人处买得标的物时,时效取得将会中断。

与上述问题非常类似的一个问题是,拾得人是否为遗失人进行媒介占有。通说认为遗失人的间接占有通过拾得人来实现,有少数学者对此持否定意见。⑥ 拾得遗失物为无因管理的特殊形式,拾得人与无因管理人的间接占有无区别对

---

① 对于无期限的地上权人,参见:Vgl. §§ 2Nr.4; 9III; 26 ErbbauRVO.

② Hedemann,Sachenrecht des BGB,3.Aufl.(1960),§7 I b; Soergel-Mühl (o.Fn.3) § 868 N12; Westermann (o.Fn.2) § 19 I2.

③ Unter Berufung auf RG 98,134f.; z.B.Windscheid-Kipp I (o.Fn.3) 796; Planck-Brodmann(o.Fn.3), § 868 N.2b; Schlegelberger-Vogels-Pritsch (o.Fn.3), § 868 N.36.; Staudinger-Seufert(o.Fn.3), § 868 N.15; Wolff-Raiser (o.Fn.3), § 8 I 1c.

④ 正确的观点如:Rosenberg(o.Fn.3), § 868 N.II 2d; Westermann (o.Fn.2), § 19 I2; Palandt-Bassenge(o.Fn.11), § 868 N.2 c bb.

⑤ Oben Fn.65.

⑥ Biermann(o.Fn.3), § 868. N.2c; Rosenberg(o.Fn.3), § 868 N.II 2 d; Planck-Brodmann(o.Fn.3), § 868 N.2b; Endmann II (o.Fn.3), § 32,2; O.v.Gierke, Fahrnisbesitz (o.Fn.12), 7 Fn.15; Windscheid-Kipp(o.Fn.3), I 795; Rohde (o.Fn.15) XXI 51; Wolff-Raiser(o.Fn.3), § 8 I 1 a; Westermann (o.Fn.2), § 19 I 1.

待之理由。① 若拾得人知悉遗失人后,有返还标的物之意愿,则其为遗失人间接占有的媒介。若拾得人为恶意,则该恶意拾得人为自主占有人,自无间接占有媒介一说。

二、间接占有的移转

(一) 占有指令

间接占有以占有媒介人为他人进行媒介占有之意愿为基础。若占有媒介人以可识别的方式放弃为间接占有进行媒介占有之意愿,则间接占有人的占有终止。如当占有媒介人欲保留标的物,则自己成为自主占有人;如当占有媒介人为新的间接占有人进行媒介占有,则新的间接占有人取得间接占有。当间接占有人指令占有媒介人为其他人进行占有时,占有可以发生移转。非事实持有的占有以该种指令的方式进行移转,在共同法时期已经得到认可。② 第一草案在第804条也规定了以占有指令而进行的移转方式。③ 但由于认为该规定仅涉时效占有(possessioadusucapionem),属于所有权取得的规范,不应规定于占有法部分,所以第二委员会删去了该规定。④ 此后立法者创设第870条的目的就在于,即使缺乏明文规定,仍将通过指令实现占有移转的方式尽可能地保留。⑤ 对于占有媒介人遵从间接占有人的指示而为他人进行媒介占有,从而实现间接占有移转,事实上并无疑问。⑥

间接占有通过指令的方式进行变更为占有的移转,而绝非有些错误的观点

---

① Vgl. Johow, Entwurf eines bürglichen Gesetzbuchs für das Deutsche Reich, Sachenrecht, Begründung(1880),856;Wolff-Raiser(o.Fn.3), § 82 III;Westermann(o.Fn. 2), § 59 I;OLG (Hamburg) 8,114.

② Vgl.ALR I 7 § 66;sächs,BGB § 201;auch Johow(o.Fn.68),391f.

③ E.1 § 804;对于为他人所持有的标的物,占有人可以通过以下方式移转:原占有人指令持有人,让其事实上的控制力为第三人持有,且该第三人对原占有人或持有人表达了占有之意愿。若事实上控制力之人不愿遵从原占有人或第三人的指令,则第三人无法取得占有。

④ Protokolle der 2.Kommission 3345,Mugdan(o.Fn.3)3,505.

⑤ Vgl Protokolle der 2.Kommission 3696,Mugdan(o.Fn.3)3,629;RG WarnRspr.1921 Nr.123.

⑥ 此为通说;有部分学者错误地认为,间接占有为法律关系,完全取决于返还请求权。Vlg:Kreiß(o.Fn.8)216;Müller-Erzbach(o.Fn.8),AcP 142;Windscheid-Kipp(o.Fn.3) I 809. 根据上述观点,占有媒介人的意愿并无意义,只要占有媒介人持有标的物并且占有媒介关系存在,则间接占有继续存在。该观点将占有与权利混淆而不具有说服力。

所认为的,在新的间接占有人处成立原始的、新产生的间接占有。① 因此,所有权可以通过占有指令的方式并依第 931 条的规定进行移转。②

(二) 随权利让与而移转

1. 根据第 870 条,间接占有的转让可以通过让与对标的物的返还请求权的方式实现。该种移转方式首先由第二委员会引入。人们常引用第 931 条的规定来论证该观点。③ 由该规定可知,当标的物为第三人占有时,例如在承租人处时,存在将标的物进行移转的需求。以对占有媒介人指令的方式实现间接占有的移转并不足以满足该需求,因为在此种方式下,间接占有和所有权的取得依赖于占有媒介人的意愿。但占有媒介人有可能对占有的移转持有异议。因此,需要一种新的行为方式作为替代,以排除上述困扰。返还请求权的让与即为替代方案。④ 立法委员会在第 870 条规定中选择使用了"可以(kann)"这一用词,以明确间接占有还可以通过其他的方式进行移转。⑤

第 870 条的规定与占有媒介人的意思为间接占有的基础这一原则相左。根据第 870 条的规定,占有媒介人对于占有的移转无须知悉。据此,即使占有媒介人意图为出让人占有,但法律将间接占有分配给受让人。上述规定与间接占有的基本原则之间的冲突,本可以被轻易避免:想要实现所有权的移转无须通过占有人同意这一目标,仅通过返还请求权的让与即可实现,而无须同时规定间接占有的移转。但既然法律已经规定间接占有同时移转,人们则必须接受该规范。人们应该将该立法上错误的规定限定于占有移转之上,而在其他领域适用占有法的基本原则。即使占有媒介人对于依第 870 条而发生的占有移转毫不知情,其仍然为受让人进行媒介占有。若占有媒介人对此知悉而无任何表示,据此推断其具有为受让人进行媒介占有之意愿。相反,若占有媒介人在知悉该移转后,表明不愿意为受让人进行媒介占有,而是愿意继续为出让人占有时,受让人因此丧失间接占有。⑥ 若间接占有人在知悉移转的意图后,自始表明将不愿认可受

---

① Soergel-Mühl(o.Fn.3) § 868 N.22; § 870 N.2 und 5; Schlegelberger-Vogels-Pritsch (o.Fn.3) § 870 N.2; RGRK-Kregel(o.Fn.3) § 870 N.1. und 7.

② Vgl..RG WarnRspr.1922 Nr.77;BGH NJW 59,1539.

③ Vgl Protokolle der 2.Kommission 3737,Mugdan(o.Fn.3) 3, 517.

④ Vgl Protokolle der 2.Kommission 3693,Mugdan(o.Fn.3) 3,627f.

⑤ Vgl Protokolle der 2.Kommission 3696,Mugdan(o.Fn.3) 3,629.

⑥ Vgl.Weidemann, Der mittelbare Besitz des Bürgerlichen Gesetzbuchs, Diss.Berlin (1902),63 Fn.130; O.v.Gierke (o.Fn.56), § 115 IV 2b.

让人为其上位占有人时,间接占有仍依法律规定而移转至受让人;①但受让人因占有媒介人之意愿而立即丧失(间接占有)。②

2. 根据第 870 条的规定,移转间接占有无须通知占有媒介人,法律则完全放弃了占有关系的公示性。即使占有媒介人仍然具有为出让人进行媒介占有的意愿,受让人仍成为间接占有人。由于间接占有是善意取得的权利表征(第 934 条、937 条),因此第 870 条有以下拟制:尽管受让人客观上并非权利表征的持有人,但法律仍将其视为权利表征的持有人;本属于出让人的权利表征,法律将其归属于受让人。例如某人甲将其侵占之物交予乙保管,后依第 870 条、第 931 条、第 934 条将标的物出让给恶意第三人丙,此时丙虽非所有权人,但为间接占有人。尽管权利的表征(保管人乙对于寄存人甲有返还占有的意愿③)应属于有权的寄存人甲,而非恶意的第三人丙,丙仍得依第 934 条将标的物有效地移转给善意第三人丁。

第 870 条以返还请求权的移转为要件,该返还请求权可以基于合同上的占有媒介关系(例如使用租赁、借用、保管等)。同时,法定的返还请求权亦可成为第 931 条框架下所移转的对象,如在无效的意定占有媒介关系下依第 812 条或者依第 985 条④而产生的法定的请求权。问题在于,返还请求权让与中,间接占有是否总是毫无疑问地移转给受让人⑤,或言之该移转是否必须达成合意⑥(该约定通常情况下是推定而来)。事实上,该问题毫无实践意义,因为人们很难设想出让人只想为取得人创设对占有媒介人的返还请求权而不创设间接占有的情形。债权移转中通常也包含了间接占有移转的意思。但上述的情形仍有发生的可能性。若符合当事人的利益,仅移转债权而排除间接占有的移转并无不可⑦。同样,人们也无法设想当事人仅愿意根据第 870 条移转占有而不同时移转债权

---

① 否定此时产生基于第 870 条的移转的观点有:B.Bruns(o.Fn.8) 99;Biermann (o.Fn.3), §870N.1; Planck-Brodmann(o.Fn.3), §870 N.8; Schlegelberger-Vogels-Pritsch (o.Fn.3) §870 N.7.

② 正确的观点如 O.v.Gierke,(o.Fn.56) §115 IV 2d。

③ 参见"一"之"(四)"之"4"部分内容。

④ Vgl.Soergel-Mühl(o.Fn.3) §870 N.4; Staudinger-Seufert(o.Fn.3), §870 N.2; Lent-Schwab t(o.Fn.3), §7 V.

⑤ 持有此观点的有:Planck-Brodmann(o. Fn.3), §870 N.2; Rosenberg(o. Fn.3), §870 N.I; Wolff-Raiser(o.Fn.3) §14 II 1; Kreiß(o.Fn.8)209.

⑥ 持有此观点的有:Rohde(o.Fn.15) XXÍ 64;Przibilla(o.Fn.3)48ff; V.Bruns(o.Fn.8) 97; Strohal(o.Fn.13),JherJahrb38,60.

⑦ O.v.Gierke,(o.Fn.56) §115 IV 2d.Fn.46 同持该观点。

的情形。①

3. 更难以作答的是，若间接占有人无返还请求权，可否根据第 870 条移转间接占有。该种情形可能会发生，如上述"一"之"（四）"之"4"部分所述。对于自被继承人处所继受的、处于保管状态中的标的物，表征继承人得否依第 870 条移转间接占有②，据此受让人得依第 931 条、934 条立即取得所有权？若标的物为他主的遗失物时，表征继承人是否构成时效占有人？

若否定无返还请求权的占有可以根据第 870 条进行移转，则其移转只能通过占有指令的方式实现，参见上述"1"部分内容。但此观点与移转无须经占有媒介人配合的法律目的相违背。显然立法者在创设第 870 条的规定时没有考虑到无返还请求权占有的情形。对此，仍须确定的是，根据立法目的，该规定（第 870 条）得否适用于无返还请求权占有的情形。

间接占有的目的在于保护间接占有人对标的物重新获得之期待（第 869 条），同时创设权利取得和移转的方式。③ 间接占有人移转该地位无须占有媒介人的配合。立法者试图为该种移转探求一种外在的方式，即移转无须考虑特定的占有人之意愿。④ 从该原则出发，即使无返还请求权，间接占有亦可依第 870 条移转。⑤ 因保管人的认可，表征继承人有取得标的物事实上的期待；同时，保管人的返还意愿成了权利表征，善意第三人据此可以善意取得。⑥ 表征继承人可以根据第 870 条的规定，无须保管人的配合移转该地位。取得人所具有的自此享有表征继承人对保管人占有法上的地位之合意也表明了当事人之相关意志。因此，取得人可以根据第 870 条的规定成为间接占有人，并根据第 931 条、第 934 条成为所有权人。⑦

若上述案例中的标的物为他主的遗失物，则取得人无法取得所有权，但可以成为自主时效占有人。尽管占有依第 870 条发生了移转，但保管人仍然具有继续为表征继承人进行媒介占有之意愿，此种情形下，取得人并无权利表征自无疑

---

① Vgl. E.Wolf(o.Fn.3)，§ 2E II b1.
② 参见"一"之"（四）"之"4"中的案例。
③ 参见前述"一"之"（五）"部分的内容。
④ Protokoll der 2.Kommission 3694，Mugdan(o.Fn.3)3,628.
⑤ 同持该观点的 Biermann (o.Fn.3)，§ 870N.1；Planck-Brodmann(o.Fn.3)，§ 870 N.5；Schlegelberger-Vogels-Pritsch（o.Fn.3）§ 870 N.7. E.Wolf(o.Fn.3)，§2E II b1.；Rosenberg(o.Fn.3)，§ 870 N.1；Erman-Werner(o.Fn.11)，§ 870 N.1；Wolff-Raiser(o.Fn.3) § 14 II 2.
⑥ 参见前述"一"之"（四）"之"4"部分内容。
⑦ 保管人基于合同而对于真正的继承人有请求权，相反，取得人基于第 985 条而享有请求权，但此并不能否定上述解决方式。该冲突之解决应依据债法的一般原则决定。

问,但仅仅在第 870 条之下作特别的处理。根据第 870 条,出让人的权利表征归属于取得人,间接占有的权利表征被认为移转给取得人。①

4. 依通说第 870 条的移转为合同,行为能力、错误撤销等规则得以适用。② 若第 870 条仅为普通的债权让与,该观点可得成立。但从另一个方面来看,权利移转中规定需要特定形式,那么,"间接占有"这一事实的移转也需要特定的形式,这一观点令人难以接受。第 870 条涉及的并非普通的债权让与,无请求权的间接占有人亦得依第 870 条移转其占有。何以想象"间接占有"这一事实取决于行为能力、错误撤销等制度? 立法者创造第 870 条这一占有移转方式的目的在于使得占有移转无须考虑当事人的意愿。③ 占有移转被正确地当作事实对待时,该目的通过纯粹事实上的合意即可实现。

回到上述案例④:占有人将侵占标的物交由他人保管,并依第 870 条、第 931 条、第 934 条出卖给恶意第三人。取得人并非所有权人,但为间接占有人。恶意占有人再根据第 934 条出卖该标的物给善意第三人,该善意第三人立即成为所有权人。若寄存人可以基于错误而撤销间接占有的移转,则恶意取得人的间接占有因溯及力而消灭,同时善意取得人的所有权因溯及力而消灭(第 934 条)。权利表征的事实因溯及力而消灭的结论与对善意取得人占有保护的需求不相吻合。此与保管人对于寄存人返还的意愿和依第 870 条该权利表征归属于继受人的规定相背离。⑤ 事实上,善意第三人有可能已经知悉,随着寄存人移转其间接占有,保管人亦移转其返还之意愿。善意第三人据此而信赖可取得标的物的所有权,有充分的、明确的权利表征信赖之基础,但此信赖却因第 934 条、第 870 条而被否定,这一结论实难赞同。

因此,间接占有依第 870 条而移转的并非法律关系,而是对于占有移转事实上的合意。通常情况下,其与返还请求权的让与同时发生。但若不存在请求权,仍然有可能存在占有移转的合意。根据第 870 条的规定,该合意无论因何原因而无效,尽管债权不发生移转,但仍得认为该间接占有移转事实上的合意可使间

---

① 参见前述"2"部分内容。
② Vgl. Rohde(o.Fn.15) XXI 67; Rosenberg(o.Fn.3), §870 N.1; Planck-Brodmann(o.Fn.3), §870 N.5; Schlegelberger-Vogels-Pritsch (o.Fn.3) §870 N.7.; Staudinger-Seufert(o.Fn.3), §870 N.2; Erman-Werner(o.Fn.11), §870 N.1; Heck(o.Fn.46), §11,6; Wolff-Raiser(o.Fn.3) §14 II 2.
③ 参见前述"3"部分内容。
④ 参见前述"2"部分内容。
⑤ 参见前述"2"部分内容。

接占有发生移转。① 根据第931条、第870条的规定,若所有权人移转其交由他人保管之物给无行为能力人,该无行为能力人既非所有权人,亦非返回请求权的权利人,但其仍然取得间接占有。当满足特定条件,即该无行为能力人有事实上占有的意思能力并具有时效取得占有事实上的合意时,可以成为自主时效占有人。

三、间接占有的保护

在此我们需要进一步回答,间接占有是否与直接占有享有相同的保护。间接占有根据第869条的规定而享有特殊的保护。但问题在于该规定是否为对间接占有唯一的保护。有人认为,第869条仅为直接占有人遭受法律禁止之私力的情形下,对间接占有的保护;若禁止之私力直接指向间接占有本身,则间接占有人享有所有的占有保护,即第859条、第861条、第862条均得适用。② 该结论取决于是否有可能存在仅针对间接占有本身的私力,该私力仅指向间接占有而不针对直接占有。

1. 不可能存在第三人仅指向间接占有人的占有侵夺。第三人取走标的物时,其所实施的禁止之私力指向直接占有人。若其通过影响占有媒介人,使占有媒介人不再为间接占有人进行媒介占有时,则完全取决于占有媒介人:占有媒介人若确认不再具有为占有媒介之意愿,则占有媒介人本身导致了间接占有的消灭,而非第三人。相反,在某些情形下,第三人有可能对间接占有进行妨碍。例如,所有权人出租其房屋,而第三人在土地上设置布告牌,以自己的名义出售该房屋,此种情形下存在间接占有的妨碍。③ 但此结论并不正确:间接占有为重新获得标的物之期待,该期待取决于占有媒介人返还之意愿。在此情形下,该期待并未受到任何影响,最多构成所有权的妨碍。瑞士法实务中发生如下案例:承租

---

① 正确观点如: E.Wolf(o.Fn.3),§2E II b1.

② 持这一观点的有:Weidemann(o.Fn.79) 26ff.;Klein (o.Fn.29) 33ff.; Straaten, Die Rechtsstellung des mittelbaren Besitzers; Diss.Bonn(1904),11ff.;Kneip (o.Fn.14) 315;Gärtner (o.Fn.13)151 ff.;O.v.Gierke (o.Fn.12),Fahrnisbesitz 7 Fn.15; ders. DJT III 37 f;ders. DPrP (o.Fn.56),§116 Fn.41;Heck (o.Fn.46),§8,3;Bekker, Der Besitz Beweglicher Sachen, JherHahrb 34,68;Sokowski,Die Philosophie im Privatrecht II (1907),257ff. 根据瑞士之理论,间接占有与直接占有享有相同的地位(Art.920 ZGB),因而无特别的关于间接占有保护的特殊规定(Art.926 - 928 ZGB),据此,间接占有同直接占有享有相同的保护。Vgl. Stark, Berner Kommentar, Der Besizt(1976),N.49 ff. Vor Art.926; Hinderling im Schweiyerischen Privatrecht V1 (1977),451.

③ Weidemann(o.Fn.79) 27f.

人未经许可而接受其亲属居住的行为,妨碍了出租人的占有;因承租人的许可访客经常留宿的行为,妨碍了出租人的占有;第三人因承租人的许可而在房屋外墙张贴广告的行为,妨碍了出租人的占有。① 但在上述情形下,取决于占有媒介人返还意愿的间接占有并未受到妨碍。上述所有情形并未涉及占有的问题,而是关于占有权利范围的问题。若上述情形中,承租人对于出租人享有经授权而允许第三人居住的权利,则自然没有人会认为存在对出租人的占有妨碍。占有妨碍的问题,不应该取决于占有媒介人是否有权或在多大范围内有权占有。

2. 第三人也不可能实施针对间接占有人的禁止之私力。在此仍须考虑的是,占有媒介人是否可以实施上述禁止之私力。有人认为,若占有媒介人自认为是自主占有,构成实施占有侵夺的禁止之私力;②若土地的使用承租人将孳息收割并据为所有,构成禁止之私力。但若仅考虑占有法上的地位,则此亦应适用于用益承租人。因为使用承租人的占有与用益承租人的占有并无不同。但没有人会认为用益承租人为上述行为构成禁止之私力。在上述案例中对于禁止之私力的判断,起决定作用的反倒并非占有而是占有的权利。这也就表明在上述情形中,事实上并非涉及禁止之私力。同样地,占有媒介人的间接占有之妨碍亦不可能发生。例如上述被当作妨碍的案例:保管人使用承租人的标的物③;公园的使用承租人砍伐树木④;未经授权,承租人将标的物交由转租人⑤。正如 Stark 所强调的⑥,只有是否构成占有妨碍的结论不受占有权利的影响时,才会真正构成占有妨碍。该观点可兹赞同。上述案例中的结论总是取决于占有的权利。根据上述占有媒介之事实,无法推知占有媒介的授权范围。占有媒介人是否可以使用标的物,是否可以转租,是否可以砍伐树木,甚至是否可以据为己有,总是取决于与间接占有人之间的法律关系,在此总是涉及权利的问题。无论是第三人还

---

① Vgl. Stark(o.Fn.100) 52 vor Art.926.
② Straaten(o.Fn.100)13;Gierke,24.DJT III §37f.;Stark(o.Fn.100) 57 vor Art.926.
③ Weidemann(o.Fn.79) 31.
④ Gierke,24.DJT III §37f.
⑤ Kneip(o.Fn.14) 315.
⑥ Berner Kommentar(o.Fn.100) 57 vor Art.926.

是占有媒介人,均无法实施针对间接占有的禁止之私力。① 此亦可以推知,间接占有并无可以被私力所侵害的对物的控制力,而仅仅涉及拟制的对物的控制力。②

3. 仅于发生针对直接占有人的禁止之私力时,间接占有人有权享有占有保护。③ 第869条为间接占有保护的唯一规定。此亦可以通过该规定的发展史得以明确。在共同法中,占有人对于持有人并不享有占有的保护。④ 在第一草案中,持有人优先得到保护,但持有人所享有的第821条的请求权同样适用于非持有的占有人。该请求权仅适用于对持有人实施禁止之私力的情形。⑤ 同样,第二委员会强调,间接占有人不应享有独立的占有保护。仅于直接占有人享有请求权时,间接占有人同样享有该请求权。⑥ 第868条仅规范权利的取得和移转。⑦ 间接占有人并不享有针对直接占有人的占有保护。⑧

(责任编辑:尚连杰)

---

① 此为通说。参见:Vgl.RG 105,415;Windscheid-Kipp Ⅰ(o.Fn.3)798;Rohde ⅩⅪ(o.Fn.15)41;Bunsen,Besitzschutz im bürgerlichen Gesetzbuch,ArchBR 23,81;Wendt(o.Fn.19),AcP 87,48;Biermann(o.Fn.3),§ 869 N.3;Rosenberg(o.Fn.3),§ 869 N.I;Planck-Brodmann(o.Fn.3),§ 869 N.2;Schlegelberger-Vogels-Pritsch(o.Fn.3)§ 869 N.2;Soergel-Mühl(o.Fn.3)§ 869 N.3;RGRK-Kregel(o.Fn.3)§ 869 N.2;Wolff-Raiser(o.Fn.3)§ 20 Ⅱ 1;Westermann(o.Fn.2),§ 26 Ⅱ1;E.Wolf(o.Fn.3),§ 2 DⅢ c2.

② Vgl.Weieling,Studi Sanfilippo(o,Fn.1),728 ff.

③ Vgl.Weieling, aaO.

④ Vgl.Weieling,Studi Sanfilippo(o,Fn.1),722.

⑤ Vgl Protokolle der 1.Kommission 3522.

⑥ Vgl Protokolle der 1.Kommission 3734,Mugdan(o.Fn.3) 3,515f.

⑦ Vgl.Weieling,Studi Sanfilippo(o,Fn.1),738.

⑧ Vgl. Biermann (o.Fn.3), § 869 N.3;Grützmann,KrVjSchr 41,505;Hedemann(o.Fn.63),§ 6 Ⅱ a 2;Aravantinos(o.Fn.8),JherJahrb 48,131;V.Bruns(o.Fn8),40;Strohal(o.Fn.13),JherJahrb 38,134f.;Endmann Ⅱ (o.Fn.14),§ 32,4 a;Planck-Brodmann(o.Fn.3),§ 869 N.2;Soergel-Mühl(o.Fn.3) § 869 N.3;Erman-Werner(o.Fn.11),§ 869 N.5;Staudinger-Seufert(o.Fn.3),§ 869 N.2;RGRK-Kregel(o.Fn.3)§ 869 N.2;Engelhardt,Welche Rechte stehen dem Oberbesitzer zu, Diss.Erlangen(1902),26.

原因的废除及其替代方案[*]

[法] 威廉·维克尔[**] 著 刘 骏[***] 译 李世刚[****] 校

[摘 要] 形式上,合同法改革草案删除了作为合同生效要件的原因,但直接提出实证法上依附于这一概念的一系列方案来替代之。然而,新条文的表达留下了非常大的解释空间,特别是草案修改了合同的一些基本定义以及性质错误和动机错误的范围。因此,虽然"原因"这一词语消失了,但原因路径仍存续,如今围绕着原因而出现的争议和讨论还会在新条文适用之下重现,哪怕这些争论可能在其他表达或词语之下进行,诸如诚实信用。

[关键词] 原因;债务拘束;合法性;正当性;对价;动机

1. 2015年2月26日第2015-177号《司法和内务领域程序和法律之简化和现代化的法律》第8条授权政府以法令(ordonnance)的形式修改债法,特别是合同法总则。在这一目标之下,该条第2段规定,本次修改意图"简化适用于合同生效条件的适用规则,这些规则包括意思表示、行为能力、代理和合同内容……"。

---

[*] 原文"la suppression de la cause et les solutions alternatives"载于《法国的债法改革——法德第五次研讨会》(*La réforme du droit des obligations en France*, 5ème *journées franco-allemandes*, Société de législation comparée, 2015, pp. 107 à 137),该文简略版"la suppression de la cause par le projet d'ordonnance: la chose sans le mot ?"发表在2015年Recueil Dalloz杂志第1557页以下。与本文相关的中文文献,参见李世刚:《合同合法性的审查机制——以法国经验为视角》,载《华东政法大学学报》2017年第4期;徐涤宇:《法国法系原因理论的形成、发展及其意义》,载《环球法律评论》2004年第4期。感谢维克尔教授的授权和对原因理论的讲解。本研究得到上海市"超级博士后"项目资助。

[**] 威廉·维克尔(Guillaume Wicker),法国波尔多大学(l'Université de Bordeaux)法律与政治学院教授,商法和财产法研究中心主任。

[***] 刘骏,法学博士,华东政法大学法律学院助理研究员。

[****] 李世刚,法学博士,复旦大学法学院教授。

这一提法引起了"震动",因为其中缺失了原因(cause)①,而依据现今《民法典》第1108条②,原因是合同生效的四个要件之一。这一做法与"简化"的意图相去甚远,然而,从立法理由书清楚的宣示来看,这并非疏忽而是有意废除原因。立法理由书宣称,为了现代化与合同效力有关的规则,"一个导言性的法条将规定三个必要的条件:当事人的意思表示、缔约能力以及合法确定的内容。建议不再诉诸原因这一概念,而是明确至今判例赋予这一概念的若干规制或矫正功能","修改合同法、债法总则和债之证据的法令草案"*。草案第1127条正是准确反映这一目标的条文③。

2. 从法律政策来看,草案废除原因这一概念可能是考虑到欧洲融合这一目的④。不过,立法理由书并没有提及这一目标,而是笼统地提到要使法国法系更加具有吸引力和影响力。但是,这一欧洲化目标可从一个暗示和语境因素中得出。第一,草案第1127条几乎复制了泰雷(Terré)教授主持起草的草案第13条⑤,泰雷草案在"为了合同法改革"⑥这一命名之下,目的就是"欧洲化"法国合同法。第二,原因的放弃符合一部分学者的愿望,他们认为原因是过于法国化的技术以至于很难被外国法学家所理解,并成为法国法面向欧洲开放的阻碍,特别

---

① 也有译法将 cause 翻译为"约因"。

② 第1108条规定,合同生效需要四个要件:缔结债务的人的意思表示;其行为能力;确定的标的明确债务拘束的内容;债务的合法原因。

* 以下简称"草案"。司法部组织出台的这一草案于2015年2月28日至4月30日提交公众讨论,依据这一蓝本,政府最终于2016年2月10日出台第2016-13号"修改合同法、债法总则和债之证据的法令"。就本文所讨论的主题而言,这两个文本多涉及条文序号之修改而无多大重要变化,如有不同下文在涉及具体条文时会加以说明。关于该法令的翻译和介绍,可参见秦立崴等译著:《〈法国民法典合同法、债法总则和债之证据〉法律条文及评注》,载《北航法律评论》2016年第1辑,法律出版社2017年版,第185页及以下。关于文中所提的卡塔拉(Catala)草案和泰雷草案译文和讨论,参见李世刚:《法国合同法改革:三部草案的比较研究》,法律出版社2014年版;李世刚:《法国〈合同法改革草案〉解析》,《比较法研究》2014年第3期——译者注。

③ 草案第1127条规定:合同生效的要件有:1. 当事人的意思表示(consentement);2. 缔约能力(capacité);3. 合法确定的内容(现今第1128条——译者注)。

④ V. en ce sens, D. MAZEAUD,《 Pour que vive la cause, en dépit de la réforme!》, Dr. etpatrimoine oct. 2014, p. 38.

⑤ 《泰雷草案》,第13条规定:合同订立的三个要件:缔约人的意思表示;缔约能力;合法和确定的内容。

⑥ *Pour une réforme du droit des contrats*, dir. F. TERRÉ, coll. Thèmes et commentaires, Dalloz, 2009.

是阻碍法国参加一部欧洲合同法的制定①。

不过,这一立法政策的选择并不能让人信服,本文的目的并非是在此回到一场关于倾向欧洲和反对欧洲的辩论。如果改革的目的是为了增强法国法的吸引力和影响力,所不确定的是,放弃原因概念是达成这一目的的最好方式,那么这一概念表明(原因是)法国法特质以及构成许多受法国法启发的外国法与法国法之间的纽带,甚至是他们的协同点②。特别是与草案论证书所介绍的魁北克情况、提及的罗马尼亚和被忽视的阿根廷所不同③,这些国家在修改他们的债法时,都保持原因这一概念作为连接法国法的纽带④,尽管它们在其他方面远离法国法。正在进行的《西班牙民法典》改革同样保持法国法系传统中的原因概念⑤。同样,应该追问由于原因之消失所可能导致的法国合同法模式影响力之消减,以及受法国法启发的外国法所可能感受到的"被抛弃感",它们认为通过在法律体系中保持原因这一概念其仍追随着法国法。法国法的影响力不应该仅在欧洲范围内予以评价,而是应该以法国法律文化在全世界的影响来衡量。毕竟,即使是在欧洲范围内,由于不是基于既存的欧洲合同法,而是考虑其制定,法国

---

① V. not., M. FABRE-MAGNAN, 《 Entretien 》, JCP G 2008. I. 199; D. MAZEAUD, 《 Réforme du droit des contrats : haro, en Hérault, sur le projet!》, D. 2008, p. 2675, n° 9 à 11.

② V. not., P. CATALA, 《 Deux regards inhabituels sur la cause dans les contrats 》, Defrénois 2008, art. 38866. – V. pour le rôle de la notion en droit administratif, F. CHÉNEDÉ, 《 L'utilité de la cause de l'obligation en droit contemporain des contrats : l'apport du droit administratif 》, Contratsconcurrence-consommation 2008, étude n° 11. – adde, A. GHOZI et Y. LEQUETTE, 《 La réforme du droit des contrats : brèves observations sur le projet de la chancellerie 》, D. 2008, p. 2609; O. TOURNAFOND, 《 Pourquoi il faut conserver la théorie de la cause en droit français 》, D. 2008, p. 2607.

③ Étude d'impact, http://www.senat.fr/leg/etudes-impact/pjl13-175-ei/pjl13-175-ei.html.

④ 1994年生效的《魁北克民法典》第1385条第2款规定合同的本质是其"有原因";第1410条规定"合同的原因是决定每个缔约人缔约的理由";还有第1411条。2011年《罗马尼亚新民法典》第1179条将原因作为合同生效的要件之一;第1235条将原因定义为决定缔约人缔约的动机。2016年生效的《阿根廷民商法典》第281条规定"原因是法律秩序所授权的决定意思表示的目的。当外在的合法的动机明确地纳入法律行为或默示地纳入法律行为,如果其对双方缔约人来说极端重要,原因同样包括这些动机。"还有第726条,第734条和第735条;第1012条至第1014条。

⑤ V. Projet de réforme du C. civ. espagnol, Comisión general de codificación, Sección de derecho civil Propuesta para la modernización del Derecho de obligaciones y contratos Ministerio de Justicia, Secretaría General Técnica, Madrid, 2009, art. 1237 et 1238, et art. 1296.

法通过支持一部忠诚其民法传统的示范草案,更能有效地捍卫其利益和法国法学家的智识,而非提出一部已经有所妥协的改革草案。我们能试想,德国 2001 年债法改革时,以所有权变动领域的抽象原则对欧洲其他大部分学者来说很晦涩为由,放弃这一原则吗?

3. 但有关原因存废的立法政策辩论并不局限于倾向欧洲化和仍相信法国法律文化的国际影响超过欧洲成员之间的对立。晚近 25 年以来,在有些判决中大胆地运用原因以考察合同对于缔约人的具体用处(utilité),从而超越了传统上对原因之抽象理解:即债务拘束(engagement)应有真实的对价(contrepartie)①。在学说上,应被广义理解的"合同连带主义"(solidariste)学说支持、阐述了该判例潮流,对"连带主义"来说,原因的这一适用是"确保合同呈现出利益和好处的途径,正是考虑到这些利益和好处,缔约人才缔约"②。相反,作为对立面,一股自由主义学说认为原因或是无用的,或是危险的,并希望其消失③。

相比前述对立,第二种对立更有意思,因为其将辩论领域转移到了合同哲学领域。对于自由主义的支持者来说,原因应该消除,因为"原因在一个建立在意思自治(autonomie de la volonté)基础之上的法体系中没有存在的地位"④。然而,准确地说,法国合同法是建立在这一理论之上的吗?有一简单事实:为了满足这一理论而废除原因,足够表明接受原因概念的《民法典》起草者们并不认同这一理论;法国主流学说认为今日的意思自治理论,不能同 1804 年一样,构成合同实证法的基础⑤。毕竟,有必要提及,在法学领域,19 世纪下半叶自由主义学说确立了意思自治理论,以保持其地位和对抗法秩序的一些社会变动,某些变动甚至是社会主义性质的⑥。因此,原因之废除关系到合同政策的变动,而不仅仅是个技术选择,持自由主义观点的学者在"意思自治"这一旗帜之下鼓吹这一政

---

① V. sur cette jurisprudence, F. TERRÉ, Ph. SIMLER et Y. LEQUETTE, *Les obligations*, 11ᵉ éd., Dalloz, 2013, n° 342.

② D. MAZEAUD, Defrénois 1997. 336.

③ V. not., L. AYNÈS, « La cause, inutile et dangereuse », Dr. et patrimoine oct. 2014, p. 40.

④ *Ibid*.

⑤ V. not., G. ROUHETTE, « La force obligatoire du contrat, Rapport français », in *Le contrat aujourd'hui: comparaisons franco-anglaises*, D. TALON et D. HARRIS (dir.), LGDJ, 1987, p. 27 et s.

⑥ V. F. TERRÉ, Ph. SIMLER et Y. LEQUETTE, *op. cit.*, n° 27 à 29 et 33; J. FLOUR, J.-L. AUBERT et É. SAVAUX, *Les obligations*, vol. 1, *L'acte juridique*, 16ᵉ éd., Sirey, 2014, n° 104 et s. - adde, V. RANOUIL, *L'autonomie de la volonté, Naissance et évolution d'un concept*, PUF, 1980.

策变动。事实上,而且总是如此,当意志这一概念是自证的时,它总是有利于强者对抗弱者;弱者的无知不允许他了解其债务拘束的实际范围,或者处于依附地位的弱者不得不同意缔约,无论他拥有什么。同样,矛盾的是,原因之废除,显示出一个社会主义政府[*]客观上成为自由主义学说的拥护者。

4. 如果法国法上的原因表达的是,拒绝只考虑粗糙的"意思",以及相应地将债务拘束之存在系于证成它以及决定它的理由,那么,确定的是,从这一概念形式性的主要内涵来考虑时,它的作用和范围有时候是难以理解的。

尽管雅克·缪里(Jacques Maury)的著作[①]表明了原因的功能多样性仍不否认这一概念的统一性,以及亨利·卡皮唐(Henri Capitant)的著作[②]表明原因在合同成立后仍有一定的作用,但是一般而言,原因仅是合同成立时的要件,其包括客观原因(cause objective),即债务的原因(cause de l'obligation),和主观原因(cause subjective),或称为合同的原因(cause du contrat)。

客观原因或债务的原因是回答每个缔约人为什么缔约而具有保护每个缔约人的功能:它可撤销对至少一方缔约人不具备存在理由或足够存在理由的合同。原因这一功能的行使允许控制债务拘束正当性(justification)之存在以及这一存在是真实的。然而,主要是为了教学目的,原因在此被客观地理解,在双务合同中,一般而言其等同于对价(contrepartie)。尽管一些细微差别或明确的释义随后被给出,例如射幸合同(contrat aléatoire)在不存在射幸时就不存在原因[③],主流观点仍是如此:对于每个合同而言,原因等于某一确定的要素。

主观原因或者说合同的原因,具备保护社会利益的功能。这一功能的行使允许控制合同的合法性:当合同是达成非法目的的手段时,应无效。于是,原因并不等同于合同构造的某一要素,而是等于决定某一缔约人缔结债务拘束的动机(motif)。

如果说原因所承担的合同的合法性控制和债务拘束正当性之证成这两个功能没有争议的话,并且还可从《民法典》第1131条得出这两个功能,则认为有必要区分客观性质的债务原因和等同于当事人动机的合同原因这一观点并非没有争议。尤其是,与动机相对的,关于债务原因角色和定义的主流理解是非常有争

---

[*] 草案颁布期间,正是社会党出身的奥朗德总统执政——译者注。

[①] J. MAURY, *Essai sur le rôle de la notion d'équivalence en droit civil français*, thèse, Toulouse, 1920 – V. également du même auteur, « Le concept et le rôle de la cause des obligations dans la jurisprudence », R.I.D.C. 1951, p. 485. – adde, J. HAUSER, *Objectivisme et subjectivisme dans l'acte juridique*, thèse, Paris, LGDJ, 1971.

[②] H. CAPITANT, *De la cause des obligations*, Paris, Dalloz, 1923.

[③] V. not., F. TERRÉ, Ph. SIMLER et Y. LEQUETTE, *op. cit.*, n° 343 et s.

议的。

5. 除了其忽视了现代学说如法史学的贡献之外——法史学表明,在有偿合同中债务的原因并没有被多玛(Domat)之后的学说所统一地理解为必须是纯客观的且仅限于对价①,这样所传授的原因理论不仅仅是形式性的,而且是不足的。

不足:对原因的这一理解呈现双重不足。首先,因为其将决定债务拘束的一系列理由限缩为其中的一个。然而,很明显,承担债务拘束的人不仅考虑到构成缔约之前情形的所有因素,这些因素使其产生缔约之需求,而且还考虑到合同履行之结果,即依据其预见所应出现的终局情形。因此,意图一般性地将债务拘束的原因限制于先验地确定的唯一理由是非常形式性的。事实上,债务拘束的理由——动机——是多数的,在这些动机中,能够进入原因层次的是所有进入合同领域(champ contractuel)的动机。因此,真正的问题在于,在哪些条件下,某一动机进入合同领域。

从抽象和一般的角度来讲,合同领域包括根据合同性质即可得出来的动机。例如,有偿合同中的对价。还应注意到,在有偿合同同时是射幸合同的情况下,使债务拘束具有动机的射幸加入作为原因的对价,而非替代之。但原因这一抽象和一般的确定,仍承认基于个别和具体考虑的其他动机进入合同领域,诸如合同的效益(l'économie du contrat)或考虑合同意图所满足的特殊需要而规定的某一条款。若合同构成某一经营活动的核心支撑时,这一活动的可能性可构成其原因的要素之一,以至于当表明这一经济活动由于没有足够的市场而自始不能形成时,也就是说不具备赢利可能性时,合同不再具备存在之理由。

正是由于原因概念的第一重不足,即把原因等同于根据合同性质所得出的唯一和客观的因素,一些判决看起来像是错误的,这些判决在原因理论基础上,认定构成某一营业核心支撑的合同无效——既然该合同的履行不允许经营活动的赢利②;或者认为某一合同条款因剥夺缔约人所期待的好处而被视为未被写就(reputé non écrite)③。然而,在这些案例中,法官没有抽象地扩大原因的概

---

① V. D. DEROUSSIN, *Histoire du droit des obligations*, 2ᵉ éd., Economica, 2012, p. 341 et s.

② Cass. 1re civ. 3 juill. 1996, n° 94 - 14800; Bull. civ. I, n° 286; D. 1997. 500, note Ph. REIGNÉ; JCP G 1997. I. 4015, n° 4 - 5, obs. F. LABARTHE. - V. dans le même sens, Cass. com. 27 mars 2007, n° 06 - 10452; JCP G 2007. II. 10119, note Y.-M. SÉRINET; D. 2007. 2970, n° 1, obs. S. AMRANI MEKKI.

③ Cass. com. 22 oct. 1996, n° 93 - 18632; Bull. civ. IV, n° 261; D. 1997. 121, note A. SÉRIAUX, somm. p. 75, obs. Ph. DELEBECQUE; JCP G 1997. II. 22881, note D. COHEN.

念,而是基于对当事人意志和合同条款的解释,结合当事人所意图达到的效益或所允诺好处的特征,具体地探寻进入合同领域的当事人动机和核实合同是否能够有效地满足之。因此,法官们是根据原因概念,而撤销当事人之预期自始不能实现的合同,这样的合同缺乏存在的理由;或者将不允许获得允诺的好处的合同条款视为未被写就——既然该条款剥夺了合同存在之理由。

6. 有关原因客观概念的主流理解同样是不足的,因为其仅将原因作为合同成立时的要件之一。尽管《民法典》第1131条[1]宽泛地规范债务的效力,但其位于"合同生效所需要的条件"这一章中,这一安排导致传统上将原因作为合同生效的控制工具:原因概念仅在合同订立阶段发挥作用,它似乎不可在履行阶段发挥作用。

然而,很明显的是,在合同成立之后,维持一个失去存在理由的合同是不可思议的。但真正的问题不是去考虑原因能否在合同履行阶段发挥作用。而是,在所有进入合同领域的理由中,哪些理由的消失可颠覆合同的存在。如此提问让我们意识到,真正的争论是风险的承担:在所有证成缔约人债务拘束之正当性的合同要素中,当其中某一要素消失而质疑其债务拘束时,缔约相对人是否应该承担这一消失的风险? 不过,由于很难清楚地回答该问题,导致因原因消失引起失效(caducité)的条件仍处于不确定状态之中,草案中规定的失效条件也是如此[2],尽管判例显著地明确了适用于合同群(ensembles contractuels)领域的这些条件。同样,对这一问题的回答缺失,至少部分地可解释,情势变更(l'imprévision)难题今日仍带有不确定因素,草案并没有厘清这些不确定,因为其只是承认了情势变更这一原则但模糊处理其适用条件[3]。

7. 结合前述提及的"欧洲化"考虑,正是有关原因的争论和种种不确定导致草案的起草者们"不再诉诸原因概念,而是明确至今为止判例赋予这一概念的不同的规制或矫正功能"。同泰雷草案一样,草案废除了原因概念而没有以一个类似概念替代之,并提出了一系列具体规则,这些规则至少是部分地采纳了根据原因概念而得来的方案而没有明确地提及原因。事实上,如今是以一种明确的方式规定依附于原因的一些方案。因此,我们不仅能看到符合对于原因的传统理解的方案,而且还有符合学说和判例之新近续造的方案。

草案提出的条文比《民法典》现今的条文更加令人满意吗? 可以确定的是,

---

[1] 《民法典》第1131条规定:债务没有原因,或者基于错误的原因,或基于非法的原因,不能产生任何效果。

[2] 参见下文,第36小节及其以下。

[3] 参见下文,第41小节。

新条文能更准确地识别依据原因概念所得出的最常用方案,这符合使人们更容易接近法律这一目的。相反,这些方案的适用条件经常不甚精确,因此很可能重新出现现今有关原因的争论和不确定。除此之外,没有直接采纳现今的一些方案,但可依据所提出条文之解释而得出。我们有必要围绕着草案所保留的原因的两个功能:债务拘束合法性之控制和债务拘束正当性之证成,来更准确地评估这些优点和缺点。

Ⅰ. 债务拘束之合法性

8. 在现今《民法典》上,原因所行使的债务拘束之合法性控制功能由第1108条①和第1131条②宣称,并被第1133条所阐释。第1133条规定:"当原因被法律所禁止,违反善良风俗或公共秩序时,其是非法的。"因为在这一传统功能的运用中,原因等同于决定一方当事人缔约的动机,有时候会认为它是过于狭窄的合法性控制工具。更合适的是,一方面,评价合同的后果而非决定合同的动机,另一方面,把合法性作为合同自由的限制之一,这样将会有如下优点:可在合同的任何阶段评价合同自由是否得到遵守,而不仅仅局限于合同订立期间③。这一路径还有追随合同法融合草案的方向这一优点。

如果这一观点是吸引人的,我们将看到《民法典》已经,或至少处于萌芽状态地,确立了这一做法。至于合法性要求,在诉诸原因和限制合同自由的考量之间不存在对立,因为第1108条、第1131条和第1133条只是《民法典》第6条原则性规定的技术性再现,第6条通过规定"不得通过约定,违背有关公共秩序和善良风俗的法律"而限制合同自由④。其次,关于对合同结果的考虑而非对决定性动机的考虑,对立更没有必要存在,因为很明显,因合同履行所导致的法律的或物质的结果必然引起债务拘束。事实上,并非由于合同结果是一个客观事实,而从主观角度来看,这一结果没有决定一方当事人缔约以及由此不构成该缔约人债务拘束的决定性动机。最后,关于应在哪个阶段考虑合同的合法性,既然合同结果是合同预期之实现,诉诸原因完全表明债务拘束的动机应该经验地(a posteriori)从合同结果之考虑而得出。

因此,事实上,在合法性现代化和欧洲化的路径与基于原因的路径之间没有

---

① 《民法典》第1108条规定:合同有效的四个要件:……债务合法的原因。

② 《民法典》第1131条规定:债务……基于非法的原因,不产生法律效果。

③ V. not. J. ROCHFELD,《 Les techniques de prise en considération des motifs dans le contrat en droit français 》, RDC 2013, p. 1601 et s., n° 16.

④ V. not., F. TERRÉ, Ph. SIMLER et Y. LEQUETTE, *op. cit.*, n° 359.

任何根本性区分。同样,还可能正是这一点解释了草案为何采取与法国法实证法类似的途径:同现今的条文一样,草案将合法性要求作为对合同自由的限制条件;追随着判例,草案通过承认被一合法利益所证成时对基本权利和自由之侵害的合法性,使合法性要求具有更细微的差别。

A. 合法性的要求

9. 与《民法典》第 6 条所预设的不同,草案第 1102 条第 1 款明确规定了缔约自由这一原则:"每个人皆可在法律规定的限制条件下,自由地缔约或不缔约,自由地选择其缔约人和决定合同的内容和形式。"① 随后,第 2 款同第 6 条一样,确立了合同自由的原则性边界:"然而,合同自由不得对有关公共秩序的规则构成例外,也不得损害适用于私人关系之间条文所承认的基本权利和自由……"我们对草案第 1102 条第 2 款的表达有两点观察。

首先,草案的条文中使用的是"有关公共秩序的规则",而非如今条文的"法律"(lois)。这一变更是为了在"公共秩序"中不仅包括国内法的规定,还包括超国家的法源,特别是欧洲共同体的公共秩序。

其次,草案的条文放弃了善良风俗(bonnes mœurs)之表达,因为判例几乎很少适用善良风俗②,而以"损害适用于私人关系之间条文所承认的基本权利和自由"替代之③。这样做符合当今的潮流,在基本权利和自由领域,个体保护的更个人主义路径优先于传统的路径,后者青睐公共利益而将个体保护作为社会关系整体组织的一部分。

10. 同《民法典》现今条文一样,草案在提出合同自由限制的原则之后,随后给予其一技术性的表达,即第 1161 条*。尽管形式上这一条文被介绍为受《民法典》第 1131 条的启发④,事实上其是对《泰雷草案》的复制⑤。依据草案第 1161 条,"合同的条款、目的不可对公共秩序构成例外,无论其目的是否被所有缔约人

---

① 比较,《泰雷草案》第 3 条——当事人在法律确定的范围内,自由地选择他们的缔约人和决定合同的内容和形式。

② 关于区分公共秩序和基本权利和自由,参见:C. AUBERT de VINCELLES,《 Les principes généraux relatifs au droit des contrats 》, in : Pour une réforme du droit des contrats , op. cit ., p. 113 et s., n° 5.

③ V. not., F. TERRÉ, Ph. SIMLER et Y. LEQUETTE, op. cit., n° 388.

* 现今第 1162 条——译者注。

④ 2013 年 10 月 23 日司法部债法改革草案这样规定这个条文:第 69 条[民法典第 1131 条](合同的非法性)。

⑤ 泰雷草案第 59 条第 1 款规定:合同的内容和目的不可克减公共秩序和善良风俗,无论所有缔约人是否知情合同目的。

所认识到。"

这一规定,意图考虑原因和标的(object)概念消失的影响,允许继续适用在非法原因或目的领域判例所采纳的所有解决方案。就原因来看,条文强调,如有必要,无论将来要控制合同不是非法活动的手段,或不追求非法目的,只有回到如果不是原因概念,至少是它的同义词,这里用的是目的(but)。同样,同原因一样,目的这一词也是多义词,因此今日因适用非法原因所得到的解决方案只需要通过词语之替代即可存续。无论草案的作者怎么想,仍不可能省略原因路径。

B. 损害基本权利和自由的合法性条件

11. 第1102条所提及的基本权利和自由并不只是表达个人保护路径的改变。基本权利、自由和公共秩序分别规定这一事实是由于(基本权利和自由)与公共秩序不同,前者呈现出相对性的特征①。侵害公共秩序必然是非法的,但可能因为了保护一合法和重大的利益而需要侵害基本权利和自由,合法和重大的利益可特别在于满足相同性质的另一权利或自由之需要②。正是基于欧盟司法机构确立的和法国判例所承继的基本权利和自由的相对性,草案第1102条第2款*同《泰雷草案》③一样,规定:"……合同自由不允许损害……适用于私人之间关系的法律所承认的基本权利和自由,除非这一侵害对于合法利益的保护是必不可少的以及与其所追求的目的成比例。"

12. 虽然受欧盟法判例所启发,但是这一条文所规定的解决方案并不对民法典的原因路径构成断裂,而且就像再次提及"目的"一词所表明的那样。因为,这一方案允许继续最高法院依据《民法典》第1131条所作出的论证,特别是在竞业禁止义务(obligation de non-concurrence)和加盟合同中的同行竞争条款(clause de non-réaffiliation)④。

关于雇员所订立的竞业禁止义务,对雇员就业自由的克减仅在其为了保护雇主免受竞争性风险且构成这一目的的必要手段时才是合法的⑤。草案第1102

---

① V. C. AUBERT de VINCELLES, art. préc., loc. cit.

② V. J. FLOUR, J.-L. AUBERT et É. SAVAUX, op. cit., n° 287.

* 最终法令中,该款被规定为:"合同自由不得违反有关公共秩序的规则。"——译者注

③ 《泰雷草案》第4条第2款:"仅在所必要的限度内为保护合法和重大利益才可损害基本权利和自由。"第59条第2款:"它(合同)同样只有在必要的限度内为保护合法和重大利益才可损害基本权利和自由。"

④ Cass. com. 31 janv. 2012, n° 11-11071; Bull. civ. IV, n° 17; D. 2013, 732, note D. FERRIER.

⑤ Cass. soc. 14 mai 1992, n° 89-45300; Bull. civ. V, n° 309; D. 1992. 350, note Y. SERRA.

条第2款因此可维持这一路径。考虑到其性质,竞业禁止义务只有在雇员于合同结束后对雇主有竞争性风险时才有存在之理由。否则,损害就业自由这一基本自由是不合理的。而且,条文通过确定损害之比例性要求,也同时承认了判例这一要求:系争条款必须在时间上和空间上有所限制,且这一限制对于保护雇主免受其前雇员所引起的竞争性风险是必要的。

我们还将观察到,《民法典》没有忽视这一类型的说理,其将死后委托(mandat à effet posthume)①和不可让与条款的有效性②取决于合法和重大的利益之存在。

13. 透过原因、利益(intérêt)和目的这些同义词,最终可看出在合法性控制方面原因之废除只是形式性的,以至于新条文根本没有改变现今的方案。当然,应该承认它们的优点:在基本权利和自由侵害领域,明确地承认建立在合法和重大利益之上的判例。

仍需要考察的是,有关修改债务拘束正当性所带来的影响是否是更巨大的。

Ⅱ. 债务拘束之正当性

14. 关于债务拘束之正当性这一功能,原因的废除显得非常激进,因为意图替代原因这一功能行使的新条文,是在直接提出判例根据这一概念而得出的解决方案而不提及任何原因的这一背景之下,被酝酿出来的。如果从法律更明确的角度来看,这一措施很容易得到理解,相反,由此而导致原因之消失这一观点却呈现出逻辑缺陷。理由是,在我看来,在新的条文中吸收构筑于原因之上的方案而不明确地提及原因,意味着它的消失只是形式上的而非实质性的,既然原因仍将构成这些方案的默示基础。于是,若原因这一术语在条文中消失,这些条文仍构筑在这一概念之上意味着对这些条文的解释仍有必要求助于原因理论③。原因从门里被赶出去,又将不可避免地从窗户回来,特别是,纵使能够自足的草案条文宣示了雄心,但它们的措辞太开放了以至于不得不求助于一种将重新激

---

① 《民法典》第812-1-1条第1款:"委托只有在其被结合继承人人身或继承财产而考虑的合法重大利益所证成以及明确地说明理由时才有效。"

② 《民法典》第900-1条:"规定赠予或遗赠的财产不得转让的条款,只有在其属临时性质且有合法重大利益证成时才有效;即使在此种情况下,若证成不得转让条款的利益已消失,或更为重要的利益有此要求时,受赠予人或受遗赠人可在法院裁判允许下处分该财产。"

③ Comp. D. MAZEAUD,《Pour que vive la cause, en dépit de la réforme!》, art. préc.,他认为:"仔细思考,我们感觉到在草案中'原因'词语的消失,而非原因概念的消失……改革因此只是纯形式性的……"

起与原因概念一样的争论和对立的解释。这一观察不仅可从有关债务拘束的自始正当性的条文中证实,还可从有关规定债务拘束正当性消失的后果的条文中得到验证。

A. 债务拘束的自始正当性

15. 在草案所不排斥的法国法概念中,一方缔约人的债务拘束只有在债务对该缔约人有用处(utilité)时才能得以证立;这符合债务拘束最低限度的理性要求。在这一背景下所提出的草案中,可区别说明这一用处评价标准的条文和因适用"协调原则"(principe de cohérence)而保证这一用处的条文。

1. 债务拘束用处的评价

16. 关于债务拘束用处之评价,草案继承了传统上有偿合同和无偿合同之区分,前者有对价之要求,后者需要考虑赠予人动机。但是这里,这一用处的考量不仅仅停留在这个层面,因为,显示出意思表示瑕疵理论和原因理论之间的亲缘性,草案采纳了对动机错误(erreur sur les motifs)扩大其适用范围的理解,以至于动机错误可导致具体或主观之原因性(causalité)作用的重要发展。

a) 有偿合同中的对价要求。

17. 试图替代现今第1131条意义上的有偿合同,草案在第1167条规定:"当订立有偿合同时,如果约定有利于缔结债务的人的对价是微不足道的(dérisoire)或虚假的(illusoire),则合同无效。"*因此为了有效,债务拘束应该自始被一对价所证成,该对价既不应虚假也不应微不足道①。

该条文受原因的启发是显而易见的,并且必要时,这一启发还可从与2008年7月司法部合同法改革草案第86条的比较中得到确认,该条规定:"当在有偿合同订立时,如果约定有利于缔结债务的人的对价是微不足道的或虚假的,则合同由于缺少利益(intérêt)而无效。"因此,从2008年7月到草案(出台),司法部最开始用一类似概念"利益"来替代原因,随后直接提出解决方案而不提及任何债务拘束之正当性。然而,确定的是,原因这一方针仍是解决方案的理论基础。

关于其范围,草案第1167条至少可包括原因现今在有偿合同领域中的几乎所有应用。因为,无论是草案所理解的对价这一概念,还是对价不应该虚假或微不足道这一要求,意味着在有偿合同领域不仅可以采取债务拘束正当性之抽象控制,而且还可以是具体的评价。

α. 对价的概念。

---

* 现今第1169条——译者注。

① 比较,卡塔拉草案第1125条第1款:"当约定的对价自始虚假或微不足道,债务拘束没有真实的原因无法得到证立。"

18. 首先，仅通过对价之存在而评价合同对于缔结债务之人的益处，可能认为草案受到了客观原因概念之启发。事实上并非如此，如果非孤立地而是在整个草案中理解第 1167 条，第 1167 条可允许对债务拘束进行非常具体的解释。

首先，区别于《泰雷草案》非常狭窄地规范对待给付义务的内容①，第 1167 条提及的是约定的对价。然而，通过阅读草案的序言性规定，可看出对价是每个缔约人所期待的好处（avantage），这一好处因其给对方提供好处而交换而来。依据第 1105 条第 1 款之规定＊，"每个缔约人相互给对方提供好处的合同是有偿合同"。第 1106 条第 1 款规定："实定合同（contratcommutatif）是指每个缔约人承诺给予对方一项好处，这项好处被视为其所接受好处的等同物"。透过这些不同的条文，无须总是认为应抽象和客观地理解约定的对价，即对待给付义务（contreprestation）或对方缔约人的债务。还可非常具体地理解约定的对价，即从合同中所期待的好处，考虑到纳入合同的进入合同领域的整个合同的效益、当事人的地位以及当事人之预见。

因此，很明显草案第 1167 条的适用，允许我们重新找到由抽象和客观的原因概念所得出的所有现今方案。在双务合同中，对价可在对方缔约人缔结的义务中寻找，在有名合同的情况下，这一对价被合同所归属的类型所预先地决定。

但还可结合当事人所维持的全部关系更具体地理解对价。正是基于对这一关系的整体把握，可得出好处之存在，即对价的存在。而且基于这一路径的现有判例适用方案将来可继续得到保持。我们将举符合该路径的几个例子。

19. 这一路径允许最高法院社会庭在 2013 年 4 月 10 日的判决中②，认定当因管理层或资本变动而导致的劳动关系破裂可归责于企业时，"金色降落伞"（Golden Parachute）条款是具有原因的和有效的，并给予雇员解雇之赔偿。尽管这一赔偿数额巨大，法官仍认为它是合理的，因为"系争条款是考虑到公司从该雇员之招募以及其从该雇员所承担职务的重要性中所获的好处才被订立"，从而该条款是具有原因的。在将来，可基于第 1167 条而证成这一方案，由于公司债务拘束的对价是其从雇员之招募而获得的好处。

20. 同一具体的路径还在分销合同（contrat de distribution）中被适用，以特征化对价之存在。在供货合同中，最高法院商事庭在 2014 年 3 月 11 日的判决中认定排他供给的债务拘束具备对价③，尽管供货商所缔结的债务数额较低，

---

① 《泰雷草案》第 61 条规定：当有偿合同中一个债务没有标的，对待给付义务相对无效。
＊ 现今第 1107 条——译者注。
② Cass. soc. 10 avr. 2013，n°11‐25841；Bull. civ. V，n°97；RDC 2013/4，p. 1321，note Th. GÉNICON.
③ Cass. com. 11 mars 2014，n°12‐29820；D. 2014，1915，note D. Mazeaud.

"作为供货商提供饮料的交换,转售商(revendeur)使用供货商提供的露天桌椅,并认定提供的好处不仅仅是数量性的考虑而且是质量性的"。换句话说,在双务合同中,一方当事人的债务拘束可用其从合同中所获得的质的而非量的好处而得以证成。此处,没有什么可反对这一方案在新条文适用时仍得到维持,既然草案第1105条和第1106条都没有明确当事人所期待好处的性质。

21. 而且以更令人瞩目的方式,构成债务拘束对价的好处之存在可从合同所意图达到的具体结果中寻找;以至于如果表明自始所期待的结果根本不可能达到,导致合同由于缺少对价而无效;当一方缔约人期冀合同允许其开展可赢利的经营时,即可出现这种情况。最高法院第一庭在"录像俱乐部"(point club vidéo)案件中所采取正是这一类型的路径①。在这个案子中,明确地基于原因,法官以租赁合同对于当事人的具体用处来评价其有效性。结果为撤销录像俱乐部所缔结的合同,理由是合同的效益不允许任何可赢利的经营活动,因此该合同不符合承租人的需要。之所以获得无效这一制裁,是由于在缔结债务时,结合合同的效益,很明显合同不允许承租人实现所追求的合同目的。哪怕是在"类似"的案件中②,无效这一方案似没有被采取,新近的一个案例提醒了作为从合同中所期待的好处这一经济目的的考虑是完全可能的,只是这一考虑取决于应由法官来决定的当事人意图。关于决定赢利性是否融于合同原因之中,商事庭在2014年3月18日的判决中③,认定:"上诉法院当然有权解释当事人的意图,认为其意图在于商标之授权使用而非在于合同之赢利性。"换而言之,作为对价的期待好处并非一成不变地且被抽象和主观地予以确定,而是可通过当事人意思的解释来评价之;草案第1167条也可允许得出这些结论。

22. 因此,前述所有的例子强调:草案第1167条所规定的对价指的是合同所带来的好处,意味着可继续维持近些年来判例在原因(即债务拘束之正当性)具体化方向所发展出的所有方案。而且这一继续是更容易的,由于有构成对价的

---

① Cass. 1re civ. 3 juill. 1996, n° 94 - 14800;Bull. civ. I, n° 286;D. 1997. 500, note Ph. REIGNÉ;JCP G 1997. I. 4015, n° 4 - 5, obs. F. LABARTHE. — V. dans le même sens, Cass. com. 27 mars 2007, n° 06 - 10452;JCP G 2007. II. 10119, note Y.-M. SÉRINET;D. 2007. 2970, n° 1, obs. S. AMRANI MEKKI.

② Cass. com. 9 juin 2009, n° 08 - 11420;该案的事实与"录像俱乐部"案件的明显不同。在后一案中,录像带只是要转租给俱乐部的成员,在2009年的案件中,录像带不仅意图借给协会的会员还意图租给其他人,以至于租赁合同的赢利性明显不可能进入合同领域。

③ Cass. com. 18 mars 2014, n° 12 - 29453;D. 2014. 1915, note D. MAZEAUD;RDC 2014, n° 3, p. 345, note Y.-M. LAITHIER. V. également, Ch. DELANGLE,《 La fausse opposition de la cause objective et de la cause subjective, À propos de cass. com., 18 mars 2014 》, n°12 - 29.453, JCP E 2014, 1224.

好处既不应虚假也不应微不足道等这些要求。

β. 微不足道或虚假特征之确定。

23. 依据草案第 1167 条,债务拘束需要一个对价才有效,而且该对价不应该是虚假的或微不足道的。这两个形容词的使用至少在条文上,明显区别于现今"错误的原因或原因之缺少"之指称。第 1131 条的表达允许纯客观地以及形式化地理解原因,虽然这样的理解并非必须。这一表达意味着原因的存在条件限于对方缔约人所承担的债务拘束,不管这一债务拘束是否实际上能够得到履行或是否可以满足合同的预期;同样,这一条文承认原因真实性的考察限于由于合同性质所要求的前事(antécédent)之存在,例如在保证合同中预先债务的存在。不过,对价之非虚假和非微不足道的双重要求导致可以很自然地超越这一纯客观和形式的路径,特别是既然对价被定义为合同所期待的好处。事实上,这一要求引导我们去寻求约定的对价是否可有效地带来真实和足够的好处,从而证成缔约人的债务拘束,同时考虑到合同所意图解决的事实情况。在这一目标之下,草案第 1167 条的表达确立了被大家称为带有贬义色彩的"原因之主观化"的判例倾向。然而,更靠近地来观察,毋宁说是合同具体的路径而非主观的路径,后者意味着缔约人个人的期待可能会通过剥夺合同利益的方式而使缔另一方感到意外,而具体的路径则是指合同应该根据其是否能够给缔结债务拘束的人带来真实的好处,或者是否能真实地解决实际情况,考虑到这一情况双方缔约人才缔约。

24. 首先,微不足道之特征可在对价存在这一简单要求之外,核实对价是否是足够的。因此,这一特征允许对各缔约人的债务拘束进行对比,当一方缔约人债务拘束的重要性与对方缔约人的债务拘束不成比例时,即可得出其债务拘束是微不足道的;这就是说,相互缔结的债务拘束之间应有一种最低限度的比例性要求①。同样,草案第 1167 条中对价不应微不足道之要求允许维持这一判例:对缺少原因采取一种宽泛的解释从而撤销排他性供货合同,理由是考虑到分销人所订立的排他性债务拘束,供货人所提供的好处是微不足道的②。

25. 虚假的特征意味着,不局限于合同条款,探寻约定的给付是否事实上给缔结债务的人带来某项好处。因此,评价的是给付(prestation)具体的、经济性的用处。此处,通过受依据原因理论基础而采纳的判例方案之启发,应特别承认在以下两种情况下,对价是虚假的:

---

① V. D. MAZEAUD, note préc., n° 3.
② Cass. com., 14 oct. 1997, n° 95 - 14285 et 8 fév. 2005, n° 03 - 10749: Bull. civ. IV, n° 21.

第一,在对价不能满足缔结债务的人的任何需要而且对方缔约人不可能忽视这一情况下,对价是虚假的。正是基于这一路径,最高法院商事庭根据缺少原因而撤销一个公司和另一个一人公司缔结的所谓"管理协议",前一个公司的总经理是一人公司的董事①。事实上,一人公司的管理需要已经被第一个公司的总经理满足了。

当对价只有法律上的真实存在,而其真实经济价值事实上无用或者没有意义时,对价仍是虚假的。符合这一假设的例子是,现存债权让与的原因因债务人已届于清偿不能而具备微不足道的特征——因为受让人不可能获得清偿②。

26. 最后,原因之微不足道特征还可引起射幸合同无效,而不需要像《泰雷草案》和《卡塔拉草案》那样为此特别规定一个条文。如今,当缔约人获得利益的机会或损失的风险所取决的事件不存在所谓的不确定性时,判例以缺少原因为由撤销合同。这一解决方案将不会随着第1167条之适用而变更。依据草案的术语,这一方案可如此表达:所期待的好处作为取决于不确定事件之债务拘束的对价,在不确定性不存在时这一好处是微不足道的。

27. 从上述所举例子可看出,第1167条替代现今第1131条之事实并没有太多改变有偿合同中证成债务拘束正当性的方案。甚至允许考虑原因理论或债务拘束之正当性理论以革新的面貌出现,也就是说草案第1167条更具体的路径可允许更自然地超越建立在现今第1131条基础之上的经常非常形式化的路径。通过将所期待的好处置于分析的中心,新条文应引起之前有关哪些合同要素构成合同的原因之讨论部分的失效——为了在将来,把辩论的中心集中于有关合同订立时原因的理论的核心:进入合同领域的动机之确定,这一确定作为债务拘束之交换的期待好处。

b) 赠予中的动机考虑。

28. 在赠予(libéralité)领域,传统上将原因等同于赠予意图。但这一抽象决定的原因作用不大,因为赠予意图即不求对价的给予,与该类法律行为中的意思表示没有多大区别③。判例也不采纳这一抽象理解而是承认原因是决定赠予人意思表示的动机④。

---

① Cass. com, 23 oct. 2012, n° 11-23376 : Bull. Civ. IV, n° 190; D. 2013.686, note D. MAZEAUD; RTD civ. 2013. 112, obs. B. FAGES; RDC 2013/4, p. 1321, note Th. GÉNICON.

② Cass. com., 10 juill. 2013, n° 12-17407; RDC 2013/4, p. 1321, note Th. GÉNICON.

③ V. not., F. TERRÉ, Ph. SIMLER et Y. LEQUETTE, *op. cit.*, n° 349.

④ *Ibid.*

草案第 1134 条第 2 款通过规定"(……)缺少动机错误赠予人将不会处分其财产时,该错误构成无效事由"而承认这一方案,《卡塔拉草案》①和《泰雷草案》②也在不同形式之下规定同样的方案。于是,决定性的动机不再作为赠予生效要件的原因,而是动机之缺乏成为无效事由。因此,实质上没有什么变化,决定性的动机仍作为处分人债务拘束之正当性而出现。将这一要求移植于错误领域并没有改变解决之方案。如果动机决定了债务拘束,在缺少其的情况下必然意味着意思表示瑕疵,更准确地说,即缔结债务之人的错误。

c) 动机错误。

29. 除了在赠予领域,传统原因概念的支持者认为这一概念截然区别于动机③。不过在实证法上,这一明确的对立受到了"原因主观化或具体化"判例潮流之否认,这一潮流考虑到缔约人的动机而评价原因是否存在——既然依据当事人的意图这些动机进入了合同领域④。如同我们所观察到的那样⑤,如果草案第 1167 条替代了如今《民法典》第 1131 条,这些方案可以继续保持。不过,考虑到原因理论和意思表示瑕疵理论之间的亲缘性,还可能在将来将建立于原因之上的方案在动机错误基础上予以把握;甚至由于性质错误(erreur sur la substance)定义的扩大把握而导致性质错误之制裁与草案第 1167 条之适用呈现出相竞争的态势。

30. 意图直接提出在有偿合同中由原因而得出的方案,第 1167 条之规定并非是为了获取哪怕在努力解释之下可附属于对价要求之外的适用。同样,这些假设也不进入条文适用范围,在这些假设中,原因应该在合同的一先前事件(antécédent)中予以寻找;例如,和解合同(transaction)中的系争事实⑥,或者是保证合同中的主债务⑦。不可能在第 1167 条基础上予以把握,但是却可能在第 1134 条第 1 款所规范的动机错误基础上予以把握,该条规定:"简单的动机错误,与应付给付或缔约人的核心特征没有关系时,不是合同无效的原因之一,除

---

① 《卡塔拉草案》第 1125-4 条第 2 款规定:赠予在缺少动机时无真实的原因,没有该动机赠予人将不会处分其财产。

② 《泰雷草案》第 63 条规定:没有赠予意图即没有赠予。在决定赠予人处分财产的动机缺乏时,赠予相对无效。

③ Comp., J. FLOUR, J.-L. AUBERT et É. SAVAUX, *op. cit.*, n° 204.

④ Comp., F. TERRÉ, Ph. SIMLER et Y. LEQUETTE, *op. cit.*, n° 220.

⑤ 参见,上述第 18 小节及以下。

⑥ V. Ph. MALAURIE, L. AYNÈS et P.-Y. GAUTHIER, *Droit civil, Les contrats spéciaux*, LGDJ, 7ᵉ éd., 2014, n° 1102.

⑦ V. Ph. SIMLER et Ph. DELEBECQUE, *Droit civil, Les sûretés, la publicité foncière*, Dalloz, 3ᵉ éd., 2000, n° 66.

非当事人约定该动机是他们意思表示的决定性因素。"* 为了该条之适用,这样考虑是符合逻辑的:任何当事人意图订立的合同性质所要求的要素,都构成决定当事人他们意思表示的动机。因为,在这种情况下,考虑到当事人对合同的定性,某一要素由于其是该合同定性所不可缺少的,必然构成决定他们意思表示的动机。换言之,动机错误可规制任何具备合同类因(cause catégorique)性质的要素缺失[①]。我们将观察到,这一路径也允许在不确定要素事实上不存在时撤销某一射幸合同,如此操作,可让动机错误成为与草案第1167条对价之微不足道特征相竞争的规范[②]。

31. 草案中性质错误概念之扩大也可导致第1167条与错误理论出现适用上的竞争可能性。《卡塔拉草案》[③]和《泰雷草案》[④]都将性质错误定义为对物(chose)核心特征的认识错误,而草案第1132条将其定义为对给付核心特征的认识错误。从"物"的核心特征到"给付"的核心特征,条文不仅将给付标的物的用途和特征纳入性质范围之内,还将给付自身的特点纳入其中,特别是,在必要的情况下,一些债务形态*的特征也可纳入其中,只要它们是债务拘束的决定性要素。例如,在如同产生Chronopost判例那样的案件中[⑤],在将来,短期送达信件之要求可作为快递公司应付给付的核心特征,以至于可依据性质错误来制裁这一特征的缺乏。事实上,在Chronopost案件中,对迅速送达的要求这一动机没有被纳入运输人给付标的之中,而是纳入构成运输人债务形态的超短期限之中。在这一视角下观察,性质错误概念之扩大导致其吸收今日因"原因之具体化或主观化"适用而得出的方案。毕竟,这正如草案赋予"协调原则"范围所确认的那样,Chronopost案件是这一原则的最重要适用之一。

---

* 现今第1135条第1款——译者注。

① Ch. LARROUMET,《 De la cause de l'obligation à l'intérêt au contrat 》, D. 2008, p. 2441,他观察道:哪怕没有任何特别的规定,也可通过有偿合同之定义而制裁对价之缺乏,盖因有偿合同之定义默示地包含了该合同的生效要件之一。

② 参见上述第26小节。

③ 《卡塔拉草案》第1112-1条第1款:对物性质的错误意味着对其核心特征的认识错误,考虑到这些核心特征当事人才缔约……

④ 《泰雷草案》第38条第1款:对物性质的错误意味着对其核心特征的认识错误,考虑到这些核心特征当事人才缔约……

* 债务的形态(modalités de l'obligation)指的是有关债务的期限(附期限)、存在(附条件)、标的(例如选择之债或任意之债)、多数主体的形态(如连带或不可分之债)——译者注。

⑤ Cass. com. 22 oct. 1996, n° 93-18632; Bull. civ. IV, n° 261; D. 1997. 121, note A. SÉRIAUX, somm. p. 75, obs. Ph. DELEBECQUE; JCP G 1997. II. 22881, note D. COHEN.

2. 因"协调原则"所保证的债务拘束之用处

32. 在 Chronopost 案中,某建筑师为了参加投标而求助于快递公司的服务,因为只有这一家快递公司所提供的服务期限才能使他有效地投标。然而,期限最后没有得到遵守并因此给建筑师带来了较大的损失,于是后者要求损害赔偿。他首先遇到的阻碍是快递公司所规定的责任限制条款,后者只规定非常少的赔偿数额。最高法院商事庭以"依据第 1131 条之适用,违背合同核心义务的限制责任条款应视为未被写就"而排除这一条款①。决定这一适用方案的理由是,既然其剥夺了部分或者全部约定对价的用处,违背合同核心义务的该条款损害了合同债务拘束的原因,应该予以排除。如此理解,《卡塔拉草案》第 1125 条第 2 款已经采纳了这一观点,其规定"任何与原因真实性所不兼容的条款视为未被写就"。我们还观察到第 1125 条第 1 款同第 1167 条一样,要求约定的对价既不应微不足道也不应虚假,这就意味着条款之瑕疵在于其使对价虚假或者微不足道。

33. 同样的解决方案随后在《泰雷草案》第 64 条中予以规定,依据与最高法院商事庭类似的表达:"任何与合同核心义务相违背的条款都视为未被写就。"但由于这一草案是"反原因的",该条没有复制其原因理论基础。不可否认的是,原因依旧是这一方案的默示理论基础,无论其怎么表达。事实上,这一方案被介绍成是"协调原则"的具体适用,从根本上看其理论基础仍是原因,因为条款只有在违背所追求的目的时才是不协调的。无论如何,为了避免一方缔约人使用诡计剥夺另一方缔约人所期待的合同好处,就应该删除那些阻碍获得这一好处的合同条款。

34. 最后,草案第 1168 条规定这一解决方案:"任何剥夺债务人核心义务内容的条款视为未被写就。"*首先,这一条文同判例、《卡塔拉草案》和《泰雷草案》是一致的,以至于其默示基础看起来仍是原因理论。然而,债务之"性质"(substance)这一表达仍有疑问,特别是当我们回忆起草案第 1132 条通过诉诸"给付的性质"而非"物的性质"的方式而扩大性质错误这一概念②。不过,这一措辞的变化可能没有任何明确的意图。尽管如此,此处我们仍可再一次看出这一事实:既然原因仍是很多解决方案的默示理论基础,形式上删除原因并没有彻底抛弃原因理论,但会导致原因理论向意思表示瑕疵理论或多或少的重要迁移。

仍需补充的是,作为债务拘束正当性的原因之消失可能导致一些草案条

---

① Cass. com., 22 oct. 1996, préc.
* 现今第 1170 条——译者注。
② 参见前述第 31 小节。

文的解释变得非常棘手,这些条文规范的是因合同订立后债务拘束正当性之消失而带来的后果。

B. 债务拘束正当性之消失

35. 原因的功能在合同订立之后一直被争议。一些学者局限于将原因作为合同成立要件之一的《民法典》第1108条,认为原因自合同订立后不再发挥作用。相反,被相当一部分判例所追随的学说,将原因之存续作为合同保持的条件,这一观点符合第1131条将原因作为债务效果要件之旨趣。但是,在那些给予原因一定角色的学者中,观点也不一。一些学者仅认为合同有效过程中原因的消失造成合同的失效(caducité)。另一些人也认为原因之考虑可证成在情势变更时应再协商,以及不能够协商时合同被解除;判例从未承认这一方案。然而,无论是有关被草案所规定的无效还是情势变更,草案都未明确它们的理论依据。因此,如果草案条文终结了对这些方案之可能性的讨论,则这些条文的解释在一种看起来有所革新的形式之下仍将激起之前的辩论。

1. 失效

36. 在草案中,第1186条规范了失效这一问题,该条的两个条款以与泰雷草案相差不大的方法和措辞,区别了一般规定和其针对合同群(ensembles contractuels)的特别适用。

a) 一般规定。

37. 依据草案第1186条第1款*之规定:"有效成立的合同失效,如果它的某一组成要素(éléments constitutifs)消失。合同之外的但对合同有效性所必需的某一因素消失时,同样如此。"这一条文几乎是对《泰雷草案》第89条第1款和第2款①的复制,后者则直接受《卡塔拉草案》第1131条②的启发;第1186条第1款提出了两种失效情形:某一合同组成因素的消失和决定合同效力的合同外部某一因素的缺失(défaillance)——尽管以它们表面上的简单性解释这两个情形仍有困难,因为它们都遵循与草案所采取的合同法路径有所区别的《卡塔拉草案》之逻辑。

38. 首先,由于其与草案的其他条文没有任何关联,很难理解"合同的组成

---

* 如今第1186条第1款规定:"如果有效订立的合同某一核心要素的消失引起合同的失效"——译者注。

① 《泰雷草案》第89条第1款和第2款规定:如果有效订立的合同某一组成要素消失,合同失效。决定合同效力(efficacité)的某一外在因素的缺失,同样导致合同失效。

② 《卡塔拉草案》第1131条规定:有效订立的合同因合同某一组成要素的消失或决定合同效力的某一外在因素的缺失而失效。

要素"这一表达。但是,第 1127 条表明缔约人的意思表示、他们的缔约能力和合法确定的内容为合同生效之必须。这些生效要件是否等同于第 1186 条第 6 款所提及的合同组成要素?关于意思表示和缔约能力,至少一般性地说,回答是否定的。除非法律规定或当事人约定,意思表示一经作出即不可撤回以及消失。同样,从一般意义上说,一方缔约人缔约能力消失不能使正发生效力的合同也消灭,因为,在此领域,应该依据合同的性质区别行为能力和权利能力以及无缔约能力和禁止(interdiction)而进行个案讨论。于是,剩下的只有合同内容(contenu du contrat)了。但是此处,显现出草案所优先的合同综合性路径之局限了,这一路径整体地考察合同,而非像法国法传统和《卡塔拉草案》那样采取一种分析的路径,即将合同的核心内容建立在两个概念之上:标的和原因。实际上,当我们要考察哪些是合同内容的要素——且这些要素的消失引起合同消灭时,很自然我们应该回到合同内容的核心要素,即原因和标的。在这一背景之下,为了给予合同内容概念一定的内涵,结合草案所使用的术语,债务的标的即给付的消失①,或者约定对价的消失②,可引起合同的失效。而且关于或多或少地以客观或主观的方式理解约定的对价,有必要区别当事人所约定应该实现的对价和当事人所约定可能实现的对价。换句话说,除非考虑合同所留下的风险或者合同让一方或者另一方负担的风险,才可讨论合同失效这一问题。我们还会发现,草案第 1186 条所规定的情势变更也是这样。

因此,因合同某一因素的消失而引起的失效最终应该取决于两种择一的考虑,一种是严格的、客观的,另一种是目的论的以及带有主观主义印记的,即原因论。首先,从严格的、客观的角度来看,当因为某一合同构成要素的消失,合同的法律效果不能实现时,应该引起合同的失效。其次,从目的论或原因论角度来看,当因合同某一构成要素的消失,合同的法律效果之实现没有意义时,也构成合同失效——既然某一方缔约人所追求和约定的目的不能实现,以及这一不能实现的风险并非应由某一方缔约人来承担。我们看到,无论是未来的辩论采取什么样的形式,仍将是客观的原因和考虑当事人特定需要的原因之间的讨论。

39. 依据草案第 1186 条第 1 款,合同的失效还可因决定合同有效性的外部因素之消失而引起。由此应该注意到"外部的因素"(élément extérieur)这一表达构成对《泰雷草案》和《卡塔拉草案》中"外在的因素"(élément extrinsèque)的错误移植。例如,既然这一所谓外部要素的缺少意味着合同的消灭,则这一要素进入合同领域的事实意味着其并不处于合同之外。通过更合理地指向外在的因

---

① 参见草案第 1162 条(如今第 1163 条——译者注)。
② 参见草案第 1167 条(如今第 1169 条——译者注)。

素,《卡塔拉草案》和《泰雷草案》并没有规范外部的因素,而是指向并非自然地或本质上属于合同的组成要素,但偶然地,拿波蒂埃(Pothier)的话来说,也就是在所涉及合同的特殊情况下,融入合同领域之中。如果我们从法国法传统的路径观察,也就是作为条文源泉的《卡塔拉草案》采取的路径,外在的因素代表标的和原因之外的有效(efficacité)条件;这一有效条件看起来应是法定的或裁定的,因为当事人引入合同领域的条件属于条件理论的范围。因此,尽管草案声称其意图与传统相断裂,但它依据以法国法经典概念为前提的表达而提出相应的规则。

b) 适用于合同群。

40. 前述提及的观点①:当由于某一合同组成要素的消失,合同法律效果的实现变得不可能或无用时,应引起合同的失效,这一观点在第1186条第1款这一一般性规则适用于合同群时而得到确认。该条第2款规定:"当数个合同的履行对于整体交易的实现是必不可少的以及其中一个合同的消失使得另一个合同的履行变得不可能或者没有意义时,同样如此。然而针对缔约人所提出的失效仅在其作出意思表示时知道整个交易存在才发生效力。"*由此出现失效的两种情况:履行变得不可能,即不可能实现法律效果;履行变得没有意义,对应着法律效果没有用处。与其最初的雄心相反,草案此处必须,为了重拾现今判例基于原因所作出的方案,建立在原因路径依赖基础之上。依据传统的概念,原因在合同订立后不再发挥作用,在合同群领域一股连续的判例潮流认定合同生效期间原因的消失引起合同因失效而解除。其实,当两个或数个合同旨在同一整体交易且为其实现所必须时,最高法院认为这些合同互相关联或者不可分,因为他们对应着同一个原因;因此,其中一个合同无论是因被撤销还是被解除而消失,都引起另一个合同基于原因消失而失效,而非另一个合同基于缺少原因而无效(nullité)②。

---

① 参见,前述第38小节。

* 现今第1186条第2款和第3款分别规定:"当数个合同的履行对实现同一交易是必须的以及其中一个合同消失时,因这一消失而履行不能的其他合同和这一消失合同的履行是另一缔约人意思表示决定性条件的其他合同也失效";"针对缔约人所主张的失效只有在其作出意思表示时知道整体交易的存在才发生效力"。——译者注。

② V. not.: Cass. 1re civ. 1er juill. 1997, n° 95-15642: Bull. civ. I, n° 224; D. 1998, somm. p. 110, obs. D. MAZEAUD - Cass. com. 15 juin 1999, n° 97-12093; JCP G 2000. I. 215, n° 6, obs. A. CONSTANTIN - Cass. com. 15 févr. 2000, n° 97-19793; Bull. civ. IV, n° 29; JCP G 2000. I. 272, n° 9, obs. A. CONSTANTIN; RTD civ. 2000. 325, obs. J. MESTRE et B. FAGES.这一方案是必须的,以至于一个判决认为一个明确的"可分性条款"无效,该条款规定尽管"合同群"中另一个合同消失,该合同仍存续,它们共同实现一个不可分的交易(Cass. com. 15 févr. 2000, préc.)。

为了使这一判例能够得到保持,与保留原因的《卡塔拉草案》有所不同,草案必须提出一个特别的规则。不过,这一失效特殊规则的适用范围和适用条件表明,其仍受原因之启发。一方面,由于涉及的是为了一个整体交易而缔结的若干合同,这不可避免地指向参与这一整体交易的每个合同的目的(finalité),即原因;此外的要求是,这一目的因当事人的意思而进入合同领域,当事人了解这一整体目的而作出相应意思表示。另一方面,提及"合同利益之消失"只是原因的面罩。尽管草案意图放弃原因,但原因概念在这里重新出现,以评估数个相互关联的合同中其中一个合同消失带来的影响。条文因此确认,旨在直接提出原因原则的后果而规定的特殊规则并不足以排除这一需要:求助于原因或者其类似概念,诸如利益或目的。

2. 情势变更

41. 与失效不同,合同因情势变更(changement de circonstances)的再协商乃至其解除(anéantissement),从未以不可争议的方式被判例所确认,所谓情势变更即"不可预见"(imprévision)的现代化和欧洲化表达。至于其理论基础,学说上还存在争议,有原因说、诚实信用说、公平说还有长期合同中的情势变迁条款(Rebus sic stantibus)说①。

在这一领域,草案第1196条第1款实现了真正的创新*,该条文规定:"如果在合同订立时不可被预计的情况发生变化,使得合同的履行对没有接受承担该情况变化风险的一方缔约人来说非常昂贵,其可向对方缔约人要求重新磋商合同。在重新磋商过程中其继续履行债务。"第2款继续规定道:"重新磋商失败或受拒绝的情况下,缔约人可共同向法官请求调整合同。不能达成的话,法官可在一方缔约人的请求下,依据其确定的条件和日期终止合同。"

从《欧洲合同法原则》借鉴而来②,决定适用这一条文的履行之非常昂贵性特征带来了非常大的解释难题。事实上,依据考虑这一特征的理论基础,至少有两种可能的解释。从原因角度考虑,履行之特别昂贵性可通过自始约定的合同平衡(équilibre contractuel)而得到认定。当出现因情势变更,所接收到的对价显得虚假时,或者其是非常少的,或者接受的对价没有被改变但因给付成本的增加导致提供的给付与收到的对价不成比例时,履行之特别昂贵性条件得到满足。

---

① V. F. TERRÉ, Ph. SIMLER et Y. LEQUETTE, op. cit., n° 470.

* 现今第1195条第2款相比草案有细微的调整,其规定"重新磋商失败或受拒绝的情况下,缔约人可约定解除合同,依据他们确定的条件和日期,或共同向法官请求调整合同。在合理期限内仍未达成协议的,法官可在一方缔约人的请求下,变更或终止合同依据其确定的条件和日期"。——译者注。

② 《欧洲合同法原则》第6-111条。

相反,还可提出履行的非常昂贵性应该参照受情势变更影响的当事人的地位而得到确认,以至于若仍保持合同原有的状况将会导致该当事人的破产时,这一条件得到满足。依据第二种路径,合同的解除或变更源自情势变迁条款,并且建立在合同拘束力相对性的概念基础之上①。然而,此处问题不在于解决争议,我们仅是认定,即使是关于创设新解决方案的条文,法国法原因论所提供的启发是且将是显著的,这一条文的解释将重新提出债务拘束的原因这一问题,哪怕这一解释采取追问债务拘束正当性的形式,甚至是采取考量诚实信用(bonne foi)的形式。

42.关于草案删除原因之综合评价,应该有所区分。就草案条文所提出的替代方案本身来看,它们并不坏,应该承认相比如今规范原因若干功能的条文,这些新条文更加容易被了解。从法律的明确程度来看,这是一种进步。然而,这些新条文并不能确保如今在原因领域所讨论的方案具有更好的可预见性,而且几乎可以肯定的是,仍会出现现今关于债务拘束正当性主观及具体之理解和客观理解的所有辩论。不过,这并没有什么可让人吃惊的,因为从条文中删去原因但直接规定原因所得出的解决方案,草案事实上采取了原因之省略,而非原因之废除。形式上原因从条文中消失了,但是实质上原因仍是这些条文所提出解决方案的理论依据。

仍需要决定的是,这一改革可能带来比它表面看起来更深远的影响,因为新条文的解释者们可能以立法者删除原因之意图作为借口,拒绝在解释时探寻债务拘束之正当性。相比学说和判例为了使合同法适应经济现实和社会关系之变迁而作出的努力,风险在于对新条文形式化和僵化的理解,以及相应带来的合同法理论的贫乏,这导致废除原因会带来一种倒退甚至是停滞。同样,我们很遗憾没有保留原因这一概念,至少它可作为第一参照,这一做法并不影响条文直接确立依附于原因的主要解决方案。但还可能出现,如今围绕原因概念的争论将来会在另一个概念基础之上存续,例如合理期待(attente légitime)或诚实信用。于是,原因将成为如同莎士比亚的玫瑰一样的东西,"我们所称的玫瑰换个名字还是一样的芳香"②。

(责任编辑:尚连杰)

---

① V. D. DEROUSSIN, *op. cit*., p. 472 et s.
② W. SHAKESPEARE, Roméo et Juliette, Acte Ⅱ, Scène Ⅱ.

决议行为法律性质辨

——兼评《民法总则》第 134 条第 2 款

孔洁琼*

[摘　要]　决议行为适用于整个私法领域,其法律性质的确定为其教义学体系建构之基础。就其法律性质,学说上多有讨论,意见不一。本文认为,决议行为是法律行为,是基于(多个或单个)表决权人的意思表示(表决)形成。决议所遵循的多数决原则不违背"少数派"的意思自治,其对"少数派"的拘束力亦源于表决之意思表示。决议是调整表决权人与团体或协作关系整体之间权利义务关系的内部法律行为。作为意思表示的单个表决瑕疵与作为法律行为的决议瑕疵,适用规则应予区分。法律行为理论视角下,须明晰决议行为之特殊性。决议行为的实质是团体意思或共同意思形成,此与决议之法律行为性质并无冲突。当前正值民法典编纂之际,《民法总则》第 134 条第 2 款规定或可做进一步完善,以更好实现其立法价值。

[关键词]　决议行为;法律行为;多数决原则;共同意思形成

2017 年 10 月 1 日起施行的《中华人民共和国民法总则》(以下简称《民法总则》)第 134 条第 2 款将决议行为作为民事法律行为的一种独立类型进行规定,此立法设计为其他大陆法系国家民法典所未有,可谓民法典立法史上的创新,其背后体现出了立法者对决议行为在整个私法领域广泛适用的全局意识,但具体来看,该规定之表述及其在民法体系中的设计是否合理仍不无疑问。关于决议行为的法律性质,学理上的争议早已有之,总体来看主要有"法律行为说"与"非法律行为说"两类观点,其下又依论证角度不同存不同见解。《民法总则》第 134

---

　　*　孔洁琼,华东政法大学博士研究生(民商法学),研究方向为民法基础理论、公司法。本文受华东政法大学第五期博士研究生海外调研资助;并受德国汉堡马克斯·普朗克外国和国际私法研究所(Max-Planck-Institut für ausländisches und internationales Privatrecht)2018 年度奖学金资助,特此一并致谢。

条第 2 款对决议行为的规定并没有使争议尘埃落定,仍有学者对决议行为是法律行为的观点提出否定或者质疑,①即便持肯定论者也认为,理论上存在决议作为法律行为却又不适用法律行为一般理论的"悖论"。② 法律行为理论是否是决议行为制度的最佳选择? 决议行为相较其他法律行为所具有的"独特性"又能否在法律行为理论体系下得以自洽?

鉴于决议行为法律性质的确定,是明晰决议行为成立、法律效力及瑕疵判定的法理基础,是建构决议行为法教义学体系的"基石",本文认为仍有进一步探讨与论证之必要。文章试图在梳理分析决议行为法律性质各学说观点的基础上,总结决议行为的独特性;分析否定或质疑决议行为是法律行为的理由,并对决议行为的法律性质进行再证成;在将决议行为定性的基础上提炼其实质特征,检视《民法总则》第 134 条第 2 款规定之不足,并于当前民法典立法编纂仍在进行的背景下,就决议行为相关规定之完善提供一己之见,以求教于方家。

一、决议行为法律性质学说争议

关于决议行为的法律性质,学界众说纷纭,争点主要在于:首先,决议行为是否是法律行为? 其次,若决议行为属于法律行为,应归于法律行为之下哪种具体类型? 主要包括"法律行为说"与"非法律行为说"两类观点,下面就国内外相关学说做简要梳理。

(一) 决议行为之"法律行为说"

无论是我国还是法律行为理论的发源地德国,主流学说均为"法律行为说"。德国法学界当前主要存在"多方法律行为说"与"独立类型法律行为说"两种观

---

① 如李永军教授明确对决议行为属于法律行为持反对意见,参见李永军:《从〈民法总则〉第 143 条评我国法律行为规范体系的缺失》,载《比较法研究》2019 年第 1 期,第 58 页;许中缘教授也认为决议行为不应当属于民事法律行为,参见王利明主编:《中华人民共和国民法总则详解》,中国法制出版社 2017 年版,第 580 页,此部分由许中缘教授执笔;张新宝教授认为,仅处理团体内部事务而不产生设立、变更、终止民事法律关系效果的决议,不属于民事法律行为,参见张新宝:《〈中华人民共和国民法总则〉释义》,中国人民大学出版社 2017 年版,第 266 页。

② 参见瞿灵敏:《民法典编纂中的决议:法律属性、类型归属与立法评析》,载《法学论坛》2017 年第 4 期,第 97 页。

点。"多方法律行为说",①最初源于德国著名法学家安德烈亚斯·冯·图尔（Andreas von Tuhr）的观点,他认为决议是多方法律行为,是基于多个内容一致的意思表示的共同作用,其所指"多个内容一致的意思表示"是指"多个赞同票"。冯·图尔认为,只有"赞同票"在通过多数决达成的决议中发挥了作用,"非赞同票"（反对票和弃权票）对决议来说并不发挥作用,并非决议的一部分;由此,"投赞同票者"共同为决议的作出人（auctor）,"非投赞同票者"对于决议这个法律行为而言是外部人（extranei）。然决议对非投赞同票者同样具有拘束力,冯·图尔解释为源于"多数决原则",并将此描述为决议与其他多方法律行为区分之"种差"（differentiaspecifica）,但对"多数决原则"拘束力的正当性却未有论证。② 在其之后,"多方法律行为说"又有了进一步发展,汉斯·埃里希·法伊内（Hans Erich Feine）认为,决议是"共同意思行为",单个表决在决议过程中被"消融"了;不仅"赞同票","非赞同票"对决议的作出亦发挥作用。卡斯滕·施密特（Karsten Schmidt）也认为决议效力来自所有投票之意思表示。相比冯·图尔将"赞同票"与"决议"之间的关系视为"部分"与"整体"的关系,法伊内与施密特将"投票"与"决议"的关系视为"原因"与"结果"的关系（事先与事后的关系）。③ 曼弗雷德·沃尔夫（Manfred Wolf）与约尔格·诺伊纳（Jörg Neuner）将多个"内容相同的意思表示"解释为"决议事项的同一",即表决权人对相同内容事项做出"是"或"否"的表决来达成决议。④ 德特勒夫·莱嫩（Detlef Leenen）进一步指

---

① 认为决议行为是多方法律行为的,参见：Mansel, in: Jauernig Kommentar zum BGB, 16. Aufl., 2015, §32, Rn. 5; Wolf/Neuner, Allgemeiner Teil des Bürgerlichen Rechts, 11. Aufl., 2016, §17, Rn. 46, S. 188; Reinhard Bork, Allgemeiner Teil des Bürgerlichen Gesetzbuchs, 4. Aufl., 2016, §13, Rn. 436ff; Helmut Köhler, BGB Allgemeiner Teil, 40. Aufl., 2016, §5, Rn. 9; Detlef Leenen, BGB Allgemeiner Teil: Rechtsgeschäftslehre, 2. Aufl., 2015, §14, Rn.16; Brox/Walker, Allgeneiner Teil des BGB, 34. Aufl., 2010, §4, Rn. 101.

② Vgl. Andreas von Tuhr, Der Allgemeine Teil des Deutschen Bürgerlichen Rechts, Bd. I, 1910, S. 514, 516; Andreas von Tuhr, Der Allgemeine Teil des Deutschen Bürgerlichen Rechts, Bd. II, 1. Halbband, 1914, S. 232, 235f.; Andreas von Tuhr, Allgemeiner Teil des Schweizerischen Obligationenrechts, Halbbd., 1924, S. 122.迪特尔·梅迪库斯也认为决议产生于"赞同票"之"相同的意思表示"。参见：Dieter Medicus, Allgemeiner Teil des BGB, 10 Aufl., 2010, Rn. 205.

③ Vgl. Wolfgang Ernst, Der Beschluss als Organakt, in: Lieber Amicorum für Detlef Leenen, 2012, S. 3; Hans Erich Feine, in: Ehrenbergers Handbuch des Handelsrechts, 3. Bd./II. Abt., 1929, S. 517; Karsten Schimdt, Gesellschaftsrecht, 4. Aufl., 2002, S. 436.

④ Vgl. Wolf/Neuner, Allgemeiner Teil des BGB, 11. Aufl., §29, Rn.11 - 13, S. 338 -339.

出，决议是通过参与成员多数"同向的意思表示"所形成的多方法律行为。① 虽然"多方法律行为说"在德国几近通说，但其似乎无法涵盖（一人公司中）"一人决议"的情形，当前亦不乏学者主张"独立类型法律行为说"，②认为决议是通过多个（或单个）同向的意思表示（即投票）形成的法律行为，法律效果上具有独特性，即基于"多数决原则"对所有人（少数派、未出席者、团体机关）均具有拘束力。除上述观点外，也曾有少数学者主张决议是"共同行为"（Gesamtakt），③但因"共同行为"概念本身在德国学界存有争议，④现已几乎无"共同行为说"的追随者了。⑤

我国近年民法教科书也多肯定决议行为是法律行为的一种，⑥具体来说，有主张"多方法律行为说"者，依意思表示之单复数将法律行为分为"单方法律行为"与"多方法律行为"，决议归于"多方法律行为"，此观点与德国"多方法律行为说"主张类似；⑦另有主张"共同行为说"者，强调多个意思表示的同向性；⑧还有学者以团体整体为视角，主张"团体法律行为说"；⑨依据全国人大常委会法工委撰写的民法总则释义，决议行为是单方、双方、多方民事法律行为之外的"特殊民事法

---

① Vgl. Detlef Leenen, BGB Allgemeiner Teil: Rechtsgeschäftslehre, 2011, §4 Rn.18.

② 认为决议行为是独立型法律行为的，参见 Weick, in: Staudinger Kommentar zum BGB, 2005, §32, Rn. 37; Karsten Schmidt, Gesellschaftsrecht, 4. Aufl., 2001, §15, I 2a, S. 436; Jan Busche, Zur Rechtsnatur und Auslegung von Beschlüssen, FS- Franz Jürgen Säcker, 2011, S. 45(45-57).

③ Vgl. Ellenberger, in: Palandt Kommentar zum BGB, 77. Aufl., 2018, §32, Rn. 8; Dieter Leipold, BGB I: Einführung und Allgemeiner Teil, 9. Aufl., 2017, §10, Rn. 8.

④ 如维尔纳·弗卢梅认为"共同行为"的概念不具有任何意义，（有相对人的）共同行为，即法律行为一方由多人组成且共同制定规则时，本质上仍是单方法律行为；法人的设立行为或集体合同这类行为均可纳入《德国民法典》中"合同"之下。参见[德]维尔纳·弗卢梅：《法律行为论》，迟颖译，法律出版社2012年版，第720—722页。

⑤ Vgl. Jan Busche, Zur Rechtsnatur und Auslegung von Beschlüssen, FS- Franz Jürgen Säcker, 2011, S. 45 (50).

⑥ 参见王利明主编：《民法》，中国人民大学出版社2015年版，第99页；朱庆育：《民法总论》，北京大学出版社2016年版，第137—138页。

⑦ 学者对"多方法律行为"之下的分类有所不同，有分为双方法律行为、共同行为（合伙协议、公司发起人协议等）和决议者，参见王利明主编：《民法》，中国人民大学出版社2010年版，第103—104页，此部分由王轶教授执笔。另有借鉴德国法观点，分为契约和决议者，参见朱庆育：《民法总论》，北京大学出版社2016年版，第136—138页。

⑧ 参见许中缘：《论意思表示瑕疵的共同法律行为——以社团决议的撤销为研究视角》，载《中国法学》2013年第6期，第56页、第66页；韩长印：《共同法律行为理论的初步建构——以公司的设立为分析对象》，载《中国法学》2009年第3期，第75—79页。

⑨ 参见吴飞飞：《决议行为归属与团体法"私法评价体系"构建研究》，载《政治与法律》2016年第6期，第9—18页；李志刚：《公司股东大会决议问题研究——团体法的视角》，中国法制出版社2012年版，第11—12页。

律行为",①可见采"独立类型法律行为说"。纵观各家学说,皆是分析决议与其他法律行为相比的独特之处,选择了不同的解释路径。但无论决议行为具体归于法律行为体系下何种类型,都不影响决议行为在法教义学体系上的总体定位,更应关注的是一般法律行为规则适用于决议行为时是否应做不同考虑。

(二) 决议行为之"非法律行为说"

相比"法律行为说"之下的具体归类探讨,对决议法律行为性质的否定,更直接关涉决议行为法教义学体系建构之"根基"。德国法学界持"非法律行为说"观点者为少数,代表如奥托·冯·基尔克(Otto von Gierke),认为决议不是法律行为,是团体或者共同关系中形成共同意思遵循的"内部意思形成程序";决议是"共同意思的表达"(Darstellung eines Gemeinwillens),是社团大会中多个单个个体遵循法定方式所为的统一的共同行动。② 质言之,其仅把决议当作"团体意思"的形成手段。另一"少数说"代表是沃尔夫冈·恩斯特(Wolfgang Ernst),他认为决议是团体整体(或团体机关)作出的"单方的法律上的行为"(einseitiger Rechtsakt),其立论主要针对冯·图尔的"多方法律行为"说,不赞同其将决议视为"投赞同票者"作出的法律行为,"非投赞同票者"作为外部人基于"多数决原则"而受拘束的观点,恩斯特认为这种说法难以统一解释"一致决、一人决议和否定性决议"③情形下的拘束力问题,他主张,决议是大会全体成员参与的、大会作为整体作出的"法律上的行为",对团体、团体机关和团体成员都具有拘束力,大会主席对决议内容的"确认"是法律效果产生之"决定性行为",就此而言不同于法律行为。但恩斯特也认为德国法上并未就"法律行为"作出明确规定,其只是

---

① 参见李适时主编:《中华人民共和国民法总则释义》,法律出版社 2017 年版,第 420 页;贾东明主编:《〈中华人民共和国民法总则〉释解与适用》,人民法院出版社 2017 年版,第 343 页。

② Vgl. Otto von Gierke, Deutsches Privatrecht. Erster Band: Allgemeiner Teil und Personenrecht, 1895, S. 283,501.

③ 德国法上区分肯定性决议(positiver Beschluss)与否定性决议(negativer Beschluss),前者指对提案的赞同票达到法定通过比例的决议(即决议通过),后者指赞同票未达到通过比例的决议(即决议未通过)。按照德国联邦法院的观点,提案未通过之否定性决议同样是决议,其作出后即发生法律效力,需要通过撤销之诉方可撤销其法律效力。这样某项提案被否决后,召集权人不可就相同或相似内容的决议事项反复召集股东会,以免增加决议成本。Vgl.BGHZ, 97, 28; Noack/Zöllner, in: Baumbach/Hueck, Beck'sche Kurz-Kommentare zum GmbHG, 21. Aufl., 2017, §47, Rn. 3; Johannes Baltzer, Der Beschluss als rechttechnisches Mittel organschaftlicher Funktion im Privatrecht, 1965, S.180 - 181.我国理论与实践中并没有区分肯定性决议与否定性决议,一般探讨的决议均指提案通过的决议。

法学教育上的内容,故改写其概念将决议行为包含其中也并非不可。①

我国持"非法律行为说"观点的学者以"意思形成说"为主,认为决议是团体效果意思形成阶段,并非完整的法律行为,是"社团意思形成行为";②或者认为股东会决议是"拟制的公司意思",是多数个体股东独立意思的偶然结合,而非全体股东的共同意思。③ 总结否定决议行为是法律行为的具体理由,主要包括以下方面:

(1)单个表决并非"意思表示"。法律行为以"意思表示"为构成要素,目的在于引起明确的法律后果,即产生具体的私法上的权利义务关系,该法律后果是当事人意思表示所积极追求的,而非法律所强加的。决议行为以"表决"为构成要素,是特定意思告知,虽然也是一定意思的表示,但与法律行为中意思表示不同,其法律效果来源于法律的直接规定,④并无设立、变更或者消灭民事权利义务之效果的意思;(2)法律行为之特定私法后果的产生,是基于做出意思表示的当事人的意愿,此即法律行为"私法自治"(意思自治)原则。传统法律行为只约束意思表示者,然决议行为中决议结果不仅对投赞同票者,对投反对票甚至弃权者、未出席者均具有拘束力。多数人通过的决议对"少数派"亦具有拘束力,与法律行为"私法自治"(意思自治)原则相违背;⑤(3)决议不调整参与决议的个人之间的关系,旨在构筑他们共同的权利领域或者他们所代表的法人的权利领域;决议也不直接产生与第三人在民法上设立、变更或终止民事权利义务关系的效果,其只创设了社团代表人对外意思表示的基础,与第三人的法律关系(权利义务关系)并不因此成立,与法律行为依照当事人的意思表示形成权利义务关系有本质差异;⑥(4)决议是意思形成制度,法律行为是意思表示制度,二者之间存在重大

---

① Vgl. Wolfgang Ernst, Der Beschluss als Organakt, in: Lieber Amicorum für Detlef Leenen, 2012, S. 39 - 42.
② 参见徐银波:《决议行为效力规则之构造》,载《法学研究》2015 年第 4 期,第 168 页;李永军:《从〈民法总则〉第 143 条评我国法律行为规范体系的缺失》,载《比较法研究》2019 年第 1 期,第 58 页。
③ 参见叶林:《股东会会议决议形成制度》,载《法学杂志》2011 年第 10 期,第 31—33 页。
④ 参见江平:《"默示同意,明示反对"的合法性——郑百文"资产、债务重组方案"分析》,载《证券法律评论》2001 年第 1 期。
⑤ 参见李永军:《从〈民法总则〉第 143 条评我国法律行为规范体系的缺失》,载《比较法研究》2019 年第 1 期,第 58 页。
⑥ 参见李永军:《从〈民法总则〉第 143 条评我国法律行为规范体系的缺失》,载《比较法研究》2019 年第 1 期,第 58 页;徐银波:《决议行为效力规则之构造》,载《法学研究》2015 年第 4 期,第 166—169 页。

差别。决议通过程序作出,其"程序瑕疵"为其他法律行为所未有,与传统法律行为意思表示瑕疵之"主观心理瑕疵"显然不同,决议不应适用法律行为制度。①

除上述直接否定决议行为是法律行为的观点外,部分承认决议法律行为性质的学者也指出,法律行为的一般理论和规则不适用于决议行为,存在逻辑上的"悖论"。论述如"公司法人作出决议所强调的程序合法,是非常独特的,意思表示的理论无法解释这一现象的合理性……民法基于自然人主观心理的瑕疵判断,对股东大会决议瑕疵的判断存在适用上的困难"②;"传统意思表示瑕疵理论中除了意思形成阶段的瑕疵如受胁迫、欺诈等瑕疵可以适用于决议外,其他属于意思与表示不一致的,如真意保留、虚伪表示不能适用于决议"③;综上所述,若要论证决议行为的法律性质,明晰相应法律规则的适用,应就决议行为之法律行为"否定说"与"悖论说"的观点逐一分析。

二、决议行为的法律行为性质再证成

决议行为的法律性质是"法律行为",虽然其相较于其他法律行为存在"独特性",但与法律行为一般理论并不矛盾。针对"否定说"与"悖论说"的质疑理由,可从以下方面就决议之法律行为性质做进一步论证。

(一)单个表决的法律性质是意思表示

关于单个表决的法律性质,曾有"意思表示说""意思通知说""法律行为说"等不同观点,④还有学者将决议之"赞同票"与"非赞同票"进行了区分,认为"赞同票"的法律性质是意思表示,"非赞同票"的法律性质不属于意思表示。⑤ 德国

---

① 参见陈醇:《意思形成与意思表示的区别:决议的独立性初探》,载《比较法研究》2008年第6期,第54页。
② 钱玉林:《股东大会决议的法理分析》,载《法学》2005年第3期,第99页。
③ 韩龙:《公司董事会决议效力研究》,法律出版社2016年版,第44页。
④ "意思通知说"前文已述,参见江平:《"默示同意,明示反对"的合法性——郑百文"资产、债务重组方案"分析》,载《证券法律评论》2001年第1期。"法律行为说"认为单个表决是单方法律行为,其直接产生相应的法律效果,最典型的体现是在一人公司中,该一人表决即可产生相应的法律后果,具有法律行为的特性。德国学者赫伯特·梅塞尔(Herbert Messer)认为,即使是在有多个表决人的情形下,单个表决也具有"法律行为的性质",因为任一表决都贡献于决议的形成,影响其他参与人表决的"结果价值"。参见:Herbert Messer, Der Widerruf der Stimmabgabe, FS-Hans-Joachim Fleck, 1988, S. 221 (226).
⑤ Vgl. Robert Winnefeld, Stimmrecht, Stimmabgabe und Beschluss, ihre Rechtsnatur und Behandlung, DB (1972), S. 1053 (1053 - 1054).

法学界当前通说,单个表决的法律性质是意思表示。① 决议是团体内部意思形成之私法自治行为,决议中的"表决"与合同中的"要约"和"承诺"、单方法律行为中的"单方表示"一样,均为追求相应私法效果(决议提案通过与否)之产生,符合意思表示的本质。无论是"赞同票"还是"非赞同票",表决人作出的任一表决,均是对决议之团体意思形成的参与,与法律后果的发生相关联,故所有表决票的法律性质均为意思表示。② 表决之意思表示的相对人,原则上来说是整个团体(或团体权力机关),而非参与决议的其他成员,③一般来说大会主席被视为经(全体成员)授权的意思表示相对人,④表决到达相对人时产生拘束力。表决之意思表示存在瑕疵可被撤销,然单个表决被撤销,并不必然影响决议的法律效力;决议行为法律效力的判断还需要考量单行法中有关决议瑕疵的法律规定。

(二)多数决不违背"少数派"意思自治

决议作出适用多数决规则,对"少数派"亦具有拘束力。就法理基础而言,有学者对多数决拘束的正当性提出民主原则⑤、程序正义原则⑥、社团自治原则⑦,另外还有"事先同意"的解释,即多数决对"少数派"的拘束力是基于其作为成员

---

① Vgl. Wolf/Neuner, Allgemeiner Teil des Bürgerlichen Rechts, 11. Aufl., 2016, §17, Rn. 43, S.187; Noack/Zoöllner, in: Baumbach/Hueck, Beck'sche Kurz-Kommentare zum GmbHG, 21. Aufl., 2017, §47, Rn. 7-8; Jan Busche, Zur Rechtsnatur und Auslegung von Beschlüssen, FS-Franz Jürgen Säcker, 2011, S. 45 (45-57).

② Vgl. Peter Ulmer, Gesellschafterbeschlüsse in Personengesellschaften, FS-Hubert Niederländer, 1991, S. 415 (418-424). 彼得·乌尔默(Peter Ulmer)教授认为,若"非赞同票"不属于意思表示,那它们对决议来说就是不相关的,则其理论上来说不受《德国民法典》第130条(意思表示到达规则)约束而可重复表决,显然不合理。

③ 按照意思表示到达之规则,若要求单个表决之意思表示到达所有成员时才产生拘束力,必然会导致法律效果的不确定,基于法安定性之考虑应将团体或者团体机关(以大会主席为代表)作为意思表示的相对人。参见 Reinhard Bork, Allgemeiner Teil des Bürgerlichen Gesetzbuchs, 4. Aufl., 2016, §13, Rn. 436f.; Medicus/Petersen, Allgemeiner Teil des BGB, 11. Aufl., §19, Rn. 205; Larenz/Wolf, Allgemeiner Teil des Bürgerlichen Rechts, 9. Aufl., §23, Rn. 20, S. 407.

④ Vgl. Jan Busche, Zur Rechtsnatur und Auslegung von Beschlüssen, FS-Franz JürgenSäcker, 2011, S. 45 (45-57); Arnold, in: Müchener Kommentar zum BGB, 7. Aufl. 2015, §32, Rn.23.

⑤ 参见王雷:《论民法中的决议行为——从农民集体决议、业主管理规约到公司决议》,载《中外法学》,2015年第1期。

⑥ 参见陈醇:《商法原理重述》,法律出版社2010年版,第134—136页。

⑦ 决议的拘束力同样源于意思自治,只不过是社团的意思自治,而非参与表决者的意思自治。参见徐银波:《决议行为效力规则之构造》,载《法学研究》2015年第4期。

以自由意志加入团体的选择,①上述说法不无道理,但似乎仍无法完全解释对于非基于自由意志而成为团体(如村集体组织)或者共同关系(如继承人共有)成员的"少数派"的拘束力,因其并非基于自身"同意"加入团体,在具体决议中亦对提案持反对意见,则依照多数决作出的决议是否真违背了"少数派"的意思自治,能否依此否定决议行为是法律行为?

本文认为,决议对表决权人的拘束力就来自其"投票"之意思表示本身,对"少数派"而言亦同。表面上多数决"绑架"了少数派的"意思",使其无法"自治",其实不然。决议行为程序性和团体性的特点并没有完全湮没表决权人的个体意思,"团体意思"(团体成员的"共同意志")本身亦包含了"少数派"的意思表示。单个表决(投票)作为"意思表示"蕴含了两层"效果意思":一是表面上表示赞同、反对或者弃权的直接意思,指向内容已确定的"提案";二是同样包含于赞同、反对或弃权票中的间接意思,即达成团体意思或共同意志之意愿,指向团体"共同目的"。② 无论表决权人的投票表面上是作出何种选择,其内心都有"通过投票达成共同意志"的意愿(意思表示积极追求的法律后果),前提是对形成决议结果的多数决规则的"共认",该"共认"既体现为自愿加入团体之"事先同意",也包含非自愿加入团体的成员以直接投票方式所表示的"默认"。因为每个成员的个人利益都与团体整体利益密切相关,故作为表决权人的每个成员都始终有实现团体利益最大化之意愿。在某个具体决议中投反对票的成员在其他提案的决议中亦有可能投赞同票,即便在某单项决议中弃权者,也会在其他决议中投票,不能否定的是,他们在任何决议中都始终有达成团体意思或共同意志之"间接效果意思"。由此,决议对"少数派"的拘束力就来自其"投票"之意思表示中所包含的这层间接效果意思(参见图1),决议行为不违背少数派的意思自治,与法律行为之"私法自治"原则并不矛盾。

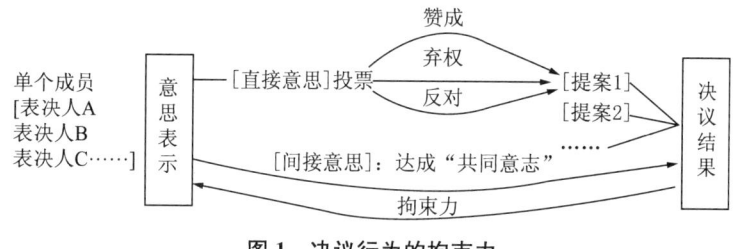

图1 决议行为的拘束力

---

① 参见瞿灵敏:《民法典编纂中的决议:法律属性、类型归属与立法评析》,载《法学论坛》2017年第4期,第91页。

② 崔建远教授论及契约解释与决议解释之区别时,曾指出"决议是当事人目的一致、意思表示方向相同的合意。此处的目的指的是全体表决人的'共同目的',区别于每个表决人的动机"。参见崔建远:《合同解释辨》,载《财经法学》2018年第4期,第71页。

（三）决议行为调整内部权利义务关系

决议之法律行为"否定说"的另一理由是，决议不调整团体内部个人之间的关系，旨在构筑他们共同的权利领域，[①]且决议也不调整团体或者法人与第三人之间的法律关系，而法律行为之本质特征是依据意思表示形成法律关系，故决议非法律行为。

本文认为，该观点似有进一步讨论之必要。决议行为确实旨在构筑表决权人共同的权利领域，也不直接调整团体或者法人与外部第三人的法律关系，但这并不意味着决议不依当事人的意思产生权利义务关系。决议行为是团体（如法人）的内部法律行为，调整内部法律关系，形成表决权人与团体整体之间的权利义务关系。决议成立有效，则表决权人有遵循决议结果之义务，同时亦有要求团体（或相应执行机关）执行决议之权利；反之，团体亦有执行决议之义务和权利。[②] 以公司股东会决议为例，股东会作出公司内部利润分配之有效决议，全体股东均有接受依决议分配利润之义务，同时亦有要求公司按照决议分配利润之权利；股东会作出对外投资决议，涉及公司与第三人之间法律关系的，决议此时仅为公司外部法律行为之意思基础，需要法定代表人对外作出表示，但这并不否认其内部法律行为的性质，其亦调整公司内部法律关系，股东们基于公司经营利益之考量作出决议，只要决议有效，理论上任何股东均有权要求公司执行决议。决议虽不调整表决权人个人之间的关系，但调整表决权人与团体整体之间的权利义务关系，该法律效力同样是源自表决权人投票之意思表示，不违背法律行为调整法律关系的本质。

（四）单个表决与决议行为的区别

决议通过程序作出，是意思形成制度，决议"程序瑕疵"与法律行为"意思表示瑕疵"不同，不适用法律行为规则，此亦为否定决议法律行为性质的理由之一，且"悖论说"学者观点实与之相似。这两种观点均是将决议"程序瑕疵"与法律行为意思表示"主观心理瑕疵"进行比较，从而陷入决议不适用法律行为规则的逻辑困境，这实质上是将"意思表示"和"法律行为"概念混同所致。

---

① 该论述最初源于卡尔·拉伦茨对决议法律特征的分析，常见学者援引用以论证决议的性质不是法律行为，然查原文著述，拉伦茨仅是强调决议应从合同中分离出来，并未否定决议是法律行为，其认为决议是多方法律行为的一种。参见［德］卡尔·拉伦茨：《德国民法通论》（下册），王晓晔等译，法律出版社 2003 年版，第 432—433 页。

② 德国法学家冯·基尔克认为，团体成员在进行表决时不仅将各自的意思表示出来，同时也对决议的执行施加了一种强制力，已经作出的决议不仅需要作为共同意思决定进行公告，同时也对团体机关产生令行或禁止之拘束力。Vgl. Otto von Gierke, Genossenschaftstheorie und die deutsche Rechtsprechung, 1887, S. 693ff.

1. 意思表示与法律行为的区别

法律行为理论源于德国,依照德国法传统观点,意思表示是法律行为的构成要素,被包含于法律行为当中,二者有相同的法后果。德国民法典的立法理由书中也有"意思表示和法律行为这两项术语通常是在同一意义上使用"的表述。[①] 因此,在意思表示与法律行为的关系上,学界存在"同一说"和"二分说",前者认为意思表示与法律行为具有相同的本质,差异只在于定义角度不同;[②] 后者认为意思表示与法律行为存在实质上的区别,二者不能等同。[③] 从当前国内外法学著述来看,"二分说"为主流学说,本文亦赞同该观点,意思表示和法律行为的有区分之必要,二者虽于许多情况下可以相互替换使用,但非同一概念。单方法律行为中,意思表示无效或被撤销,该单方法律行为自始无效;双方法律行为中,对立的两个意思表示相互依存,一方意思表示无效或被撤销,法律行为亦自始无效,民法概念上为求简便,常称之为"撤销合同",但实际逻辑是:一方当事人因欺诈、胁迫等原因存在意思表示瑕疵而撤销自己的意思表示,另一方当事人的单个意思表示不足以构成合同,从而致使合同因一方意思表示撤销而无效。这是一种简化逻辑,并不意味着法律行为等同于意思表示。

从《德国民法典》第三章"法律行为"的规定中能明确地看出来意思表示与法律行为之间概念的区分,心意保留、虚伪行为以及错误等均明确规定为"意思表示无效、可撤销的理由"(第 116 条至第 124 条);违反法定禁止(第 134 条)和违背善良风俗、暴利行为(第 138 条)则明确作为"法律行为无效事由"予以规定。[④] 德国法中强调"单个表决"与"决议行为"的区分,单个表决是意思表示,可以依据《德国民法典》第 119 条及以下、第 142 条意思表示撤销之规定来撤销,已经撤销的表决自始无效(第 142 条第 1 款),在决议中不应计算;[⑤] 决议行为非为意思表示,不得适用意思表示撤销之规定。[⑥] 单个表决被撤销后,对决议法律效力有何影响,依据决议瑕疵相关法律规定来判断。故而卡斯滕·施密特在论及决议行

---

① Vgl. Detlef Leenen, BGB Allgemeiner Teil: Rechtsgeschäftslehre, 2. Aufl., 2015, §4, Rn. 1.

② 德国民法史上萨维尼、普赫塔、温德沙伊德等学者均持同一说,参见[德]维尔纳·弗卢梅:《法律行为论》,迟颖译,法律出版社 2013 年版,第 35 页、第 38 页。

③ 参见[德]汉斯·哈腾保尔:《法律行为的概念——产生以及发展》,孙宪忠译,载杨立新主编《民商法前沿》(第 1、2 辑),吉林人民出版社 2002 年版,第 137—144 页。

④ 理论上除了《德国民法典》第 134 条、第 138 条之外,第 125 条(因形式瑕疵而无效)和第 242 条(诚实信用原则)也可适用。

⑤ Vgl. Mansel, in: Jauernig Kommentar zum BGB, 16. Aufl., 2015, §32, Rn 3-4.

⑥ Vgl. Johannes Baltzer, Der Beschluss als rechttechnisches Mittel organschaftlicher Funktion im Privatrecht, 1965, S. 176.

为的法律性质时曾指出,不需要单独就决议行为的特殊性进行立法规定,并因此否定决议的法律行为特征,因为《德国民法典》中已经提供了(法律规则适用)区分之可能。①

2.《民法总则》语境下的"悖论"

提出"悖论说"观点的学者认为,决议行为作为法律行为却不适用法律行为一般规则,有其历史原因,现有法律行为规范是以债权合同特别是买卖合同为典范所构造,故适用于原型(买卖合同)以外的其他具体法律行为(如决议行为)时,会凸显"特征的错位"。② 言虽如此,但这并不意味着法律行为理论和规则不可适用于决议行为。我国学者之所以常将"决议瑕疵"与"意思表示瑕疵"作对比而陷入逻辑上的困境,还有部分原因是《民法总则》中"意思表示"与"法律行为"概念高度混同使用。上文已述,"撤销合同"的表述是一种简化逻辑,但这种简化逻辑却似乎影响了我国立法语言的表述。《德国民法典》中关于"意思表示无效、可撤销的理由",在我国《民法总则》中全部以"法律行为无效、可撤销"的面目规定在了第三节"民事法律行为的效力"(第147条至第151条)。这就意味着,原本是意思表示的无效、可撤销,被淹没于法律行为的无效、可撤销之中,这是一种认识上的过度偏差。③

这种对意思表示地位的无意识("意思表示"与"法律行为"概念混同),在单方和双方法律行为的认识上影响不大,但在对决议行为进行分析时却显现出极大的弊端,产生"决议程序瑕疵"与法律行为"意思表示瑕疵"对比的误区,引致所谓决议行为不适用法律行为理论的"悖论",也导致司法实践中《民法总则》"民事法律行为无效、可撤销"之规定于决议行为适用上的困惑。其背后的错误逻辑是:(1)决议行为等同于团体意思表示;(2)决议程序瑕疵是团体意思表示瑕疵;(3)团体意思表示瑕疵不同于自然人主观心理之意思表示瑕疵;(4)决议行为与法律行为理论适用存在"矛盾"。

因此,论及决议行为时,必须要明确"意思表示"与"法律行为"的区分。表决权人的单个表决(即投票)是意思表示,而决议行为整体是法律行为。法律行为以意思表示为要素,但意思表示本身不是法律行为,只不过是使法律行为的拘束

---

① Vgl. Karsten Schmidt, Gesellschaftsrecht, 4. Aufl., 2001, §15, I 2a, S. 436.

② 参见瞿灵敏:《民法典编纂中的决议:法律属性、类型归与立法评析》,载《法学论坛》2017年第4期,第98页。

③ 参见王琦:《德国法上意思表示和法律行为理论的新发展——兼论对中国民法总则立法的启示》,载《清华法学》2016年第6期,第56页。

力正当化的要件,①二者不可等同。决议行为是依据多数决原则将多个表决权人的意思表示(表决)转化为团体意思的行为。决议的程序瑕疵是"法律行为的瑕疵",与单个表决之"意思表示瑕疵",并非同一层面讨论的问题,不存在所谓程序瑕疵与意思表示瑕疵的"不相融",二者关系参见下图(图2)。上述误解背后还反映出了学者对决议这个法律行为的本质认识不清,决议是"团体意思形成"而非"团体意思表示"。只有在团体外部法律行为层面才存在"团体意思表示",决议作为团体内部法律行为,其中仅存在表决权人的意思表示。将决议程序瑕疵与法律行为意思表示瑕疵作对比进而否定决议行为的法律性质,实为混淆"外部法律关系中团体意思表示"与"内部法律关系中个体意思表示"所致。决议既是团体意思形成制度,同时亦是法律行为,不可将该行为制度的作用与该行为的法律性质相混淆。

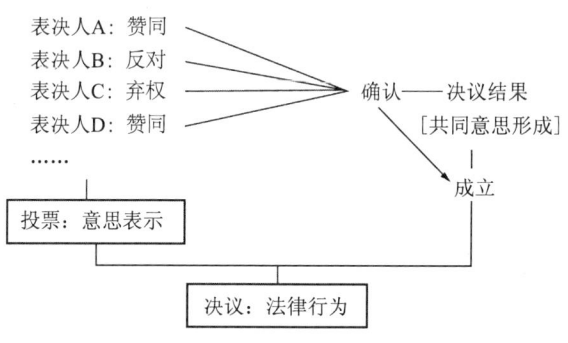

图 2　单个表决与决议行为的关系

(五) 单个表决与决议行为适用规则之区分

强调"单个表决"(意思表示)与"决议行为"(法律行为)法律性质的区分,在我国民法语境下尤为重要,厘清二者关系才能明确《民法总则》"民事法律行为的效力"一节规定的解释与适用,因重大误解、受欺诈、受胁迫或者显示公平(《民法总则》第147条至第151条)所能撤销的显然仅为单个表决(意思表示),而非整个决议行为;《民法总则》第153条因违反"强制性规定"和"公序良俗"而致法律行为无效的规定,是意思自治不得超越法律和道德容许限度之原则所限,非因意思表示瑕疵,应可适用于决议行为。对表决权人单个表决之意思表示瑕疵的救济不可突破决议规则的限制,仅在单个表决的撤销依照决议计算规则影响提案通过之结果时,方涉及决议行为成立与否;对具体决议类型(如公司决议)程序瑕

---

① 参见陈华彬:《民法总则》,中国政法大学出版社2017年版,第458—460页。

疵之救济应优先适用特别法规则。

由上述可见，决议行为虽具有其他法律行为所不具有之"独特性"，但同样是由（多个或单个）表决之意思表示所形成的法律行为，不应将其从一般法律行为中排除。在既有民法理论框架下寻求对决议行为的合理解释和法律规则的适用路径，更有助于建构决议行为法教义学体系，为司法实践提供指导。

三、法律行为视角下决议行为的特征

决议行为的法律性质确是"法律行为"，但亦不可否认其作为法律行为有自身的独特性，主要体现为意思表示的"同向性"，以及决议结果形成所遵循的多数决规则，《民法总则》第134条第1款依据意思表示的数量及成立之"意思表示一致"规则区分了单方、双方、多方民事法律行为。决议行为意思表示的"同向性"使其区别于意思表示"对向"的双方法律行为；决议形成所遵循的多数决规则又使其区别于"一致"规则下的多方法律行为（共同行为）；[1]一人决议情形下，亦与单方法律行为有所不同，虽表面上单个表决（意思表示）即产生了相应的法律后果，但实质上仍是决议主体做出意思表示后遵循多数决规则形成的决议，只不过此时主体仅一人，使得达到多数通过比例成为必然。且有效做出单方法律行为的前提，是表意人具有形成权，所谓形成权，是指权利人借助单意思表示影响他人法律状况的权能，其或直接以法律制度为依据，或以一项法律行为为依据，[2]而决议作为内部法律行为，即便一人决议，在不涉及外部法律关系时也未必会影响到他人的法律状况。综上可见，决议行为难以被涵盖于其他类型法律行为中，《民法总则》第134条第2款将决议作为"特殊民事法律行为"予以规定，是最为合理的选择。对作为法律行为的一种独立类型的决议行为，本文认为，以下方面仍有必要做进一步阐释：

（一）决议行为的主体是多个（或单个）表决权人

有观点认为，决议行为是法律行为项下团体自治之"团体行为"；[3]也有观点

---

[1] 《民法总则》第134条第1款规定的"多方民事法律行为"，解释上为各个民事主体做出的意思表示完全一致，且方向相同，典型的是合伙协议、公司发起协议等，可见其实质为理论上的"共同行为"。参见张新宝：《〈中华人民共和国民法总则〉释义》，中国人民大学出版社2017年版，第265—266页。

[2] 参见[德]迪特尔·施瓦布：《民法导论》，法律出版社2006年版，第143页、第296页。

[3] 参见吴飞飞：《决议行为归属与团体法"私法评价体系"构建研究》，载《政治与法律》2016年第6期。

认为,决议行为是法人和非法人组织及其内部所作出的决议,并不适用于自然人。① 依照《民法总则》第 134 条第 2 款的表述,"法人、非法人组织"似被认为是"作出决议的主体"。这些说法和表述并不准确:首先,私法领域内,决议行为并不仅存在于"法人、非法人组织"内,还存在于如基于建筑物区分所有权形成的业主大会、业主委员会,企业破产情形下破产企业债权人组成的债权人会议,以及按份共有人之间形成的共有关系等"协作关系"中;② 其次,无论是具有内部稳定组织机构的团体(包括法人、非法人组织),还是组织架构相对松散的协作关系,都是决议行为的"适用范围",而非决议行为的主体,决议行为的主体(或者说当事人)是团体或协作关系中的多个或单个表决人。

一般承认决议行为是法律行为的学者,都认可单个表决的法律性质是意思表示,则如同合同行为的主体是做出"要约"和"承诺"的双方当事人,决议行为的主体亦应是做出"表决"的单个或多个表决权人,而不是团体法调整下的"团体"整体。③ 直接将团体视为"作出决议"的主体,实质上是对决议行为本质的认识不清,易导致(外部法律关系中)团体意思表示与(内部法律关系中)表决人意思表示的混淆。厘清"决议行为主体(当事人)"与"决议行为适用范围"之不同,有助于明晰决议制度运作机理,区分"决议中当事人意思表示瑕疵"与"决议瑕疵"救济的适用规则。

(二) 决议行为的实质是"共同意思形成"

决议行为的实质是团体或者协作关系中成员意思自治下的"团体意思形成"或"共同意思形成"。④ 认为决议是"意思形成"的学者,一般否定决议行为是法律行为;而赞同决议行为是法律行为的学者,却常常将决议行为误解为"团体意

---

① 参见王利明主编:《中华人民共和国民法总则详解》,中国法制出版社 2017 年版,第 580 页,此部分由许中缘教授执笔。

② 德国学者扬·布舍(Jan Busche)曾指出,决议行为不仅存在于特定组织体中,也存在于协作关系中,如家庭法上的共同关系、遗产共同关系、住宅所有权共同关系等。参见 Jan Busche, Zur Rechtsnatur und Auslegung von Beschlüssen, FS-Franz Jürgen Säcker, 2011, S. 45 (45).

③ 应注意"团体"概念与"团体法调整范围"的区分,一般被定义为"团体"的,往往是具有稳定的组织机构、内部存在长期的分工与协作的组织体,然"团体法调整范围"并不仅局限于内部结构稳定的"团体"(在德国法上指向的主要是经济团体,如社团法人、民事商事合伙、公司、登记合作社等),还包括非团体的"协作关系",二者当中均存在决议行为。

④ 在具有稳定组织架构和固定决议机关(如股东会)的团体中,决议可谓形成"团体意思",然在非具备稳定组织架构的共有等协作关系中,决议所形成的称之为"共同意思"更为准确。

思表示",①这是将决议制度功能与决议行为法律性质混同,是对决议行为认识的偏差。比较法来看,德国法学界一致承认决议行为是"团体(或集体)意思形成行为",②决议是基于成员的表决、指向集体的具有法律约束力的意思形成。③ 这种"团体意思形成"或协作关系"共同意思形成"显然并非源于自然的意思形成能力,而是在决议权限范围内通过自然人的意思表示转化而来。

首先,决议行为的权限(Kompetenz)来自事先确立的效力范围(Wirkbereich),即法律规定或者以私法自治为基础的章程、组织合同或者共认行为规则。决议权限是团体或者协作关系的内部法律秩序构造。这意味着,一方面,在团体或者协作关系内部,该法律秩序的构造具有高度自治性。原则上来说决议可以遵循任意的形式或者方法,可以是书面形式也可以是口头形式,可以是公开的也可以是隐蔽的,可以是同时的也可以是先后的。④ 另一方面,决议超出该内部关系调整范围,触及社会公共利益之边界,即违反强制法律规定或者公序良俗时,应对决议的效力作否定性评价。

其次,在决议权限范围内,具体决议的作出仍须通过多个表决权人针对具体提案做出投票之意思表示,多个自然人的意思表示依照多数决规则转化为团体意思或共同意思。决议是为了超越个人之上的团体理念的共同实现,⑤然其具体呈现于针对每一决议事项所形成的事实上的"团体意思"或"共同意思",即具体决议结果。

总的来说,对决议行为的理解应包含三个层面:第一,从决议制度的功能上来看,决议是形成团体意思或共同意思的"法律技术"或"法律工具";第二,从决议行为的法律性质上来说,决议行为是法律行为;第三,就决议行为的实质而言,是"团体意思形成"或者"共同意思形成",其既包括了意思形成过程,体现为"决议程序的进行";也包括了意思形成结果,体现为"决议内容的确认"。

---

① 如"股东大会决议是指通过股东的表决而形成的股东大会的意思表示,是以股东的意思表示为基础并通过多数决原则而形成的公司的意思表示",参见梁上上:《论股东表决权——以公司控制权争夺为中心展开》,法律出版社2005年版,第49页;"表决权人的个体意思表示丧失其独立性,依照多数决形成的意思表示,成为团体单一的意思表示",参见王雷:《〈民法总则〉中决议行为法律制度的力量与弱点》,载《当代法学》2018年第5期,第6页。

② Vgl. Karsten Schmidt, Gesellschaftsrecht, 4. Aufl., 2002, §15, I2a, S. 436f; Heidl/Lochner, in: Nomos Kommentar zum BGB, Band I, 2. Aufl., §32, Rn. 18; BGHZ 52, 316 (318).

③ Vgl. Karsten Schmidt, Gesellschaftsrecht, 4. Aufl., 2002, §15, I 2a, S. 436f.

④ Vgl. Schäfer, in: Müchener Kommentar zum BGB, 7. Aufl., 2017, §709, Rn. 71-73.

⑤ Vgl. Arnold, in: Müchener Kommentar zum BGB, 7. Aufl. 2015, §32, Rn.23.

(三)"共同意思形成"系决议成立之标志

传统法律行为理论关于成立的要件一般分为一般成立要件和特别成立要件:一般成立要件通常是指意思表示合致、当事人、标的等;特别成立要件通常是指要物合同中的标的物交付或者要式合同中的特定形式。[①] 既然决议行为是法律行为,那就意味着法律行为理论成立与生效区分之抽象框架也应适用于决议行为,2017年9月1日起施行的《最高人民法院关于适用〈中华人民共和国公司法〉若干问题的规定(四)》(以下简称《公司法解释四》)第5条对公司决议"不成立"的规定,就是基于法律行为理论"成立是事实判断,效力是法律价值判断"的立法完善。[②] 然而决议行为与法律行为理论构造原型之"合同"显然存在诸多不同,使得法律行为视角下决议行为成立的判断存在困惑。《民法总则》第134条第2款虽为决议行为成立之规定,但从"依照法律或者章程规定的议事方式和表决程序作出决议"的表述来看,似难以明晰决议行为何时成立。

在决议行为成立的判断标准上,显然不宜"生搬硬套"传统法律行为要件,但或可于一般法律行为成立要件下,结合决议行为"共同意思形成"之实质做特别考虑。首先,从"当事人"角度来说,共同意思形成的前提,是团体或者协作关系中多个表决权人事实上的参与,除了传统法律行为成立要件中对当事人的要求之外,决议行为中基于多数决规则还应考虑"决议主体的完整性",只有在多数决"基数"完整的情况下形成的"共同意思"才是合法的。也就是说,强调对多个表决权人决议参与权的保障,由此,"召集"似可作为决议成立之首要要件。其次,就"标的"而言,在决议行为中应可理解为待决议的提案。一般来说,只要召开全体成员会议作出决议,自然意味着存在相应决议事项,标的似无须过多考虑。再次,最为关键也是必须做不同考虑的是,一般法律行为中"意思表示合致"要件,在决议行为中应转为对"意思表示达至多数"的考量,其应包含两方面:一是当事人意思表示的作出,即多个表决权人的"表决";二是表决权人作出的多个表决"达至通过比例"。法律行为以意思表示为核心要素,决议行为作为法律行为,表决之意思表示的存在,自然也是决议行为的核心要素;而当多个表决依据多数决规则达到通过比例时,决议提案通过,此时共同意思形成,应视为决议行为成立。由此,"共同意思事实形成"可作为决议行为成立之标志,该"事实形成"要求满足程序上"召集、表决、达至通过比例"之最低构成要件,则伪造决议自不可能达到法律行为抽象框架下"事实存在"的成立判断标准,不能进入决议无效或可撤销

[①] 参见梁慧星:《民法总论》,法律出版社2017年版,第173页。
[②] 参见杜万华主编:《最高人民法院公司法司法解释(四)理解与适用》,人民法院出版社2017年版,第14—15页,第300页。

的效力判断层面。

综上所述,决议行为是多个表决权人做出意思表示,从而形成共同意思的过程,该"共同意思形成"是决议行为的实质特征,在法律行为理论成立与生效区分的抽象框架下,其可作为决议行为成立之标志。由此,决议行为得以自洽于一般法律行为体系之下。以上关于作为法律行为独立类型的决议行为的理解,或可为决议行为法教义学体系之建构提供参照。

四、对《民法总则》第 134 条第 2 款的评析

通过上文对决议行为法律性质的证成,以及对作为法律行为的决议行为的特征总结,可对决议行为做如下定义:决议行为是在团体或者协作关系中,多个(或单个)民事主体在表达各自意思表示的基础上,依据法律或者章程等规定的召集、议事、表决和确认程序,为形成团体意思或者协作关系共同意思而做出的民事法律行为。该定义包括以下内涵:第一,决议行为的适用范围包括具有稳定组织机构的"团体"(如法人、非法人组织)和虽不具有稳定组织机构但同样需要达成共同意志的"协作关系"(如按份共有、业主大会、债权人会议);第二,决议行为的主体是"多个(或单个)民事主体",即团体或协作关系中的多个(或单个)表决权人;第三,决议行为的目的是为了形成"团体意思"或协作关系中多个民事主体的"共同意思";第四,该团体意思或共同意思的形成是依据多数决规则,将多个表决权人个体的意思表示转化为团体意思或共同意思;第五,多数决要遵循法律、章程规定的程序,或者全体成员"共认"的程序规则。

明确决议行为的内涵后,重新检视《民法总则》第 134 条第 2 款规定,"法人、非法人组织依照法律或者章程规定的议事方式和表决程序作出决议的,该决议行为成立"。该规定或存以下待完善之处:第一,将"作出决议"的范围限定在"法人、非法人组织",并不周延,虽然《民法总则》中对法人、非法人组织(第 57 条、第 76 条、第 87 条、第 96 条、第 102 条)的界定已经基本涵盖了大部分团体(或者说组织体),但仍然不能涵盖业主大会、按份共有等协作关系;第二,"法人、非法人组织……作出决议"的表述将法人、非法人组织等团体理解为决议主体,存在偏差,应将决议行为的主体(当事人)回归为多个或单个表决权人;第三,"依照法律或者章程规定"的表述不全面,作出决议所依据的多数决规则不仅限于法律或者章程明确规定的形式,只要是团体或协作体全体成员"共认"的规则,如内部管理规约、合伙协议、村规民约等均可作为依据;第四,"议事方式和表决程序"的表述难以明确决议行为成立的判断标志。

本文认为,在我国民法典编纂尚未完成之际,或可考虑对《民法总则》第 134

条第2款规定作以下完善:"在法人、非法人组织或其他协作关系中,基于多个或单个意思表示依照法律或者章程等规定的召集、表决和确认程序作出决议的,该决议行为成立"。对该修改建议作如下解释:第一,与第134条第1款基本表述保持一致的基础上,强调多个或单个当事人"单个表决之意思表示"与"决议行为之法律行为"概念的区分;第二,"在……中"的表述明确决议行为适用范围与决议行为主体之不同,并增加"其他协作关系"以补充决议适用范围规定的不周延;第三,采"依照法律或者章程等规定"的表述,增加"等"字并作"等外"解释,以涵盖除法律和章程之外,全体成员共认之决议规则(如合伙协议、管理规约等);第四,采"召集、表决和确认程序"的概括表述,其中"确认"指对多个表决达至决议通过比例的确认。由此,在明确决议成立最低程序要件的同时,也为具体案例中决议效力的判定提供了解释空间。实务中因各类团体和协作关系规模大小、组织架构各有不同,对决议程序繁简的设置也有所不同,规模越大、组织架构越精细、对社会安定性影响越大,法律干预程度愈深,其程序也愈复杂。以股东会决议为例,包括会议召集通知、会议主持、讨论提案、投票、计票、宣布表决结果、会议记录及签署等,显然并非均与决议成立相关,对现《民法总则》第134条第2款规定的"议事方式",有学者解释为讨论表决事项的方式,[①]则其并不直接影响决议的成立,可作为决议瑕疵之撤销事由。总则规定应提炼私法领域内决议之共通性规则,应以形成共同意思必不可少之程序作为成立要件表述。

兹举一例说明上述建议之合理性。基于建筑物区分所有权形成的业主大会,全体业主就共有和共同管理权利事项做出集体决定的行为(《物权法》第76条)无疑是决议行为。根据《物权法》第78条第2款的规定,业主大会或者业主委员会作出的决定侵害业主合法权益的,受侵害的业主可以请求人民法院予以撤销,然实践中存在业主委员会制作"虚假决议",因超过撤销之除斥期间而救济受限的困境:一方面,业主大会不属于现行《民法总则》第134条第2款规定的"法人、非法人组织";另一方面,《物权法》中也没有如同《公司法解释四》第5条"决议不成立"之相关规定。若依照本文上述完善之规定,则可为此类情形下业主权益之救济提供法律依据,首先,"其他协作关系"的增加可将业主大会涵盖于决议行为规定适用范围中;其次,依照"召集、表决和确认程序"的表述,可将未召集会议而制作虚假决议解释为"决议不成立"。由此,受侵害权利人即可直接依据《民法总则》的规定主张虚假决议不成立,从而获得救济;于此也可体现出将决议行为作为一般民事法律行为在总则进行规定的立法价值。

---

① 参见陈甦主编:《民法总则评注》,法律出版社2017年版,第960页。

五、结　语

《民法总则》将决议行为规定在"民事法律行为"之下,为立法之创举,但在肯定其所开创的决议"入典"新模式的同时,亦应注意到现行《民法通则》第134条第2款关于决议成立之规定的表述,宣示意义大于适用价值。具体规则的合理设计,必是建立在理论完善的基础上,而决议行为法教义学体系的建构,应以对决议行为法律性质的充分论证和对决议实质特征的准确提炼为前提。

决议行为的法律性质是"法律行为",其基于多个或单个表决权人同向的意思表示形成。决议对包括"少数派"在内的全体表决权人的拘束力均源自其"投票"之意思表示本身。决议是内部法律行为,调整表决权人与团体或协作关系整体之间的权利义务关系。单个表决之意思表示瑕疵与决议之法律行为瑕疵,适用法律规则应予区分。

法律行为性质视角下,应准确理解决议行为的实质特征。决议行为的主体(当事人)是多个(或单个)表决权人,不应与"团体"或"协作关系"之决议行为的适用范围混淆。决议行为的实质是"团体意思"或协作关系"共同意思"形成,其内涵包括意思形成程序与意思形成结果。法律行为理论成立与生效区分之抽象框架下,可考虑将团体意思或共同意思"事实形成"作为决议行为成立的判断标志,具体程序上以召集、表决和达至多数通过比例为要件。

基于上述理论分析,可对《民法总则》第134条第2款决议规定的现行表述做相应完善,以增强其法律适用性,真正实现其于"民事法律行为"部分规定的立法价值。

The Legal Nature of Resolutions:
Comment on the Second Paragraph of Article 134 of the *General Provisions of the Civil Law of the People's Republic of China*

Kong Jieqiong

Abstract: Resolutions exist in the whole field of private law. The confirmation of the legal nature of resolutions is the foundation of the legal dogmatics system of resolutions. There has always been controversy over the legal nature of resolutions. This paper argues that, resolution is one kind of juridical acts, which is on the basis of declarations of will (voting) of (multiple or single) voters. The "Majority Principle" of a resolution does not violate the autonomy of the "minority". The binding force of a resolution for "minority" comes from their declarations of will (voting). Resolutions are internal juridical acts, which adjust the internal relationships of rights and obligations between voters and Groups or Cooperative Relationships as a whole. The applicable rules for defects of a single vote (a declaration of will) and defects of a resolution (a juridical act) should be distinguished. In the view of the doctrine of Juridical Acts, it is necessary to clarify the particularity of resolutions. The nature of resolutions is "the existence of group" or "the existence of common will", which dose not contradict the legal nature of resolutions. In view of the compilation of the Civil Code is still in progress, the second paragraph of article 134 *of the General Provisions of the Civil Law of the People's Republic of China* (*CLPRC*) shall be further amended, only in this way the legislative value of the second paragraph of article 134 of CLPRC be fully reflected.

Key words: Resolutions; Juridical Acts; The Majority Principle; Formation of Common Will

（责任编辑：尚连杰）

滥用公司分立制度下法人格否认法理之适用
——日本法的理论与实践

敖海静*

[摘　要]　日本的法人格否认法理是通过实务中的适用而逐步成为公司制度中用以保障债权人利益的机制的。这一法理主要适用于法人格形骸化和滥用两种场合，尤以后者为多，在适用上强调同时具备支配和不法目的两方面要件。自 2010 年首次适用于涉及滥用公司分立制度的案例中以来，在弥补诈害行为撤销权等制度的不足、保障债权人利益方面发挥了独特作用。学者结合实务探讨了该法理在这一特定领域适用要件的构成，认为应对之予以弹性的适用，并出现突破判决效力相对性的趋势。新增订的直接履行请求权实际上部分发挥了对法人格否认法理的替代功能，但两者在实务中的关系仍有待未来的进一步观察。在强化对公司分立情形下的债权人合法利益的保障方面，日本法的理论与实践对我国也有一定的借鉴价值。

[关键词]　法人格否认法理；公司分立；直接履行请求权

一、引　言

公司分立是当今市场经济中十分常见的现象，总体上看，它可以满足简化公司组织以提高经营效率、将专业部门独立法人化以分散经营风险等需求，是公司法上一项重要的法律制度。[①] 但从另一个方面看，不论是新设分立还是吸收分立，新旧公司的财务状况均会发生重大变化，原公司营业或财产将分属不同的法人格体，如果公司股东滥用有限责任制度，借由公司分立逃避法律或合同上的义务，则公司债权人难免遭受损害。是以，如何防止公司滥用分立制度，保障债权

---

*　敖海静，法学博士，中国人民大学法学院博士后研究员，讲师。
①　公司分立制度在经济上的必要性，可参见江頭憲治郎：《株式會社法》，有斐阁 2011 年版，第 827 页。
（为方便读者查找相关文献，本文中脚注中的日文文献保留日文形式——编者注）

人合法权益一直是各国公司法面临的重要课题。为此,我国公司法第175条第2款规定了分立决议通知和公告制度,第176条还规定了分立后的法人债务上的连带责任。然而,一般而言,这些制度基本上是针对正常的公司分立而设置的债权人保护程序。当公司股东有意滥用分立制度和股东有限责任逃避债务时,被动的连带责任往往很难给予债权人合理的保障,债权人此时应当有权利重估交易风险,享有更加主动便捷的保障机制。

近些年来,日本公司法在保留诸如信息披露、公司分立无效之诉等传统债权人保障机制以外,尤其针对滥用公司分立制度,通过理论和实务发展出了若干颇具特色的债权人保障方式,例如民法上的诈害行为撤销权(民法第424条第1款)、破产法上的否认权(破产法第160、第161条)、营业让与的商号续用责任(会社法第22条),以及公司法人格否认法理的适用等。其中,基于日本存在众多的封闭性公司的社会经济背景,公司法人格否认法理在治理股东在公司分立过程中基于不法目的滥用股东有限责任,损害债权人利益方面发挥了重大作用。本文即着重于日本法中公司分立案例中法人格否认法理的适用,并对实务中滥用公司分立时债权人据此法理获得救济的要件和效果进行研讨和反思。

二、日本法上公司法人格否认法理

(一)法人格否认法理的含义

对于法人格否认法理,日本旧商法和现行会社法均无明文规定,而是由学者在20世纪50年代从国外引入,后来又在司法实务中得到适用的。1969年,最高裁判所首次在判决中适用了这一法理,对其予以正面承认,[1]但实际上在此之前,早有下级法院援用该法理以为裁判。至今,日本有关这一法理的判决已经很多,实务中的大量适用也滋养了日本学界对它的深入研究。现今日本的公司法人格否认法理有其独特内涵,但无论如何其基本法理仍系源自英美判例法中的"揭开公司面纱原则(piercing the corporate veil)",事实上与我国公司法第20条共享理论渊源。

在日本法上,所谓法人格否认法理,是指原则上公司具备独立的法人格,在与第三人的法律关系中,可以成为权利义务的主体,独立承担法律责任,然而当公司的法人格逸脱该制度的旨趣而受到利用,导致承认其法人格之机能将会为违反正义、衡平的理念之情形,因此在特定的法律关系中否认该公司的法人格,

---

[1] 参见最高判昭和44年2月27日民事判例集23卷2号511页。

而视立于其背后的股东与公司为同一主体,并令股东承担法律责任。① 需要注意的是,这一法理的效果并不同于会社法第 824 条规定的公司解散命令。公司解散命令将造成全面、永久地消灭公司法人格的法律效果,而法人格否认法理不过是特定情形下的法政策上的选择,使公司背后的股东不得对公司债权人主张有限责任之抗辩,须对公司债务承担个人清偿责任,并非全面、永久地否定公司的独立法人地位。

(二)法人格否认法理的适用:范围与要件

日本学界在引入法人格否认法理的早期,多参照德国学说以权利滥用禁止原则作为法理基础。因此,学者多认为这一理论的制定法依据是民法第 1 条第 3 款权利滥用禁止规定。② 另外理论上也有从会社法第 3 条公司是法人的规定来进行解释,③实务上也有采诚实信义原则为依据的做法。④ 然而,问题在于抽象原则仅具一般性指导功能,由于法人格否认法理更多地属于法政策上的选择,因此,是否适用这一法理更应当通过对具体事实关系的综合考量而定。

关于法人格否认法理的适用范围,日本学界早期存在多种学说。但由于实践中公司违反法人格制度本旨的情形多种多样,并不能进行完全彻底的类型化,因此,无论是理论上还是实务上均有趋向美国以判例积累形成判断标准的趋势。

日本最高裁判所在首例适用法人格否认法理的判决中认为,"法人格的赋予系(国家)根据立法政策对社会上存在的团体进行价值评判,当认为有必要使其作为权利主体时,运用法律技术作出的。因此,在法人格已完全形骸化,或者为规避法律而被滥用的场合,仍然承认公司的法人格与法人制度的目的是背道而驰的,是不应允许的,因而应当否认其法人格。"⑤在本案中,最高裁判所虽然提出了适用法人格否认法理的两种类型,即法人格形骸化和被滥用,但该案实际上是所谓法人格形骸化的情形,通过对这一法理的适用,认定了在一个股东完全控制公司,造成公司变成空壳的情况下,该股东的个人行为即为公司的行为。在理论上,法人格形骸化,一般是指法人只不过有名无实,公司实质上就是股东个人营业的状态,或者子公司只不过是母公司营业的一个部门。换言之,公司与股东或是复数的公司之间,是否实质上同一,为判断是否形骸化的重要指标。在实务

---

① 参见江头宪治郎:《株式会社法》,有斐阁 2011 年版,第 39—40 页。

② 刘惠明:《日本公司法上的法人人格否认法理及其应用》,载《环球法律评论》2004 年春季号,第 107 页。

③ 参见龙田节:《法人格否认の最近の展开》,载《商事法务研究》1970 年 9 月 534 号,第 12 页。

④ 参见最高判昭和 48 年 10 月 26 日民事判例集 27 卷 9 号 1240 页。

⑤ 最高判昭和 44 年 2 月 27 日民事判例集 23 卷 2 号 511 页。

中,对于是否构成"实质上的同一",法官多采形式化判断方式。一般来说,如果仅仅拥有股票而支配公司仍不足以否认其法人格,还须存在公司财产与股东或其他公司的财产混同、业务混同、账簿或会计区分不明、未召开股东会或董事会等无视公司必要程序的情形,这些现象累积起来才能否认公司的法人格。①

然而学说上,对于上述两种类型之外是否还有可以适用法人格否认法理的情形尚有争议。有学者认为,在间接侵害涉及社团本质法规的场合,以及对以当事人为事实上之他人为前提所规定之法规,如事实上为同一人时应如何解释的问题,均属于应适用法人格否认法理的情形。② 而最狭义的观点则主张,应将法人格形骸化排除于法人格否认法理的适用范围,该法理的适用仅限于法人格滥用一种情形。因为法人格形骸化如果持续的话,在别种诉讼时该公司的法人格也应该会受到否认,但是此与法人格否认法理仅针对个别事件否认该法人格之处理,在理论上产生矛盾,③并且在一人公司与小规模封闭性公司为数众多的日本,实务中关于法人格形骸化的形式化判断方式事实上将造成该法理的大量适用,有害于法的安定性。与此同时,有学者根据对司法实务中相关判例的整理和统计指出,在1969年最高裁判所首次适用法人格否认法理之后,下级法院多在法人格遭到滥用情形下始适用该法理,对仅存在法人格形骸化的情形则拒绝适用,但如果同时伴随滥用法人格的情形,则又肯定该法理的适用。④ 如此,似有必要对法人格形骸化和滥用作出内涵上的区分,但这在实务中也是一大难题。

从学说上来看,法人格滥用,一般是指立于公司背后者支配公司法人格,并且具有违法或不当目的的情形。⑤ 因此,一般认为要构成法人格滥用,须同时具备支配要件和目的要件。支配要件是指立于公司背后者依自己意思将公司法人格当作道具来支配,公司与支配者之间存在实质同一性。目的要件是指支配者具有违法和不当目的的事实。⑥ 1973年,最高裁判所首次在法人格滥用的情形下适用了法人格否认法理,其在判决中不仅认定新设立的公司实质上与旧公司

---

① 参见奥山恒朗:《いわゆる法人格否認の法理と実際》,载《実務民事訴訟法講座5·會社訴訟·特許訴訟》,日本評論社1969年版,第187页。
② 蓮井良憲:《法人格否認の法理等》,载《民商法雜誌》1970年3月61卷6号,第192页。
③ 侯岳宏:《法人格否认理论在台湾与日本劳动法上之运用与发展》,载(台北)《政大法学评论》2015年6月第141期,第369页。
④ 井上和彦:《法人格否認の法理》,千倉書房1984年,第94页。
⑤ 参见奥山恒朗:《いわゆる法人格否認の法理と実際》,载《実務民事訴訟法講座5·會社訴訟·特許訴訟》,日本評論社1969年版,第169页。
⑥ 参见侯岳宏:《法人格否认理论在台湾与日本劳动法上之运用与发展》,载(台北)《政大法学评论》2015年6月第141期,第370页。

是同一体,而且强调了设立新公司的目的是为了逃避旧公司的债务。① 然而正如这些学者批评法人格形骸化理论时所持的理由一样,如何具体判断是否存在法人格的滥用,实务中仍不免须从具体事态和行为着手。例如,有学者在理论上将法人格滥用划分为利用公司法人格逃避法律或契约义务和利用公司法人格诈害债权人,但在对之进行具体解说时,仍不免举出不当劳动、控制股东的行为、为逃避义务而设立新公司,以及资本过少等情形。② 对于这些具体事态或行为客观上存在与否,尤其程度上的轻重之别,仍然有待法官于个案中综合考量。因此,实务中常常会出现认定母公司与子公司具有"实质同一性",子公司不过是母公司的制造部门,但最后却否定子公司法人格已形骸化,而是构成对法人格的滥用的现象。③ 据此,有学者主张法人格形骸化并非与法人格滥用相并列的一种适用法人格否认法理的独立情形,两者的关系毋宁说是包含与被包含的关系,而在具体认定的问题上,主张法人格形骸化仅指支配程度异常高而目的不当的程度十分轻微的情形,其他情形则构成法人格滥用。④ 但什么叫做"支配程度异常高"仍不免是留给法官在实务中综合考量的课题。因此,对于法人格否认法理的适用范围问题,即便学界存在上述不同学说,但最高裁判所在1969年所认定法人格形骸化和滥用两种情形,可以说是当前日本已经确定的主流判例法理,实务中并不存在绝对赞同其中一种而完全否定另一种的做法,区别仅在于认定构成法人格滥用的案例数量较多而已。

关于日本法院对法人格否认法理的适用,还有一个问题不可不察,即由于学说上多倾向于以民法第1条第3款权利滥用禁止条款作为该法理在制定法上的依据,因此,法人格否认法理在日本被视为一般性条款,根据禁止向一般条款逃逸的法适用原则,学者多主张如能由契约条款或既存法规的合理解释对当前案件作出妥当解决,就不应考虑适用该法理,⑤此即为法人格否认法理的补充性原则。由于即便在公司分立制度被滥用的情形下,债权人尚有诈害行为撤销权或否认权、营业让与之商号续用责任,以及新增订的事后法定请求权等制定法上的救济措施可资利用,因此,补充性原则对法人格否认法理在公司分立制度被滥用的情形下应当如何适用也产生了较大影响。

---

① 刘惠明:《日本公司法上的法人人格否认法理及其应用》,载《环球法律评论》2004年春季号,第109页。
② [日]森本滋:《法人格的否认》,李凌燕译,载《外国法译评》1994年第3期,第88页。
③ 参见德岛地判昭和50年7月23日劳务集26卷4号580页。
④ 参见西谷敏:《會社解散・解雇と法人格否定の法理》,载《法学雜誌》1985年7月32卷1号,第165页。
⑤ 陈现杰:《公司人格否认法理述评》,载《外国法译评》1996年第3期,第88页。

三、滥用公司分立制度下适用法人格否认法理的典型判决

如前所述,日本法上法人格否认法理是在借鉴英美判例法上"揭穿公司面纱原则"和德国法上公司直索责任理论的基础上形成的判例法理。在这一法理的形成、确立和发展过程中,日本各级法院的有关判例发挥了关键作用。[①] 随着这一判例法理的成熟,不仅如劳动法、环境法等法律领域也逐步加以适用,而且在公司法内部,其适用的范围也得到了拓宽。其中,在涉及滥用公司分立制度的案件中主张适用这一法理的不在少数,并对通过判例发展公司制度产生了影响。本文现撷取一些典型判决进行介绍。

(一)福冈地判平成22年(2010年)1月14日判决(以下称案例1)[②]

1. 案情

本案是日本法院首次在有关公司分立事务中适用法人格否认法理的判决,其后虽然在上诉审中被福冈高等裁判所推翻,但仍不减其开风气之先的示范效应。案情概要如下:甲公司因经营不善导致债务清偿极度困难,遂计划通过公司分立进行重组,并就分立重组事宜与公司最大债权人即本案原告乙达成相关协议。但后来甲公司在未向乙履行告知义务的情况下突然进行公司分立,以一部有关旺铺事业的债权债务作为标的设立新公司丙,并欲将乙的债权排除在外。同时,在公司分立程序完成之日,将分立对价之股份全部廉价让与公司丙的代表董事。六日后,公司丙发行新股并全数分配给原股东。

2. 判决

针对甲公司分立前与乙达成的协议,判决给予认可,并认为乙已经对此形成信赖,根据诚实信义原则,甲公司负有考量乙的信赖之义务。判决还指出由于甲公司分立后的股份廉价让与和丙公司为增资而发行新股的行为与甲公司的分立存在连带一体关系,导致甲公司财产的不当逸出,对乙的利益造成显著损害,而甲公司对此也有着充分认知,因此,其行为不仅构成对诚实信义原则之违反,而且实为对公司分立制度之滥用。

而就适用法人格否认法理的构成要件来看,判决指出,甲公司与而后新设之丙公司的代表人是亲子关系,两家公司从事的个别实际事业目的共通,并且丙公司概括继受了甲公司的优良店铺,所营事业具有连续性,同时还继续使用这些店

[①] 刘惠明:《日本公司法上的法人人格否认法理及其应用》,载《环球法律评论》2004年春季号,第108页。

[②] 参见福冈地判平成22年1月14日金融法务事情1910号88页。

铺的原有名称,认定二者间存在高度经济上的一体性实属当然之理。在目的要件方面,甲公司进行分立乃专以新设之丙公司不继承对乙之债务为目的,显属不当。鉴于此,应当根据诚实信义原则否认新设丙公司之法人格,将其与甲公司视为同一体。本案判决的作出迅即引起了学界的广泛讨论,其中关于"实质同一性"或"支配"要件的认定成为争鸣的热点。有意思的是,在上诉审阶段,福冈高等裁判所即以亲子关系尚不足以作为认定甲公司对丙公司存有支配之事实的确切证据为由推翻了一审判决,拒绝对本案适用法人格否认法理。①

(二)福冈地判平成 23 年(2011 年)2 月 17 日判决(以下称案例 2)②

1. 案情

某公司旗下原有 10 多家经营柏青哥③的店铺,但因欠有约 74 亿日元的巨额债务而陷入经营困顿,该公司遂以 3 家店铺的营业资产与部分债务为标的分别新设 3 家公司,期望通过采取公司分立方式以图企业再生,但 3 家新公司的代表董事均为原公司代表董事之妻。在此过程中,该公司与其他债权人进行了多次交涉协商,但对其最大债权人,虽然进行了初步交涉,但始终没有告知具体的分立方案,并将该债务由原公司完全承受。三个月后,原公司将分立对价之股份悉数让与 3 家新公司的代表董事。

2. 判决

在判决中,福冈地方裁判所首先明确指出须同时满足支配和目的要件,方可认定法人格滥用之存在。就支配要件而言,本案中原公司为家族企业,70% 股权由代表董事持有,剩余股权则由其亲族持有。在新设分立时,兼具原公司股东和连带保证人身份的代表董事及其亲族均未参与新公司之所有和经营,而由原公司代表董事之妻担任新公司代表人。但新公司代表人实为职业主妇,并无任何公司经营经验,其虽参与公司经营,但每次均将经营报告以传真方式发送至其与原公司代表董事的家里,两人商议后作出必要指示。除指示名义变更外,实质上以与公司分立前几乎相同的方式进行新公司的经营。另外,原公司和新公司共用设备和场所,并且核心员工亦未变更。因此,判决认为新设公司在事业样态和经营方式上与分立前的公司并无实质不同,其法人格基于支配者(即原公司的代

---

① 参见福冈高判平成 23 年 10 月 27 日金融法务事情 1936 号,第 74 页。
② 参见福冈地判平成 23 年 3 月 17 日金融法务事情 1923 号,第 95 页。
③ 柏青哥(パチンコ),是一种兼具娱乐与赌博成分的机器,国内俗称爬金屋,发源于欧洲的撞球机,1930 年代始创于日本名古屋,随后逐渐流行。尽管传统意义上的赌博在日本仍属非法,但合法的变相赌博形式却一直存在,柏青哥就是日本特有的一种赌博形式。柏青哥店风靡日本各地,受到很多人的喜爱,但由于政府出台的《赌场法》、消费税率的提高等种种原因,现在柏青哥也在逐渐走下坡路。

表董事及其亲族)之意思不过为一"道具"而已。就目的要件而言,原公司在进行分立时与其他债权人多次交涉协商,却对债权比例超过半数的债权人故意隐瞒分立方案,其目的显然是逃避对该债权人的清偿责任。

(三) 东京地判平成 22 年(2010 年)7 月 22 日判决(以下称案例 3)①

上述两个案例均为原公司债权人主张否认新设公司法人格,也即原公司将优质资产让与分立后的新公司,同时由自己承受债务,以此损害债权人利益。本案则是滥用公司分立制度中少有的由新公司继承债务之债权人主张对原公司适用法人格否认法理的案例。

1. 案情

根据货物买卖合同,原告对甲公司拥有债权,并且甲公司的代表董事及其担任代表董事的乙公司是该债务的连带保证人。在原告请求债务清偿后,甲公司为免除对债权人的个别公告义务,根据会社法第 810 条第 3 款,将公司章程规定的公告方式由"刊登于政府公报"变更为"刊登于千叶县内发行的《千叶日报》",同时将公司住所由东京都变更为千叶县。而后,甲公司以包括该项债务在内的资产为标的进行公司分立,并据此主张债务消灭。原告遂依法人格否认法理请求甲公司清偿债务。

2. 判决

受理该案的东京地方裁判所经审理查明,原告履行催告义务之后,甲公司通过公司分立将该债务转由新公司承担,以图免除自身清偿责任,但根据分立协议,新公司仅继承了少量财产,根本无力清偿该项债务。因此,判决认为甲公司进行分立实为企图逃避债务而滥用法人格,不得以甲公司与新公司为不同法人格为由而免于清偿该项债务。

四、典型判决之检讨

从理论上来讲,根据诚实信义原则,在债权债务关系中,债务人除了负有依法履行清偿责任的主义务之外,通常还负有一定的附随义务。例如,在公司组织重组过程中,债务人和债权人就债务清偿事宜进行协商后,债务人即负有不得损害债权人利益,适当顾及债权人合理信赖的附随义务,具体包括形成相互协助关系的义务和说明、告知义务。当债务人违反这一附随义务时,在司法实务上即可

---

① 参见东京地判平成 22 年 7 月 22 日金融法务事情 1921 号,第 117 页。

认为构成对诚实信义原则的违反,[1]应当否认其法人格。然而另一方面,实务中有不少判决以民法第1条第3款规定的权利滥用禁止原则作为适用法人格否认法理的基础。被分立的公司利用分立制度,将原有的积极财产进行分离或减少其价值,意图逃避对债权人履行清偿责任。这种滥用公司分立制度的行为无疑直接违反了该款规定,原则上构成对公司法人格的滥用。

(一)对适用要件的检讨

在多数案件中,对于构成法人格滥用的"支配"要件的考察,法官多从判断新、旧公司各要素是否存在同一性着手,尤其关注新公司的实质出资人或经营者与原公司是否同一,或具有可认定为同一的特殊关系。在涉及公司分立情形的案例中,这种判断"支配"要件存在与否的方法获得了更加广泛的认同和应用。

在案例1中,一审判决虽然查明新旧公司代表人之间有亲子关系,但更多的是基于两公司在事业目的上的共通性和连续性,以及新公司续用原店铺名称的事实而认定两者具备"强烈的经济一体性"。但这似乎并没有完全沿袭先前实务上重视出资人或经营者同一性的判断标准。因而在上诉审阶段,福冈高等裁判所虽然认为原公司的分立行为具有逃避债务的意图,但两公司代表人的亲子关系尚不足以证明"支配"事实的存在,继而拒绝了法人格否认法理的适用。从这一点来看,上诉法院似乎希望通过对一审判决的修正,来维护实务中出资人或经营者同一这一有关"支配"要件的判断标准,或者说这里的"同一"应当是"实质上的同一",而对"实质"的判断则需要依赖更多具体的证据进行综合考量。这一点也十分强烈地体现在案例2当中。该案中,原公司与新公司的出资人并不同一,而新公司的代表董事仅与原公司代表董事存在配偶关系,根据福冈高等裁判所的见解,此尚不足作为认定"实质同一性"的确切证据。因此,福冈地方裁判所汲取先前教训,在进一步探究新公司代表董事在经营决策行为上对其配偶的依赖关系后,认定新旧公司在经营方式上并无实质差异,继而肯定了原公司对新公司的实质支配。因此,在关于"支配"要件的判断上,案例2显然又回到了实务中对出资人或经营者实质同一的判断标准上。

构成对公司法人格的滥用,除了须具备上述支配要件之外,支配者还必须意图利用公司法人格达到不法目的。在理论上,采取此两项要件的见解也称做主观滥用理论。[2] 实务中,最高裁判所自1969年首次适用法人格否认法理时即采

---

[1] 参见黑木和彰、川口珠青:《濫用的會社分割をめぐる問題點》,載《金融法務事情·特集今どきの倒産法務事情——2010年のトレンド》2010年7月58卷16号,第73页。

[2] 参见江头宪治郎:《株式會社法》,有斐阁2011年版,第42页。

主观滥用理论以为推理论据,①使得这一理论的影响力日隆。然而,问题在于目的要件属于支配者的主观意思范畴,债权人如欲举证证明殊为不易。因此,实务中法官多据公司设立的过程、支配样态等客观情事综合考量而定。一般而言,如果某公司虽负有巨额债务,但尚未达到破产清算程度,公司控制人遂停止营业或解散公司,并利用旧公司之营业场所、机械设备、客户资源等资产新设公司继续经营同种业务,那么,推定其进行公司分立纯以逃避旧公司的负债为目的则并无不当。然而,并非所有新公司继承旧公司大部分营业要素或资产均可认定有为不法目的而利用公司法人格的情形。在旧公司因资不抵债而依法定程序破产清算时,即便新旧公司具备营业要素上的共通性,对目的要件的认定仍应慎重为宜。② 这是因为当公司破产后,若认定其有滥用公司法人格的目的,使新公司对旧公司债务负清偿责任,除了会对新公司的债权人造成不利之外,也会因不以旧公司财产为限进行债务清偿而使其债权人有获不当利益之虞。

换言之,对不法目的要件的认定,实务中不仅多考量旧公司资不抵债的现实状况,还会辅以支配者就公司分立事宜是否对债权人为合理的告知,乃至有故意隐匿、欺诈情形。在案例1中,一审判决基于公司分立后的股份廉价让与和新公司发行新股行为认为,甲公司进行分立乃专以新设之丙公司不继承对原告之债务为目的,显属不当。然而后来又认为甲公司未就分立事宜与债权人进行充分交涉,违反了诚实信义原则,构成否认新公司法人格的理由。虽然二审判决仅就支配要件成立与否作出判断,并未就目的要件发表见解。但从理论上看,若依案例1的理据,法人格否认法理必须在被分立公司与既存债权人就分立事宜有充分交涉协商情形下始得适用。若被分立公司未与债权人协商,擅自进行公司分立则无法解释有该法理之适用。③ 因为,在公司分立实务中,公司对附随义务的违反,即对协商后债权人形成的合理信赖的侵害方可构成适用诚实信义原则的理据。④

在实务中,对债权人平等原则的蓄意违反通常也被作为认定存在不法目的的事实依据。案例2中,福冈地方裁判所认为,"即便考虑到担保债权的顺位、民事重整程序中营业上必要债务或具优先地位等因素",原公司的分立行为"与处

---

① 参见最高判昭和44年2月27日民集23卷2号,第511页。
② 元芳哲郎、豐田愛美:《会社分割と法人格否認の法理》,载《判例タイムズ》2012年6月63卷12号,第59页。
③ 参见難波孝一:《會社分割の濫用を巡る諸問題——「不患貧,患不均」の精神に立脚して》,载《判例タイムズ》2011年2月62卷4号,第36—37页。
④ 参见黑木和彰、川口珠青:《濫用の會社分割をめぐる問題點》,载《金融法務事情・特集今どきの倒産法務事情——2010年のトレンド》2010年7月58卷16号,第73页。

于资不抵债状态时进入破产或民事重整程序相比较,仍然明显造成债权人在受偿事务上的极度不平等,不得不认为有形式上滥用公司分立制度而恣意逃避债务的不法目的"。无独有偶,大阪地方裁判所也认为公司分立方案实质上违反债权人平等原则,造成既存债权人受偿概率显著下降,得推定具备目的要件。①

然而需要注意的是,无论理论上对适用要件具备与否的判断标准的类型化作业如何精致,实务中仍不免需要法官对具体的案件事实作综合考量,对要件进行弹性的适用。就支配要件而言,案例3似乎表明实务中也存在不考虑新旧公司出资人或经营者实质同一与否而径行否认法人格的判决。该案中,法官并未虑及任何有关"支配要件"的因素,而只根据旧公司的章程变更、公司分立的时间点,以及新公司所继承的财产数量认定了逃避债务的"不法目的要件",但法官最终并未以未具支配要件为由排除适用法人格否认法理。但即便如此,反观实务中同一法院尚有判决认为,因公司分立而新设的公司仅有免责的债务承担在主观上尚不足以构成不法目的,并不得认定为滥用法人格。② 因此,有学者基于对案例3的观察认为,鉴于公司分立制度下的债权人保障机制并不完善,为尽量救济债权人利益,法人格否认法理应当获得有弹性的适用,实务中对适用要件的强调不应过于僵化。③

（二）对法律效果的检讨

在日本,关于适用法人格否认法理所生实体法上的效果,理论通说和多数判决均采一致见解,认为与公司由于结束清算和合并导致公司消灭那样一种制度上丧失公司法人格的情形完全不同,也有异于公司分立无效之诉所生的法律关系溯及失效,而仅就特定系争当事人间的法律关系发生效力,即便在实质上是同一法律关系的其他当事人之间,法人格存在的效力也并未遭到否认。换言之,在特定法律关系中,将公司与控制人在人格上视为同一,应判定两者共担责任,为充分保护债权人利益,不论同时还是异时均得选择向其中任何一方请求受偿。④ 就案例1和案例2来看,在案件事实和诉讼请求上系旧公司的债权人请求法院否认新设公司的法人格,与英美法上传统的揭开公司面纱原则尚有所不同,更类

---

① 参见大阪地判平成22年10月4日金融法务事情1920号,第118页。
② 参见东京地判平成21年12月15日第4833号。
③ 参见元芳哲郎、豊田愛美:《会社分割と法人格否認の法理》,载《判例タイムズ》2012年6月63卷12号,第59页。
④ 蓮井良憲:《法人格否認の法理等》,载《民商法雑誌》1970年3月61卷6号,第195—196页。

似于后来英美判例所衍生出的反向揭开公司面纱原则,并且属于外部人的反向揭开。① 相较而言,案例3属于新公司债权人请求否认旧公司的法人格,是对传统的揭开公司面纱原则的典型适用。由此可见,不论在理论上还是实务中,日本法并未限制公司债权人仅得向股东主张公司法人格否认,只要符合适用要件的要求,因公司分立而产生之新旧公司均可成为债权人主张适用该法理的对象。实际上,最高裁判所在首例滥用法人格情形下适用法人格否认法理的判例中即持此种见解,其在判决中称:"根据商法的规定,股份公司的设立是比较容易的,有些公司把它作为延误交易对方的债务请求和致使对方花费大量时间和费用的手段,为此所成立的新公司,实际上仍然利用旧公司的营业财产、商号、董事长、营业目的、职员等等。虽然从形式上进行了新的公司登记,但新旧两公司的实质是一样的。由于有的公司出于逃避债务的目的而设立新公司,因此在这种滥用公司制度的情况下,从诚实信义原则的角度讲,进行这种交易的一方公司绝不能主张新旧两公司具有不同的人格,对方可以对两个公司中的任何一个追索债务。"②既然如此,进一步值得探讨的问题就是新公司应当在何种财产范围内对债权人负清偿责任。对这一问题的回答不仅直接关涉主张适用法人格否认法理的债权人的利益,同时也将对新公司的股东和债权人的利益产生重大影响。在类似案例1和案例2的一则判例中,京都地方裁判所认为,既存债权人就因分立后受让营业的新公司依法人格否认法理请求受偿时,对其所能主张的财产范围

---

① 英美法上的揭开公司面纱原则(又称刺破公司面纱)实质上也是否认公司法人的人格,否认其独立存在并独立向债权人负责的机制,直接追索到原本只以出资为限对公司承担有限责任的单个股东,由其向公司的债权人承担个人责任,即意味着公司债权人在公司的财产无法满足其请求时,他可以从公司股东成员那里寻找对自己请求事宜的满足。参见敖海静:《试论美国法上揭穿公司面纱原则之适用》,载陈小君主编《私法研究》第21卷,法律出版社2017年版,第274—297页。近些年美国的司法实务中,在传统的揭开公司面纱原则的基础上,又衍生出反向揭开公司面纱原则(reverse piercing the corporate veil)。这一原则是指在一些较为特别的情境中,公司的特定股东出于种种考虑,主要要求无视公司独立人格,将公司与该股东视为一体,从而使公司得以享受到本来只能由该股东享受的豁免或保护;或者是公司特定股东的债权人要求将特定股东与公司视为一体,从而迫使公司对该股东的人格债务承担责任。简言之,这种刺破情境是试图以公司财产清偿股东债务,或者由公司享受股东专享的特权或豁免。由于在方向和着力点上与传统刺破正好相反,上述特殊的刺破公司面纱情境又被统称为"反向刺破"。反向刺破本身又可以分为两类:一类是公司特定股东(内部人)主动要求刺破公司面纱,即所谓的内部人反向刺破(insider reverse pierce);另一类是公司特定股东的债权人(外部人)要求刺破公司面纱,即所谓的外部人反向刺破(outsider reverse pierce)。参见廖凡:《美国反向刺破公司面纱的理论与实践——基于案例的考察》,载《北大法律评论》第8卷第2辑,北京大学出版社2007年版,第534页。

② 最高判昭和48年10月26日民事判例集27卷9号,第1240页。

应予一定限制始符合同时虑及新公司股东和债权人合理利益的公平原则,因此,新公司应在受让财产之对价范围内负清偿责任。① 这一见解的理由确有正当基础,然而问题在于受让财产的对价标准尚属主观范畴,不易确定,若当事公司之间约定的对价过低,不免显著降低既存债权人得受偿的额度。是以,有学者建议新公司应以受让的积极财产或营业的价值为限承担债务清偿责任。② 但是,这种观点似易造成诈害行为撤销权和法人格否认法理在实务中的适用混乱。一般而言,在为逃避债务而故意利用公司分立制度隐匿、转移财产的情形下,债权人得依民法第 424 条第 1 款行使诈害行为撤销权。同时,如若仍旧沿用原公司的商号,债权人或可依会社法第 22 条主张营业让与的商号续用责任。这两种请求权所及的责任范围通常以移转的积极财产为限。因此,上述见解并未在责任范围方面对法人格否认法理和诈害行为撤销权、营业让与的商号续用责任的适用作出合理区分。这显然会在实务中造成一般性法理排斥实定法规则的不良倾向,有违仅应在由契约条款或既存法规的合理解释无法对当前案件作出妥当处理时始可适用法人格否认法理的补充性原则。③ 如此,就法人格否认法理的适用效果而言,既存债权人至少应就比移转的积极财产更大的财产范围主张债权。也就是说,应当考虑到诈害行为撤销权的对象在理论上仅限于对积极财产的处分,而营业让与的标的通常为有机的一体性财产,并不限于积极财产,例如客观上无法撤销对员工和客户资源的让与,若以此否认债权人可对受让财产的新公司请求受偿,则未免不符合一般公平之理念,因此在实定法无法提供有效周全保障的情况下,应当允许法人格否认法理在更大的责任财产范围内发挥补充作用。至于此责任财产范围的界限具体应在何处,有学者以为其与诈害行为撤销权之区别就在于适用法人格否认法理时,债权人得就新公司全部资产受偿,④另有学者主张应以让与之积极财产或营业的价值为限,⑤但由于持前一观点的学者同时基于保障新公司股东和债权人利益的立场,强烈批判排除实定法规则而适用法人格否认法理,遂使得两种观点在事实上的效果并无太大差异。因此,虽然京都地方裁判所确曾在具体个案中认定新公司应在受让财产的对价范围内负清偿

---

① 参见京都地判平成 11 年 4 月 15 日金融・商事判例 1068 号,第 3 页。
② 参见伊藤靖史:《財産譲渡による債権者詐害と法人格否認・詐害行為取消権(京都地判平成 11.4.15)》,载《旬刊商事法務》2002 年 12 月第 1649 号,第 42 页。
③ 参见江頭憲治郎:《会社法人格否認の法理》,東京大學出版會 1980 年版,第 171 页。
④ 参见松中學:《詐害行為取消と法人格否認の法理》,载《法学セミナー・特集民・商法の溝を埋める(Part.1)》57 卷 12 号,日本評論社 2012 年 12 月,第 9 页。
⑤ 参见伊藤靖史:《財産譲渡による債権者詐害と法人格否認・詐害行為取消権(京都地判平成 11.4.15)》,载《旬刊商事法務》2002 年 12 月第 1649 号,第 42 页。

责任,但正如该判决理由仍属确当合理,即在适用法人格否认法理时,对债权人请求的责任财产在范围上应有所限制,似无必要承认债权人的全额请求,而应视具体的个案需求,将之限定于公平合理之范围内。

由于法人格否认法理系实体法上的法理,因此在诉讼法上还不涉及直接效力。最高裁判所在首例适用该法理的判例中即间接地阐述了这一观点,[①]而后又在1978年的一则认可了下级法院适用法人格否认法理的案例中,仍基于"在诉讼程序和强制执行程序方面,应强调实定法主义和要求程序的形式性、明确性和安定性"的立场否定了将判决效力扩张至作为收件人的当事人以外的主体。[②]由于最高裁判所的巨大影响力,可以说,适用法人格否认法理判决的效力不得扩及诉讼当事人以外的他人的消极立场是日本实务界和学界的通说。从理论基础上来看,此观点源自诉讼法上对诉权保障和程序正义的强调,即日本民事诉讼法第201条明文规定未参与诉讼的人不受判决之既判力的约束。[③] 因为法人格否认是实体法上的法理,而不是否定公司在诉讼上的当事人能力,所以在诉讼中不能无视形式上存在的公司法人格。但是,从该法理本身的理论逻辑来看,如果此类判决的既判力和执行力不能扩及诸如案例1和案例2中的新公司这样的案外主体,则由于新公司通过公司分立而受让了多数优质资产,从诉讼法立场要求重新取得以其为收件人的债务名义方可执行其财产,既造成执行程序和判决程序的完全分离,事实上也完全抽空了法人格否认法理的功能价值,既存债权人被侵害的权利就难以恢复,诉讼本身也变得毫无意义。因此,尽管基于债务名义的强制执行,为了保障债务名义所记载的当事人利益,原则上只对该债务名义所记载的当事人实施强制执行。但在一些特殊场合,也允许对执行力进行扩张,对持有请求标的物的第三人强制执行。也就是说,在案例1和案例2中,事实上允许既存债权人以对原公司的债务名义去执行那些实质上由原公司不当逸出但形式上是新公司的财产。当然,如果新公司并没有参与否认其法人格的诉讼,则可以在判决执行过程中提起第三者执行异议之诉。但如果法官认为作为第三者的新公司与原案被告之间确有某种依存关系,或者与被告存在人格混同的现象,便会驳回这一异议。[④]从理论逻辑的角度看,这种结果本身就是法人格否认法理所希

---

① 最高裁判所在判决中曾以括号书写的方式附带谈到"关于诉讼法上的既判力需要单独考察,A即使受到应该交出店铺的判决,该判决的效力也不波及Y公司",表明了一种消极的立场。参见朱慈蕴:《公司法人格否认法理研究》,法律出版社1998年版,第175页。
② 朱慈蕴:《公司法人格否认法理研究》,法律出版社1998年版,第176页。
③ 井上和彦:《法人格否認の法理》,千倉書房1984年,第113—114页。
④ 有关这一问题的典型判例即鹿儿岛地判昭和44年(1969年)6月17日判决,具体内容可参见朱慈蕴:《公司法人格否认法理研究》,法律出版社1998年版,第172—173页。

图和规定的。新公司正是基于法人格否认要件的存在而应与原公司共同对债权人负清偿责任,构成不真正连带债务。

五、直接履行请求权会代替法人格否认法理吗?

事实上,面对处理滥用公司分立制度侵害债权人利益的案例,会社法原本仅规定了公司分立无效之诉这一种法定救济手段,其他诸如诈害行为撤销权、破产法上的否认权、类推适用商号续用责任,以及法人格否认法理等,均是学说或实务利用其他法规范和法理基础通过解释学发展而来。因此,在解释论发展成熟以后,不论在学术界还是实务领域都兴起了通过修订会社法以反映法律变迁的声音。

公司分立制度是在 2000 年日本商法修订时被引入到公司制度中的。2005 年日本将会社法从商法典中独立出来,制定了独立的会社法,而后为了规范频繁发生的滥用公司分立制度的案件,又在 2011 年 12 月公布了会社法修正草案,增订了公司分立制度下债权人保护的相关条文,并于 2015 年 5 月 1 日开始施行。其中,针对将诈害行为撤销权适用于公司分立这种公司组织法意义上的行为所造成的不妥当,立法者认为,似无必要为谋求保障债权人利益而撤销公司分立行为,直接使既存债权人得向继承公司请求债务履行将更加便捷有效。[①] 是以,本次修订特增加被分立公司的特定债权人于分立后的法定履行请求权,也就是所谓的直接履行请求权,依对象不同又分为未知悉分立事务的债权人履行请求权,即在未能接收到关于公司分立的个别催告通知的情形下,无论吸收分立合同的内容如何约定,债权人都可以向进行吸收分立中的分立公司或继承公司中的任何一方请求债务的履行(会社法第 759 条第 2、3 款),和诈害的公司分立中的债权人履行请求权,即分立公司明知会损害既存债权人的利益仍然进行公司分立的,既存债权人可以以受让财产的价额为限请求继承公司或新设公司履行债务(会社法第 759 条第 4 至 7 款、第 764 条第 4 至 7 款、第 766 条第 4 至 7 款)。从立法意图上看,立法者设置直接履行请求权原本意在弥补诈害行为撤销权等救济手段的不足,然而事实上却带来排斥法人格否认法理适用的结果,或者说它以另一种方式对该法理的基本内容予以条文化。因为从法律效果的角度讲,法人格否认法理的适用就是造成了分立当事公司双方对既存债权人的不真正连带债务责任,同时尚需克服诉讼法上判决效力相对性原则的桎梏,而直接履行请求权

---

① 坂本三郎、高木弘明、崛越健二:《平成二六年改正會社法の解説 9·完》,载《旬刊商事法务》2014 年 11 月第 2049 号,第 23 页。

在权利性质上属既存债权人的法定固有请求权,可不经诉讼而直接主张,①更具方便快捷之优势,故而作为一般性法理的法人格否认法理理应贯彻补充性原则,在适用上有所退让。然而如现在就断言直接履行请求权将在有关滥用公司分立制度的司法实务中全面取代法人格否认法理,则未免言之过早。相较而言,法人格否认法理的优势或正在于它的一般性法理和非定法规则的性质和地位。例如,在责任财产的范围方面,直接履行请求权将之明文限制在继承公司所受让财产的价额范围内,然而在法人格否认法理的适用场合,债权人系以自己债权为目的,无须考量其他债权人的利益,此问题全赖于法官通过对个案的综合考量而定,甚至有观点认为此范围应及于公司的全部资产,②因此也更富于弹性的适用。会社法对直接履行请求权的增订或许传递了立法者的某种意图和价值选择,但司法实务的运作并不完全映照着立法者的逻辑,法人格否认法理之前既能在诸多功能互有重叠的实定法规则的"领地"中求得一席之地,并不见得在面对新的竞争者时便会"束手就擒"。法律规则之间的良性竞争既是法律多元的生长点,也是社会多元的助推剂。因此,在今后的日本公司制度中,这两者的关系究竟会呈现出何种面相,尚有待对学说和实务发展的进一步观察。

六、余论:对我国公司法制的启示

我国有关公司分立过程中对债权人利益的保护主要体现在《公司法》第175条和第176条。其中,第175条第2款第2句规定,"公司应当自作出分立决议之日起十日内通知债权人,并于三十日内在报纸上公告",建立了公司分立决议通知和公告制度。第176条则规定除公司在分立前与债权人就债务清偿达成书面协议之外,其分立前的债务由分立后的公司承担连带责任。事实上,该条也是对《合同法》第90条第2句在公司分立情形下的特别规定。毫无疑问,连带责任的确立相较于旧公司法第185条第3款"公司分立前的债务按所达成的协议由分立后的公司承担"的规定更有利于保障债权人的利益,但不可否认的是,《公司法》修订时取消旧法第185条第2款关于债权人有权要求提供担保的规定,并且删除"不清偿债务或者不提供相应的担保的,公司不得分立"的规定,无疑又极大地削弱了对债权人利益的保障。这实际上意味着立法者基本放弃了赋予债权人

---

① 坂本三郎、高木弘明、崛越健二:《平成二六年改正會社法の解説9·完》,载《旬刊商事法務》2014年11月第2049号,第26页。

② 参见松中学:《詐害行為取消と法人格否認の法理》,载《法学セミナー·特集民·商法の溝を埋める(Part.1)》57卷12号,日本评论社2012年12月,第9页。

分立异议权的事中保护模式,完全转向事后的连带责任保障模式。在这个意义上,不论是主张赋予债权人针对分立决议的撤销权,还是提起确认公司分立无效诉讼的权利似乎都更不会在短时间内成为立法者考虑的选项。与此同时,《公司法》第176条的规定本身又较为笼统,存在立法漏洞。对判断分立行为成立要件、"分立后的公司"所涵盖的主体范围,以及分立后的公司承担连带责任的财产范围等问题均未作具体规定。在这种法律修订后的背景,如若公司股东有意滥用分立制度和股东有限责任逃避债务,被动的连带责任往往很难给予债权人合理的保障。当然,《公司法》在上述方面的修订体现了对效率价值的追求,似更加适应日趋激烈的国际经济竞争,而且公司不清偿债务或不提供相应担保就不得分立的规定本身就是"用强行法干预公司的自治权利,不利于经济的发展和公司分立目标的实现"。[①] 但平等保护和交易安全同样是我国公司法制应当追求的价值。对此,我国《公司法》第1条也表述得相当清楚。除了"促进社会主义市场经济的发展"这一目标之外,我国《公司法》的目标还包括保护公司、股东和债权人的合法权益,以及维护社会经济秩序。因此,当股东有意滥用分立制度逃避债务、侵害债权人合法权益时,确保债权人享有更加主动便捷的权益保障机制就显得更为必要。在这种情况下,综合运用于《公司法》第20条第3款所规定的法人格否认制度就成为一条可供选择的路径。通过对"支配"和"不法目的"等要件的分析和判断,来确定公司分立决议是否构成对公司独立人格和股东有限责任的滥用,以此强化对债权人的合法权益的保障。在这个意义上,在有关公司分立的债务纠纷中参考日本等实践相对成熟国家的做法就成为一条摆在我们面前的道路。

A Study on the Judicial Application of "Disregarding of Corporate Personality" Theory under the Abuse of Corporate Division System:

The Theory and Practice of Japanese Law

Ao Haijing

Abstract: In Japan, the theory of disregard of corporate personality has become an important system of safeguard the interests of creditors by the application of the courts. In application of the disregard of corporate

---

① 王瑞:《公司分立制度研究》,载《江西社会科学》2002年第9期。

personality theory, two types have been identified. Since 2010, this theory has played a function to make up the deficiencies of the existing systems and protect the interests of creditors. Based judicial practice, scholars have examined its essential conditions, scope and result of application and stood that it should be applied flexibly in the company division cases. In judicial practice, some cases have already broken the principle of res judicata. In fact, as a new system adopted in 2014, the right to direct performance has played an alternative function to the disregard of corporate personality theory, but the trend of relationship between them is still to be further observed in the future. In terms of strengthening the protection of the interests of creditors, the theory and practice of Japanese law is a good reference for us.

Key words: Disregard of Corporate Personality Theory; Company Division; Right to Direct Performance

（责任编辑：宋亚辉）

资产证券化与破产

[日] 林康司* 著

金 春 林周汪** 译

> [摘 要] 资产证券化的核心功能在于通过切断证券化资产与发起人的收益风险关系,实现破产隔离。但是,破产隔离与公平分配责任财产为内涵的破产法公序之间存在冲突。真实出售的认定标准作为认定取回权或者担保权的关键前提,同时横跨破产中的让与担保、融资租赁、信托关系等诸多疑难问题,由此成为激烈争论的焦点。破产申请作为一种战略性手段,预防特殊目的载体自身陷于破产状态也是资产证券化中不得不被重视的一个要素。实践中的证券化架构日益趋于多样化和复杂化,破产法领域应当致力于明确破产法公序的内涵及其对契约自由的干预程度,以做出更好的回应和实现利益平衡。
>
> [关键词] 资产证券化;破产隔离;真实出售;取回权

一、引 言

(一)资产证券化的意义和功能

资产证券化是指,企业将自有资产转让或信托型转让给特殊目的公司(SPC,Special Purpose Company)或特殊目的载体(SPV,Special Purpose Vehicle),以该基础资产的可期待收益及信用作为担保,从投资人或贷款人处筹集资

---

* 林康司,系日本破产领域律师(林综合法律事务所)。本文原文出处为,[日]林康司:《証券化と倒産》,载竹下守夫、藤田耕三编《破産法大系-破産の諸相(第3巻)》,青林书院2015年版,第278页以下。

** 金春,京都大学法学博士,日本同志社大学教授、中国人民大学法学院客座教授;林周汪,中国政法大学民商经济法学院硕士研究生。为方便中国读者阅读,中文翻译在内容上略有删减。

(为方便读者查找相关文献,本译文对原文脚注中的日文文献信息部分保留日文形式。——编者注)

金或融资的方式。

作为证券化对象的基础资产不限种类,只要能够以其可期待收益及信用作为担保,具备筹集资金之可能的,均属其类。除了金钱债权、不动产、动产之外,知识产权甚至一项可整体转让的营业等各种资产,均可以成为证券化的对象。这种以资产为担保而发行的证券,被称之为ABS(Asset-Backed Securities,即资产担保证券)。实践中,应收账款、应收票据、债券、贷款(包括住房贷款、汽车贷款、信用卡贷款)、租赁债权、商业票据(Commercial Paper)等各种形式的资产,均通过ABS得以实现证券化。

本文重点考察具有典型意义的债权与不动产的资产证券化。

资产证券化的基本结构是,欲筹集资金的企业(originator,发起人)将其自有资产转让或信托型转让给SPV,由SPV以该资产为担保从资金供应方处获得投资或贷款,再从该笔资金中向发起人支付资产转让之对价。根据资产类别、SPV形态及相关法律规制的不同,资产证券化的具体方式及基本结构也各有不同,后文将对一些实践中具有代表性的证券化结构予以详细论述。

除了资产证券化以外,借款、发行公司债券、发行商业票据、发行股份,以及单纯的资产变卖等,均可以实现资金筹集。其中,借款、发行公司债券、发行商业票据、股份等方式均以企业信用为担保筹集资金,但是,当公司出现不良业绩或破产等状况时,势必会直接影响到以该方式提供资金的一方。即,此类方式在资金筹集的可能性及筹集费用等条件方面均受到企业信用的深刻影响。此外,企业借款或发行公司债券有时也可以附加物上担保或人保,但仍然改变不了其以企业自身信用为基础的特征。

再看单纯的资产变卖,这一资金筹集方式并不会过多地依赖于企业信用,但如果是属于商业运营所必须之资产(如零售业的店铺设施),单纯的资产变卖就必然意味着商业运营基础的丧失或缩小。为避免这一情况,售后回租(Sale-and-Leaseback)不失为一计良策,即在出售不动产的同时,自买受人处长期租赁该不动产。但这一方式本质上仍是以该买受人不动产的可期待收益为担保,实现资金筹集。此外,即便是闲置资产,如果该资产的价值未来仍有上升空间,很难对其进行单纯的资产变卖。

反观资产证券化这一方式,系与企业本身之信用或以企业为载体的资产的可期待收益相分离,而以资产本身的可期待收益及信用作为担保,实现资金筹集之目的。企业的业务必然要面对将来的诸多不确定性,同时企业还常须顾及债权人等众多利害关系人。如果能将资产的可期待收益和信用从这样的企业中分离出来,使资金供应方(投资人、贷款人)获得独占及排他性控制和确实提高投资或贷款的回收可能性,则可降低资金筹集的难度并节约成本,这也正是资产证券化的核心功能所在。

（二）资产证券化与破产法之间的冲突

资产证券化资金筹集方式与破产法之间会形成一种紧张关系。

破产法是通过把破产债务人的各种法律关系置于集合性法律规范之下加以规制，以实现社会秩序之安定（即"破产法公序"或"破产法秩序"）为目的的制度。从历史上来看，破产法公序（或称"破产法秩序"）的基本内涵就在于确保责任财产（破产财产）和债权人之间的公平。此外，重整型破产法制的目的在于债务人陷于破产状态后，防止其营业（作为有机整体以发挥效用的财产和事实关系）价值受到进一步毁损，并力图实现企业的重整。重整型破产程序中所蕴含的这些从社会经济性观点出发的目的在破产法公序中应当如何定位，例如，如何处理重整目的与债权人平等、公平之间的关系，则有必要进一步检讨。

资产证券化的本质在于将标的资产的可期待收益及信用与发起人割离，使资金供应方独占和排他地掌握该资产的可期待收益和信用。这种方式可以避免因发起人陷于破产而受影响，即被称为"破产隔离"（bankruptcy remote）。资产证券化中的"破产隔离"这一要素，必然会与确保破产企业责任财产、债权人公平以及重整目的之间产生紧张关系。

本文深入分析破产法与资产证券化之间关系，并审视破产法公序的具体内涵。

（三）讨论资产证券化与破产问题的难点

抵押、让与担保等物上担保赋予了担保权人以担保标的物价值上独占及排他性的权利，与破产法公序之间同样存在着紧张关系。但是，破产法对这些担保物权的处理，无论是在制度上还是在解释论上都已被吸收到破产法律制度中，姑且不论具体案件中具体当事人之间的权利冲突，其与破产法公序之间已鲜见尖锐而显在的紧张关系。

与此相对，关于资产证券化与破产，包括日本在内的域外法对这一问题都存在着诸多争议，至今为止尚难得出一致的结论。其原因之一是因不断演进和发展的经济形势和理论，以及个案中不同而复杂的事实关系，资产证券化的具体形态也常常呈现出多样化和复杂化的特点。然而，更为根本的问题要归于，作为资产证券化所遵从的规范，破产法公序的内容本身抽象而含糊，就两者关系所进行的研究和论述也都未免陷入了感觉主义。总体而言，金融制度有着追求确定性及可预测性的本质，破产制度则以维持破产法公序之衡平原理为基础，二者及其各自的利益代表主体之间形成了显著的紧张关系和不相容性，从而在两者之间产生了距离感及背离感，这也正是在讨论资产证券化与破产时的难点之根本。

二、真实出售

（一）问题之所在

破产隔离作为资产证券化的基本功能，与以确保责任财产和债权人公平为内涵的破产法公序之间存在着根本性的紧张关系。关于是否应当认可因资产证券化而发生的破产隔离，在资产证券化的母国——美国展开了丰富的讨论，这些讨论主要是围绕着资产证券化过程中当事人间达成了转让合意后，应当视为真实地出售标的物，还是应当将其理解为融资手段之担保交易而展开。这就是真实出售（true sale）的问题所在。

关于这一问题的讨论分为出售说和担保说两派，依日本法，这一划分有着重要意义。出售说认为，当标的财产（或信托受益权）从所有人（发起人）处转让至受让人（SPV）处时，该财产即从发起人的责任财产中脱离出来。因此，若之后发起人启动破产程序，则应当承认该财产受让人的取回权（日本《破产法》第62条，《民事再生法》第52条，《公司更生法》第64条）。担保说则认为，标的财产仍为发起人的资产，仍然构成其责任财产；当发起人破产时，与该财产相关之法律关系应当遵从以破产法公序为基础的法律规范。具体而言，如果认可因资产证券化而在发起人与SPV之间形成了担保法律关系，则SPV只能对标的财产向发起人主张相应的担保权利，而这一担保权的行使又须受到来自破产法程序性规范的限制，这些限制包括但不限于担保权行使中止命令、担保权消灭请求、概括性禁止命令。此外，在日本公司更生程序中，担保权行使被视为个别性权利行使而加以禁止，并且在重整计划中会对实体性的担保权利进行调整。

破产法公序正是以责任财产这一框架为前提建构起来的，因此破产法中最常需要判断的基本问题就是一项财产是否属于责任财产。其中，关于证券化交易的性质之所以能够引发如此激烈的讨论，是因为有观点认为证券化交易中所形成的转让合意与其说是真实出售，不如说是担保交易之一种。以不动产证券化为例，即可了解这一主张产生的几点主要背景。

① 发起人从SPV处租回标的物，并支付租金作为对价。这一方式实则为SPV筹集资金所产生的利息提供资金来源（也有约定于期限前清偿本金之一部分者），因此，该租金相应地可以被视为贷款债权的利息。

② 在受让人进行资金筹集的过程中，往往以发起人匿名合伙出资或提供劣后出资等方式，进行信用补充。

③ 部分案件中，发起人会预先约定将来可从SPV处买回标的物。

以上"可疑事由"使得有观点否定此类资产证券化交易作为真实出售的性

质,而主张应以担保交易予以定性。2001年12月,将大量不动产投入证券化的日本大型超市Mycal股份有限公司被法院裁定启动公司更生程序,以该案为契机,日本学界也正式展开了试图否定"破产隔离"和对所谓"受托人攻击"(trustee's attack)[①]这一议题的讨论。

(二) 学说的流变与发展

单纯的资产出售往往意味着标的资产在纯粹意义上与原所有人相分离,其交易目的就在于标的物财产权的转移和对价给付的受领。但是,资产证券化中发起人对SPV的资产转让,则是通过证券化进行资金筹集这一整体框架下的手段。那么,真实出售作为证券化手段的资产转让,在转让性质这一点上与通常的资产出售是否可以等量齐观?认定真实出售应采取怎样的标准?问题在于实质论,仅通过买卖之法律形式并不能一概认定真实出售。

日本学界关于这一问题的讨论集中于自20世纪90年代起至21世纪初的Mycal公司更生案期间。观点众说纷纭[②],大体上可以分为两类。一种观点认为,应当以当事人真实意思、标的财产与其对价之对等性、对抗要件的齐备、因转让而导致的所有人权能、风险、利益之转移等诸要素之一项或多项,综合判断。另一种观点则认为,问题的出发点和本质在于是资产转让还是担保(特别是让与担保),乃至破产法上的重构,因此应当从被担保债权的视角对证券化架构进行广义和全局性考察,最终判断是否构成实质性担保。

真实出售的问题整体上可以扩展为:应当以私法自治和契约自由为前提尊重当事人的意思自治进行确定,还是应当从破产法公序的观点出发根据不同案件事实适用相应规范予以具体确定?如果是后者,紧接着就应该判明:在何种条件和情况下,法律行为的性质应当如何进行区分?考察既往学说就会发现并未形成统一结论,探其缘由,盖有学者以私法自治及契约自由之基本原理为立论点,又有学者仅从破产法公序之修正原理出发,即二者的视角截然对立。

[①] 在美国,对发起人启动破产程序后,否定破产程序启动前的资产证券化中形成的"破产隔离"效果被称为"受托人攻击"(trustee's attack)。在著名的2001年LTV Steel公司破产案发生后,这个问题直接掀起了修改美国《破产法典》的讨论。该案中LTV Steel公司主张,如果否定了"破产隔离"的效力,那么公司就不可能继续经营,最终会给在职员工、退休员工、地区经济带来巨大的恶劣影响。See Steven L.Shwarcz, The Impact of Bankruptcy Reform on "True Sale" Determination in Securitization, Fordham Journal of Corporate & Financial Law Vol. Ⅶ (2002).

[②] 松下淳一:《更生手続開始と証券化取引》,载山本和彦等编《新会社更生法の理論と事務》,判タ臨増第1132号2003年;山本和彦:《証券化と倒産法》,载《ジュリスト》2003年,第1240号;坂井秀行、栗田口太郎,《証券化と倒産》,载《講座・倒産(4)》等。

在 Mycal 案件的进行过程中,伊藤真教授于 2002 年将上述关于广义和全局性考察定性的观点归结为"法律上的重构"问题,并进一步将其划分为"实体法上的重构""程序法上的重构"和"破产法上的重构"三部分。① 例如,就民法上存在争论的让与担保问题而言,这一担保形式的法律构成中包括了为保护担保人利益而特设之担保权人清算义务和担保人对超过债权价值的返还请求权,即是实体法上的重构之一例。融资租赁(由出租人从卖方处购得标的物后,交由承租人使用,并自承租人处收取租金作为对价的合同形式)中,无论是否与合同约定相违背,在进入破产程序后该合同将依担保交易之性质处理,即租金债权将一概被视为被担保之债权,这就是基于破产法公序的重构,即破产法上的重构之一例。

伊藤教授不仅对既往学说争论进行了整理,更为重要的是立足于破产法上的重构的基础原理,指出了一定的标准,具体而言,根据对系争法律关系的处理与对其他法律关系的处理之间是否具备公平性以及对利害关系人而言是否可被接受,来判定在破产法上重构的范围和条件。

由于关于真实出售的学说争论原系发端于美国,因此日本学者中不无游离于其本国法律体系之外,从经验主义和感觉主义立场出发所阐发之观点的倾向。例如,关于出售人(发起人)向 SPC 所为之信用补充比例的界限应为 20% 或 30% 或 50% 的讨论就是典型一例。不少日本学者已经对此产生了极强的违和感。在检验此类问题是否能够被作为法学论题时,伊藤教授的指正有着十分重要的意义。

(三)与融资租赁合同等非典型担保的关系

私法领域向来将私法自治与契约自由奉为圭臬。不过,在当事人陷于经济困境的情况下,基于破产法公序,可以对私法自治和契约自由原则进行一定的补充、修正。真实出售所涉及的争议正是围绕着上述基本原则和修正原则之间的冲突和调整展开的。并且,这一争议并非是在没有相应立法之现状下关于如何建构具体制度和条文的讨论,而是关系到依解释论所能推及之内在逻辑。进一步而言,应有的方法论是围绕着法律体系整体性与统一性之维持,并遵从由简及繁的思考路径,进行推演和展开。

此处最应受关注的问题是融资租赁合同在破产法上如何处理,同时也涉及所有权保留买卖、让与担保、买卖式担保(或称"卖渡担保"或"卖与担保"等)等非典型担保形式在破产法上应当如何处理的问题。

---

① 伊藤真:《証券化と倒産原理―破産隔離と倒産法の再構成の意義と限界(上)(下)》,载《金融法務事情》2002 年第 1657 号、1658 号。

日本最高法院于 1995 年（平成 7 年）有关公司更生案件的判决中认为[①]，融资租赁合同不属于待履行合同，因此，出租人享有的不过是受标的物担保之租金债权，即更生担保债权。日本最高法院对融资租赁合同的处理可谓从破产法公序的角度出发对契约自由原则进行修正乃至重构，此点在资产证券化的讨论上也有着本质上的共通性。

那么，从对融资租赁合同的处理中，可以抽象出怎样的标准和原则，从而适用于资产证券化情形中的破产法上的重构？对此，伊藤教授认为，依日本最高法院之观点，就融资租赁合同中通过全款支付方式所为之租赁的类型，不管出租人是否在形式上取得了标的物的所有权，承租人仍可以用尽标的物之实际价值，因此，将标的物认定为破产企业（承租人）的财产并无不当；此外，无论承租人是否继续使用标的物，租金债权都将持续发生，故不能作为标的物的使用对价。综上，出租人实质上是在租赁契约签订时，将与租金债权总额同等的价值贷予承租人，并以此为被担保债权且以标的物作为租金债权回收之担保。

根据这种理解，伊藤教授总结出了可适用于资产证券化的以下三个准则：

〈第一准则〉

非所有人之当事人是否可以用尽标的资产之价值？

〈第二准则〉

假定系争交易为担保交易并将标的资产归入破产债务人的责任财产是否违反公平原则？

〈第三准则〉

系争交易的约定是否为了回避或规避破产程序的规定，以致妨碍破产法立法目的的实现？

伊藤教授指出，所有权保留买卖、让与担保、买卖式担保等形式中的所有权人之所以被作为担保权人，可以从民法上关于所有权移转但又恢复即物权支配的观点出发可能寻得其根据（即伊藤教授提出的实体法上的重构）；与此相对，从民法物权支配的角度难以解释日本最高法院将融资租赁合同认定为担保形式之一。通过对二者的比较和审视，就不难分析出在资产证券化领域中可以适用的作为破产法上的重构的基准，即上述准则。而将以上准则具体适用于资产证券化，则可得出以下结论。

① 对于资产证券化中的发起人具有买回权的情形，与买卖式担保的情形一致，不问其形式上的所有权之归属，可以依实体法上的重构将其定性为担保。

[①] 日本最高法院 1995 年（平成 7 年）4 月 14 日判决，载《最高裁判所民事判例集》第 49 卷 4 号，第 1063 页；《判例タイムズ》880 号，第 147 页；《判例时报》1533 号，第 116 页。

② 债权证券化中,一般而言,标的债权的价值完全抵充到对 SPV 所发行证券的本息支付,因此,不能说发起人用尽了标的资产的价值,也就意味着不能作为担保进行破产法上的重构。但是,若允许对标的债权的清偿混入发起人的一般财产,并可作为其营业资金,则有可能满足第一准则的判断。不动产租赁的证券化也与此同理。

③ SPV 购买标的资产时,约定有权向发起人请求返还因此付出或损失的所有金钱,此时,除非发起人不限于标的资产而是以其一般财产承担责任,否则不能推定为存在被担保债权,也就不能实现在破产法上的重构。

④ 针对不动产证券化中发起人与 SPV 之间约定了采取售后回租(Sale-and-Leaseback)的情形,此时如果 SPV 对发起人所享有的债权始终都是各期租金债权,在不能清偿之时,SPV 对发起人不具有就整个租赁期间相应金额的请求权的话,则不能定性为存在被担保债权,从而也不能实现破产法上的重构(即只能认可"破产隔离")。

(四) 学说的精细化及其困难

如前所述,对契约自由原则进行修正的依据和原理是破产法公序,以此为基础,伊藤教授一方面考察了融资租赁合同等"具有担保性质的合同"在破产法上的特殊处理,另一方面,又关注了所有权保留买卖、让与担保、买卖式担保等非典型担保形式在民法及破产法上的处置;紧接着具体讨论了此二者之间的平衡与协调,同时考虑到对当事人而言的公平性和妥当性,最终形成应当遵守的具体规则。伊藤教授的这种研究路径可谓具备完整性和逻辑性之研究。

毫无疑问,应当如何对破产法公序的具体内容做出细致的分析,并确实构筑出具有说服力的标准或准则,这是一个很大的课题。伊藤教授对这一问题所阐发的观点,即前述"(三)"的准则及其适用结果,也只能说是多种思路中的"一种思路",但是在此问题上笔者深感自己能力有限,只能留待今后学说之发展了。

在美国,以 20 世纪 80 年代至 90 年代间对担保法进行修正为契机和切入点,学界展开了担保权的丰富讨论,其中也不乏从法与经济学的视角出发的观点。面对站在担保法和金融法的立场上,传统性担保权的扩大论不断推进,法学与经济学界提出了反驳。他们认为因担保交易欠缺效率性,担保权的存在也没有必要,故无须扩大担保权而应以遵从合同约定及最适合当事人的方式为导向,建构交易相关的法律制度。相应地,从破产法的立场也提出了反对担保权扩大论的观点,主张应当强制性地要求担保权人抽出其因担保所掌握的一定部分或一定比例的价值,用于充实向一般债权人进行清偿的资金(carve-out 理论)。然而,站在担保法和金融法的立场必然对此持反对意见,此外,从经济学的角度出发,存在反对论、支持论等多个学说流派。

在此争论不休的背景下,在当时的美国,无论是试图依解释论就资产证券化与破产的根本性问题做出彻底的明晰,还是在立法论上提出基本的制度设计方向,都很难得到明确的结论。

转向日本,情况仍不容乐观。如前所述,从破产法公序的观点出发进行考察时,对上述问题的解决一定程度上可以参照融资租赁合同在破产法上的处理。然而,尽管日本判例和实务中普遍接受将融资租赁合同在破产程序中作为担保关系处理,对出租人作为担保权人应当以何种方式实现其担保,仍有争议。特别是在合同中约定了以承租人破产程序开始或对其提起破产申请为合同解除事由时,这种特别约定(破产解除条款)的效力应当如何认定,学界对此也长期争论不休。日本最高法院于1982年的公司更生案[1]及2008年的民事再生案[2]中,一般性地否定了破产解除条款的效力。但与公司更生程序不同,民事再生程序和破产清算程序中担保权均具有别除权的效力而可在程序外径行行使。日本最高法院却不以此区别为案件处理之关键,而一概将民事再生程序和公司更生程序中约定的破产解除条款判为无效,对此学界也产生了许多争议。与此议题如出一辙的是资产证券化与破产中,破产法公序对契约自由原则的介入应秉承怎样的宗旨与内容,以及破产法公序究竟包括哪些具体内容,对这些问题的探究仍不充分,尚待今后的持续研究。

三、资产证券化与资产的混同风险

(一) 问题之所在

发起人通过证券化向 SPV 转让标的资产,资产证券化架构开始实际启动之际,最为重要的问题之一就是如何管理转让后的资产。例如,不动产租赁的证券化中,把从承租人处收取租金以及为标的不动产之管理维护而支出的费用委托发起人管理时,或债权证券化中把标的债权的管理催收委托给发起人时,如何评价这些资产的归属是本节关注的问题所在。

当发起人破产时,上述转让后的资产管理若作为发起人的一般责任财产,依照破产法的规定进行处理的话,就会使证券化架构丧失其功能,无法实现破产隔离的法律效果。这就是资产证券化与资产的混同(commingle)风险的问题(因

---

[1] 日本最高法院1982年(昭和57年)3月30日判决,载《最高裁判所民事判例集》36卷3号,第484页。

[2] 日本最高法院2008年(平成20年)12月16日判决,载《最高裁判所民事判例集》62卷10号,第2561页。

该风险通常与资产服务商的破产相伴而生,因此也称为"资产服务商风险")。由于现金流(即资产价值的每日当前流量)的稳定是资产证券化中的核心要素,混同风险的问题自然成为资产证券化领域极为重要的论题。

(二) SPV 的取回权与金钱教义

委托发起人收取标的不动产的租金或债权收款的证券化架构中,发起人与 SPV 之间通常会签订资产服务合同,约定由发起人设立专用账户,用于分别管理受领的租赁及收款,并定期(每日一次或一日两次)向 SPV 汇付款项。

这种情况下,一旦发起人被提请启动公司更生程序,法院通常会在收到申请后迅速下达保全管理命令(日本《公司更生法》第 30 条第 1 项),同时选任保全管理人,并禁止对保全管理命令下达之前的原因所形成的债务进行清偿。因此,破产对资产证券化上的现金流的影响首先就体现在保全管理命令阶段。实务上的热点问题是,能否将发起人基于证券化架构向 SPV 的汇款行为排除在保全管理命令的清偿禁止之外?而对这一问题进行探讨的前提是在法律上应当如何理解发起人对 SPV 负有的汇款义务(或 SPV 的请求权)。或者直接地说,在与一般责任财产分别管理①的前提下,SPV 对发起人管理的收得款项是否享有取回权?

日本的判例②认为,为了最大程度的确保金钱的流通性,对金钱通常采占有即所有的认定方式,即"金钱教义(dogma)"。根据"金钱教义",在发起人所占有的金钱之上不能承认 SPV 享有物权性质的权利,因此,此项观念不能成为 SPV 取回权的法律根据。尽管有观点认为,在日本的法律体系中,"金钱教义"不能被作为一项放之四海而皆准的难以逾越的绝对性法律原理,但依笔者看来,目前此规则仍是一项不得不遵守的判例法。所以,通过直接承认 SPV 的物权性质的权利来肯定其取回权的行使,在法律上有一定限制。

(三) SPV 取回权法律构成的可能路径

基于上述"金钱教义"的限制,为认可 SPV 取回权的行使,学界提出了以下视角和路径。

1. 经纪商法理

以自己的名义为顾客购买有价证券的经纪商(如证券公司),在向顾客交付该有价证券之前陷于破产的,该有价证券是属于证券公司的破产财产,还是由顾

---

① 即为发起人开设专门用于管理收回款项的特定银行账户,在该账户中管理收得款项,并且使用了区别于一般财产的账簿进行管理,以此实现分别管理。如果不构成这种分别管理,物权性权利及取回权的特定性前提也就不复存在。

② 例如日本最高法院 2003 年(平成 15 年)2 月 21 日判决,载《最高裁判所民事判例集》第 57 卷 2 号,第 195 页;《判例タイムズ》1117 号,第 211 页;《判例時報》1816 号,第 47 页。

客行使取回权？这一问题在经纪商破产领域争论已久。日本最高法院判例认为，经纪商所取得的权利系因委托人（即顾客）而取得，故而委托人对此应享有实质性的利益，应当认可委托人的取回权。[①] 于是，有观点认为，将这一经纪商法理类推至资产证券化中，便不难得出 SPV 针对发起人就分别管理之收得款项也享有取回权的结论。

以上类推的根据在于，二者在利益的博弈上确有相似性。并且，取回权能够得以行使的前提是客体的特定性，如果发起人确实履行了分别管理义务，那么也就有可能认定管理存款账户中的收得款项具备了特定性。

问题在于，经纪商法理的射程究竟有多远？在认可委托人取回权的案件中，日本最高法院也只是以利益衡量性的理由加以佐论，至于其射程究竟应当如何认定，仍然是悬而未决的难题。有力说认为，不如回归到取回权的基本原则上，理解为权利从经纪商移转到顾客，因此顾客享有取回权。然而在这一前提下，从经纪商法理出发讨论资产证券化与资产混同的问题最终还是会落入前述"金钱教义"的困境中，因此该视角也就不具备作为固有法律构成的意义。

2. 存款的归属法理

就发起人将收得款项置于存款账户进行管理这点而言，针对该存款也可以从存款的归属法理出发，进行考察。

以往对存款的归属（即存款人的认定）问题存在着三种学说，即以实际提供钱款人为存款人的客观说、以存款行为人为存款人的主观说，以及二者调和之折中说[②]；判例上秉承了客观说。然而，如下文，日本最高法院于 2003 年（平成 15 年）审理了一起关于损害保险代理商的保险专用账户的案例，以及一起关于律师开设存款账户用于管理自委托人处受领的金钱的案例。在两案中，日本最高法院都没有明示地以客观说的意图或框架认定存款人，而是撤销了遵从客观说的原审判决，由此也就产生了诸多学术上的争议和讨论。关于这两个判决的意义及其射程，虽然众说纷纭，但可以达成一致的是，日本最高法院并未放弃客观说的立场，而是对一类存款即普通存款，采取了客观说以外的规则用以认定存款人。

---

① 日本最高法院 1968 年（昭和 43 年）7 月 11 日判决，载《最高裁判所民事判例集》第 22 卷 7 号，第 1462 页；《判例タイムズ》225 号，第 88 页；《判例時報》529 号，第 70 页。

② 具体而言，客观说主张，以自己存款之意思将自己的金钱由本人或代理人存入银行的，提供钱款人即存款人。主观说则主张，存款行为人在存款时没有明确表示由他人代存等特殊情况的，存款行为人即为存款人。折中说认为，原则上应当遵从客观说，以提供钱款人为存款人，但如果存款行为人明示或默示地表示了其为自己的存款，则存款行为人即为存款人。

具体如下。在损害保险代理商开设保险金专用账户一案中,日本最高法院2003年(平成15年)2月21日判决认为,代理商只是将从保险合同相对人处收得之保险金,以进款之目的存入了其开设的名为"某某保险公司代理商某某"的普通存款账户中,但是保险公司并未将缔结存款合同的代理权授予代理商,且存款账户的存折与申报印章均由代理商保管,只有代理商在进行该存款账户上的资金管理,因此,代理商的存款不应属于保险公司,而应归属于代理商。

将此法理延伸至资产证券化领域,便不难得出以下结论:如果发起人接受了债权催收之委托,为收得款项之收支而开设存款账户,并管理该账户的存折与申报印章,且只有发起人可执行该账户内资金的存入与支出事务,那么即使发起人对收得款项进行了分别管理,该存款账户仍然构成发起人的一般责任财产,因此也就有可能得出SPV不能行使其取回权的结论。①

在律师作为受托人因受客户公司之债务清理委托而开设存款账户一案中,日本最高法院2003年(平成15年)6月12日判决认为,为处理受托事务,委托人须先向受托人支付一定费用(日本《民法》第649条),该费用于交付时即已归属于律师所有,账户的开设、存折及印鉴的管理、存款的收支等均由律师为之,存款账户也以律师之名义开设,因此,存款人系受托之律师而非委托人,存款债权自然也就归属于律师。② 如果将该判决推及至资产证券化中,为管理收得款项的收支而开设之存款账户将属于发起人,SPV的取回权将很难成立。

3. 信托法理

如前所述,"金钱教义"、经纪商法理以及存款的归属法理中都暗含了否定SPV对收得款项的取回权的倾向。然而收得款项的混同风险对资产证券化而言是致命的阻碍,很有可能会妨碍企业顺利筹集资金。因此,寻找出一种能够平衡这一矛盾的形式,正是现阶段亟须解决的问题。

基于信托法理考察的视角是近年来最有力的观点。信托是指特定主体依一定的目的进行财产的管理或处理,以及为达成该目的的其他必要行为(日本《信托法》第2条第1项)。发起人为作为实质权利人的SPV进行资金管理,具有信托的性质;因此,是否能够基于信托法理,对分别管理的收得款项适用取回权呢?

前述关于律师存款的日本最高法院2003年(平成15年)6月12日判决中,

---

① 详见日本最高法院2003年(平成15年)2月21日判决,载《最高裁判所民事判例集》第57卷2号,第95页。
② 日本最高法院2003年(平成15年)6月12日判决,载《最高裁判所民事判例集》第57卷6号,第563页;《判例タイムズ》1127号,第95页;《判例时报》1828号,第9页。

委以债务清理事务的委托人与作为受托人的律师之间并不存在利益对立关系，在与第三人（征收委托人滞纳税金的税务管理局）的关系问题上，若认定存款归属于律师，对案件解决即为已足；因此法庭也没有作出更多的判断。但是诚如上述存在的混同风险，委托人（SPV）的利益与受托人（发起人）的一般债权人的利益之间必然面临着需要调整和协调的空间，为寻求某种救济或调整之法律原理，信托法理就成为一种可能的路径。事实上，前述日本最高法院 2003 年 6 月 12 日的判决中，两名法官以补充意见的形式对信托法理的适用可能做出了肯定。此外，日本最高法院 2002 年（平成 14 年）1 月 17 日判决表明，基于《公共工事预付金保证事业法》，即便当事人未明示适用信托制度，对预付金的性质认定也可按信托处理。[1]

关键在于，在何种情况下才能认可信托的成立。参照前述日本最高法院 2002 年（平成 14 年）1 月 17 日判决所阐述的标准，比如财产权的转让、关于管理的合意、特定性保管、公示、分别管理义务，针对资产证券化中的收得款项也有可能成立信托。此种情况下，信托具体构成为：以 SPV 为委托人兼受益人，以发起人为受托人，以收得款项（存款）为信托财产。

（四）实务对应

如上文，可以依照日本最高法院 2002 年（平成 14 年）1 月 17 日判决所示标准来判断发起人管理的收得款项之上是否成立 SPV 的取回权。

实践中，例如，发起人被提请公司更生程序之际，依前文中涉及的真实出售理论及标准，法院将会首先审查构成证券化交易的各种法律关系在更生程序上应当如何处理；根据审查的结果，在承认证券化交易的效力的情况下，为使该交易不会受到不当阻碍，法院通常会将向 SPV 的汇款行为排除在保全管理命令中的禁止清偿范围之外。此外，当保全管理命令下达，且保全管理人对证券化交易在公司更生程序上的处理尚未做出结论的情况下，法院也可以秉承上述宗旨，允许发起人以临时支付的方式向 SPV 汇款，并将其暂时地排除在保全管理命令的限制对象之外。

---

[1] 日本最高法院 2002 年（平成 14 年）1 月 17 日判决，载《最高裁判所民事判例集》第 56 卷 1 号，第 20 页；《判例タイムズ》1084 号，第 134 页；《判例时报》1774 号，第 42 页。该判决中，以地方公共团体为委托人兼受益人，以承包人为受托人，并将以承包人的名义存入银行专门账户的预付款作为信托财产，成立信托合同。当承包人（受托人）破产时，该存款账户中的存款也不应纳入破产财产。

四、雷曼危机的经验及学说的反思

(一) 金融危机与资产证券化

2007年初,美国的次贷问题日益凸显,受其影响,日本的各大金融机构开始出现信用紧缩的趋势且逐渐强化。2008年9月,以"雷曼危机"为代表的剧烈金融危机在美国爆发,由此导致的以金融机构为首的信用紧缩也在世界范围内迅速扩散开来。

当时,日本国内正处于"不动产小型泡沫"时期,活跃的不动产投资一直持续到2007年中,但伴随着金融机构的剧烈信用收缩,房地产市场也受到了巨大的影响。在"不动产小型泡沫"中,不动产投资基金等机构发挥了重要的作用,其中广为应用的手段之一就是不动产证券化。然而剧烈的金融收缩状况使得不动产证券化中的重要参与者的资金计划被打乱,从而导致了SPV自身破产等不安定因素甚至资产证券化架构的失败频发。

(二) 应当被正视的现实

对于资产证券化而言,这无疑是一场噩梦般的变故。笔者作为一名从事破产法实务的律师,印象特别深刻的是相较于真实出售与破产法公序之间的关系等有关资产证券化与破产的传统议题,专家们此时更加致力研究的侧重点在于:面对突发性的资产证券化架构失灵(包括功能不良与功能停止)时,从金融与破产之双方出发可以采取怎样的应对措施。当然,传统性的议题也一直不失为智者的关注点,但不只是日本,在全世界范围内都尚未出现过扩散得如此迅速和剧烈的信用紧缩。在此背景下,专家们不得不把大部分精力放在如何调配与处理作为资产证券化根基的现金流的防卫和处理,现金流其实也是破产与企业重整中最重要的事项。

换言之,相比关于证券化交易的法律关系在破产程序中如何评价这一问题,更为重要的是,如何对每日现金流这一眼下的核心问题展开动态维度的讨论和研究。现金流如同血液,其状况不良或中断就会使得资产和营业面临不可逆转的迅速恶化,甚至"死亡";带来巨大冲击的雷曼危机及其后发生的金融危机便将这一现实情况摆在了我们眼前。

当然,对有关现金流等动态问题而言,真实出售等议题无疑起着前提性和骨干性的重要作用。然而,从雷曼危机的经验来看,证券化交易因突发性事件会遭受怎样的现实影响,又应如何对其进行应对,从这一动态层面出发,有必要重新审视围绕资产证券化与破产的既有讨论。

无论如何,对于证券化具体架构中出现的现实问题,加以动态的考察十分必要。因此,下文将对具有代表性的资产证券化架构中出现的实务问题进行若干分析。

五、实践中的资产证券化架构与破产

资产证券化的具体手段及架构,依标的资产的种类、SPV 的形态、包括税法在内的相关法律法规及其对应之措施等,在种类和形态上各有不同。以下将选取日本国内常用的具有代表性的证券化架构,尤其是其中受到雷曼危机重大影响的不动产证券化架构,进行分析。

(一)资产证券化架构及其参与者

1. 不动产证券化架构

资产证券化起源于美国,被日本直接继受后,生成许多实践与讨论;在此过程中,根据日本既有法律体系对这一融资手段进行重构和二次设计也就十分必要。就日本的不动产证券化而言,首先是要依据本国法令制定架构;同时,为回应实务界的要求,国家还进行了资产证券化方面的特别立法。在此二者的共同作用下,现在常用的架构模式也就被建立起来了。

2000 年以后,在日本被广泛应用的不动产证券化架构是 GT-TK 架构、TMK 架构以及 J-REIT 架构。GT-TK 架构主要应用基于日本《公司法》与日本《商法》而成立的合同公司及匿名合伙,TMK 架构主要应用基于日本《资产流动化法》而成立的特定目的公司,J-REIT 架构则是根据日本《证券投资信托法》建构起来的。①

其中,J-REIT 架构(日本式不动产信托投资)系通过设立投资信托或投资法人来筹集投资人的资金,并把筹得资金用于不动产或有价证券等投资和运作,最终将收益分配给投资人。这一架构是资产运作型集团投资的手段之一。雷曼危机时期,投资法人实际上也出现了破产的案例,出现了不少从资产证券化与破产角度出发的研究,但是 J-REIT 的破产与重整问题则更需要从日本《证券投资信托法》的详细规定和上市公司的相关规制等角度进行专门考察。

---

① 除此以外,基于日本《不动产特定共同事业法》存在着这样一种商业架构,即以投资不动产实物为目的,满足一定许可要件的商业主体(不动产商)经营不动产交易,并将其收益分配给投资人。此外,2012 年(平成 22 年)对该法的修订,使得破产隔离型架构成为了一种新的可能形式。参见野间敬和《破产隔离型不动产特定共同事业的创设》,载月刊プロパティマネジメント,2012 年 5 月号,第 54 页。

2. 资产证券化的实际参与者

在对 GK-TK 架构与 TMK 架构进行详述之前,需要概括性地了解这两个架构中可能涉及的参与者,以及当出现架构危机时他们所处的立场和行动原理。

围绕资产证券化和破产的学说中所涉及的基本主体一般主要包括发起人与 SPV。但是,资产证券化实务中则远不止这两个主体,还包括了股权投资者、借贷机构、资产管理人、物业管理人、"总发起人"等众多主体。

资产证券化中,为提高自己资本投资的收益率,通常会采用自己资本与他人资本相互组合的方式进行资金筹集。为提高这种投资的收益率与变动性(volatility)所使用的技术即杠杆原理,又被称为举债经营(leverage)。以自己资本(股权)筹资,即出资者为股权投资人;以他人资本(借贷)筹资,即贷款人为贷款投资人。由于贷款投资人可收取的金额基本限于本金和利息,因在金钱性获益上受到了一定限制,架构中比股权投资人具有优先受偿地位,因而是一种"低风险、低收益"型商品。与此相对,股权投资人劣后于贷款投资人受偿,但可以获得除去向贷款投资人的清偿款项及成本费用外,根据架构所能获得的全部利润,因而是一种"高风险、高收益"的商品。资产证券化商品的骨架也正是根据这两种筹资方式的不同组合进行设计的。

资产证券化的另一重要特点在于,贷款投资人对 SPV 所发放的贷款是一种无追索权贷款(Non-Recourse Loan)。无追索权贷款,是指该贷款项目下,构成债权之担保的责任财产的范围仅限于资产证券化的标的物及其所生之现金流(该合同即可称为"附责任财产限定之特别约定的金钱消费借贷合同")。具体而言,贷款的"无追索权"性质是指贷款投资人的债权只能从该资产证券化的标的资产中获得清偿,而不可追索(Recourse)至股权投资人或其他利害关系人的财产(包括资产管理人及发起人的资产、SPV 的其他证券化项目中的资产等)。资产证券化中的各种商品系将风险与收益进行了不同组合,而"无追索权贷款"正是通过阻断贷款投资人向股权投资人等追索债权,建构起了一种允许股权投资者等进行投资并参与资产证券化而无须负担过多风险的机制。

3. "总发起人"的角色

资产管理人(Asset Manager,简称"AM",即资产运作公司),系代替股权投资人或所有权人(SPV)对投资的标的资产进行管理的专业人员及机构。资产管理人通常会作为股权投资人或所有权人的代理人,选任物业管理人(Property Manager,简称"PM",即资产管理公司),对物业管理人的行为进行指示和监督,并就资产的投资利用对投资人负有利益最大化的责任和义务。如果将 SPV 视为单纯的"壳"或者"通道"式的存在,那么资产管理人和物业管理人的作用和必要性也就不难理解了。

在雷曼危机发生时,"总发起人"(Sponsor)这一角色被推到了聚光灯之下。尽管对其尚不能进行统一定义[①],但在资产证券化的构成与安排中发挥着中心式作用角色的,正是被称为"总发起人"的实体。直观地来看,这一语词的使用多带有建构证券化的主体或母体之意味;但问题就在于 21 世纪 10 年代中期的现实案例中,"总发起人"不仅是发起人,而且兼为主要的股权投资人于一家,甚至支配构架实际运营的资产管理人和物业管理人也都是关联企业或会员企业。

以"总发起人"为中心所建构起来的资产证券化在破产隔离和利益相反等角度应当如何进行评价与应对,是亟待考察的今后之课题。而在此之前本文首先关注的问题是,雷曼危机发生时,"总发起人"(多为不动产公司或金融公司等)自身的信用状况不稳定甚至破产,直接连锁反应式地引起了资产管理人等的信用不良和破产,最终导致证券化架构出现严重的功能性失灵。再者,即使是在采用无追索权贷款的架构中,有时"总发起人"也会以"担保函(Sponsor Letter)"或"担保合同"的形式,对贷款投资人进行 SPV 以外的信用补充,以资补偿;这种情况下,"总发起人"自身的信用不良和财务危机将会更轻易地影响到证券化架构整体的安定性。

针对不动产市场上出现的不断扩大的泡沫现象,笔者认为,这其中就隐含着因"总发起人"的信用不良而直接导致证券化架构功能失灵的危险,甚至可以被认为是资产证券化的自我毁灭。因此,在考察和分析实务上的问题以及破产预防措施、破产程序防止措施的重要性之时,首先对以上背景予以理解就显得尤为必要。

4. 危机发生时,各方参与者的利害得失

资产证券化建构完成后,在相当期间内才能获得投资收益,因此必然会受该期间内环境变动的影响,代表性的例子就是伴随雷曼危机所发生的剧烈信用紧缩和不动产价格下跌(这可以说是极端案例)。在这样的环境变化中,为正确理解围绕资产证券化而发生的各种现实问题,必须先厘清各参与人的立场及行动原理和动机,在此基础上再对具体问题进行分析。资产证券化对以股权投资人和贷款投资人为中心的各利害关系人的权利义务关系进行了内容繁复的设计,同时资产证券化所处的环境也存在着多样性和不确定性,因此,无法笼统地说明各利害关系人之间的相互关系,以下就试举一例。

在不动产证券化中,SPC 所持有的不动产价格一旦下跌,SPC 就会面临实质

[①] 2013 年(平成 25 年)6 月 12 日进行的日本《金融商品交易法》等的修正中,上市投资法人的投资份额交易应属于内部交易的规范对象,因此,控制上市投资法人等资产经营公司的公司被定义为"特定关系法人",并被作为规范对象,即可以理解为 J‐REIT 的总发起人。

性的资产状况恶化。并且，贷款投资人被赋予了优先于股权投资人获得清偿的地位，故实质性资产状况恶化所带来的损失（账面损失）就主要由股权投资人承受。因此，股权投资人为缩小其账面损失，通常会通过自身或资产管理人对SPC的资产状况或标的物价值进行改善和提高。另一方面，贷款投资人为使其债权能够在权利受到贬损之前得到清偿，通常也会尽可能地行使其在证券化架构中被赋予的各种权限，以使得收益尚未分配至股权投资人之前，自身即可获得清偿。这种情况下就存在着利害关系的冲突，此时，若股权投资人的主要成员之一就是该证券化架构的"总发起人"，而资产管理人又是其关联企业，则利害关系的冲突又呈现出了进一步复杂化的局面。

其次，随着不动产价格的骤然下跌，股权投资人（"总发起人"）欲收回其投资的愿望不免陷于落空。一旦出现了这种情况，作为其关联企业的资产管理人在证券化架构中便极可能不会竭尽全力地履行其运营管理之责。此外，这种情况下，"总发起人"往往已经不再关心证券化架构的运行，其唯一之担心仅在于向贷款投资人出具的担保函或担保合同等自己须承担补充责任的安排应当如何处理，这与证券化的初衷可谓背道而驰。更糟糕的情况是，随着"总发起人"的经营失败，作为其关联企业的资产管理人相继破产，最终，在证券化架构中负担维持运营之责的主要关系人也就事实上不存在了。

以下问题的分析或多或少会以造成证券化架构在上述例示中的危机情形为前提进行展开。

（二）"GT-TK架构"与"TMK架构"

1. GT-TK架构

典型的GT-TK架构是指设立公司法上的合同公司（GK，为日语读音之缩写）作为为营业者与股权投资人（TK投资人，为日语读音之缩写）订立隐名合伙合同接受其出资，同时向贷款出资人借入资金，以此二项资金为原始资金，向以标的不动产为信托财产的信托受益权进行投资的方式。由此可知，GT-TK是一种私募基金投资方式。

由于日本《不动产特定共同事业法》的规制，GK作为资产持有机构并不是不动产实物的所有权人而是享受其上设定之信托受益权的情况非常多见。相关架构中则会相应地设定，将不动产的租金收入暂时汇入信托受托人（信托银行等）管理的信托账户，在扣除信托受托人之必要经费及信托报酬后，再向作为受益人的GK进行分配。受益人所获得的信托分配金也就构成了向贷款投资人和股权投资人所为分配之基础。

GK首先应将信托分配所得向贷款投资人支付本金和利息，同时为确保架构运营的稳定和顺利，还应为信托受托人和GK提取一定金额的储备金（或公积金);其后若尚有盈余,方可向匿名合伙成员进行匿名合伙分配。

贷款出资人具有优先于股权出资人获得投资回报的法律地位,为确保这种优先性,往往会在 GK 享有的信托受益权之上为贷款出资人设定质权。这也构成了 GK-TK 架构中贷款投资人的基本保全手段。此外,为防止 GK 与信托受托人之间发生信托合同解除等情形使得质权标的不复存在,架构中通常还会做出如下安排,即合同解除的情况下,应当回复至 GK 的标的不动产上成立贷款投资人的抵押权(附停止条件)。

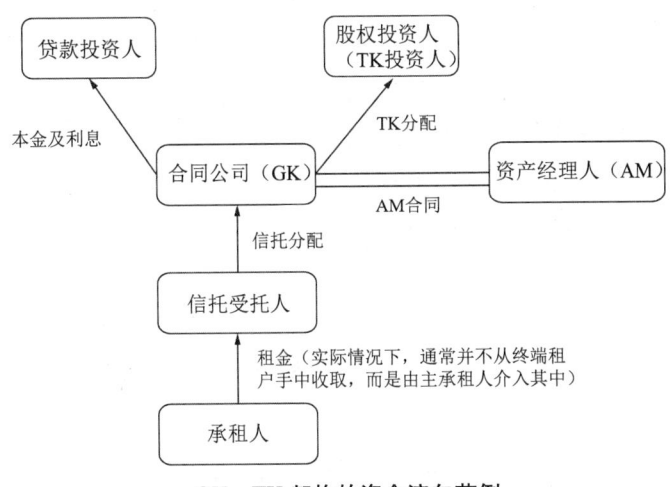

GK-TK 架构的资金流向范例

如后文提及的 SPC 破产预防措施,为事实上制约股权等权利的行使,GK 的社员持有份额均由不受发起人或"总发起人"影响的一般社团法人持有。当架构出现不稳定因素时,通常会在 GK 的社员持有份额上为贷款投资人设定质权,以作为贷款投资人一方抵御债务人 SPC(即 GK)的最后手段之一。

2. TMK 架构

TMK 架构是指基于日本《资产流动化法》而设立特殊目的公司(TMK,为日语读音缩写),通过发行针对股权投资人(优先出资社员)的优先出资份额获得其出资,同时以发行特定公司债券或借贷的方式向贷款投资人借入资金,以此二项资金为原始资金,向标的不动产或其信托受益权进行投资的方式。TMK 架构也多采用私募基金的方式。

TMK 架构中,特殊目的公司(TMK)作为资产持有机构对不动产实物直接所有的情况较为多见(也有采用信托受益权的方式)。在对不动产实物享有所有权的架构中,TMK 首先应将租金收入所得向贷款投资人支付本金和利息或用于清偿特定公司债券,同时为确保架构运营的安定和顺利,还应为 TMK 提取一定金额的储备金(或公积金);其后若尚有盈余,方可向优先出资社员进行分配。

TMK架构中,贷款出资人往往以认购特定公司债券或与融资(贷款)进行组合的方式进行出资。为保全其中的特定公司债券,日本《资产流动化法》规定了"一般担保"制度(第128条第1项)。一般担保是一种针对定公司债券的特殊的法定担保物权,即以TMK的全部资产作为该担保权的标的,使权利人能够获得仅次于民法上一般先取特权的优先顺位(该条第2项)。此外,为保全特定公司债券和融资(贷款)的其他手段还包括在TMK持有的不动产上为贷款出资人设定抵押权。这些方式共同构成了TMK架构中贷款出资人的基本保全手段。

TMK的持有份额基本相当于GK的社员持有份额,日本《资产流动化法》将其称为特定出资,并为预防破产而规定由一般社团法人持有。与GK-TK架构同理,当TMK架构出现不稳定因素时,通常也会在特定出资上为贷款投资人设定质权,以作为贷款投资人一方抵御及制衡债务人SPC(即TMK)的最后手段之一。

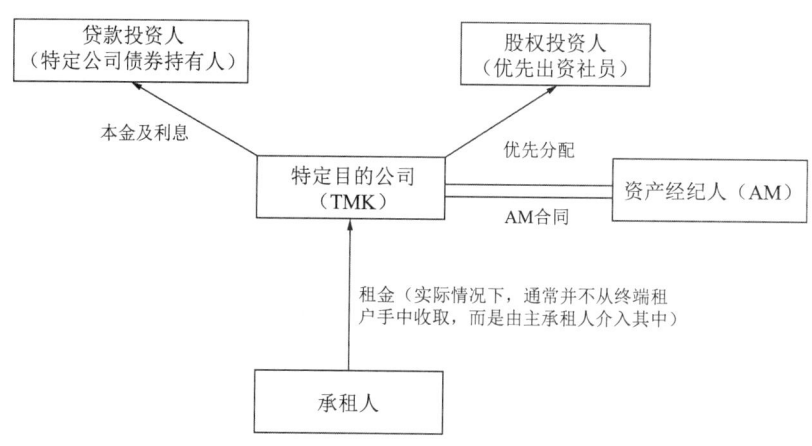

● TMK架构的资金流向范例

(三)破产等危机情况发生时的问题

1. 多样的现实问题

综上,在具体的证券化架构中通常会采用各种各样的构造和安排,以实现其架构欲达之目的。为实现破产隔离效果、税法上的导管效果,并遵守和利用各种相关规制,设计出复杂的投资产品这一过程,甚至可以说是一项艺术创造;但是在遇到雷曼危机这样的剧烈环境变化时,各种架构都不免陷于险境,其中的各种组织和构造的目的是否还能达成,则不无疑问。根据危机情况的不同,证券化架构的内容也会产生各种不同的现实法律问题。以下就将选取围绕资产管理人的相关问题和标的不动产的租赁问题进行重点讨论,资产管理人在架构的运营中担负重要作用,而标的不动产的租赁也构成了现金流的源泉。

2. 围绕资产管理人的问题

(1) 资产管理人的不稳定。

资产管理人(AM)并非仅是接受 SPC 的委托,为 SPC 之利益而进行决策、建议和指示的主体,它还应当履行与贷款投资人、股权投资人及其他架构中利害关系人之间的联络和报告义务,并有权选任和监督具体管理物业的物业管理人等。换言之,证券化架构通常会将整体的管理业务全部委托给资产管理人。因此,作为母体的"总发起人"一旦出现经营危机,资产管理人也会相应地不能完全实现上述机能,此时就会发生各种危机,如 SPC 的决策迟延或不能、架构整体的功能失灵,从而导致预定之现金流受阻,甚至丧失物业变卖的最佳时机。

(2) 资产管理人的替任。

当资产管理人出现问题时,最根本且彻底的应对措施就是辞退原资产管理人(解雇),并选任新的资产管理人。因此,实务上通常会采取包括但不限于以下之各种方式:① 将资产管理人发生信用不良等危机情况或业务执行不充分等情况作为资产管理协议的解除事由;② 在项目合同①中规定,当这些事由发生时,贷款出资人有权解除资产管理协议,并选任新的资产管理人;③ 约定当上述事由发生时,以合同加速到期为由,贷款出资人可以代为行使资产管理人对信托受托人的指示权。此外,为了能够顺利地向继任的资产管理人完成交接工作,还可预先设定后备资产管理人(Back-up Asset Manager)。

针对以资产管理人的危机情况作为合同解除事由这一安排,还会涉及破产解除条款的有效性问题。此外,根据日本《民法》第 651 条对委托合同的规定,资产管理合同中是否也可以行使任意解除权,在民法上不乏相关讨论。但对这些问题的深入分析本文暂且搁置。

更为根本的问题在于,SPC 作为资产管理合同的一方当事人,原本就没有想过从预防破产的角度出发聘任注册会计师、税务师等中立独立之第三人为董事,以使其能够进行独立的判断与行为。因此,SPC 事实上几乎不可能主动辞退资产管理人并重新选任。在此前提下,赋予贷款投资人以主动辞退资产管理人并重新选任的权限就显得尤为必要。具体言之,在特定事由发生时,应当赋予贷

---

① 项目合同是指,贷款人、股权投资人、信托受托人、资产管理人等参与者之间缔结的有关资产证券化架构的合同。

款投资人以解除资产管理合同并选任继任之资产管理人的权限,即上述②、③中所采用的应对方式。就②而言,SPC 与投资运营机构或投资建议机构之间签订了投资委托合同或投资顾问合同,贷款投资人若要介入其中,是否需要在第二类金融商品交易业中另行注册;就③而言,贷款投资人是否需要获得投资运营资质或投资建议资质,诸如此类问题,在金融法领域上仍存在争议。

实践中,资产管理人的更替过程中,新的资产管理人需要顺利地承继原资产管理人所缔结的各种合同或负责的事实关系,因此,在项目合同中极为关键的内容之一就是预先设定此类必要条款。特别是针对资产管理人所保管的文件资料,若不能妥善保管重要文件甚至会对架构的运营造成致命的影响。因此,相关合同中就当然地需要约定贷款投资人有权请求资产管理人交付文件资料;但若没有预先约定资产管理人的交付义务的情况下,贷款投资人也可考虑适用民事保全程序或债权人代位权(日本《民法》第 423 条)。

3. 标的不动产的转租问题

(1) 主承租人的不稳定。

标的不动产的所有人系信托受托人(GK-TK 架构和 TMK 架构中)或TMK(TMK 架构中),他们往往不会直接将标的不动产出租给终端租户,而是由总承租人(或称"主承租人")从所有权人手中统一租得该不动产,然后再转租给各个终端租户。此处的主承租人可能是独立的商业机构,也可能是"总发起人"的关联企业,无论是哪一情形,当主承租人出现信用不良等危机状况时,作为现金流之源泉的租金流量也势必会陷入不稳定状态。

(2) 转租关系与破产。

转租关系中,主承租人同时承担承租人和转租人两个角色,若其发生破产事由,则会引发两方面的问题:一是与出租人关系中的承租人破产问题,另一则是与转租承租人关系中的出租人破产问题。如何将两者进行合并分析和处理是此处的难题。

从其与出租人的关系来看,也就是承租人破产的情况下,承租人的破产管理人根据一般原则,可以将其与信托受托人或 TMK 之间的租赁合同作为待履行合同,从而选择履行或解除。若选择解除,则主承租人的破产管理人应当向出租人返还标的不动产,同时可以请求返还预交的押金。另一方面,从其与转租承租人的关系来看,也就是出租人破产的情况下,通常只要转租承租人具备了不动产租赁的对抗要件即登记或居住(日本《借地借家法》第 31 条第 1 项等),主承租人的破产管理人就不得选择解除转租合同。

以上述内容为前提,最大的问题就变成了破产后的主承租人(承租人兼转租人)如何才能从租赁和转租赁的关系中脱离出来。日本民法上的判例[1]和法理均认同:因承租人的债务不履行而解除租赁合同的情况下,转租承租权也会一并消灭;但是依合意解除的情况下则不当然地消灭转租承租权。因此就不得不思考,破产管理人行使选择权而解除待履行合同时应当遵从哪一规范?

与因债务不履行而解除的情况相同,希望从中脱离出来的破产管理人可以解除其与信托受托人或 TMK 之间的租赁关系,从而主张消灭终端租户的转租承租权。尽管破产管理人有意提出这一主张,但是只要物业仍由终端租户占有,破产管理人就无法向信托受托人或 TMK 完成标的不动产的交回及恢复原状,此时也就无法请求返还押金,甚至可能会根据合同约定承担违约责任(通常会约定相当于租金金额数倍的损害赔偿金)。因此,主承租人的破产管理人并不能轻易地解除租赁关系。

而终端租户所面临的情况则与依合意解除的情形相同,其转租承租权并不消灭,即可要求出租人(信托受托人或 TMK)承继该租赁关系。

此外,即便贷款投资人一方为了法律关系的早日稳定希望解除与主承租人的租赁关系,但是如前文,日本判例上已经确立了破产解除条款的广义无效法理,日本《借地借家法》第9条、第30条也规定了对承租人不利的特殊约定无效,因此,除非主承租人有不支付租金等债务不履行之事由,否则信托受托人或 TMK 不得轻易地单方解除主租赁合同。

(3) 以和解协议达成现实性解决。

上文已就转租关系中各利害关系人的不同立场进行了阐述和分析,其结果还是引向了某种形式下主承租人与终端租户之间的租赁关系将由出租人承继这一方向。这也与日本破产法旨在保护具备对抗效力的承租权的宗旨相吻合。以此为前提,出租人承继并直接进入了与转租承租人的租赁关系中,但应当如何理解这一租赁关系的构成又是一大难题。日本民法上对依协议解除租赁关系的判例法理这一难题有诸多讨论,但笔者在本文中无意深入探讨这一点。

结合破产法,尤应关注的问题在于押金的处理。具体言之,转租承租人(终端租户)本只可依原先设定,向转租人(主承租人)请求返还押金,并作为破产债权进行申报处理;但若由出租人承继租赁关系,则是否对终端租户进行了过分保护。公平对待债权人是破产法公序的核心要义,如果在一般承租人与转租承租

---

[1] 关于债务不履行的合同解除可参见日本最高法院1961年(昭和36年)12月21日判决,载《最高裁判所民事判例集》15卷12号,第3243页;关于协议解除可参见日本大审院1934年(昭和9年)3月7日判决,载《大审院民事判例集》13卷、第278页、日本最高法院1987年(昭和62年)3月24日判决,载《最高裁判所民事判例集》150号第509号;《判例タイムズ》653号,第85页;《判例時報》1258号,第61页。

人之间得出大相径庭之结论,不免存在争议。尽管这一问题十分困难,但不妨应用信托法理进行分析,即把转租承租人向转租人交付的押金与转租人向出租人交付的押金作为一个整体,例如将转租承租人视为委托人兼受益人,将转租人视为受托人,将转租承租人向转租人交付的押金视为信托财产,那么基于信托原理,转租人向出租人所为之交付不过是信托财产的管理,因此仍应保护转租承租人的押金返还请求权。具体可参照前述日本最高法院2002年(平成14年)1月17日判决中所确立的标准,探索如何建构这两项押金合同才能获得信托法理的保护。

关于主承租人的脱离还应当关注主承租人对出租人负有恢复原状之义务应当如何处理的问题。此外,当终端租户并非单一时,作为出租人的信托受托人通常会避免直接与终端租户形成租赁关系,因此,实务中很难实现由出租人直接承继终端租户,其结果就是,出租人往往不得不选任一个新的主承租人用以维系转租关系。

基于上述分析,最希望得到的解决方式就是,出租人(信托受托人或 TMK)、主承租人和终端租户等利害关系人之间能够就以上列举的各问题点最终达成一致协议,使得关于主承租人脱离的各项条件都能以协议的形式达成和解。当然,如果能够在主租赁合同和终端租赁合同中尽可能地预先约定好应对措施,则对资产证券化架构整体而言无疑更加有利。

(4) 现金流的维持。

尽管处理转租关系必然要耗费一些时日,但对证券化架构而言更为重要的是防止这一过程中发生现金流的混乱。

从法律的视角来看,破产管理人无论是选择履行还是解除,自破产程序启动后,出租人(信托受托人或 TMK)对主承租人的租金债权都将成为财团债权或共益债权。因此,出租人在收回标的财产或达成和解协议之前,仍可随时自主承租人处受领租金的清偿。

由于破产程序启动前尚未清偿的租金债权应当作为破产债权处理,不得进行随时清偿,因此在该范围内,证券化架构的现金流势必会受到影响,但由于其范围有限,通过采取一些措施即可应对。

实际案例中,对现金流影响最大的是因主承租人或发起人的信用不良或破产,终端租户担心无法取回押金而停止向主承租人支付租金。这样的状况是资产证券化架构中所有的参与者都不希望见到的。因此,对架构参与者之间的利害关系进行调整时,不能使其过于对立,而应以相互支持的姿态妥当且迅速地应对终端租户等外部主体。

六、SPC 的破产防范

（一）问题之所在

资产证券化的基本架构就是股权投资人与贷款投资人将资金投入 SPC，该笔资金被用于从发起人处购得标的资产，同时任用资产管理人等商业机构运营该资产，最终向贷款投资人进行清偿并向股权投资人分配投资收益。

资产证券化涉及发起人、SPC、股权投资人、贷款投资人以及资产管理人等各种不同的主体。因此，如果这些相关主体采取了资产证券化架构中并未预先约定的法律手段，特别是申请破产等非常态手段，则将会对标的资产的管理、向贷款投资人的清偿、向股权投资人的分配等造成重大的阻碍和不利影响，资产证券化架构的目的也就无法实现。

如前文，各利害关系人之间通常都存在着相互矛盾对立的利害关系，在此利益博弈中，破产申请（尤其是债权人的破产申请）会被作为一种战略性手段，甚至被滥用，这对于资产证券化而言是常有的风险。因此，预防 SPC 自身陷于破产状态就是资产证券化中不得不重视的一个要素。从这一角度出发，针对预先采取哪些措施避免 SPC 陷入破产状态甚至进入破产程序，就存在着可以讨论的空间。

（二）破产预防措施与破产程序防止措施

1998 年（平成 10 年），日本破产法领域的山本和彦教授在发表了《债权流动化架构中的 SPC 破产程序防止措施》一文[①]，率先对 SPC 的破产防范问题进行了详细的考察论证，为后来的理论与实务奠定了坚实的基础。下文的展开将多处引据山本教授的观点。

首先，作为分析的出发点，山本教授将破产防范措施分成了两个部分，并认为二者之间存在着重大区别，即①防止自身陷于支付不能等破产状态的措施（破产预防措施）；②即便陷于破产状态仍要避免启动破产程序的相关措施（破产程序防止措施）。①中的破产预防措施主要包括在 SPC 的章程中规定禁止从事约定的受让标的资产以外的营业、资金调动限制、禁止在架构外负担债务、限制发起人与 SPC 之间进行人员交流等。②中的破产程序防止措施则主要包括在 SPC 的章程中规定禁止自身或其董事提出破产申请、与债权人（贷款投资人）等

---

① 山本和彦：《债権流動化のスキームにおけるSPCの倒産手続防止措置》，载《金融研究》17 卷 2 号（1998 年），第 105 页。

订立禁止申请破产的合同。以下也将以这一区分为前提展开讨论。

（三）SPC 的破产预防措施

欲防止 SPC 陷于支付不能等破产状态，就必须防止 SPC 的财务状况被破坏，包括防止 SPC 资产减少和防止 SPC 在架构设定外承担债务。从这一观点出发，就需要在 SPC 的章程中设定各种限定措施，如限制营业目的、限制营业范围与合同订立、限制变更章程或合并分立等组织法上的行为。更为重要的是必须确保这些限制的实效性，即采取手段防止因故意或过失而发生预定以外的情况。

关于法人治理这一实务上的问题，实践中一般采取的应对手段主要有：由一般社团法人持有 SPC 的股份或出资份额，选任与发起人等无利害关系的中立且独立的第三人（如注册会计师、税务师）为董事，就各限制事项与董事签订具体合同等。

此外，从雷曼危机的启示和教训来看，应当尽量选任与发起人不构成关联关系的独立性较高的企业或机构担任资产管理人和物业管理人，以从事 SPC 的实际运营工作。这对于避免发起人的信用不良状况事实上波及 SPC 而言，十分重要。

（四）SPC 的破产程序防止措施

1. 破产程序防止措施的具体方法

破产程序防止措施，即 SPC 陷于破产状态时为避免启动破产程序所采取的相关措施，在日本的资产证券化实务中，其具体实施方法一般包括由利害关系人达成限制破产申请的合意，或进行限定责任财产的特别约定。

从被限制破产申请权的主体来看，前者之限制破产申请条款可以区分为：① 限制 SPC 自身申请权的特别约定或章程条款；② 限制董事等 SPC 管理人员个人申请权的特别约定或章程条款；③ 限制债权人申请权的特别约定。以下将对这三种情形进行分别讨论。

2. 对 SPC 自身破产申请权的限制

要判断限制 SPC 自身破产申请权的协议是否有效，首先应当厘清如何理解破产法上赋予债务人自身以破产申请权的立法宗旨。如果将自己申请破产的权利完全理解为为债务人自身利益而设定，则因允许放弃自己利益之原理，可以得出允许债务人预先放弃其破产申请权的结论。

然而，破产法是把陷于破产状态的债务人的各种法律关系置于集合性法律规范之下加以规制，以实现社会秩序之安定（即"破产法公序"或"破产法秩序"）为目的的制度。日本《破产法》第 1 条即阐述了这一宗旨："……为适当调整债务人与债权人之间的权利关系，平衡债权人及其他利害关系人的利害关系，对债务人的财产进行公平且适当的清算……"因此,仅从债务人自身的利益去理解债务人的破产申请权,未免有失妥当。相较于债务人自身的利益,毋宁说债务人的破产申请权是为了所有债权人的利益而将处于破产状态的债务人置于集合性法律规范之下,以实现破产财产的维持并在债权人间进行公平分配。即,债务人处于利害关系的核心位置,法律赋予其启动破产程序的权利,系为实现公共秩序而创设契机。从这一观点出发,债务人的破产申请权作为一项重要的权利构成了破产法公序之一部分,也就意味着不得预先对其进行限制,因此作为债务人的SPC在章程或协议中限制自身破产申请权的条款将因违背公序良俗而归于无效。但是,在SPC为合同公司的情况下,可以预设破产申请需要业务执行社员的一致通过的章程条款,从而事实上达到通过否定各管理层人员的破产申请权来限制SPC自身的破产申请权的同一效果。

3. 对SPC管理层人员个人的破产申请权的限制

由于对SPC自身的破产申请权的限制无效,接下来就需要讨论是否能够对SPC各管理层人员的破产申请进行限制。换言之,可否在章程或协议中加入"SPC各管理层人员不得申请公司破产"的条款? 要讨论这一问题,相应地就需要分析管理层人员的破产申请义务和破产申请权的性质。

首先,如果法律上已经明文规定SPC的管理层人员有义务提出破产申请,那么就不难得出结论:不得在章程或协议中加入限制SPC管理层人员申请公司破产的条款。但是日本的现行法律制度中并没有一般性地规定法人或其管理层人员负有申请破产的义务。作为例外规定,只有在清算人或私立学校法人等公益性较高的法人中,才将其理事提出破产申请作为一项义务。

即使明确法律并未将SPC管理层人员提出破产申请作为一项义务,仍无法因此得出可以直接剥夺其破产申请权的结论。特别是日本破产法上明确规定了法人理事、董事、业务执行社员可以作为准债务人,在债务人之外独立提出破产申请。换言之,这些管理层人员无须经过理事会或董事会等法人意思决定机关的决议,即可向法院提出破产申请。

濒临危机的公司或法人,其高级管理层内部往往已经陷入内部纠纷,即法定代表人或其他管理层人员已经下落不明。这种情况下,为了尽快解决公司内部的混乱状态,便赋予了管理层人员以自己名义申请公司破产的权利,换言之,即便没有形成董事会或理事会的决议,也允许其提出破产申请。由此看来,管理层人员的破产申请权是对法人自身的破产申请权的补充和强化,因此也就不得不将其理解为体现全体债权人利益之破产法公序的一部分,即为强行性规范。总而言之,剥夺SPC管理层人员的破产申请权的章程条款或协议约定应归于无效。

此外，法律还一般性地规定了管理层人员的善管注意义务和忠实义务，若将其与管理层人员的破产申请权联系起来，则不难发现后者的公益性属性。在此前提下，管理层人员预先放弃破产申请权的行为就会被认定为违反了善管注意等义务。加之，对于作为破产预防措施之一，在选任注册会计师、税务师等中立且独立之第三人为 SPC 的管理层人员的情形下，从这些人员的公益属性来看，其所负有之善管注意义务的对象也应指向包含一般债权人在内的 SPC 的各利害关系人。

如前所述，在日本的现行法律体系下，很难限制 SPC 各管理层人员的破产申请权。但是，就这个结论而言，由于日本的法律体系与实务所要求的破产程序的启动要件原本就比美国等国家更为严格，相应地起到了抑制滥用破产申请权的效果，因此，即便无法预先剥夺 SPC 自身及其管理层人员的破产申请权，仅就这点也不会对资产证券化造成决定性的阻碍。

4. 对 SPC 的债权人的破产申请权的限制

与限制债务人或准债务人之管理层人员等的破产申请权不同，限制债权人申请破产的特别约定可以被理解为债权人放弃个别强制执行的约定（不执行协议）的延伸。因为在实体性权利关系中权利人可以放弃权利，在执行中也应承认其处分权，据此而承认不执行协议的有效性，也就不难得出限制债权人破产申请权的特别约定为有效的结论。在资产证券化实务中，与 SPC 订立合同的债权人往往都会同意写入禁止申请破产条款，即承诺不对 SPC 提起破产申请的约定。

尽管限制债权人申请破产的特别约定一般为有效，但破产申请权与个别债权人为自己之债权而提起的诉讼或执行请求不同，其本身所具有的公益性属性仍不能被忽视。具体言之，与前述债权人及其管理层人员的破产申请权相同，法律赋予债权人以破产申请权，也是期待能够将处于破产状态的债务人置于集合性法律规范之下，从而实现对全体债权人的利益保护和秩序维持；若将这一权利通过约定过度限制，则不免有侵害破产法公序之虞。

关于什么样的约定才会被视为一种过度的限制，笔者试提出以下两个检验标准：① 应当着眼于设定该条款的主体的性质，若该条款的设定者为金融机构、律师、会计师或机构投资者，则应当尽量承认其有效性，反之，若与私募基金等个人投资者等协议适用该条款，则应当从严审视该条款的有效性，以保障他们正当地行使破产申请之权利；② 可以在限制协议中附加期限和条件，以使得限制范围被缩小在必要的最小限度内。

上述标准②中，关于期限限制的讨论最为广泛。日本的证券化实务中，ABS 及 ABL 等所有证券化商品往往会在破产申请限制条款中约定期限限制，即须在证券化商品偿还或清偿之后一年又一日之内。此处一年又一日的设定原是参照了美国破产法上对偏颇行为的撤销要件,就日本法律而言,则应参照日本《破产法》第166条。该条规定,为防止超出合理期间使交易陷入不稳定状态从而有害交易安全,以停止支付为要件的破产撤销权不得撤销破产程序开始前1年以上的行为。从平衡撤销权和交易安全的角度出发,破产法上对一类破产可撤销行为设定了一年的期间限制,日本破产法亦承认该一年的期限设定具有相当之合理性,因此如果限制破产申请权的特别约定中所附期限超过1年,则有可能被认为是违反破产法公序而归为无效。

综上,限制债权人申请破产之条款原则上有效,但同时应附加一定的合理期限,才能充分发挥其作为SPC破产程序预防措施的效用。

5. 对违反限制申请破产条款提出破产申请的处理

前文已经论述了限制申请破产之特别约定的有效性,但如果违反该约定而提出破产申请,则应当如何处理?

首先,在条款无效的情况下,由于该限制申请破产的特别约定无效,破产申请本身也就不会因该限制条款而带有瑕疵。问题在于条款在当事人之间的效力(债权性效力)应当如何处理。如前所述,限制SPC管理层人员申请公司破产的条款应归于无效,尽管如此,在资产证券化实务中仍能经常看到这种特别约定的存在。其目的或许在于抑制SPC管理层人员的破产申请行为。的确,从破产程序的角度来看该条款无疑归于无效,但仍应考虑其是否会在当事人之间作为债权性约定而发生效力。根据肯定说,该条款的违反则会相应地导致债务不履行的后果。但是,既然以破产法公序之观点否定了条款的效力,如果不否定该条款在当事人间的债权性效力,则不免有失法律的一贯性和实效性。因此,违反无效的条款而提出破产申请的,不会产生债务不履行的责任。

其次,若限制申请破产之条款有效,那么违反该条款而提出破产申请的情况又当如何处理?多数观点认为,既然限制条款有效,那么违反该条款而提出的破产申请也应当不予受理。此外,因条款的有效,其在当事人之间也毫无疑问地产生了债权性效力,此时违反条款而提出破产申请的行为则极有可能被认定为债务不履行。

6. 责任财产限定条款

(1) 责任财产限定条款的意义和功能。

责任财产限定条款即债权人与债务人之间约定,担保某项金钱债权的财产仅限定于债务人财产中的一部分。

例如,一家SPC开展了多个ABS项目,约定其中各个ABS项目都以其各自的标的资产作为债务的担保,其他ABS项目的标的资产则不构成其债务担保;或信托中约定,受托人处理信托事务时所负担的债务仅由信托财产作为担保等。

责任财产限定条款作为金融工具之一,对于实现多样且合目的的现金流,是有效且必要的手段,应当尽可能地承认其法律效果。此外,因责任财产限定条款的存在,SPC 的责任也能够限定在合理范围之内,有利于防止 SPC 陷于资不抵债。由此,该条款作为 SPC 的破产预防措施之一,也能在一定程度上抑制 SPC 的债权人提起破产申请的可能。

另一方面,从执行法、破产法等有关责任财产的法律规定来看,责任财产限定条款所形成的法律关系应当如何处理?该条款又具有怎样的效果和实效性?笔者认为有必要对此展开讨论。具体的讨论事项包括责任财产限定条款的有效性观察及其在强制执行程序及破产程序中的处理方式。

(2) 责任财产限定条款的有效性。

一般情况下,责任财产限定条款可以被视为一种不执行协议。民事执行程序上将异于法律规定的约定概括地称为执行协议,其中就包括了执行扩张协议和执行限制协议。前者系为债权人之利益而放宽执行要件,扩大执行之对象与方法;后者则为债务人之利益而排除执行,使执行要件严格化或限制执行之对象与方法。根据通说,执行扩张协议违反了执行法上对债务人利益的强行性保障,因而不许为之;而对于执行限制协议则因没有必要违反债权人的意思而对其进行保护,应被认定为适法行为。

责任财产限定条款是将执行对象限定于债务人财产之一部分的约定,应将其视为执行限制协议的一种,因此,不妨承认其有效性。在作为概括性执行程序的破产程序中也同理。

在承认其有效性的前提下,如果责任财产限定条款的债权人基于条款中的标的债权请求给付,提起相关诉讼,债务人作为被告提出抗辩,主张仅在条款之标的财产范围内承担责任,法院就应当判决:"被告应在其财产……的限度内,向原告支付金额……元。"以该判决所确定的债务范围为依据,若债权人欲对条款之标的财产以外的财产主张强制执行,则债务人可以提起第三人异议之诉以对抗债权人强制执行的主张(日本《民事执行法》第 38 条)。

(3) 责任财产限定条款在分配上的反映。

金融机制是基于最终执行或破产时的处理方式而设计的,因此在强制执行程序与破产程序上应当如何处理责任财产的特别约定就显得尤为重要。试举一例,如开展了多个 ABS 项目的 SPC 订立了责任财产限定条款,则向各项目的债权人进行分配时,是否能够按照条款中的意图进行分配?

有一点共识是,订立责任财产限定条款的债权人(限定条款债权人)以外的债权人,应当视同无责任财产限定条款之情形予以同等对待,只因责任财产限定条款而受到一定的反射性利益影响而已。以此为前提,针对破产分配中适用的具体分配方法,业界有两种思路:

其一,限定条款债权人所受分配额不得超过条款中标的资产的价值范围。责任财产限定条款中的此等内容,是在债务人于破产程序中的条款标的债权的分配额之上,设定了以超过条款中标的资产的价值为停止条件的约定,即债权人主动放弃了超过部分的分配受领权。

其二,就条款中的标的资产,限定条款债权人与其他债权人应受同等顺位之分配;而对于其他财产,限定条款债权人则应劣后于其他债务人获得分配。责任财产限定条款中的此等内容,是承认了限定条款债权人就条款中的标的财产以外的财产受领分配的权利,但该权利的实现必须以其他债权人就该财产获得全额清偿为停止条件。

由于欠缺相关案例,破产程序与强制执行程序中的实际处理都尚无定论。责任财产限定条款既为安定性之考虑而设计,其分配方式也应被明确地确定下来,方能回应前述立法及破产、执行实务上的讨论。的确,由于设定责任财产限定条款具有较高的自由度,一旦其反映到实际分配中,就会使得分配程序变得相当复杂。对这一问题,有望在今后的立法及实务运用上进行讨论和回应。

(4) 责任财产限定条款与破产预防及资不抵债之间的关系。

日本法上,法人的破产原因可以归结为支付不能和资不抵债。约定了特定债权与特定财产的责任财产限定条款中,构成限定条款之标的的债权系仅以限定条款中标的财产为担保,因此,判断债务人是否达到破产原因中的资不抵债状态时,限定条款中标的债权是否能够满足应以标的财产的评估价值为限。若债权额超过了标的财产的评估价值,则超过的部分应当从总债务额中扣除。这点也正体现了责任财产限定条款作为SPC破产预防措施的功能所在。

7. 其他

上文已经对破产预防措施和破产程序防止措施进行了分析与讨论,这些措施也有望实现其效果和实益;但即使运用了这些措施,有时也确实需要对SPC启动破产程序。

当SPC已经出现事实上的破产状态时,不管启动破产清算程序,还是启动重整型程序,由于适用破产法的概括性处理规则,无疑会瓦解原定之证券化架构。此时,为保护贷款投资人与股权投资人之合法权益,可选之方案便只能回归到担保权的适用了。

七、结　语

笔者作为一名日本律师，因主要从事破产业务而对此问题有所认识。本文的主题为资产证券化与破产，主要论述了金融与破产的交叉问题，并涉及许多金融业从业者与破产业务专业人士的观点碰撞。这样的碰撞对于追寻"正确答案"而言是必不可少的，但其中笔者仍发现了许多难以填平的鸿沟。特别是在实践中，现金流与营业对于金融或企业重整而言都可谓重中之重，但由于其日异月殊的性质，在时间上往往具有极强的迫切性需求，因此二者间的对立常常呈现出显著化和尖锐化的趋势和状况。

雷曼危机后的经济状况对于所有人而言都是一场灾难，置身其中，即便无法感同身受，但笔者始终希望能够在理论的建设性发展方向做出哪怕一步的贡献。本文的完成也是基于这一想法和努力。

笔者必须向参与资产证券化的金融律师与实务专家表示敬意。例如，就融资文件中的某一条款而言，往往需要关注涉及该条款的诸多检讨和意见，随着接触的资产证券化实务不断增多，笔者愈发感到金融实务专家们对资产证券化理论和实务给予的真诚对待和付出的巨大努力。

从破产法的视角来看，本文所讨论的根本的问题就是，破产法公序介入私法自治与契约自由原则等一般私法秩序时的内容和边界究竟应当如何理解。至于破产法公序是否会在使用中成为一个魔法咒语式的语词从而阻碍学者深入思考？破产法公序又是否会被滥用？这些问题都将是今后的遗留课题。

（责任编辑：宋亚辉）

大陆法系与普通法系财产的经济分析

张永健* 亨利·E.斯密斯 著**

吴林昊 译***

张永健、张凯 评校

普通法和大陆法的财产制度（property）看似大不相同，前者强调被称作地产权（estates）的所有权片段，后者集中于整体性的所有权。然而，由于功能性的原因，这两大法系在整体轮廓上非常相似。本文以交易成本解释了这两种法系在实践上的相似性以及在财产与所有权风格（styles）上的差异。与在零交易成本世界中可以获得的"完全"财产体系相反，实际的财产体系采用了一种以捷径（shortcuts）为特征的结构，以实现财产制度保护使用（interests in use）的实质目标。忽视财产结构者会将财产视为权利束，但财产其实是一束结构化的法律关系。财产的体系结构由四种基本关系组成，这种体系结构自动产生财产的特征（characteristic features），比如排他、对世、追及。大陆法和普通法真正的差异在于描绘财产的风格，而风格差异导因于先期投资的路径依赖效应和法律社群共通的沟通方式的网络效应——在普通法是封建时期造成的碎片化，在大陆

---

* 张永健（Yun-Chien Chang），台湾"中研院"法律学研究所研究员，法实证研究中心执行长。美国纽约大学法学博士（J.S.D.）、法学硕士（L. L. M.）。

** 亨利·E.斯密斯（Henry E. Smith），哈佛大学法学院费森登法学讲座教授。A.B.，哈佛学院；斯坦福大学博士（Ph.D.）（语言学），耶鲁大学法律博士（J.D.）。

*** 吴林昊，北京大学法学院2018级法理学博士研究生。

我们要感谢 Benito Arruñada, Avi Bell, Sam Bray, 简资修、邱文聪、钟骐, Yoav Dotan, Richard Epstein, Lee Anne Fennell, Mark Grady, Michael Heller, Adam Hofri, 黄舒芃、黄丞仪, Yotam Kaplan, Amnon Lehavi, Ronit Levine-Schnur, Daphna Lewinsohn-Zamir, Barak Medina, Tom Merrill, Katarzyna Metelska-Szaniawska, Nicolás Nogueroles, Hans-Bernd Schäfer, Alex Stremitzer, 汤德宗, Doron Teichman, 王必芳、王鹏翔、王文宇、吴宗谋, 以及哥伦比亚大学法学院举办的第21届美国法和经济学协会年会的参与者, 第15届国际新制度经济学会年会, 汉堡大学举办的第28届欧洲法律经济学年会, 耶路撒冷希伯来大学法律系和台湾"中研院"法律学研究所的专题讨论会, 加州大学洛杉矶分校法学院的专题讨论会, 以及台湾大学法学院举办的研讨会上有助益的评论。曾钰珺、陈忆馨出色的研究协助。研究经费由台湾"国科会"、台湾"中研院"法律学研究所和哈佛大学法学院资助，以表感谢。

是罗马法以来的整体所有权。交易成本解释了两大法系何以功能相似但风格迥异,这使得财产法的比较研究能奠基在更精确的描述基础上。

引 言

碎片化(Fragmentation)是产权理论的一个主题,虽然产权理论本身非常破碎。乍一看,普通法系与大陆法系之间存在的主要鸿沟就在财产。众所周知,大陆法系可以追溯至罗马法,它高度重视所有权,即市民法所有权(dominion),并且不情愿赋予租赁权对世效力。相反,普通法系重视地产权体系(estate system)及其诸多的产权切分(carving up)方式,包括终生地产权、可废止所有权以及各种各样的未来权益。并且,在广义的普通法传统中,衡平法院发展了大陆法传统所没有的信托。有时这种关于普通法与大陆法在财产上存在鸿沟的传统智慧,甚至宣称普通法中就没有多少所有权。① 封建主义还存在啊!

在所谓的"法系渊源"文献出现后,②普通法与大陆法在财产制度上存在明显鸿沟这种观点获得了新生,世界银行的发展宣言受其影响。③ 据说,普通法系而非大陆法系与经济增长有正相关。文献猜测着这种相关性背后的不同因果机制(在此种相关性承受持续不断的检验和方法论质疑的程度内)。④ 尽管此种文

---

① 参见:例如,J.W. Harris, Property and Justice 69 (1996)("由于所表达的总是土地上的财产,所以人们普遍认为土地'所有权',不是英国土地法内部的概念");又见 2 William Blackstone, Commentaries * 105["这种完全保留所有权的财产权不是英格兰所有的主题;所有英格兰的土地间接或直接归国王所有,这是一个正在被接受、现在不可否认的法律原则。国王因此只拥有绝对和直接的完全所有权;但所有的土地都是契约或费用性质……"(内部引文省略)]。

② 参见:例如,Rafael La Porta et. al., The Economic Consequences of Legal Origins, 46 J. Econ. Literature 285, 285 - 87, 291 - 98 (2008); Rafael La Porta et al., Law and Finance, 106 J. Pol. Econ. 1113, 1113, 1116 (1998);又见 Paul G. Mahoney, The Common Law and Economic Growth: Hayek Might Be Right, 30 J. Legal Stud. 503 (2001)(在普通法起源国家寻找更高的增长点,并将影响归因于司法独立)。

③ 最显著的是,基于它们的法律渊源和规范性结论在世界银行的营商报告(Doing Business reports)中占显著地位。参见,例如,World Bank, Doing Business in 2004, at xiv (2004),可查阅 http://rru.worldbank.org/Documents/DoingBusiness/2004/DB2004-full-report.pdf(依据法律渊源文献)。批评意见参见,例如,Benito Arruñada, Pitfalls to Avoid when Measuring Institutions: Is Doing Business Damaging Business?, 35 J. Comp. Econ. 729 (2007)。

④ 参见:例如,Daniel Klerman et al., Legal Origin or Colonial History?, 3 J. Legal Analysis 380, 380 - 83 (2011); Ralf Michaels, Comparative Law by Numbers? Legal Origins Thesis, Doing Business Reports, and the Silence of Traditional Comparative Law, 57 Am. J. Comp. L. 765, 774 (2009); Holger Spamann, Large-Sample, Quantitative Research Designs for Comparative Law? 57 Am. J. Comp. L. 797, 805 (2009)。

献偏袒了普通法,普通法学者还是对这部分的经济学文献颇为不屑,部分是因为他们怀疑这种大陆法和普通法的区分会影响真实世界,更遑论有法律渊源文献所发现的那种影响规模。⑤

如果真是这样,那大陆法和普通法关于财产的区别哪些才是重要的呢?两大法系中的人以惊人相似的方式继续生活。暂且撇开信托这种特殊情形,大陆法的所有权和普通法的不限嗣继承地产权(以及大体上动产的所有权)的基本特征在很大程度上不谋而合:防止侵害行为的占有权能受制于例如紧急避险(necessity)等条件,并且辅以若干责任(例如,支撑邻地建物于不颓[lateral support],或清理人行道)。定限财产类型,如租赁和地役等,尽管有些许差异,但在两大法系中有很大相似性。那么,若搁置类似"所有权"和"地产权"的标签,两大法系的所谓差异在功能层面是否不存在?

细看之下,普通法与大陆法的鸿沟比传统观点所认为的更加微妙,尽管在某种程度上它更为重要和有趣。本文将分辨这种更为细微的差别,并以交易成本来解释。

普通法与大陆法之间的鸿沟,相比于本应的状况,既更不清晰,又更清晰;其中一个原因就在于没有做出一些基本区分。首先,财产之目的在于保护使用利益,这不同于为实现这一目的所采用的结构。财产制度服务于我们使用物的利益——这是我们拥有财产的原因。财产的其他可欲性质,比如促进安定、自主、激励投资、公正和效率,都可以追溯至这种使用物时的基本利益。⑥但是财产法通过特定的结构,以间接的方式服务于这种实质目的和使用利益。要弄清这一点,就要考虑科斯思想实验中零交易成本的世界。⑦在那个世界里,存在于社会每个成员彼此之间,关于物最小部分的最明确用途,其请求权和义务(及自由等等),都可以在全体社会成员之间界定。这在我们生活的世界中是很难实现的。因此,作为替代,财产制度通过使用捷径和策略——我们在此称为"结构"——来

---

⑤ 参见:例如,Mark J. Roe, *Legal Origin and Modern Stock Markets*, 120 Harv. L. Rev. 460 (2006)(主张作为经济表现的原因,政治因素比法律起源更为重要);又参见:Curtis J. Milhaupt, *Beyond Legal Origin: Rethinking Law's Relationship to the Economy—Implications for Policy*, 57 Am. J. Comp. L. 831 (2009)(概述一个强调法律与市场关系的分析性框架)。法治的重要性是一个相关而明显的问题。参见:例如,Kenneth W. Dam, *The Law-Growth Nexus* 31 - 32 (2006)。

⑥ 参见:例如,J. E. Penner, The Idea of Property in Law 68 - 74 (1997); Henry E. Smith, *Intellectual Property as Property: Delineating Entitlements in Information*, 116 Yale L. J. 1742, 1751 (2007)。

⑦ R. H. Coase, *The Problem of Social Cost*, 3 J. L. & Econ. 1, 15 (1960)。

实现近似结果。⑧ 在排他策略(exclusion strategy)中,财产法粗略的代理措施(crude proxies),如边界入侵与接触、界定物和定义相关权利:这大致对应于非法入侵和侵占(未经允许不得接近或接触)。对于某些重要资源使用上的冲突,法律通过管理策略(governance strategies)来调和——比如侵扰或者旨在防止气味或建筑物过高的随物流转契约。亦即,在真实世界中,对于财产使用利益来说,基于排他和经营的结构不如交易成本——尤其是界权成本——低时那般明晰。

财产的使用利益和架构都可以通过我们所说的财产界定风格加以区分。相同的使用利益,甚至相同的架构,都可以用多种方式来实现。举一个大家熟悉的例子,我们可以从完整的所有权中切分出地役作为一种使用权,或者赋予合同(契据)约束继受人和第三方的能力,实现大致相同的结果。该例中,结果是一致的,都需要役地所有权人的使用权利和供役地所有权人相应的责任,但其实现路径是不同的。

用更大的尺度来看,大陆法和普通法财产制度使用不同的财产界定风格:一种是自上而下路径,另一种则是自下而上路径。初步来看,大陆法始于强烈的完全所有权概念——市民法所有权(dominion),然后才勉强切分出定限物权。与之相反,普通法自下而上定义了地产权(estates):它们从更大的地产权中切分而来,但其定义根据的是时间长短和各种特征,并不见得与完全所有权密切相关。严格说来,在普通法的完全封建解释下,只有君主才拥有完全所有权。产权(title)是相对的:A 可以有比 B 和 C 更高的产权,B 可以有比 C 更高的产权。就产权人的使用裁量而言,普通法与大陆法所切分出来的定限物权,基本内容大致相似。就占有行为和非法侵入而言,两大法系的物权法提供了相似的保护外观。但是两大法系的实现方法——风格——是不同的。

有人可能会问,风格的差异是否微不足道。⑨ 我们认为,风格的差异并非微不足道,有以下几点理由。首先,从内部来看,我们所说的风格与两大法系背后的理论密切相符,并且对法律人来说非常实际。因此,从内在视角来看,风格的影响真实存在。这种内在视角不是法律经济学所十分关注的,但我们的第二个

---

⑧ 参见:Thomas W. Merrill & Henry E. Smith, *Making Coasean Property More Coasean*, 54 J. L. & Econ. S77, S77 (2011); Henry E. Smith, *Exclusion Versus Governance: Two Strategies for Delineating Property Rights*, 31 J. Legal Stud. S453, S453 (2002).

⑨ 比较 Bernard S. Black, *Is Corporate Law Trivial?: A Political and Economic Analysis*, 84 Nw. U. L. Rev. 542, 544 (1990)["我……发展了'无关紧要假说'('*triviality hypothesis*'),认为虽然表面上,州公司法是微不足道的:它不会阻止公司(管理者和投资者共同)建立一套他们想要的治理规则。经过对公司章程竞争的一个世纪的侵蚀后,州公司法所剩下的是一个只有形式而没有内容的空壳。"]。

目标是证明风格也能够以经济学分析。最后,风格至少在边界上是重要的,我们的经济学分析可以解释风格如何重要。在财产法的某些领域,即使是风格的轻微改变也会产生影响,在出租人—承租人等财产与合同间的边界处尤其如此。此外,风格以可预见的方式与使用利益以及架构相互影响。

回到大陆法与普通法财产的问题上,我们的出发点也是学界越来越关注的:由于功能性的原因,大陆法与普通法如何在其主要架构上比传统理论所认为的更加一致。⑩ 我们认为,大陆法与普通法财产体系间之所以被认为存在不可逾越的鸿沟,是因为两种传统都没有对财产的架构和风格做出足够的区分。只要财产对功能性需求做出回应,并且这些需求在现代社会中有些许相似,那么各种财产体系彼此间将呈现出很强的相似性。⑪ 使用利益与法定利益(legal interests)(如终身地产权和地上权)之间的基本间接关系,是许多"权利束"理论中"完整"的财产体系所伴随的庞大交易成本不可避免的特征。简而言之,因为交易成本的存在,在大陆法系和普通法系的财产法上,使用利益的基本外观和架构相似。⑫

先前的理论认为,大陆法系与普通法系财产法的差别在于它们不同的财产

---

⑩ 参见:例如,Konrad Zweigert & Hein Kötz, AN INTRODUCTION TO COMPARATIVE LAW 34 (Tony Weir trans., 3d rev. ed. 1998).

⑪ 普通法的界定风格是普通法中法官起更大作用或更高程度的司法独立的结果,还是仅仅与此偶然相关,此问题悬而未决。意见的范围不可能更宽。5 J. Bentham, THE WORKS OF JEREMY BENTHAM 235 (New York: Russel and Russel, 1962)(reproduction of 1843 original)(认为法官造法是"犬法",对法官造法的透彻而激烈的批评指出:"你知道他们如何制定[普通法]吗?就像一个人为他的狗制定法律一样。当你的狗做了任何你想它戒除的事情时,你会等到它做了之后再打它。这就是你为你的狗制定法律的方式,这也就是法官为你我制定法律的方式。"); Benito Arruñada & Veneta Andonova, Common Law and Civil Law as Pro-Market Adaptations, 26 Wash. U. J. L. & Pol'y 81 (2008)(认为普通法和大陆法都支持市场,19世纪的大陆法典是一种约束反对市场的法官的机制。); Nicholas L. Georgakopoulos, Predictability and Legal Evolution, 17 Int'l Rev. L. & Econ. 475 (1997)(认为普通法更具适应性是因为普通法法官有更大的作用。); Mahoney,前注 2(展现支持其论点的结果,其论点认为普通法优于大陆法是因为其司法独立)。导致此问题搁置的一个原因是,即使在普通法国家,法院在创新财产权的最基本层面时也受到限制。见后注 54—56 和 66 及相应文本。同时,有多少法院的判决确实在两大法系中不同,这毫无疑问是个开放性问题,既是因为判例法和先例在大陆法系中所发挥的作用常常被低估,又是因为法典(尤其在财产权领域)在普通法国家中发挥越来越重要的作用。一般参见:Nuno Garoupa & Carlos Gómez Ligüerre, The Syndrome of the Efficiency of the Common Law, 29 B. U. Int'l L. J. 287, 321-34 (2011)(讨论了大陆法和普通法国家的法院,作为大陆法比普通法更低效的部分论据)。

⑫ 还有一点值得注意的是,土地财产权特定功能上的重要结构性层面切断了大陆法和普通法的划分。重要的是,在德国(大陆法)和澳大利亚(普通法)可以发现产权登记,在法国(大陆法)和美国(普通法)可以发现记载的特征(recordation features)。参见:Benito Arruñada, INSTITUTIONAL FOUNDATIONS OF IMPERSONAL EXCHANGE 43-75 (2012).

界定风格。大陆法始于所有权,所有权赋予物上可获得的最完全的使用利益——最大程度的控制——然后依据其是否促进所有权,评估每种定限物权和保护它们的方式。相比之下,普通法系从封建主义中发展而来,并且一直关注于各种地产权,地产权用以保护各种特定的使用类型。推至极致,普通法将这种分散的权利联结到使用本身,并且只看到一群特定使用方式,而仍忽视了以一种简单的排他策略来保护完整所有权的重要性。"权利束"在某种意义上是普通法体系推至极致时,依其固有的分析性倾向所隐含的理论,它与大陆法中顽固的整体论形成对比。在交易成本方面,大陆法系和英美法系都需要一种使用利益与法定利益(与相伴服务机制)间的间接关系,但由于历史的原因,大陆法过于强调整体的所有权,而普通法则过于强调特定的地产权。大陆法专注于将部分(利益)吸收进整体,而普通法则试图清晰描绘对应地产权的方式的具体用途。如果没有区分使用利益和法定利益,那么这就容易导致对定限物权刻画不足(大陆法)或刻画过度(普通法)。

我们的理论指出,大陆法系和普通法系财产法的风格都因交易成本的原因而持续。风格,相较于使用利益或架构,更受制于路径依赖(path dependence)。在成本方面,一个体系的风格涉及大量固定成本,只有有组织的行动者(如革命者或专制统治者)在政治危机时才能克服。在收益方面,由于风格本身只在边际上有影响,在其他时候很难改变,因为缺乏足够的压力去迫使它改变——这与特定定限物权或者架构的内容有所不同。此外,财产界定的风格还受到很强的网络效应的影响,这反映在刚刚提及的内在观点中。一种风格使用的人越多,它就越有用,因此,在需求方面应该体现出规模效应,也即网络效应。[13] 界定的风格是传递产权信息的一个层面,共享同一风格使得传递信息更加容易。尤其是在财产领域,不仅是官员和交易者,而且在很多情形下,潜在的侵权者和非官方的第三方执行产权者,也需要处理产权的信息。呈现法律相关信息的共享版式和方法很有助益。

由于不同的历史,大陆法和普通法面对着不同的财产权界定成本。在大陆法中,现代法典制定者的出发点是罗马法以来的未分割的市民法所有权(dominion),并且进一步的切分是成本高昂的背离。这些成本包括跟踪切分的信息

---

[13] 参见:例如,Joseph Farrell & Garth Saloner, *Standardization, Compatibility, and Innovation*, 16 RAND J. Econ. 70, 70-71 (1985); Michael L. Katz & Carl Shapiro, *Network Externalities, Competition, and Compatibility*, 75 Am. Econ. Rev. 424, 426-27 (1985).

成本和对第三方处理对世权的需要。⑭ 当罗马法在制定现代法典的过程中得到详尽阐释的时候,对新定限物权类型增加的隐含限制,以有限的清单将物权类型标准化(物权法定原则)。与之相反,普通法的财产起源于封建主义,其关注的是私人关系和互惠服务。因此,一个高度碎片化体系的固定成本,在很久以前出于政治原因值得被花费时,就已经花下去了。其结果是普通法非严格必需的、过于烦琐的体系持续下去——尤其是考虑到一小部分可彼此结合的物权类型就可以实现大部分交易者的目标。因此,由于这种路径依赖,普通法国家采取了比大陆法系国家更为宽松的物权法定形式。⑮

本文第一部分将论证财产的架构不同于它所服务的使用利益。财产采用了界定策略(排他和经营)来服务于人们的使用利益。普通法系和大陆法系的财产有相似的轮廓,很可能是由于功能性的原因。我们将着重解释两大法系中财产界定的不同"风格"的起源与持续,并且得出一些对于财产与合同的启示,尤其是在大陆法和普通法的混合体系中。正如人们所料,财产法的风格比合同法的风格更难改变,并且财产法对世层面的风格比财产法对人层面的风格更加稳定。本文第二部分将提出一个替代性的图像:财产作为一束结构化的法律关系,而非传统上所认为的权利束。我们界定的四种原型财产关系遵循财产的排他—管理结构。此外,由于这种排他—管理结构明确地(在大陆法中)或隐含地(在普通法中)将"物"作为切分财产的部分基本组成,⑯以下三种"财产特征"或多或少地自动形成于界定的过程。这三种特征分别是排他、对世、追及。在本文的第三部分,我们将表明普通法财产以牺牲对完全所有权的整体性本质的关注为代价,而倾向于以强调地产权和其他机制来服务于其细致的用途。然后我们提供交易成本的解释:建立财产体系的高固定成本、"风格"之路径依赖的低成本、高网络效应与转换成本——这些都会导致路径依赖。在本文的第四部分,我们转向大陆法,论证大陆法关于市民法所有权和物的前见(preoccupation)会造成财产化合同(如租赁)在边际地带的适用困难。和普通法原因相似,大陆法也呈现出很强的路径依赖,但高固定成本是在罗马时期和现代法典制定时期的花费。尽管在边际地带有所不便,但强网络效应、高转换成本以及维持大陆法风格的低功能性

---

⑭ 一般参见:Thomas W. Merrill & Henry E. Smith, *Optimal Standardization in the Law of Property:The Numerus Clausus Principle*, 110 Yale L. J. 1 (2000)(讨论了物权法定原则);Henry E. Smith, *Standardization in Property Law*, in RESEARCH HANDBOOK ON THE ECONOMICS OF PROPERTY LAW 148 (Kenneth Ayotte & Henry E. Smith eds., 2011)(同上)。

⑮ Thomas W. Merrill & Henry E. Smith, *Optimal Standardization in the Law of Property:The Numerus Clausus Principle*, 110 Yale L. J. 1 (2000), 8—12, 20—24。

⑯ 参见:Henry E. Smith, *Property as the Law of Things*, 125 Harv. L. Rev. 1691 (2012)。

成本,也导致了大陆法世界的路径依赖。本文第五部分总结了关于经济学理论有助于将比较财产法研究置于合理基础的想法。

一、财产的架构与风格

财产归根结底服务于我们的使用利益。为此,在正交易成本的世界中,财产法采用一种排他—管理的结构,这种结构是重要捷径;否则就必须全面列举社会成员间的各种使用与潜在使用冲突。在财产理论中,混淆财产的使用利益和结构是相当普遍的,在权利束的财产理论中尤其如此,而此种权利束理论是美国并且较小程度上是普通法世界的传统智慧。

(一)架构:使用利益与法定利益的间接关系

财产法服务于我们的什么利益?我们认为广义上人们的首要利益是使用利益。使用的概念包括非消耗性使用(non-consumptive uses),例如保存、审美和存在价值,以及非占有性附带使用(non-possessory contingent use)(如抵押和留置所提供的担保)。相比之下,社会并不认可人们在本质上具有排斥他人干涉的利益,而若一个人为了自己的利益(只为排除他人)也许可以这样做,但多少会被认为有些奇怪。那么为何对许多人而言,某种意义的排他权是财产的核心呢?[17]

在此,我们需要转向使用利益与为人之使用利益服务的法定利益(及其轮廓)之间的间接关系。再次,以侵权法为例,它以相当纯粹的形式例证了保护使用利益的排他策略:如前所述,通过排除没有权限的其他人,占有人(乃至所有人)可以出于他可能有的不同目的而使用财产。在缺乏诸如契据、分区(zoning)等进一步细化的情况下,所有人享有受侵权法保护的各种使用方式。各种干涉者和窃贼均被阻止妨碍使用,因为他们的近用可以被拒绝。所有人没有义务排他,并且可以不受限制地提供有条件的近用,这有益于各种最好是以合作的方式来进行的项目。

这里的关键在于,一些旨在保护使用的策略是十分间接的,因为他们使用的代理措施(例如,越界)只与所有人受到的利益损害大致相关。[18] 侵权法刻意避

---

[17] 参见:例如,Harris,前注 1,第 30—32 页(将财产分析为一种受"侵权规则"保护的"开放式使用特权");Penner,前注 6,第 68—74 页;Larissa Katz, *Exclusion and Exclusivity in Property Law*, 58 U. Toronto L. J. 275, 277 & nn.6-8 (2008); Thomas W. Merrill, *Property and the Right to Exclude*, 77 Neb. L. Rev. 730, 739 (1998).

[18] 参见:例如,Henry E. Smith, *Mind the Gap*: *The Indirect Relation between Ends and Means in American Property Law*, 94 Cornell L. Rev. 959, 963 (2009)(排他权只间接地服务于使用利益,但……经常提及这些利益会逐步削弱财产大批处理问题和协调非匿名行动者活动的优势。)

免涉及特定的使用，甚至不要求展示出对任何使用的损害。此外，侵权法（诸如驱逐、返还原物等）不要求所有人证明他的使用为正当，或者表明他们的使用比被告想要从事的使用更具价值。基于"禁止接近"或"禁止触碰"信息的简单策略，在各种各样的资源中保护着一大群不特定使用利益。

由于交易成本的原因，使用利益与未知服务的法定利益（legal interests）之间存在间接关系，并且，我们认为，这种间接关系会是理解普通法与大陆法传统在财产方面的差异的关键。为何法定利益比使用利益更粗糙？为何用于保护法定利益的手段（如非法入侵[trespass]）只与其保护的使用利益间接相关，换个角度来说，财产法教义为何不量身打造其所服务的利益？

从最广义上讲，财产的间接性源于正交易成本。在零交易成本的世界中，科斯定理表明，我们可以采取任何手段来保护使用利益，如果这种手段对交易相关方来说不是最佳的——无论有多少交易相关方——他们将通过没有成本的交易直至有效率的结果出现。[19] 或者，如果我们将交易成本看作制度成本，[20]可以想象得到的最清楚的权利束——涉及每次偶然事件的当事人之间每一可想象的细致使用的权利——可以不用支付任何成本而实现。[21] 在真实世界中，法定利益和使用利益杂生；为了避免交易成本，像非法入侵这种保护法定利益所采用的手段会显得简单而不到位。使用利益因此很大程度上可以是隐含的，它们无须像是在零交易成本世界中一样被阐明。法定利益和财产法用以保护它们的策略，是在零交易成本世界中可以实现的假设的"完整"财产权体系中的一个捷径。[22] 在我们的世界中，我们只能安于需要使用基本的排他策略的财产系统，并将精细的使用规则留给诸如契据、侵扰、分区和各种管理策略中的习惯等更为直接的手段中。[23]

---

[19] Coase，前注7，第15页。

[20] 参见：Douglas W. Allen, *What Are Transaction Costs*? 14 Res. L. & Econ. 1, 3 (1991)（认为交易成本更好是被定义为建立财产权的成本，也即经济学家认为的从行动中获得效用的实际能力，而不是狭隘地视作交易的成本）；又参见：Richard O. Zerbe, Jr., ECONOMIC EFFICIENCY IN LAW AND ECONOMICS 168 (2001)（采用了 Allen 的定义）[ILL]；Steven N.S. Cheung, *The Transaction Costs Paradigm*, 36 Econ. Inquiry 514, 515 (1998)（将交易成本定义为鲁滨孙漂流记中不存在的成本）。

[21] 参见：Merrill & Smith，前注8，第S79。

[22] 在财产运作的更大更非私人的范围内，可以用不完整合同做类比。参见：例如，Oliver Hart & Bengt Holmstrom, *The Theory of Contracts*, in Advances in Economic Theory 71, 71‑155 (Truman F. Bewley ed., 1987)（认为不完整合同是必要的，因为交易成本阻碍各方视情况而定地完全达成协议）。

[23] Smith，前注8，第S456。

(二) 财产的风格和路径依赖

财产体系的架构由于功能性的原因表现出一致的外观；一种不同类型的交易成本，解释了为何大陆法与普通法在界定财产权的风格方面有很大差异。我们认为这些风格之所以会不断地持续下来，是路径依赖所导致。[24]

什么是财产的风格？一般来说，风格是做事方式，为特定文化之特征。通常，同一功能可由展现不同风格的人工制品加以实现（试想罐子的不同设计和汽车的不同形状）。普通法和大陆法可以被视作法律文化的不同家族，[25]在一个法律文化家族中，功能（在此是界定财产权和建立紧密联系的财产法教义[doctrines]）可以通过多种方式加以实现。我们将重点讨论界定财产权的过程。稍后，我们会具体讨论普通法和大陆法财产的界定风格如何不同，这里我们只概述关键部分。

界定财产权时要做出的一个基本选择是由物出发的财产界定应该多显然。在功能（结构）方面，财产体系之不同，可根据其更多依赖由物出发之排他，还是重叠治理权（如许多原住民财产体系）而来。但即使在所有权人对物之定义有广泛裁量权的财产制度中，物也可以成为一个明确的出发点，正如在大陆法，尤其德国法中那样（在德国法中，物必须为有体物）。某种意义上，普通法对地产权的界定更注重人和活动，而物的所有权则是隐含的。[26]

与对物的不同关注程度相对应，财产法制度在所有权和产权（title）的实现进路上也有所不同。对大陆法而言，正如我们即将看到的那样，物权法理论尽可

---

[24] 参见：例如，Douglass C. North, INSTITUTIONS, INSTITUTIONAL CHANGE AND ECONOMIC PERFORMANCE 93-94 (1990); S. J. Liebowitz & Stephen E. Margolis, *Path Dependence, Lock-in, and History*, 11 J. L. Econ. & Org. 205 (1995)(讨论了路径依赖的三种不同形式)；又见 Paul A. David, *Path Dependence, Its Critics and the Quest for "Historical Economics"*, in EVOLUTION AND PATH DEPENDENCE IN ECONOMIC IDEAS 15 (Pierre Garrouste & Stavros Ioannides eds., 2001)(为路径依赖的经济意义提供了一个案例); W. Brian Arthur, *Competing Technologies, Increasing Returns, and Lock-In by Historical Events*, 99 Econ. J. 116, 117 (1989).

[25] Anthony Ogus, *The Economic Basis of Legal Culture: Networks and Monopolization*, 22 Oxford J. Legal Stud. 419 (2002); 又见 Nuno Garoupa & Thomas S. Ulen, *The Market for Legal Innovation: Law and Economics in Europe and the United States*, 59 Ala. L. Rev. 1555, 1615-16 (2008)(讨论了 Ogus 的理论意义上的法律文化的垄断趋势)。

[26] 或者，如 Antonio Gambaro 所言：财产的"本体论"进路在欧洲很受青睐，但"关系"进路在美国盛行。Antonio Gambaro, *Property Rights in Comparative Perspective: Why Property Is So Ancient and Durable*, 26 Tul. Eur. & Civ. L. F. 205, 214 (2011).

能地识别物之所有权人。相比之下,普通法的所有权概念更为宽松,有时延伸至任何利益的所有权人。[27] 普通法进一步发展了产权的相对性的概念,在这种概念中,即使 A 的产权优于 B 和 C,B 的产权仍可以优于 C。[28] 出于多种目的,类似 B 这样的人被视为次级所有人,照此说法,将 A 的地位作为真实所有人,是将 A 与 B 和 C 的关系置于同一平面上。也许,普通法上允许产权相对性超越所有权单一性的最著名例子是信托,在信托中,信托委托人将法定所有权转移至受托人,受托人有义务为受益人管理此法定产权。关于信托是合同还是财产(抑或两者兼有)的争论时不时爆发,但重要的是,普通法容忍这类在财产与合同间灰色地带的分裂。[29]

由于界定中存在这些差异,财产与合同不同可多可少。在大陆法系,尤其是德国法中,物与债(包括合同)有严格的区分。相反,在普通法中,许多地产权看起来像是长期关系合同(relational contracts)(某种意义上,在封建主义中正是如此)。从实质上说,特定的结果(例如地役或租赁)可以通过从所有权分出部分权能给地役权人或承租人等;或者从对物的某种特定使用的合同出发,给予他们更多的财产保护以对抗第三方(在租赁中为保护占有),并拘束供役地的后手。

我们对大陆法和普通法的解释以这样一种观察作为出发点,在某种程度上,显而易见,大陆法与普通法的不同就像通往地役权(servitude)的两条路。众所周知,普通法将所有权定义为一种强有力且持久的占有形式(升级版的占有),而大陆法将所有权直接定义为对物的"完整权利",所有权人的各种定限利益可以

---

[27] RESTATEMENT (FIRST) OF PROP.: § 10 (1936)(将"所有者"定义为"拥有一个或多个利益的人")。

[28] Sukhninder Panesar, *The Importance of Possession of Land*, 33 Hong Kong L.J. 569, 572 (2003)("产权和所有权的相对性观点认为,不存在土地的绝对产权,因此,对土地以及诸如动产这样的其他财产的主张,取决于对同一物不存在更好的主张。")。

[29] 最近的分歧——比较 John H. Langbein, *The Contractarian Basis of the Law of Trusts*, 105 Yale L. J. 625, 627, 669 (1995)(承认"信托是合同和财产的混合体",但坚持最低限度上"信托是合同"),和 Henry Hansmann & Ugo Mattei, *The Functions of Trust Law: A Comparative Legal and Economic Analysis*, 73 N.Y.U. L. Rev. 434, 434 (1998)(表明信托不能被合同所复制)——类似著名的 Maitland-Scott 辩论。比较 Frederic W. Maitland, EQUITY: A COURSE OF LECTURES 110 - 111 (John Brunyate ed., 2d ed. 1936)(认为信托根本上是衡平法上实施的合同),和 Austin Wakeman Scott, *The Nature of the Rights of the Cestui Que Trust*, 17 Colum. L. Rev. 269, 269 (1917)(认为信托与合同有很大不同)。关于信托如何像或不像财产的经济学观点,参见:M.W. Lau, THE ECONOMIC STRUCTURE OF TRUSTS 103 - 183 (2011); Thomas W. Merrill & Henry E. Smith, *The Property/Contract Interface*, 101 Colum. L. Rev. 773, 843 - 849 (2001).

被定义。㉚ 在普通法中，所有权在历史上发源于对类似占有（possession-like）的依法占有（seisin）的强烈保护，并且在今天，占有为所有权提供了推定的基础。㉛ 对占有的强调首先是一种事实上的关系，它有时被认为是普通法具体性和经验性的反映。㉜ 我们将试图更准确地说明，在法律风格的框架下，这种关于所有权/市民法所有权（dominion）和占有的陈述是什么意思。大陆法和普通法财产的风格在很大程度上是围绕各自的出发点加以组织的。

虽然不同风格可被用于实现相似的功能性结果，但二者要花费的成本可能不同，随着时间的推移情况更是如此。我们假设财产界定的风格很大程度上受路径依赖的影响。这不仅是"历史很重要"。具体来说，道格拉斯·诺斯提出的"路径依赖"的类型，作为解释制度及其持续性的重要理论，也很可能在保持财产界定的风格方面发挥重要作用。㉝ 诺斯认为，由布赖恩·阿瑟提出的作为促进路径依赖的技术的特征——高设立成本、学习效应、协作效应和适应性预期——都可以适用于制度层面。由于这些原因，制度的收益会随着时间的推移而增加，这使得其正在使用的常规方法更加难以改变。㉞ 在政治上像是法律等公共财，由于注定被广泛地使用（其非敌对性、非排他性），因此其（制度的）收益有望逐渐增长，也会受制于路径依赖。㉟ 而这当中涉及高设立成本、学习效应、协作效应

㉚ 我们在此没有涉及英国法律史上关于罗马法和公社法（ius commune）对普通法影响程度的激烈争论。比较 2 Sir Frederick Pollock & Frederick William Maitland, THE HISTORY OF ENGLISH LAW BEFORE THE TIME OF EDWARD I, at 33 - 62 (2d ed. 1968)（认为在英国普通法上的公社[*ius*]和 seisina 相当于罗马法上的财产和占有。）和 S.F.C. Milsom, The Legal Framework of English Feudalism 39 - 40 (1976)（认为普通法的占有制度是源于封建主义而不是罗马法）罗马法影响了教会法院，并以大量改编版蔓延至普通法。见 Joshua C. Tate, *Ownership and Possession in the Early Common Law*, 48 Am. J. Legal Hist. 280 (2006)（在推荐权[advowsons]的背景下分析了所有者的行为）。

㉛ 即使是 Pollock 和 Maitland 也将依法占有（seisin）视为普通法发展的核心：在我们的法律史上，没有什么观念比依法占有（seisin）更重要。即使在今天的法律中，它也扮演了重要角色，每个律师必须学习它；但在过去它是非常重要的，以至于我们整个土地法制度都是关于占有及其后果的。

Pollock & Maitland，前注 30，第 29 页。

㉜ 对这种观点的极端表述，见 Kevin Gray & Susan Gray, *The Idea of Property in Land*, in LAND LAW: THEMES AND PERSPECTIVES 18, 18 (Susan Bright & John Dewar eds., 1998)。

㉝ North，前注 24，第 97—100 页。

㉞ North，前注 24，第 94 页。

㉟ Paul Pierson, *Increasing Returns, Path Dependence, and the Study of Politics*, 94 Am. Pol. Sci. Rev. 251, 258 (2000).

以及生产者与消费者的适应性预期,进而导致对于集体生产的依赖。诺斯举了1787年《西北法令》作为典型的例子,该法令采用了财产权、权利法案,成为州之程序的框架。㊱尽管当时有别的框架,但该法令深刻影响了美国西部土地的发展。最终,法律反映和创造了心理结构,这是西北法令和其他制度性路径依赖例子的核心。㊲同样,马塞尔·卡亨(Marcel Kahan)与迈克·克劳斯纳(Michael Klausner)解释道,企业合同(私人订立的文本)中存在的路径依赖和标准化,一定程度上可以用收益递增来解释,反过来又是以学习效应和网络效应为基础。㊳最终,安东尼·奥格斯(Anthony Ogus)在一个很高的层次上将"法律文化"定义为"语言、概念性结构和程序的集合体",并且认为在此种法律文化下使用的共性会降低交往的成本,从而产生网络效应。㊴法律风格是法律制度和文化的重要层面,它有望因相似的原因体现出路径依赖。

产权界定之风格体现了路径依赖,因为其需要高固定成本才能建立并且具有强网络效应。高固定成本在供给和需求方面创造了规模效应。在供给侧,建立财产制度的国家可以在财产制度实施的法域内均摊成本。㊵此外,因为国家要保障财产权,国家在界定财产权方面也可能存在范围经济(economies of scope)。㊶法律风格作为财产制度的特点之一,在供给侧带有规模和范围经济(economies of scale and scope),但我们将着重讨论其路径依赖如何产生于网络效应——需求侧的范围经济。㊷网络外部性的出现,是因为使用者发现某系统或产品使用的人越多其价值越高,电话系统就是经典的例子。在需求方面,一个

㊱ North,前注24,第97—100页。

㊲ North,前注24,第95—96页。

㊳ Marcel Kahan & Michael Klausner, *Path Dependence in Corporate Contracting: Increasing Returns, Herd Behavior and Cognitive Biases*, 74 Wash. U. L. Q. 347, 348, 350 - 353 (1996).关于收益递增和实体法的其他方面,参见,例如,Oona A. Hathaway, *Path Dependence in the Law: The Course and Pattern of Legal Change in a Common Law System*, 86 Iowa L. Rev. 601, 604 (2001); Mariana Prado & Michael J. Trebilcock, *Path Dependence, Development, and the Dynamics of Institutional Reform*, 59 U. Toronto L. J. 341, 350 - 351 (2009).一般参见:Raghu Garud & Peter Karnóe, *Path Creation as a Process of Mindful Deviation*, in Path Dependence and Creation 1 (Raghu Garud & Peter Karnóe eds., 2001)(认为企业家在路径依赖的创造和发展中起了重要作用);James Mahoney, *Path Dependence in Historical Sociology*, 29 Theory & Soc. 507 (2000)("路径依赖具体表征了那些历史序列,在此些历史序列中,偶然事件被设置成具有确定性财产的请求制度模式或事件链。")。

㊴ Ogus,前注25,第420页。

㊵ Merrill & Smith,前注14,第51页。

㊶ Merrill & Smith,前注14,第51页。

㊷ 见前注13和附引文。

财产制度的特点越融贯，其成本效益越高，并且这种融贯是许多法律教义工作的重点，在大陆法中尤其如此。虽然经济学家不认真对待教义，但旨在实现法律融贯的教义可以成为有价值的经济分析课题。某种程度上说，教义（包括界定法律风格）确实是融贯的，因此人们可以期望某些特性相互协调。举例来说，大陆法（尤其是德国法）中严格区分债（合同、侵权、不当得利）和物，这导致了人们至少可以微弱地预期在租赁和地役等领域所采取之教义。

因此，法律风格的不同特点是互补的，人们会发现聚合到一种风格是有益的。虽然与主流风格不相符的规则可以被输入，但它们会造成沟通的困难且容易造成代价高昂的误解。至少，法律风格是一种交流方式，与其他交流方式一样，需求方的规模经济可以被期待。一方面，在许多情形下，提出财产主张的人会希望别人能明白主张的性质，并且立法者有兴趣避免过于特殊的财产权的"网络混乱效应"。[43] 因此，网络效应导致了像其他地方那样的财产标准化，并且我们认为网络效应会导致单一界定风格被大规模采用。

由于网络效应的存在，转移成本相当的高，导致即使从事后来看原始标准并不会受到青睐，但其仍会持续运作下去。围绕路径依赖的争论集中在路径依赖的不同优点和市场在多大程度易受无效率锁定（suboptimal lock-in）。[44] 在最弱的路径依赖形式——一级路径依赖中，一种体系被选定，比如说开车靠右行而不是左行，但另一种体系大致与此一样好（只要每个人都坚持在同一侧）。[45] 选择的初始情况，或者甚至谁先开始开车，都可能会以某种方式导致事物向某方向发展，并且这种选择会持续下去，但此选择无所谓好坏。这里并不涉及无效率。二级（或半强）路径依赖则是我们现在会做出不同的选择，但由于成本过高，我们无法改变过去的选择。[46] 考虑到事前的信息成本很高，事后的改变成本很高，所以仍然没什么必要反悔。三级（或强）路径依赖涉及让人后悔不已的选择，其持续可以借由符合成本效益的集体行动而改变。[47] 最有争议的例子是 QWERTY 打字机键盘和 VHS 视频系统。[48] 两个案例中，都有人认为存在一个更好的系统

---

[43] 参见：Merrill & Smith，前注 14，第 45—49 页。

[44] 参见：Stan J. Liebowitz & Stephen E. Margolis, *Path Dependence*, in 1 Encyclopedia of Law and Economics 981, 985 (Boudewijn Bouckaert & Gerrit De Geest eds., 2000); Mark J. Roe, *Chaos and Evolution in Law and Economics*, 109 Harv. L. Rev. 641, 642 (1996).

[45] Liebowitz & Margolis, 前注 44，第 985 页。

[46] Liebowitz & Margolis, 前注 44，第 985 页。

[47] Liebowitz & Margolis, 前注 44，第 985 页。

[48] Liebowitz & Margolis, 前注 44，第 987—988 页。

（两个案例中分别是 Dvorak 键盘及 Betamax），但系统的锁定防止市场转向更好的系统。[49] 这两个例子已经受到了挑战，要么是因为另一系统并没有比较好（QWERTY 不比 Dvorak 差多少），要么是因为忽视了此系统对于普通使用者的成本效益及优越性（对非专业人士而言，VHS 比 Betamax 更有成本效益）。[50]

但是，即使是这些例子的怀疑者也指出，路径依赖在政治选择中更容易发生：一次性集体行动导致的政治选择很难推倒重来，这并不奇怪。[51] 更重要的是，通过政治提供的公共财尤其容易产生递增的边际收益[52]。

我们所说的路径依赖是政治性的，并且涉及"弱"锁定（lock-in）。政治角色在出于政治原因重新制定法律体系过程中，可以设立新的法律风格，例如普通法中设立的诺曼封建制度和大陆法中将创制法典作为建设后封建民族国家的一部分。[53] 正如开车靠右行和使用 QWERTY 键盘一样（从怀疑论观点看来），法律风格在大多数时候没有主要的功能性影响，但社会中的人们聚集在这一风格中是很重要的，这会导致大规模的网络效应。而且，锁定的弱点——某种意义上说，多数时间法律风格不会导致重大无效率——减少了改变的压力。

想要改变法律风格者同样面临制度上的障碍。因为财产是对世的，法官不愿意对财产体系做出重大改变，特别是涉及建立财产的基本形式及财产的分割方法。[54] 在大陆法中，这个原则固化为物权法定原则，但普通法也隐含着相似（虽较弱）的规范。[55] 物权法定原则要求法院揖让立法机关，因为立法机关更能提供清晰、普遍、稳定、前瞻的规范，和隐然补偿，而这是财产体系重大改变不可或缺者。[56] 确实，改变整体财产界定风格的成本，远高于常规立法的成本。

---

[49] Liebowitz & Margolis，前注 44，第 987—988 页。

[50] 比较 Stan J. Liebowitz & Stephen E. Margolis, WINNERS, LOSERS & MICROSOFT 125 (1999)（认为消费者对于 VHS 的偏好超过 Betamax 不是锁定的问题），和 S. J. Liebowitz & Stephen E. Margolis, *The Fable of the Keys*, 33 J.L. & Econ. 1, 21 - 23 (1990)（认为对 Dvorak 键盘优越性的主张是有缺陷的），以及 Paul A. David, *Clio and the Economics of QWERTY*, 75 Am. Econ. Rev. 332 (1985)（认为 QWERTY 不如 Dvorak，以及 QWERTY 的普及是路径依赖和锁定的结果）。

[51] 参见：Liebowitz & Margolis，前注 44，第 994—995 页。

[52] Pierson，前注 35，第 257 页。

[53] 我们的进路因此与"关键结合点框架"相似。Ruth Berins Collier & David Collier, Shaping the Political Arena 27 - 39 (1991).但我们关心的法律风格更多是关键结合点上的活动的副产品。

[54] 参见：Merrill & Smith，前注 14，第 59 页（"物权法定原则要求法院尊重关于现有的财产权清单的现状。"）

[55] Merrill & Smith，前注 14，第 9—24 页。

[56] Merrill & Smith，前注 14，第 58—68 页。

重要的是,这个解释依据于前文对使用利益和财产法为服务使用利益而采取的手段之间做出的区分。财产相似的功能性层面——基本的排他、追及、对世效力,以及其他类似于侵入、侵扰、紧急避险和非法占有等其他层面——涉及效率,在各法律体系多少相似。[57] 我们此处的论点不是证明这个;相反,法律风格多少可以独立于这些功能上的重要特征而运行的事实,促进了路径依赖和法律风格的锁定。财产体系的风格在财产体系的边缘(如租赁)确实有功能性意义,所以此处之路径依赖不是弱中之弱。但是法律风格是涉及政治路径依赖的问题,且在多数法律体系中,支持改变法律风格者不多。初始的高固定成本、高转换成本、低转换收益和网络效应,创造了路径依赖。[58]

(三) 一些启示

为区分大陆法和普通法的财产,我们现在转向财产信息成本理论的一些常见启示。我们预期源于功能的压力倾向于使财产的架构彼此一致,但这不是此处的重点。关于财产的风格,我们预测抗拒改变的程度有异,财产和法律其他领域间,以及财产法中对世和对人层面间,均是如此。首先,如果固定成本在法律的任何领域都不是微不足道的,我们也许会预期有一些惯性。财产法与其他私法领域(如合同)最大的不同是在需求方面:对世性导致信息成本增加,非熟人间沟通的网络效应在财产法应该会更强。事实上,与公法甚至是合同法相比,财产法更不易因外部影响而改变。有时被称为"混合"或"混种"(hybrid)的法律体系家族,由于历史的原因,倾向于包括以大陆法为起点并受普通法影响的体系。在此种体系中,一个引人注目的模式是,财产法最抗拒改变,或借用一个著名的评价来讲,财产法是"大陆法学理中最无懈可击的堡垒"。[59] 确实,在最近一项对于混种法域的研究中,没有法域显示出普通法会对财产法有影响但没有对合同法

---

[57] 作为一种功能理论,其预测大陆法和普通法最终会聚合成法官法和制定法相互依赖的体系,参见:Giacomo A. M. Ponzetto & Patricio A. Fernandez, *Case Law Versus Statute Law*: *An Evolutionary Comparison*, 37 J. Legal Stud. 379 (2008).

[58] 参见:例如,North,前注 24,第 94 页(解释了为何低级技术会战胜比其先进的后继技术的机理);David,前注 24,第 18—19 页;Kahan & Klausner,前注 38,第 353—355 页。对于怀疑者的观点,认为路径依赖的主张是"'历史问题'的某种版本",参见:Stephen E. Margolis & S.J. Liebowitz, *Path Dependence*, in 3 THE NEW PALGRAVE DICTIONARY OF ECONOMICS AND THE LAW 17 (Peter Newman ed., 1998) 和 Liebowitz & Margolis,前注 24,第 222—223 页。

[59] Vincent Valentine Palmer, *Introduction to the Mixed Jurisdictions*, in MIXED JURISDICTIONS WORLDWIDE: THE THIRD LEGAL FAMILY 3, 57 (Vernon Valentine Palmer ed., 2001).

有影响;但有四个法域是普通法对合同法而非财产法有影响。⑥⓪（公法更易受到普通法影响而改变。）没有现存数据显示,在混种法域中,有普通法类型的财产法存在。⑥① 有些法域在合同法中以大陆法和普通法的混合为特征,这在财产法中远为罕见。⑥②

此外,如果网络效应与财产的对世层面相关,我们应该预期混种法律体系和移植会表现出一种模式,即财产对世部分——其构成对世责任的内容,并影响产权状态——是最不易创新的。情况也似乎就是如此。虽然我们会在后文进一步阐述这一影响,但有些轶事证据是很有说服力的。苏格兰法律有近似大陆法式的物权法定原则,但包括一些反映普通法起源的创新,倾向于集中在财产并非最为对世之处(例如地役)。⑥③ 与此类似,英格兰法律主要在定着物和地役权方面受苏格兰法律影响。⑥④ 一般来说,当财产在对世而非介于对世和对人之间(如信托、租赁、寄托和担保)时,标准化程度更高。⑥⑤ 并且我们可以预期,由于相似的信息成本的原因,在财产法较低标准化的层面,来自其他法律体系的风格更容易产生影响。事实上,英格兰法的历史提供了一个类似的例子：当区分普通法与衡平法时,英格兰在某种意义上属于混种法域。通过衡平法院引入的大陆法系影响并未被认为要改变由普通法提供的对世财产权,因为衡平法仅有对人效力。⑥⑥

---

⑥⓪ Kenise Kim, *Mixed Systems in Legal Origins Analysis*, 83 S. Cal. L. Rev. 693, 714 (2010). Guyana 也显示了这种模式,但由于缺失 GDP 数据因此没有包括在研究中。

⑥① Kim,前注 60。

⑥② Kim,前注 60,第 711—712 页。

⑥③ 参见 Roderick R. M. Paisley, *Real Rights: Practical Problems and Dogmatic Rigidity*, 8 Edinburgh L. Rev. 267, 277 - 281 (2005).

⑥④ 参见:C. G. van der Merwe, *Interpretation of Common Law and Civil Law as Experienced in the South African and Scottish Law of Property*, 78 Tul. L. Rev. 257, 274 - 289 (2003). 南非法律在不完全对世的情形中似乎更易受到普通法影响,但通过解释也表现出更系统的体系协调。同上注。

⑥⑤ Merrill & Smith, 前注 29,第 809—851 页。

⑥⑥ 参见:1 JOSEPH STORY, COMMENTARIES ON EQUITY JURISPRUDENCE AS ADMINISTERED IN ENGLAND AND AMERICA § § 26 - 27, 30, 64 (Melville M. Bigelow ed., Fred B. Rothman & Co. 13th ed. 1999) (1853); Howard W. Brill, *The Maxims of Equity*, 1993 Ark. L. Notes 29; Charles M. Gray, *The Boundaries of the Equitable Function*, 20 Am. J. Legal Hist. 192, 202 - 06 (1976)(阐述了衡平法院如何被禁止处理不动产纠纷);Roger Young & Stephen Spitz, *SUEM—Spitz's Ultimate Equitable Maxim: In Equity, Good Guys Should Win and Bad Guys Should Lose*, 55 S. C. L. Rev. 175, 177 (2003)[列举了九项南卡罗来纳州法院使用的传统衡平原则,包括"衡平法追随习惯法([e]quity follows the law)"和"衡平对人行为,而不是对物行为([e]quity act in personam, not in rem)"]。

二、财产作为结构化的一束关系

区分财产法的架构和其风格是必须的,且普通法和大陆法财产体系在风格方面的差异大于架构方面。在讨论风格之前,我们首先提供一种更为清晰的财产架构。财产权的本质最好理解为一束结构化的法律关系,它由排他—管理架构发展而来。如何实现这一束结构化的法律关系有许多不同的方案,我们将之称为财产界定风格。界定的风格受制于路径依赖。使用利益、法定利益、架构、风格的关系,构成了我们对普通法和大陆法财产异同的交易成本解释的基础。

在美国财产法中,财产权长期以来被定义为当事人之间对物(或资源)的法律关系的集合。[67] 大陆法国家研究财产的学者较少接受这种刻画。[68] 大陆法国家的经典、主流理论将财产权视作主体与客体间的关系。[69] 我们支持美国版本的财产理论,并将会在第四部分批判大陆法的观点。我们也不认同普通法不强调对物,也不满意财产关系的本质和类型始终没有被澄清。

财产理论通常不能区分财产的使用利益和财产法所提供的架构。此点在财产的权利束理论最为清楚。在普通法世界中,尤其是在美国,主流观点认为财产是权利所有权人和责任承担者对物的权利束,或者更加隐喻地将之比作一束棍子。[70] 因此,就某地而言,A 可能有排除 B 的权利、在土地上种谷物的权利、穿过

---

[67] "在重述中使用的'财产'一词是表示人与物之间的法律关系。" RESTATEMENT (FIRST) OF PROP. ch. 1, Introductory Note (1936); 又见 Joseph William Singer, PROPERTY 2 (3d ed. 2010)("因为所有权涉及一系列不同权利,我们应该将其理解为包含一束权利。"); William B. Stoebuck & Dale A. Whitman, THE LAW OF PROPERTY 3 (3d ed. 2000)("财产由人与'物'之间的法律关系组成。"); Michael A. Heller, *The Boundaries of Private Property*, 108 Yale L.J. 1163, 1191 (1999); Merrill & Smith, 前注 29, 第 357 - 358 页("财产是人与人之间的法律关系的总和……")。这种关系表示"财产"比占有更强,它也是人与资源之间的关系。参见,例如 Merrill, 前注 17, 第 733 页("人们普遍认为,财产指人或实体关于稀缺的有形及无形资源的特定权利;财产不同于并且优于仅仅占有资源……")。

[68] 参见: Bram Akkermans, THE PRINCIPLE OF *NUMERUS CLAUSUS* IN EUROPEAN PROPERTY LAW 13 - 14, 399, 409 (2008).

[69] 参见: Askermans, 前注 68, 第 409 页; Eva Steiner, FRENCH LAW 378 (2010).

[70] 参见: 例如, Bruce A. Ackerman, Private Property and the Constitution 26 - 27 (1977)(报告认为,财产的权利束概念是如此有说服力,以至于"即使最愚钝的法学院学生也可以被指望机械重复命令中的习惯用语"); Tom Grey, *The Disintegration of Property*, in NOMOS XXII 69 (J. Roland Pennock & John W. Chapman eds., 1980).权利束理论家从 Wesley Newcomb Hohfeld 的研究中获得一些灵感。参见: Max Radin, *A Restatement of Hohfeld*, 51 Harv. L. Rev. 1141, 1150 - 1152 (1938)(从法律现实主义的角度解释了(见下页)

邻居 C 的土地的权利等等。权利束的财产理论否认的是财产有某种本质或核心。[71] 在权利束的图像中,"财产"是一个标签,它可以用于任何关于资源的使用权利的集合。传统观念认为,财产是可对抗他人的对物权利(对世权利),但这种观念被认为阻碍了清晰思考,以及亟须对法律权利和责任进行调配的改革,因为改革要求所有权人越来越经常地为集体决策让步。[72] 即使在权利束理论没有重大影响处,财产理论家和律师也倾向强调切分地产权的过程,此过程使用了始自封建时代的产权类型。哪怕是布莱克斯通——将财产描述为"一个人在完全排除其他任何个人权利的情况下,对世间外物所主张和行使的独占和专断的支配权"而出名的人——随后也立即开始详细描述切分和限制财产权的各种方式。[73]

与普通法不同,大陆法的财产理论都与对世权利有关,财产——尤其是所有权——被视作本质不可分割。主流的大陆法传统一般没有为权利束理论留下空

(接上页)霍菲尔德方案);又见 Arthur Linton Corbin, *Taxation of Seats on the Stock Exchange*, 31 Yale L. J. 429, 429 (1922)("我们的财产概念已经变成……'财产'已不再描述任何物件或感官对象,它已经变成了仅仅是一束法律关系——权利、权力、特权、豁免。")。这种捆绑式的隐喻似乎是在 19 世纪晚期第一次使用。参见:Gregory S. Alexander, COMMODITY & PROPRIETY 455 n.40 (1997).(引自 John Lewis, A TREATISE ON THE LAW OF EMINENT DOMAIN IN THE UNITED STATES 43 (1888))这种捆绑的图像在英国受到了不同程度的欢迎。比较 A.M. Honoré, *Ownership*, in Oxford Essays in Jurisprudence 107, 112 - 128 (A. G. Guest ed., 1961)(用十一种要素分析了"成熟法律体系"中所有权),和 J. E. Penner,前注 6,第 29 - 30, 71 页(反对财产的权利束图像)。

[71] 参见:例如 Wallace H. Hamilton & Irene Till, *Property*, in 12 Encyclopedia of the Social Sciences 528, 528 (Edwin R. A. Seligman & Alvin Johnson eds., 1934)(将"财产"定义为"文字的悦耳搭配,它作为联邦中人们共有的公平理念(equities)的混合的通称");又见 Radin,前注 70,第 1149—1151 页。

[72] 对权利束理论的批判,参见:例如, Thomas W. Merrill & Henry E. Smith, *What Happened to Property in Law and Economics?*, 111 Yale L. J. 357, 357 - 358 (2001),和 J. E. Penner, *The "Bundle of Rights" Picture of Property*, 43 UCLA L. Rev. 711, 714 (1996).但见 Robert C. Ellickson, *Two Cheers for the Bundle-of-Sticks Metaphor, Three Cheers for Merrill and Smith*, 8 Econ J. Watch 215, 216 - 217 (2011)(认为权利束的隐喻仍然有些优点);Richard A. Epstein, *Bundle-of-Rights Theory as a Bulwark Against Statist Conceptions of Private Property*, 8 Econ J. Watch 223, 224 (2011)(为权利束的类比辩护,并认为权利束的类比保护了有限政府)。

[73] 2 William Blackstone, Commentaries * 2.

间,对该理论也毫无兴趣。⑭ 大陆法系国家可能倾向于大规模的政府监管,但这种倾向从未像 20 世纪 30 年代之前的美国那样在财产的权利束图像中表现出来。这种对权利束理论的分歧接受度格外引人注目,因为 19 世纪末、20 世纪初欧洲的法律理论家确实主张类似实用主义的理论,甚至主张权利束理论的原始版本,并且这些欧洲的理论渊源启发了美国的一些最初的现实主义者。⑮

---

⑭ 参见:Merrill & Smith,前注 67,第 358—359 页。一个潜在的反例是斯堪的纳维亚的法律现实主义。参见,例如 Axel Hägerström, INQUIRIES INTO THE NATURE OF LAW AND MORALS 1 - 6 (Karl Olivecrona ed., C.D. Broad trans., 1953)("很明显在确定与我们所称的财产权相对应的事实时有无法克服的困难");A. Vilhelm Lundstedt, LEGAL THINKING REVISED: MY VIEWS ON LAW 103 - 104 (1956); Karl Olivecrona, LAW AS FACT 171 (2d ed. 1971)(认为权利是"心理现象");Alf Ross, ON LAW AND JUSTICE 189 - 90 (1959)(在内容和特权方面提出了对世与对人的不同定义);Alf Ross, Tû-Tû, 70 Harv. L. Rev. 812, 821 - 822 (1957)(论证了"所有权"是毫无意义的,虽然服务于陈述的目的)。但斯堪的纳维亚的体系有时被他们自己分类,脱离了法国和德国的族系,并且斯堪的纳维亚体系分享有某些普通法特有的实用主义。参见:Jes Bjarup, *The Philosophy of Scandinavian Legal Realism*, 18 Ratio Juris. 1, 1 - 2 (2005)(描述了 Hägerström 的影响);Heikki Pihlajamäki, *Against Metaphysics in Law: The Historical Background of American and Scandinavian Legal Realism Compared*, 52 Am. J. Comp. L. 469, 469 - 70 (2004)(注意到了美国和斯堪的纳维亚的现实主义的比较);Zweigert & Kötz,前注 10,第 277 页("北欧国家至今还没有像法国或德国民法典那样的法典。")。

⑮ 所有法律(包括财产)只能调整人与人之间关系的观念以及法律关系是唯一的基础法律概念的观念,可以从现实主义者追溯至霍菲尔德,再进一步可追溯至 Bierling。参见:Gambaro,前注 26,第 220 页(引自 Ernst Rudolf Bierling, ZUR KRITIK DER JURISTISCHEN GRUNDBEGRIFFE 174, 181[Gotha 1877])事实上,罗斯科·庞德认为霍菲尔德描绘了他自己受德国启发的研究以及 Salmond 的研究,而不是他的耶鲁同事的研究。参见:Roscoe Pound, *Fifty Years of Jurisprudence*, 50 Harv. L. Rev. 557, 572 (1937); N.E.H. Hull, *Vital Schools of Jurisprudence: Roscoe Pound, Wesley Newcomb Hohfeld, and the Promotion of an Academic Jurisprudential Agenda*, 1910 - 1919, 45 J. Legal Educ. 235, 278 - 79 (1995),(引自 Pound 给 Powell 的信[Mar. 22, 1919], Pound Papers 78 - 6)很明显 Pound 指的是 Ernst Rudolf Bierling, *Zur Kritik der juristischen Grundbegriffe* 的作者,而不是 Friedrich Wilhelm Bierling (1676 - 1728),正如 Hull 断言的那样。更普遍的是,现实主义者受德国自由主义法学派的影响,后者并没有成为那里的主导范式。参见:Kristoffel Grechenig & Martin Gelter, *The Transatlantic Divergence in Legal Thought: American Law and Economics vs. German Doctrinalism*, 31 Hastings Int'l & Comp. L. Rev. 295, 295 - 297 (2008);又见 James E. Herget & Stephen Wallace, *The German Free Law Movement as the Source of American Legal Realism*, 73 Va. L. Rev. 399 (1987)(注意到德国"自由法"运动是美国法律现实主义理论的主要渊源);Anna di Robilant, *One Property, Many Properties: Common Ownership & Equality of Autonomy* 30 (draft)(讨论了法国和意大利现实主义财产评论的张力)。

普通法和大陆法财产的第一点区别的关键,是对权利束图像接受程度的差异。普通法和大陆法财产注重财产的使用利益、法定利益和架构之重要区分的不同层面。在普通法系中,权利束理论注重使用利益,而地产权体系只关注特定的法定利益。相比之下,大陆法系中所有权的中心地位以及其对世性,使得理论家只强调整体的法定利益和财产架构的排他面向。

值得注意的是,有些学者可能指出大陆法所有权具有弹性和灵活性——当定限物权消灭时,所有权人重新获得价值并再次成为完全所有人[76]——并以此证明所有权与普通法的不限嗣继承地产权有很大差异。然而,在普通法的语词中,此种所谓弹性仅仅表示最初所有权人一直保有剩余产权(remainder)或取回权(reverter)。[77] 因此,所谓的弹性并没有反映出不限嗣继承地产权与所有权之间,有根本性或结构性的差异。相反的,其表明,大陆法比起普通法更加限制所有权人转让财产。

在本节中,我们提出了替代权利束的理论,它将作为我们分析大陆法和普通法财产的基础。在第一小节中,我们认为财产权包括一束结构化的法律关系,有四种原型。[78] 本文可以澄清财产权的本质是关系,也有助于说明合同关系和财产关系的区别。在第二小节中,我们重新审视了财产权的要素,并表明对财产"物"的关注如何与四种原型关系相联系。

(一)财产关系的四种原型

如前文所述,当界定财产权的交易成本为正时,法律体系会倾向于采取排他—经营架构的某种版本。排他策略是架构的预设和主干,其建立了法定利益和使用利益间的间接关系。有时,当更直接地界定使用利益是必要时,经营策略被采用。在此小节,我们认为应区分四种财产关系的原型,因为每一种原型均采用了排他策略与经营策略的不同组合。财产关系有四种原型:财产权人和国家,财产权人和其他定限财产权人,财产权人和特定人,财产权人和所有其他人。

---

[76] 参见:Ugo Mattei, BASIC PRINCIPLES OF PROPERTY LAW 78 (2000);Sjef van Erp, *Comparative Property Law*, in THE OXFORD HANDBOOK OF COMPARATIVE LAW 1043, 1056 (Mathias Reimann & Reinhard Zimmermann eds., 2006).

[77] 当保留的继承未来利益不可转让时,一种解决办法是称"最终"的拥有者为所有人。既然未来利益倾向于变得更容易自由转让,这种解决办法仍然可用,但其不自然性也更明显。

[78] 虽然将财产描述为一束(或聚合)关系并不是新的理论,但似乎没有文献指出财产关系的类型。而且文献使用的"一束关系"似乎等同于"一束权利"。此种描述,参见:例如 Sukhninder Panesar, GENERAL PRINCIPLES OF PROPERTY LAW 19 (2001); Heller,前注 67,第 1193-1194 页(批判了权利束的隐喻);6 AMERICAN LAW OF PROPERTY §26.1 n.1 (A. James Casner ed., 1952).

在财产关系的第一种原型,即财产权人和政府的关系中,政府保障财产权(承诺保护),但此财产权受制于政府的警察权力以及国家征收权力。[79] 此关系是例外的,因为国家征收权不是财产权架构中的要素;相反,这是一种世界公认的政府重新分配财产权给自己的便利工具。

财产关系的第二种原型,即财产权人和同一财产中其他财产权人的关系,可根据其他财产权人是谁而被分为两亚种。第一亚种使用自愿的管理策略,不限嗣继承地产权的所有人同意不排他,允许定限财产权人(如地役权人)以协议的方式使用财产。在第二亚种中,某定限财产权人定限财产权可以排除其他定限财产权人的干扰,但只有当两种定限财产权相冲突时(如抵押权及后创设的地役权)才能行使。有设定定限财产权时,财产关系的第二种原型(包括两类亚种)才会出现。

财产关系的第三种原型,即财产权人和特定人的关系,以非自愿管理和有限度排他为特征。在此,如果法律已规定该物由特定当事人在特定时间以特定方法使用,那么财产权人就不能总是决定他们的物如何被使用。但是,并非所有财产体系都包含此类关系。

第四种财产关系,即财产权人和所有其他人的关系,其排他性质更加纯粹。这种关系尤其重要,因为每一个财产利益人与除了第二、三种原型中提到的人之外的世界上所有人都有这种关系。这种关系的(自动)存在节约了交易成本,因此在正交易成本的世界中,它在财产架构的某些形式中无处不在。

1. 财产权人 vs.政府

第一种财产关系原型存在于财产权人和政府之间。这种关系相较于其他三种关系而言,更多是公法问题。大陆法和普通法的国家使用相似的方式(主张正当程序和法治)来权衡:改变条件所需的灵活性,以及为促进业主自治、引进投资等对现有财产权人的承诺保护。财产法内部尤其重要的一点是政府作为国家征用权行使者的角色。这种关系应独立于其他关系,因为政府的国家征用权力会导致财产权在面对政府时,仅受补偿原则的保护,而财产权一般受财产原则的保护,可对抗没有国家征用权力的其他任何人。事实上,圭多·卡拉布雷西和道格拉斯·梅拉米德以国家征用权作为补偿原则为例,讨论补偿原则——产权(entitlement)可通过官方确定的损害赔偿来换取;这和财产原则框架下,产权受到强

---

[79] 限制征收权不是国家为促进所有者的预期稳定可以采用的唯一方法:这一般包括程序性正当程序、既得权利、遵循先例原则和法治。参见:Thomas W. Merrill & Henry E. Smith, THE OXFORD INTRODUCTIONS TO U.S. LAW: PROPERTY 223-58 (2010).

力保护，必须取得所有权人同意才能流转，有所不同。㉚

如果财产权人与政府的关系，和财产权人与政府以外权利主体的关系，两者混淆，如传统学说看似假设的那样，国家征用权作为一种补偿原则就如同一般财产原则保护的例外。但我们主张，将补偿原则作为财产权人与政府关系的一般规则（在国家征用权问题范围内），将财产规则作为财产权人与其他人关系的一般规则（有很少、有时无法证立㉛的例外），更为清楚的。后者包括政府以外的权利主体（即第二、第三和第四种关系类型），和在征用权语境之外的政府。

2. 财产权人 vs. 同一财产中的其他财产权人

第二种财产关系原型是对同一财产均享有财产权人之间的关系。一个经典的例子是地产权人之间的关系，比如说，拥有终生地产权（life estate）的 A 与拥有剩余权利（remainder）的 B 之间的关系。此种关系包含两亚种。第一亚种为"所有权人（bare owner）"㉜和"定限物权"持有人的关系，例如抵押人和抵押权人之间的关系。第二亚种为定限物权人之间的关系，例如抵押权人和另一个对同一土地拥有地役权的人之间的关系。

在第一亚种关系中，财产权人自愿地改变他与其他人的关系，从排他（第四种类型）转变为分享财产权。换言之，自愿管理策略被用来调整双方之间的财产利益。调整的程度受到物权法定原则的限制。㉝ 因此，财产权人只能处于有限

㉚ Guido Calabresi & A. Douglas Melamed, *Property Rules, Liability Rules, and Inalienability: One View of the Cathedral*, 85 Harv. L. Rev. 1089, 1122-23 (1972); 又见 Richard A. Epstein, *A Clear View of The Cathedral: The Dominance of Property Rules*, 106 Yale L. J. 2091 (1997)（注意到国家征用权与事前程序保护有关）。

㉛ 参见：Yun-chien Chang, *The Inefficiency of the Accession Doctrine: A Case for the Property Rule* (Feb. 2010) (working paper), *available at* http://ssrn.com/abstract=1576426.

㉜ 这是法国法律中的"nu-propriétaire"。参见：Laurent Aynès, *Property Law*, in INTRODUCTION TO FRENCH LAW 147, 161 (George A. Bermann & Etienne Picard eds., 2008).

㉝ 参见：Merrill & Smith, 前注 14, 第 69 页（"物权法定原则定义了一个固定的财产权领域，并且此原则是严格实施的。"）；又见 Henry Hansmann & Reinier Kraakman, *Property, Contract, and Verification: The Numerus Clausus Problem and the Divisibility of Rights*, 31 J. Legal Stud. S373, S374 (2002)（注意到在普通法和大陆法国家中，物权法定原则将财产限制在少数明确界定的类型中）。对这两种理论的批判以及对此原则在中国台湾地区之应用的讨论，参见张永健：《物权"自治"主义的美丽新世界？——民法第 757 条之立法论与解释论》，载《交大法科评论》2010 年第 7 卷第 1 期，第 119—168 页。

数量的财产关系类型中。㉞ 财产权人之间的权利和义务由民法典或普通法原则所决定。㉟

在第二亚种中,定限财产权受在先权利原则支配,即"时间优先,权利优先。"㊱换言之,排他仍然适用,但排他只能在在先的定限物权受到在后的定限物权的妨碍时才能适用。例如,当抵押的地块拍卖时,抵押人(时间上在先)可以要求法院移除设立在后的地役权,因为现已存在的地役权会减损拍卖价值。

3. 财产权人 vs.特定人

在第三种关系类型下,民法典、规章或法院制定的原则采取管理策略,因此财产权人的排他受到限制。例如,在扰邻法(nuisance)中,如果邻居的行为是在合理限度内,财产所有人不能一直要求他的邻居停止制造噪音或气味。在边界侵占纠纷中,财产所有人有时会被要求容忍善良邻人的侵害行为,并且只能接受损害。同样,袋地所有权人在特定条件下可以穿过邻人的土地而进入公路。㊲这样的例子还有很多。

4. 财产权人 vs.所有其他人

过往文献中关于财产关系暗举之例是财产权人(比如说所有权人)和世界上大多数人的关系。文献中讨论的财产权的对世本质涉及此类关系。部分评论家似乎将第四种关系类型视作唯一的财产关系类型。㊳每当任何种类的财产权被创造,大量(且越来越多)的关系自动出现。这些关系的本质简单而清晰——财产权人有权排除任何与财产权人没有其他三种原型关系的人。换言之,财产权人的产权一般由财产原则保护。

第四种关系——财产权人与所有其他人——是预设的关系,它可以在不同

㉞ 这与德国法的类型理论相符。Nigel Foster & Satish Sule, GERMAN LEGAL SYSTEM AND LAWS 493 (4th ed. 2010).

㉟ 这叫做德国法的类型理论,参见 Foster & Sule,前注84,第493—494页。在租赁是一种财产并且有租金控制的国家中,人们可以把租金控制视为与自愿治理叠加的非自愿治理。固定租金也可以被视为物权法定原则中不可改变的内容。然而,需要注意到的是,租金控制不是普遍的;因此,财产权理论不需要嵌入租金控制。

㊱ 参见:例如,W.M. Kleijn et al., *Property Law*, in INTRODUCTION TO DUTCH LAW 103, 109 (Jeroen M.J. Chorus et al. eds., 4th ed. 2006).

㊲ 参见:Yun-chien Chang, A Comparative and Economic Analysis of Access to Landlocked Land: A Case for a Hybrid of Property and Liability Rules 7-8 (Aug. 1, 2012) (unpublished article), *available at* http://ssrn.com/abstract=1986739.

㊳ 参见:Sjef van Erp, *Deconstruction and Reconstruction of European Property Law: A Research Agenda*, in LEGAL ENGINEERING AND COMPARATIVE LAW 105, 117 (Eleanor Cashin Ritaine ed., 2009).

情形下被第三种关系(财产权人与特定人)所取代。因此,我们也许预期第四种——"对世"关系——在两大法系中表现出更多的相似性。这就是说,大陆法和普通法均采用排他—管理架构,并且在非法入侵法上相似,但不同法律体系在何时以及何种程度上涉及特定人的第三种类型关系取代对世界上其他人的背景关系有所不同。非法入侵法、扰邻法的例外情形,则在不同法域有较大差异,因为对人效力较多的情形,不同法域的考量不同。

(二) 财产的必要条件

一些理论家已在寻找财产权的必要条件。在最极端的权利束理论中,没有哪种权能比其他权能更为优先。最常见被举为财产必要条件的是排他,一些杰出的权利束理论家也认为排他特别重要。[89] 我们认为上述观点均有缺陷。由于信息成本的原因,排他及伴随特征从以物为基础的财产路径自然产生——它们只是从基本建制中油然而生。

何为物?这听起来像是个形而上学的问题,但我们将遵循罗马人和普通法法律人的观点,只有在出于实践原因需要时才援引哲学概念。[90] 特别是,我们认为,由于交易成本的原因,财产是一种物法——我们首先有一个关于物的法律。在所谓的科斯推论中,在零交易成本的世界里,财产可以采用各种外观,而不会对由此产生的使用模式的效率造成任何影响。[91] 这包括定义它的基本范围。在一个"完整"的财产体系中,财产在其所有的维度均具有"完整"精确的定义,这将会毫无成本地实现;在此种体系中,权利会涉及现有的或未出生的所有社会成员之间最短时间内的最小使用,并且将涵盖任何可以想到的偶然事件。[92] 换言之,财产体系可以完全依靠管理策略。

在现实世界中,为节约交易成本,财产权是"不完整"的。[93] 需要注意的是,财产权至少在两种意义上是不完整的。文献中不完整的财产权涉及不完整的财

---

[89] 参见:例如 Felix S. Cohen, *Dialogue on Private Property*, 9 Rutgers L. Rev. 357, 370-371 (1954).

[90] 罗马人在具体(*specificatio*)领域(一种加入的形式)中对哲学有高度实际的使用,不同的思想流派在如何构想物的持续性方面有所不同,参见 J.A.C. Thomas, *Form and Substance in Roman Law*, in 19 CURRENT LEGAL PROBLEMS 145, 147-160 (George W. Keeton & Georg Schwarzenberger eds., 1966).

[91] Merrill & Smith,前注 8。

[92] 由此类推,在零交易成本的世界中,我们根本不需要财产权。参见:Cheung,前注 20,第 518—520 页;又见 R.H. Coase, THE FIRM, THE MARKET, AND THE LAW 10, 14-15 (1988)(原则上同意这种看法)。

[93] 另一方面,当交易成本很高时,我们不得不调整排他策略,以使财产权不完整。

产权界定。这就是说,像公海等资源,普通人均可公开获取,或者更一般地说,它不是产权化的。㉞ 此处我们所说的不完整财产权的概念涉及难以细分的(lumpy)法定利益和管理产权化资源所采用的间接方法。法律没有(由于交易成本的原因,也不能)规定所有财产的每一种最微小的用途。相反,法律指派了一个有推定排除他人干涉权利的所有权人来决定具体事物的用途。㉟ 通过定义排他策略中的物,人们的使用利益可以用相对低的成本来管理。所有权人将决定如何与他人交易来共享使用。

"不物"的定义方式就会推导出财产的许多特征,而无须额外的定义。财产权也因此特殊并具有"兜底"的特性。约翰·奥斯丁注意到了财产的这一层面,他写道:"不确定性是权利的本质;并且说明权利……不能通过精确和积极的界定来确定。"㊱特别是对于使用而言,财产建立的基本方式避免了阐明使用的需要。此结果是所有权人可以控制无限多种类型的使用方式(reservoir)㊲。不需要将使用方式具体言明,这节约了交易成本。只有在特别有争议的使用中,分别根据这些使用来界定法律关系才有意义。为了进入车道或者关于气味的权利和责任以及与此类似的情况下,用于"微调"这些突出的使用冲突,利用管理机制所招致的成本才有必要。

财产的特征,从通过排他策略来定义物的这种节约基本交易成本的举措中得出。这些特征包括对世、排他、追及。下面的讨论将阐明,这三种基本特征是不同层次的概念:对世指的是自动产生的财产权人和所有其他人之间的财产关

㉞ 参见:例如 Antonio Nicita, *On Incomplete Property: A Missing Perspective in Law and Economics? in* PROPERTY RIGHTS DYNAMICS 77, 77 - 90(Donatella Porrini & Giovanni Battista Ramello eds., 2007).

㉟ 财产法中推定的排他权就像合同法中多数人默认规则一样。它们都为节约交易成本服务。对于合同法的默认规则(default rule)理论,参见:例如 Ian Ayres & Robert Gertner, *Filling Gaps In Incomplete Contracts: An Economic Theory of Default Rules*, 99 Yale L. J. 87, 89(1989)(讨论了合同法上默认规则和不可改变规则的不同,并解释了为何经济学家支持更多使用默认规则); Ian Ayres and Robert Gertner, *Majoritarian v. Minoritarian Defaults*, 51 Stan. L. Rev. 1591(1999)(解释了对合同不完整的潜在原因的理解如何会更好地预示默认规则的最佳选择)。

㊱ J. Austin, LECTURES ON JURISPRUDENCE 799(Robert Campbell ed., 5th ed. 1911).

㊲ Restatement (First) of Prop. § 5 cmt. e, § 10 cmt. c(1936); Bernard E. Jacob, *The Law of Definite Elements: Land in Exceptional Packages*, 55 S. Cal. L. Rev. 1369, 1388(1982)(讨论了完全所有权定义的重述要求"不仅是合理的排他性现行控制,而且是潜在用途的无限储存")。

系(第四种原型关系);排他描述了第二和第四种原型关系(财产权人和同一财产中的其他财产权人,以及财产权人和所有其他人),以及在较小程度上第三种原型关系(财产权人和某些特定人)的本质;追及意味着当财产关系的一方将她的权利转让给其他人时,新的财产权人只是接替了原财产权人,不影响现存的财产关系。[98] 这三大特征是必不可少的,但却在概念上纠缠在一起,过往文献大概因此没有厘清它们概念上的关系。这三大特征都根植于排他—管理架构。

1. 对世

财产是一种对世权利。从词源上讲,它表示一种对物的权利,从历史上讲,财产作为对物的权利与它某种意义上用以对抗他人的对世性有关联。德国法律中关于对世及其衍生的概念是十分著名的,[99]这意味着此一权利可以对抗世界上所有的人——德国法上通常称为"绝对原则"(*Absolutheitsprinzip*)。[100] 在大陆法和普通法财产中,财产调整所有权人和责任承担者之间的关系,除非得到所有权人的同意,否则大部分人将被告知禁止进入或干涉。

与数量庞大的不特定人(其对财产的主要贡献仅是别来干涉)沟通,要以节约交易成本的方式为之。[101] 在我们正交易成本的世界中,通过与所有其他人订立合同而使他们远离自己的财产是非常昂贵的,其成本无法负担。因此自动产生排除他人的权利极大地节约了交易成本。根据物来界定权利会使权利行使不仅限于熟人间,因为关于所有权人和责任承担者的背景信息一般与权利(责任)的本质无关。当涉及更多具体的交易方时,法律关系的进一步界定可将物用作平台,从而使之更加具体。因此,扰邻法规定了邻居间的合理使用,契据与合同可以处理非常具体的使用。正如我们将看到,大陆法特别强调完全所有权人的对世权。

2. 排他

如前文所述,包括诸多法律现实主义者在内的许多人都认为财产的排他权十分重要。许多评论家对排他的定义莫衷一是。我们同意这些法学家的观点,

---

[98] 第一种原型关系与这三种基本特征关系不密切,因为由责任规则保护财产权来对抗政府并不是财产权的本质。实际上,财产权在没有国家征用权的法域中,某种意义上,更加纯粹,更加有力,也更像财产权。

[99] 参见:Murray Raff, PRIVATE PROPERTY AND ENVIRONMENTAL RESPONSIBILITY 186 (2003).

[100] 参见:Foster & Sule,前注84,第494页。

[101] Henry E. Smith, *The Language of Property: Form, Context, and Audience*, 55 Stan. L. Rev. 1105, 1153 - 57 (2003).

即认为财产利益在于使用,由排他权保护(通过制止非法入侵等手段加以实施)。[102] 然而,当有人说排他是财产的本质或在财产上特别重要时,这意味着什么呢?

同样,排他的重要性及其局限,源于交易成本理论将排他视为捷径,以便绕过使用界定越细致越好的"完全"财产体系。

交易成本理论表明,排他并非权利束中的一枝,尽管像是美国最高法院等经常有相似的主张。[103] 相反的,排他策略设定了基准(或是称作平台、出发点),从中我们可以知道物是什么,以及有何种增减(所有权人权能的减少和增加)。例如,紧急避难和反歧视法减少了权能,地役权和支撑邻地建物于不颓的权利增加了权能。

由于交易成本的原因,区分利益和服务于利益的手段十分重要。如果排他是确定以物为基础的权利集合(财产)的出发点,这并不是说排它本身是一种利益,或者这种利益比那些由更具体的法律所服务的、拯救生命及身体(紧急避难)或者促进种族平等(反歧视法)的利益(及政策)更加重要。相反,排他和管理不同,前者为后者提供了粗略的平台。普通法和大陆法都将排他策略作为出发点,但管理的种类和方向上的背离程度有所不同——我们很快将看到,二者的界定风格也有所不同。

3. 追及

其他人已经指出了财产本质的另一要素:追及。[104] 当前手享有不限嗣继承地产权、其他现在和未来利益、地役权等时,后手可以继承前手的权利,这是正常的,且与我们所谓的财产密切相关。更具有说服力的是,当邻居间的合同转移到后手时,此种随物流转合同和地役权一起被放在一个上位的役权概念下,并且近乎被视作财产权。理论上地役权和随物流转契据的不同在于,前者但非后者约束第三方(对世),但在邻居纠纷问题中,重要的是双方当事人和其后手。因此,如果 A 与 B 签订契据,约定 A 将不能建造超过两层的建筑物,且双方均意向让

---

[102] 参见:例如 Penner,前注 6,第 68—74 页;Merrill & Smith,前注 67,第 394—397 页;Smith,前注 18,第 963—964 页。

[103] Kaiser Aetna v. United States, 444 U. S. 164, 176 (1979)(阐明对于财产所有人来说"排除他人的权利"是"权利束中最重要的一条,并且财产通常以此为特征")。

[104] 参见:例如,Hansmann & Kraakman,前注 83,第 S374. 此处我们认为追及是财产的必要条件。就物的定义角度而言,另一个基本特征的候选是剩余权利(residual claim)。参见 Smith,前注 16,第 1710 页;又见 Thomas W. Merrill, *The Property Strategy*, 160 U. Pa. L. Rev. 2061 (2012)(认为由排他产生的剩余管理权和剩余继承权是财产的基本特征)。

契据追及后手,并且契据涉及土地,那么它将约束后手。[105]

同样,随物流准契据的追及不是一个可分离的特征,当然也不是权利束中的一根。相反,当权利镶嵌于与物相关联的权利基准集合,追及是自然的。由于此种原因,明确属于物权的地役权,毫无争议地追及后手。更确切地说,基准(与物的概念一致)不是设计来包含人的背景信息,因此谁拥有权利和责任是不相干的。由此再进一小步,就是后手受约束。一般来说,去情境化的权利先行于其可转让性。追及后手的权利也是如此。

因此,财产权比合同权更倾向拘束后手。在普通法和大陆法中均是如此,但是,正如第四部分讨论的那样,两大法系在何处划定界线有所不同,部分是因为"风格上的"原因。

三、普通法财产

虽然普通法和大陆法一样,均使用了基本的排他—管理架构,但普通法采用了一种不太注重财产的"物"的风格。普通法财产并非总是被看作物的法律,权利束的图像只会让财产理论家更加不关注物。对物的不关注在地产权体系中可见一斑。人们可以说,虽然大陆法系中的土地法是所有权的法律体系,在普通法国家中它却是地产权的法律体系。[106]

(一)聚焦地产权体系,乃至于不理会其他定限物权

什么是地产权?它是由所有权切分而来。起初,在征服者威廉于1066年后引入英国的、并经过亨利二世改革的封建体系中,国王本人是唯一的完全所有权人。[107] 由于完整的所有权被切分成法定利益:作为土地权利的回报,承包者(tenant)(法定利益的拥有者)有义务为其领主提供服务。这些服务始于军事,随后逐渐被金钱义务所取代。[108] 承包者转过来也可以按此进一步分封下去,直至占

---

[105] 参见:Thomas W. Merrill & Henry E. Smith, PROPERTY 1026-1034 (2007).财产的(第三)重述将更多通过契约论者的进路取代接触和关注,受制于例如合理让渡和公共政策的限制。参见:RESTATEMENT (THIRD) OF PROP.: SERVITUDES § 3.2 cmt. a (2000).到目前为止还没有法院接受这一革新。

[106] John Henry Merryman, *Ownership and Estate (Variations on a Theme by Lawson)*, 48 Tul. L. Rev. 916, 918 (1974).

[107] 参见:A.W.B. Simpson, A HISTORY OF THE LAND LAW 47 (2d ed. 1986).

[108] Simpson,前注107,第6—24页。

有土地的农民。封建义务在1660年根据《保有法案》(Statutes of Tenures)被废除，[109]但分割财产权的体系却在修改后在美国得以保留(1925年英国的土地改革立法基本上废除了地产权体系[110])。现在，地产权体系基本上按时间来衡量财产利益(包括可以导致财产利益终结的条件和限制)。

目前，很少直接通过地产权体系切分财产利益。相反，除了租赁之外，定限财产权通过信托设立，而信托可以追溯至衡平法院的活动，也是封建承包人意欲避免特定金钱义务的结果。传统观点认为，信托将所有权分为法定所有权和衡平所有权。[111]受托人持有法定所有权并因此可以管理财产；如果没有相反的指令，他也可以以符合受托责任的方式转让信托财产。受益人享有衡平所有权，这意味着受托人对受益人负忠实义务，且受益人有权根据委托人设定之信托条款，享受信托财产之收益。此外，如果受托人以违法、违反信托方式转让了信托资产，受益人可以向可得而知或未给付对价的购买者追索。

以时间为标准的财产权切分和信托的广泛使用，使普通法系并未将其他类型的财产权切分视作财产的核心，是为缺陷。担保利益是一种附条件的财产权类型，它较常在商法中教授。甚至既像合同又像财产的租赁，其法律地位也一团混乱：租赁赋予占有权能，并且在一定程度上标准化为几种固定类型，但在其他面向上可以定制。[112]更重要的是，虽然租赁拘束后手出租人，却在破产程序中如同一般合同一样被别除(avoid)。与此类似，寄托虽然在衣帽间、停车等领域使用广泛，但还没有受到太多关注，因为寄托同样位于对世和对人交界的尴尬境地。[113]

(二) 交易成本的解释

我们关于普通法的交易成本理论有实践和理论两个层面。普通法财产与大陆法财产并非像传统观点所论述的那样不同。在两大法系中，法系的大致外观和基本架构特征类似，因为第二部分描述的财产体系以结构化关系和财产权的要素，为财产体系节约了巨大的交易成本。然而，就风格而言，大陆法和普通法

---

[109] 12 Car. II, c. 24 (1660).

[110] C. Dent Bostick, *Land Title Registration: An English Solution to an American Problem*, 63 Ind. L. J. 55, 78 (1987).

[111] 这种观点最近被那些将衡平的财产视为对抗权利的人所质疑。参见：Ben Mcfarlane & Robert Stevens, *The Nature of Equitable Property*, 4 J. Equity 1 (2010).

[112] Merrill & Smith，前注29，第811—820页。

[113] Merrill & Smith，前注29，第811—820页。

在界定定限财产权时出发点不同。

高固定成本,加上诺曼征服者的原始需求,使得普通法系有其独有的特点。起初,这个体系的目标是为了替新诺曼统治阶级尤其是国王购买忠诚。[114] 这种以时间和条件为基础分封土地的机制很符合要求。许多界定的工作(都是固定成本)投注于建立新体系(一定程度上,前诺曼法律与完全封建体系在界定风格方面相一致,不需要改变)。当原始的封建动力消失,如何处理体系变成问题。高度繁复体系的固定成本已经投下去。裂解(fragmentation)的程度——或者更准确地说是裂解的类型——反映了路径依赖。从现在的讨论中略窥一二;人们普遍认为,我们不需要现在所拥有的那么多没必要的定限财产权类型,但没有足够的拥护者支持改革。如果现在砍掉重炼,我们不会建立一个像现有体系一样如此多定限物权的体系,但出于惰性(inertia)(拥有既得利益的律师也可能推波助澜),我们不会改革。[115]

重要的是,基本地产权体系的再生性质,意味着用极少数定限财产权就可以实现很多事情,其他少用的大多数定限财产权只造成不便。未来权益(future interests)的复杂架构是可能的,因为各种分解的方法可以反馈于己(例如,终身

---

[114] 再次重申,我们没有假设封建制度是诺曼征服(或亨利二世的改革)创造出来的。确切的机制可能会透露普通法或大陆法是否可能是过去产生后果的政治方案的一部分。特别值得一提的是,普通法进路是否可能反映(或促进)裂解、校勘建设(collation building)以及限制统治者,这个问题是值得讨论的。参见:例如 Yoram Barzel, A THEORY OF THE STATE 113-37 (2002)(发展了实施并因此界定财产权的国家理论,其是群体成员赋予国家的权力受制于集体行为机制来对抗国家的剥削行为的结果);Raghuram G. Rajan & Luigi Zingales, SAVING CAPITALISM FROM THE CAPITALISTS 129-56 (2003)(认为民主制度是所有权传播的结果,并且讨论了英国君主政体的转换);Mark F. Grady & Michael T. McGuire, *The Nature of Constitutions*, 1 J. Bioeconomics 227, 238 (1999)(认为宪法是弱势群体成员联合抵制强势成员压迫的产物);Douglass C. North & Barry R. Weingast, *Constitutions and Commitment: The Evolution of Institutions Governing Public Choice in Seventeenth-Century England*, 49 J. Econ. Hist. 803 (1989)(认为光荣革命过程中的改革导致了可靠的委托机制,它使得担保财产权得以实现)。

[115] 关于一些简化地产权体系和未来利益的建议,参见:例如 RESTATEMENT (THIRD) OF PROP.: WILLS & OTHER DONATIVE TRANSFERS § 24.3 cmt. a (2011)("这三种不限嗣继承土产权的亚类型的继续区分不再有用……本重述只承认可废止的不限嗣继承土产权。");T.P. Gallanis, *The Future of Future Interests*, 60 Wash. & Lee L. Rev. 513 (2003). 一般参见:Lawrence W. Waggoner, *Reformulating the Structure of Estates: A Proposal for Legislative Action*, 85 Harv. L. Rev. 729 (1972)(提出了一种基于某前提的架构,这种前提认为只有适当的区分才是确定性与不确定性之间关于所有权人利益的终结,以及确定性与不确定性之间关于最终未来利益的所有权)。

地产权后跟着一个终身的剩余性不限嗣继承地产权,其后再跟着一个剩余性不限嗣继承地产权)。[116] 因此,如前所述,普通法系是一个伴随网络效应的法律沟通的(有点复杂的)普遍形式。

除了信托之外,普通法系从未比其他法系投入更多心力在阐明其他面向的切分。信托缓和了许多因切分不足导致的压力;财产权可以按非传统的方式切分(以不同事件为条件,以受托人的有限裁量为依据),不须涉及重要的对世效果(因此这也使得地产体系容易使用)。所以路径依赖解释了为何普通法可灵活切分,无须大陆法中的复杂的定限物权理论。

英国的不同历史也可据此解释。在英国,土地登记十分不足,部分是出于隐私的考虑以及无法强制登记。[117] 1925 年,土地登记改革意味着无须太多额外的努力就可以建立一个全国性的地产体系改革。在美国,土地登记可追溯至殖民时期,任何改革的努力必须一个州一个州地逐步进行,统一法典也可提供协助。虽然这种工作已经开始进行,但现在说它取得什么进展还为时尚早。

四、大陆法财产

大陆法域的财产法彼此之间也有所不同,正如美国财产法和英国财产法并非彼此克隆一样。事实上,法国和德国的财产法在概念上也有很多不同。[118] 如前文所述,我们的理论可以解释混合体系("混合"只是一个程度问题)。在一个对大陆法财产体系的比较法讨论中,本文显然不能处理每个国家的民法典。在本章中,我们将以下民法典及相关规定作为主要的分析对象:德国、法国、荷兰、日本、中国大陆和台湾地区。《德国民法典》可能是世界上最具影响力的民法典,并且被日本、中国大陆和台湾地区、韩国、希腊、瑞士、奥地利等多个国家和地区作为典范。[119] 法国的《拿破仑法典》颁布于 1804 年,也影响了西班牙、葡萄牙、罗马尼亚等多个国家。[120] 荷兰于 1992 年通过了全新的《荷兰民法典》,该法典受到

---

[116] Smith,前注 14,第 164—165 页。

[117] 参见:Bostick,前注 110,第 75—76 页。

[118] 尽管如此,"德国民法典和法国民法典保留了一些最重要的相似性。"John Henry Merryman & Rogelio Perez-Perdomo, THE CIVIL LAW TRADITION 32 (3d ed. 2007).

[119] 参见:Raff,前注 99,第 9,16—17 页;Albert H.Y. Chen, *The Law of Property and the Evolving System of Property Rights in China*, in THE DEVELOPMENT OF THE CHINESE LEGAL SYSTEM 81, 89-93 (Guanghua Yu ed., 2011).

[120] William Tetley, *Mixed Jurisdictions: Common Law v. Civil Law (Codified and Uncodified)*, 60 La. L. Rev. 677, 687-688 (2000).

高度赞扬。日本在很大程度上借鉴了德国,[121]但也有发明的新观点。颇受争议的《中华人民共和国物权法》于 2007 年生效。[122] 这部法律借鉴了台湾地区所谓"民法",继承了德国的模式,并根据苏联的法律传统对其进行了修改,使其可适用于国家或集体所有的土地。[123] 中国台湾地区的所谓"财产法"混合了德国、日本和瑞士的元素,也囊括了 1930 年编纂法典前的习惯法。地方性差异确实存在,但就财产权的界定风格而言,与普通法财产制度相比,大陆法的各法典在关于财产方面相互更加接近。接下来,我们将论述大陆法财产制度如何建立在内部不融贯上或面临理论困境。我们也会为此提供一个交易成本上的解释。

(一)对"物"概念的依赖

大陆法财产对物的概念的依赖在法律的名称中有所体现。在德国,财产法被叫做"物权"(*Sachenrecht*),字面上的意思是关于物的法律。[124] *Sachen*(物)在此处只包括有体物,因此,关于知识产权的权利主张被排除在外。[125] 一个人只在有形客体而不是无形客体上有真正的所有权。荷兰、[126]日本、[127]中国大陆和台

---

[121] 参见:例如 R.C. van Caenegem, AN HISTORICAL INTRODUCTION TO PRIVATE LAW 158 n.26 (D.E.L. Johnston trans., Cambridge University Press 1992) (1988).

[122] 对于中国财产法的经济分析,参见 Yun-chien Chang, *Property Law with Chinese Characteristics: An Economic and Comparative Analysis*, 1 Brigham-Kanner Property Rights Conference Journal 345 (2012).

[123] 参见:Chen, 前注 119.

[124] 参见:Foster & Sule, 前注 84, 第 493 页.

[125] 参见:Foster & Sule, 前注 84, 第 90 节 BGB 论述道:"只有有体物才是法律定义的物" BÜRGERLICHES GESETZBUCH [BGB] [Civil Code] Aug. 18, 1896, BUNDESGESETZ-BLATT [BGBl.] I 1600, § 90 (Ger.), *available at* http://www.gesetze-im-internet.de/english_bgb/englisch_bgb.html#BGBengl_000P90.

[126] 3 BURGERLIJK WETBOEK [BW] [Civil Code] art. 2 (Neth.). 参见 Akkermans, 前注 68, 第 258 页. 然而,在荷兰民法典中,包括"世袭权利"(*vermogensrechten*)下的无形物,和物一起,构成了"资产"(*goederen*). 参见 Christian von Bar & Ulrich Drobnig, THE INTERACTION OF CONTRACT LAW AND TORT AND PROPERTY LAW IN EUROPE 319 (2004).

[127] 参见:Hiroshi Oda, JAPANESE LAW 164-165 (3d ed. 2009); MINPŌ [Civ. C.] art. 85 (Japan), *available at* http://www.japaneselawtranslation.go.jp/law/detail/?re=02&yo=%E6%B0%91%E6%B3%95&ft=2&ky=&page=2("在此法典中使用的"物"是有体物.").

湾地区⑫的财产体系基本上使用相同的概念框架。不过,在法国法中,无体物被视作动产。⑫(与此相似,普通法财产中"物"包括无体物。⑬)

大陆法财产理论以有体物所有权为架构。因此,在理论层面,其产生的财产概念很难与抵押等担保物权相和谐,更不用说知识产权⑬和信托⑬了,而这二者在现代财产世界中越来越重要。由于信托和知识财产在普通法和大陆法国家中还没有被完全接受为典型的财产权,下文我们将重点讨论典型财产权。⑬

大陆法国家,至少那些受德国法影响的国家,将财产权定义为物的支配。⑬ 这种定义与选择将财产法的客体限制为有体物以及将财产权推论为人与物之间(而不是人和人关于物)的关系紧密相关。将财产概念化为市民法所有权(dominion)可以解释财产权最突出的类型——所有权——这与所有人和"所有其他人"的关系有关(第四种原型财产关系)。然而,在解释第二种原型财产关系,尤其是所有人

---

⑫ 中国大陆的物权法与台湾地区"民法典"对于无形客体的范畴并不清晰。台湾的主流观点是虽然债权(claims)不是财产法的客体,但自然力可以是财产法的客体。参见:Tze-chien Wang, TAIWAN'S PROPERTY LAW 51 (2010) (in Chinese). 在大陆,很多学者大概是遵从德国法,认为只有有体物才可以被拥有。参见:例如 Hui-xing Liang & Hua-bin Chen, CHINA'S PROPERTY LAW 8 (2007) (in Chinese). 值得注意的是中国物权法第二条允许权利作为物权法的客体。

⑫ 参见:Akkermans,前注 68,第 409 页;Steiner,前注 69,第 382 页;又见 Mattei,前注 76,第 75 页(研究认为在法国和意大利,财产权也许可以将无形物作为它的客体)。

⑬ 参见:John Sprankling et al., GLOBAL ISSUES IN PROPERTY LAW 1 (2006) [ILL] ("在美国,我们将'财产'宽泛地定义为人与人之间关于'物'的在法律上可实施的权利。特别是'物'可能是土地,或有形客体……,或无形客体");von Bar & Drobnig,前注 126,第 319 页。

⑬ 在德国法模式中,知识产权不是典型的财产权,因为知识产权不是有形的。参见 Jürgen Baur & Rolf Stürner, SACHENRECHT 11 (§ 2 Rn. 2) (18th ed. 2009). [ILL] 然而,法国法将知识产权视为动产。参见:Aynès,前注 82,第 151 页;Henry Dyson, FRENCH PROPERTY AND INHERITANCE LAW 15 (2003).

⑬ 关于德国法上的信托(*Treuhandeigentum*),参见:Baur & Stürner,前注 131,第 24-26 页(§ 3 Rn. 34) [ILL];Akkermans,前注 68,第 184-86 页;Foster & Sule,前注 84,第 499 页。关于法国法上的信托(propriété *fiduciaire*),参见:Steiner,前注 69,第 387-389 页;Aynès,前注 82,第 161 页。对于普通法和大陆法信托的比较,参见:van Erp,前注 88,第 118—119 页。

⑬ 参见:Mattei,前注 76,第 76 页(注意到所有法系中的知识产权都是在一个专有的范式内处理的)。

⑬ 德国文献喜欢使用"*Zuordnung*"(分配)和"*Herrschaft*"(控制)来描述财产权的本质。参见:Yong-qin Su, *Freedom of Transaction for Goods That Can Be Registered*, 2010 Nanjing Uni. L. Rev. 16, 18 (in Chinese) [ILL];Manfred Wolf, SACHENRECHT § 1 Rn. 4 (26th ed. 2011) [ILL];Baur & Stürner,前注 131,第 307 页(§ 24 Rn. 5). [ILL]

和"定限物权"持有人之间的关系时,即使大陆法的律师也会遇到问题。[135]

在日本、中国(包括大陆及台湾地区)都遵循的德国模式中,定限物权可以被进一步分为两种:用益物权和担保物权。[136]在法国模式中,定限物权被分为"主财产权"和"从财产权"。[137]前者对应德国模式中的用益物权,后者则对应德国模式中的担保物权。从财产权(或担保物权)给法国和德国模式造成了理论难题,二者在界定财产权时均过分强调了物的所有权。法国法(荷兰法也遵循法国法[138])使用分解(démembrement)方法创造定限物权。分解是削减或减少一部分整体完全所有权。[139] 换句话说:"定限财产权包含所有权的某些部分。"[140]因为现代法国法学者只承认所有权的三种要素——所有物的使用(usus)、孳息(fructus)、处分(abusus)(也即使用权、收益权、处分权),[141]不包括担保权——对于担保权是否属于财产权尚不明确,并仍旧聚讼盈庭。[142]另一方面,德国模式有其自己的问题。在德国法中,所有权是绝对的,单一的和不可分割的。定限物权只是加重了所有权行使的负担,但所有权本身仍然是保持完整的。[143]这似乎是一个不必要的复杂理论。[144] 更大的问题是,德国法模式坚持将物权客体限于有体物的理论,与为无体物的权利可以作为权利质权客体的[145]德国民法典实定法规范不合。[146]

---

[135] 这个概念可以被翻译成"次级所有权人的利益"、"限制物权"或"二级利益"。在德国法上称为, *das beschränkte dingliche Recht*. 翻译成英文,参见 Sjef van Erp, *European Property Law: A Methodology for the Future*, in EUROPEAN PRIVATE LAW 227, 235 (Reiner Schulze & Hans Schulte-Nölke eds., 2011).

[136] 参见:Foster & Sule,前注 84,第 510 页;Raff,前注 99,第 188 页。

[137] 参见:Akkermans,前注 68,第 165 页。

[138] 参见:Akkermans,前注 68,第 270—271, 414 页。

[139] 参见:Akkermans,前注 68,第 413 页。

[140] 参见:Akkermans,前注 68,第 116 页。

[141] 参见:Akkermans,前注 68,第 93 页。

[142] 参见:Akkermans,前注 68,第 165—166 页。

[143] 参见:Akkermans,前注 68,第 179, 191—199, 415—416 页。

[144] 然而,这种德国模式上的"外部——累加进路",可以更容易地解释为何一个人可以同时成为抵押人和抵押权人。参见:van Erp,前注 76,第 1056 页。

[145] Wolf,前注 134,§ 1 Rn. 12.［ILL］

[146] 同样的批评,参见:von Bar & Drobnig,前注 126,第 317 页。许多大陆法系国家采用了更宽泛的物的定义,因此包括了无体物。这些国家包括葡萄牙、意大利、奥地利、比利时等等。参见:Wolf,前注 134,第 317—318 页。关于权利主张作为财产权标的的讨论,参见:Sjef van Erp & Bram Akkermans, *Property Rights: A Comparative View*, in PROPERTY LAW AND ECONOMICS 31, 34, 45-46 (Boudewijn Bouckaert ed., 2010).［ILL］另一方面,一些台湾学者坚持有体物的市民法所有权,并将质押仅仅看作准财产。参见:例如谢在全,物权法论(五版上册),第 13—14 页。

总而言之,理解德国和法国模式问题的关键在于,当大陆法财产学者定义财产权时,他们只考虑所有权,并将所有权的概念等同于财产权。因为他们确实将所有权定义得太过严格和狭窄,他们不得不允许在财产权家族中存在例外,以容纳担保权利。

界定财产权和所有权的正确方法是将它们区别对待。财产与不限嗣继承地产权或所有权不一致。前文已详细论述,财产权是与嵌入对世、排他和追及的资源有关的任何权利,而不限嗣继承地产权/所有权是所有广义的、包含所有财产权必要特征的使用权利的积累——或者说,在普通法理念下,不限嗣继承地产权/所有权可以被切分为所有种类的使用权利。此外,财产权的定义不应有例外。不包含财产权所有核心要素的这些权利顶多是准财产权,我们在下一节会讨论这种准财产权。

(二)"债权物权化"的理论困境

大陆法与普通法的一个有趣的区别在于,大陆法将合同和侵权都归于同种债的门类下(德语是 *Schuld*)并且严格区分债物,⑩但在普通法中,财产、合同和侵权是三个不同的法律范畴。⑱ 然而,严格区分物和债(尤其是合同)的德国式概念框架不得不面对有介于物与债之间的关系存在,例如具有第三方效力的合同,这种合同已被写入法典,但它很难适应这种严格的二分法。我们认为,德国框架的重心在于物的支配而不是关系,这使得我们很难准确定义和分类这种中间关系。

有第三方效力的合同可以以租赁为例。在普通法世界,租赁是一种财产关系,但在大陆法世界,租赁是一种合同关系。⑲ 如果新的所有权人从出租人那里取得财产,而承租人无法对抗新所有权人,承租人将处于困难的境

---

⑩ 虽然德国、法国、荷兰、日本和中国台湾地区都或多或少区分债(合同和侵权)和物,但中国大陆地区可能是个例外,1986 年颁布了《中华人民共和国民法通则》、1999 年颁布《中华人民共和国合同法》、2007 年颁布《中华人民共和国劳动合同法》、2007 年颁布《中华人民共和国物权法》以及 2009 年颁布《中华人民共和国侵权责任法》。现在还不清楚如果统一这些分散的法典,那时侵权法和合同法是否会在同一法律之债的标题下。

⑱ 另一个有趣的区别是,在大陆法国家,私法学者通常会掌握全部三个领域(财产、合同和侵权)——否则,因为债与财产的严格区分,一个私法学者同时成为合同法和侵权法的专家甚至是更常见的。相比之下,在普通法国家,至少在美国,一个法学教授同时教授(更不要说精通)这三个领域是很少见的。

⑲ 然而请注意,在美国,租赁也是部分"合同化"的。参见:例如,Jesse Dukeminier et al., PROPERTY 431-439 (7th ed. 2010); Merrill & Smith, 前注 29, 第 811—820 页; Thomas J. Miceli et al., *The Property-Contract Boundary: An Economic Analysis of Leases*, 3 Am. L. Econ. Rev. 165, 166-167 (2001)。

地。认识到这一点,大多数(即使不是全部)民法典采用了被称作"买卖不破租赁"的规则。[150] 如果特定的条件(通常是关于公示)满足,新所有权人不得不接替原出租人——即租赁追及。德国法律人将此称为"债权物权化(*Verdinglichung obligatorischer Rechte*)",字面意思是"合同权利的物化",[151] 这既不是典型的财产,也不是典型的合同。[152] 与之不同,我们将使用"财产性合同"或"财产性合同权利/关系"的术语,来使其中间属性更明显。也许德国学者是为了尽可能完好地保持这种严格区分,才认为从概念上来讲这是合同和财产间的唯一一种中间关系。[153]

在德国[154]和中国台湾地区[155],按份共有人可以用契据约定共有人使用和管理共有不动产的特定部分。[156] 如果该契据在地产登记部门登记,共有份额的后手

---

[150] 关于法国的规定,参见:Akkermans,前注68,第160—161页。关于德国的规定,参见:同上注,第35,240—243页。关于荷兰的规定,参见:BW art. 7:226 (Neth.). 关于日本的规定,参见:Oda,前注127,第164页。关于中国台湾地区的规定,参见:LAWS & REGULATIONS DATABASE OF THE REPUBLIC OF CHINA ART. 425 (May 26, 2010), http://law.moj.gov.tw/Eng/LawClass/LawContent.aspx? PCODE = B0000001.

[151] 参见:van Erp,前注88,第118页。德国的债法(粗略地)包含了合同、侵权和不当得利,但这里是合同存在争议。

[152] 关于日本法上的债权物权化,参见 Oda,前注127,第164页。

[153] 参见:例如 Claus-Wilhelm Canaris, *Die Verdinglichung Obligatorischer Rechte*, in FESTSCHRIFT FÜR WERNER FLUME 377‐78 (Horst Heinrich Jakobs ed., 1978). [ILL] Accord 吴从周,《民事法学与法学方法》第四册,第23页。

[154] "如果共有人的土地已确定管理和用途,或排除永久或一段时间内共有人的解除权利,或已规定通知期限,只有当它在土地登记簿上登记作为共享的阻碍时,这种规定才有对抗后继者的效力。" BGB, Aug. 18, 1896, BGBl. I 1600, § 1010(1) (Ger.), *available at* http://www.gesetze-im-internet.de/englisch_bgb/englisch_bgb.html#BGBengl_000P1010.

[155] Laws & Regulations Database of The Republic of China art. 826‐1 (May 26, 2010), http://law.moj.gov.tw/Eng/LawClass/LawContent.aspx? PCODE = B0000001.[(1)不动产共有人间关于共有物使用、管理、分割或禁止分割之约定或依第八百二十条第一项规定所为之决定,于登记后,对于应有部分之受让人或取得物权之人,具有效力。其由法院裁定所定之管理,经登记后,亦同。(2)动产共有人间就共有物为前项之约定、决定或法院所为之裁定,对于应有部分之受让人或取得物权之人,以受让或取得时知悉其事或可得而知者为限,亦具有效力。(3)共有物应有部分让与时,受让人对让与人就共有物因使用、管理或其他情形所生之负担连带负清偿责任。]

[156] 关于此种约定的介绍和讨论,参见:Hanoch Dagan & Michael A. Heller, *The Liberal Commons*, 110 Yale L.J. 549, 618‐20 (2001); Yun-chien Chang, *Tenancy in "Anticommons"? A Theoretical and Empirical Analysis of Co-ownership*, J. Legal Analysis, forthcoming, *available at* http://jla.oxfordjournals.org/content/early/2012/08/08/jla.las011.full.pdf + html.

将受该契据约束。这也即契据追及。德国和中国台湾地区的财产学者一般将这种契据视为物权化之合同。[157]

然而，如果根据前文所述的框架理解财产权，中间关系将不会造成理论上或概念上的问题，我们可以更准确地理解财产权和准财产权。在第二部分中，我们指出了财产关系的要素，以及财产关系与合同关系的几处区别。我们认为如果一种法律关系满足一个或两个而不是全部三个财产关系的基本特征（对世、排他、追及），这即为准财产关系。从这一角度出发，大陆法法律人理解的债权物权化实际上包含多种不同程度的财产化关系。在前文的租赁例子中，只有当出租人转让他的权利时，而不是当承租人转让普通法中所谓的"租赁权"（leasehold）时，权利才会发生追及。[158] 此外，租赁合同本身不会赋予承租人对世排他权能（但承租人通常可以以占有人的身份排除入侵者）。因此，"买卖不破租赁"的教义只在最小程度上财产化了租赁合同。至于共有物分管契据，共有人有权对世排除其他共有人和所有未经授权使用或转让的其他人；此外，共有人可以转让她所拥有的部分或全部份额给第三方，使后手成为财产利益的持有人。所以说，按份共有是具备所有特征的财产关系。因此，共有人间的分管契据只是在共有人间添加了一层财产关系。

梅里尔和史密斯指出，在财产——合同界面中，有两类中间关系："准对物"（quasi-multital）（与不特定少数人之间的关系）和"混合对人"（compound-paucital）（与特定多数人之间的关系）。[159] 我们在此处的分析不仅表明大陆法的法律人只考虑准对物关系（债权物权化一般约束不特定少数人），忽视混合对人关系，而且表明准对物关系可以被进一步细分。大陆法上的租赁是准对物关系的一种。共有动产的分管契据是另一个例子。台湾"民法典"规定，动产共有人可以通过契据确定用途。然而，由于在台湾大多数类型动产无法登记，法律规定只有恶意受让人才受分管契据约束。在此，契据是否追及取决于第三方是否充分了解其所购买的物品！当契据不总是追及，但恶意第三方仍受契据约束时，这种契据构成了另一种准对物/准财产关系（不同于租赁的类型）。[160]

---

[157] 参见：例如，Baur & Stürner，前注 131，第 32 页（§3 Rn. 47）[ILL]；张永健：《民法第 826—1 条分管权之法律经济分析——财产权与准财产权之析辨》，载《台湾大学法学论丛》2011 年第 40 卷第 3 期，第 1255—1302 页。

[158] 参见：van Erp，前注 76，第 1053 页。

[159] 参见：Merrill & Smith，前注 29，第 786 页。

[160] 另一方面，台湾地区最高"立法"机构规定，合同可以约束恶意当事人和应知晓合同（而未知晓）的当事人。这种关系又是另一类准对物/准财产关系。

（三）交易成本解释

为何大陆法国家采用并坚持其界定风格的三种特征——财产权概念单一、财产与债的严格区分、将财产权定义为人与物的关系？如前文所述，这些概念不能充分解释像抵押权或质权这样的定限物权，并且阻碍了大陆法适切刻画现今常见的合同与财产间的中间关系。我们提出了一种基于路径依赖的解释，虽然这路径很长，并且有时迂回曲折。

众所周知，现在的大陆法系，尤其是它们的财产法，[161]仍然深受罗马法的影响。罗马法在大约两千年前制定，并在后来几次有意地被复兴。[162] 在德国和法国，罗马法充当的是背景焦点。[163] 罗马法的概念以多种方式在欧洲大陆持续了两千多年。罗马法学家认为财产（对世）指"人与物之间的关系"，[164]并且他们只把有体物（res corporales）视为财产权的客体。[165] 因此，他们"觉得没有必要将所有权和其客体区分清楚"。[166] 然而，在很多方面，罗马财产法与现代大陆财产法有明显的差别：罗马财产法采用了极为严格单一的财产权概念。诚然，在古典罗马法中，财产所有人"不被允许转让小于所有权的权利"，[167]很少有例外。[168] 此外，"罗马法没有定义所有权……评论家通过改造用益权，在使用权和收益权上"[169]外加处分权。此外，抵押（pignus）和质押（hypotheca）等担保利益是在债[170]而非财产[171]的标题下讨论的。"占有"的观念被严格使用于所有权人，因为"罗马人也

---

[161] 参见：Sjef van Erp, *A Comparative Analysis of Mortgage Law: Searching for Principles*, in LAND LAW IN COMPARATIVE PERSPECTIVE 69, 71 (María Elena Sánchez Jordán & Antonio Gambaro eds., 2002).

[162] 我们不认为大陆法系国家已经采纳了整个罗马财产法。关于19世纪德国工业化如何使德国的扰邻法远离罗马法影响的讨论，参见 Claus Ott & Hans-Bernd Schäfer, *The Dichotomy Between Property Rules and Liability Rules: Experiences From German Law*, 1 Erasmus L. Rev. 41, 46-50 (2008).

[163] 到这种程度以至于萨维尼可以为某种版本的罗马法辩护，将其作为一种德国人民的法律来对抗当时法典编纂的工作。参见 Friedrich Carl von Savigny, Vom Beruf unserer Zeit für Gesetzgebung und Rechtswissenschaft (Heidelberg: eidelberg: arl von1814).

[164] Barry Nicholas, AN INTRODUCTION TO ROMAN LAW 100 (1962).

[165] Nicholas，前注164，第106—107页。

[166] Nicholas，前注164，第107页。

[167] Francesco Parisi, *Entropy in Property*, 50 Am. J. Comp. L. 595, 603 (2002).

[168] Parisi，前注167，第603—604页。

[169] Nicholas，前注164，第154页。

[170] 请注意，在葡萄牙等国家，抵押和质押仍然规定在债编之中。法国民法典分别在合同和财产中规定抵押和质押。

[171] 一位现代评论家认为它"既属于合同又属于财产"。Nicholas，前注164，第150页。

许认为'占有'不是单纯持有某物,而是以作为所有权人的姿态持有某物",[172]也就是说,用益物权人并非土地占有人。[173]

三种特征(单一概念、财产和债的严格区分、将财产定义为人与物的关系)由罗马人首先发现,随后被大陆法国家所继承,这是合理的——但只对罗马人而言。既然完全所有权是财产权的主要形式,单一的概念也许是理解完全所有权作为财产权主要形式的观念的最清晰(如果不是唯一)方式。此外,没有不赋予占有、使用权的担保利益,将物权理解为人与物之间的关系[174]也许比本文提出的财产权概念更易在概念上理解。考虑到罗马法的财产权概念狭窄,中间关系在很大程度上不被理解,因此,债与物的严格区分就比较合理。[175]

随着罗马帝国的衰落,封建财产体系和各种地方习惯法出现了。但罗马法及其财产概念并未消亡。罗马法继续被各地的法学家研究,包括在现在的法国和德国有时甚至被用来裁判案件。[176]诚然,中世纪法学家努力使封建主义与罗马法的单一所有权概念相协调。[177]但问题依然存在,罗马法是如何正式内化到现代法典中的?在法国的例子中,当法国大革命推翻旧政权以及相应的封建财产体系时,[178]拿破仑建立的委员会提交新的民法典草案,此草案的所有权和财产法观念主要是以罗马法为基础。[179]为何复兴罗马法?正如弗朗西斯科·帕里西(Francisco Parisi)所言:"将封建传统作为无效率的财产界定的根源,并通过宣言一种绝对和单一的新财产范式来反抗封建遗产,这在 18 世纪非常流行。"[180]"新"范式实际上是很旧的,并且是中世纪和前大革命时代财产制度的暗流,在法

---

[172] Nicholas,前注 164,第 111 页。

[173] Nicholas,前注 164,第 110—111 页。

[174] 关于罗马法上的这种财产概念,参见,例如,Aynès,前注 82,第 147 页。

[175] 关于严格区分的罗马法概念,参见:Akkermans,前注 68,第 172—174 页。(参考了萨维尼的写作与研究)。

[176] 参见:例如,同上注,第 84 页("援引《国法大全》成了法国律师的习惯。某种意义上说,罗马法是法国南部的习惯法。")(脚注省略)。

[177] Joshua Getzler, *Plural Ownership, Funds, and the Aggregation of Wills*, 10 Theoretical Inquiries L. 241, 251 (2009).

[178] 参见:Parisi,前注 167,第 602 页;Akkermans,前注 68,第 85 页;Ugo Mattei, *Property Rights in Civil Law*, in THE NEW PALGRAVE DICTIONARY OF ECONOMICS AND THE LAW 157, 158-59 (Peter Newman ed., 1998).

[179] 参见:Akkermans,前注 68,第 86 页。确实,拿破仑法典的主要问题在于,它几乎与查士丁尼法典的前三本(人、物、行为)完全相同。参见:Merryman & Perez-Perdomo,前注 118,第 10 页;Steiner,前注 69,第 379 页。

[180] Parisi,前注 167,第 602 页。

国南部尤其如此。[181] 至于法典编纂本身,编纂者(尤其是波塔利斯[Portalis])试图将源于18世纪的波蒂埃(Pothier)、17世纪的多玛(Domat)、格劳秀斯(Grotius)和普芬道夫(Pufendorf)(他吸取了16世纪西班牙法学家的思想)的某些版本的自然法奉为神圣不可侵犯的。[182] 因为这些概念陈述得十分抽象——就以物为基础界定财产而言——这就容易使法典在19世纪以更个人主义的方式被加以解释。[183] 令人惊叹的是,基于物和支配(dominion)的罗马语词和风格,是如何在这么长的时间里,在差异巨大的法律制度中作为稀薄但持续的元素保留下来。因此,以罗马法为模版创立新法典可以为法国法学家节约信息成本,[184]并且消除了转向不一定优于罗马法的新财产法制度的成本。

在德国的例子中,在1871年德国统一之前,罗马法正式被"继受"[185]为有约束力的法律。[186] 因此,很多德国学者在19世纪将单一的所有权概念作为"唯一可能的所有权类型"就不令人意外了。[187] 罗马法中对物与债严格区分的理念也是德国法学家全心全意接受的(德语为 Trennungsprinzip),它甚至被认为是德国物权法的基石。[188] 因此,同样地,将罗马法原则编纂入法典降低了信息成本和制度成本。[189]

随着法国物权法和德国物权法作为罗马物权法的现代典型体现,罗马物权法的概念开始腾飞——其影响范围甚至到了亚洲。首先日本、中国[190]和其他国

---

[181] 参见:例如,van Caenegem,前注121,第2,6,17页。

[182] James Gordley, *Myths of the French Civil Code*, 42 Am. J. Comp. L. 459, 461-62 (1994).

[183] Gordley,前注182,第466—468页。

[184] 继承罗马法甚至可以为受罗马法统治并将其作为习惯法的普通人降低信息成本,法国南部就是例子。

[185] 德国、荷兰和许多其他欧洲国家都"接受"了罗马法。参见:例如,Kleijn et al.,前注86,第109页;van Caenegem,前注121,第2—3页。

[186] Merryman & Perez-Perdomo,前注118,第10页。

[187] Akkermans,前注68,第174页。

[188] 参见:Akkermans,前注68,第173页。

[189] 关于罗马法对德国法的影响,BGB,参见:例如,van Caenegem,前注121,第156—157页;James Q. Whitman, THE LEGACY OF ROMAN LAW IN THE GERMAN ROMANTIC ERA, at x-xi (1990).

[190] 1930年,中华民国政府颁布了一部民法典,显然,中国没有罗马法传统。但这部民法典和所有先前的草案(第一部在1910年清朝的最后一年颁布)都受德国民法典和日本民法典的影响。为何中国没有模仿普通法?历史研究表明,大陆法更受清王朝的青睐,因为大陆法更为集中,并且因此符合执政者的口味。参见邓峰:《清末变法的法律经济学解释——为什么中国学习了大陆法?》,载《中外法学》2009年第2期,第165—186页。

家以《德国民法典》为模版制定物权法,并且基本上保留了前文指出的三大特征——财产的单一概念、物债二分、将财产定义为人与物的关系。

考虑到高转换成本和大陆财产法大部分时间运行良好的事实,大陆法国家坚持他们界定法定利益的"风格"也就不奇怪了。然而,很难理解的是,除了保持传统的思考方式,大陆法国家的现代法学家为何没有成功改变他们的物权概念。改变概念框架无须政治成本,由于前文讨论的三大特征主要是学术上的架构,因此也无须对民法典做出任何修改。罗马法学家发展的物权概念框架没有考虑抵押、质押、地上权(在他人土地上修建和使用建筑物等主要固定设施[fixture]的权利)、永佃权(类似永久租赁)。[191] 如前文所述,这种框架不适合现代社会。也许,范式转换的成本在学术上也是巨大的,并且,除了支持旧范式的法律学者之外,没有人真正受这三大特征的影响;因此也就不会有支持改革的拥护者。

综合考虑以上因素,我们的交易成本理论可以解释普通法和大陆法财产中宽泛的结构相似性和细微的风格差异。

两大财产体系的功能轮廓非常相似,也许是因为相似的目标理由以及服务于此目标的演化压力。[192] 特别是,基本的排他—管理结构产生巨额交易成本优势。有时这些财产体系共有的基本特征用罗马法的术语或类型很容易识别和分类。[193]

在大框架内,体系采用了不同界定财产权的方法或"风格",我们在前文已经讨论过这一点。出于外在政治的原因——普通法的封建主义和渐进主义,以及大陆法的罗马起源和以罗马法为基础的反封建改革——在过去的特定时期已经

---

[191] Barry Nicholas 认为地上权和永佃权"对于任何理论解释来说,在私法上被承认得太迟了……晚期帝国的律师只满足于将它简单视为独特的制度"。参见 Nicholas, 前注 164, 第 157 页。

[192] 即使像萨维尼这样的对使用理想的罗马法来实现理论纯度的强烈拥护者也承认"纯理论上的考虑必须让位于日常生活的实际需要……"参见:Friedrich Carl von Savigny, VON SAVIGNY'S TREATISE ON POSSESSION; OR THE JUS POSSESSIONIS OF THE CIVIL LAW 404 (Erskine Perry trans., 6th ed. 2002)(1848). 关于功能观点的一个著名版本,参见:Harold Demsetz, *Toward a Theory of Property Rights*, 57 Am. Econ. Rev. 347 (1967). 关于演化,参见:例如,Armen A. Alchian, *Uncertainty, Evolution, and Economic Theory*, 58 J. Pol. Econ. 211 (1950)(在解释环境不确定性的评估决定中对生物学家和经济学家进行了区分). 又见 Todd J. Zywicki, *The Rise and Fall of Efficiency in the Common Law: A Supply-Side Analysis*, 97 Nw. U. L. Rev. 1551 (2003)(从供给侧和与竞争有关的制度条件方面考察了普通法法律规则的效率变化).

[193] 关于罗马法对普通法研究传统,包括著名的布莱克斯通的影响,参见:Alan Watson, *The Structure of Blackstone's Commentaries*, 97 Yale L. J. 795 (1988). 对于英国普通法,参见:R. H. Helmholz, THE IUS COMMUNE IN ENGLAND: FOUR STUDIES (2001). 对于欧洲大陆的普通法,参见 René David & John E. C. Brierley, MAJOR LEGAL SYSTEMS IN THE WORLD TODAY 45-46 (3d ed. 1985).

花费了高固定成本建置体系。[⑭] 花费高额成本以招致改变的机会只是偶尔出现,并且当它出现时,它也不是作为法院造法的一部分。尤其是在财产方面,立法机关在财产体系(特别是有对世效力的部分)重大改变中起了重要作用,甚至在普通法国家也是如此。[⑮] 这与立法机关和主权者(比如征服者威廉)而不是法院作为主要的改革者相一致——它们是唯一能有效筹募高固定成本者。诺曼征服后的时期,高固定成本和网络效应共同导致了制度锁定。

更重要的是,在很长一段时间内,罗马式的财产界定风格在大陆法世界中充当一种协作的手段。聚集于单一风格有助于与财产有关的法律交流,罗马法由于此前讨论的原因成为焦点。与此相似,在普通法世界中,在封建主义消亡很长时间之后,地产权和未来权利提供了带有网络效应的(对律师而言)熟悉的界定话语。

这些条件创造了展现出路径依赖的界定风格。从内在论者的观点看来,风格是十分真实的,并且捕捉到了相应从业者所理解的各体系之间的(一定程度上有些夸张的)差异。更容易衡量的是风格特征的一个子集(subset):财产权类型的数量。普通法系通常有更大一套财产权,并且一定程度上它的开放程度更高——其物权法定原则更为宽松。[⑯]

在界定风格方面,两大法系只允许在其边缘修补。这部分是物权法定原则的结果,部分是因为法院在制度上无法做出重大改变。就地产权体系而言,改革体系以及减少法定地产的数量和复杂性很难引起人们的兴趣。很少有人认为为了改变界定风格而招致产生高固定成本是值得的。1925年英国就发生了改变界定风格而招致产生高固定成本的情况,它是英国更广泛的土地法改革立法中的一部分。在大陆法国家,法典是法律义务(legal obligation)唯一渊源的规范

---

⑭ Peter Stein, ROMAN LAW IN EUROPEAN HISTORY 119 (1999)("德国的罗马法学者对于追溯罗马法所采纳的服务于当时社会需要的方法不感兴趣……他们想揭示隐含在罗马文本中的内在理论架构。");R. C. van Caenegem, Judges, Legislators and Professors: Chapters in European Legal History 82, 113 - 126 (1987); Richard A. Posner, *Savigny, Holmes, and the Law and Economics of Possession*, 86 Va. L. Rev. 535, 536 - 40 (2000); James Q. Whitman, *The Moral Menace of Roman Law and the Making of Commerce: Some Dutch Evidence*, 105 Yale L. J. 1841, 1843 (1996).

⑮ Merrill & Smith,前注14,第58—68页。

⑯ Merrill & Smith,前注14,第8—11, 20—24页;Chang,前注83.[ILL]

立场,强化了现状。[197]

这些发展的重要性是什么？首先,我们相信,在大陆法中基于市民法所有权、在普通法中基于地产权的界定风格是值得研究的。其次,我们认为,法律风格更为夸张的实例是病灶,显示了对使用利益与对应的法定利益之间的区别缺乏关注。重要的是,界定风格是具有网络效应的沟通模式的一部分,其网络效应对于总体的"法律文化"有助益。在某些特定领域,界定之风格可能产生实质性影响,例如大陆法尤其德国法对租赁、抵押的处理。此外,普通法地产权体系不必要的复杂性是界定风格持续的结果,信托的魅力导致法定地产没有太多实际用途也没关系。

结　论

普通法和大陆法都必须区分使用利益与通常为间接的法律架构——法定利益及保护法定利益的方法——以避免"完全"财产体系的高交易成本。借用公司法的术语来说,[198]这是(或至少是一个)财产法的"关键角色"。两大法系以相似的宽泛架构回应了现实世界的各种问题。然而,两大法系中界定过程的路径依赖——分别是封建主义和(复兴的)罗马法——使得界定的出发点和细节(我们称之为风格)非常不同。缺乏支持改革者、体系的可再生性和灵活性,降低了改革的压力,增强了路径依赖。

其结果是,两大法系的传统中,在教义和理论层面出现了怪异特征。财产是人与人之间对于资源的关系的观念,自然源于封建财产制度,但这种观念不仅是在封建主义或普通法地产制度中有用。我们已经论述了,财产作为结构化关系更能解释广为承认的定限物权(尤其是担保物权)以及大陆法系中更为流行的债

---

[197] Henry M. Hart, Jr. & Albert M. Sacks, THE LEGAL PROCESS: BASIC PROBLEMS IN THE MAKING AND APPLICATION OF LAW 749 (William N. Eskridge, Jr. & Philip P. Frickey eds., 1994)(1958)(注意到民法典是以"一个独立的、被视为法律的唯一渊源的、所有司法判决都必须援引的法律条文体系"为基础的); John Henry Merryman, THE CIVIL LAW TRADITION: AN INTRODUCTION TO THE LEGAL SYSTEMS OF WESTERN EUROPE AND LATIN AMERICA 22-23 (2d ed. 1985)(要注意的是大陆法系国家规定的分权排除了遵循先例和法官造法原则,并且在大陆法传统中"只有通过立法权制定的成文法才是法律",行政法规和习惯是作为补充。); Alan Watson, The Making of the Civil Law 168 (1981)(要注意的是成文法包括最重要的法典,以及行政法规和政府规章,是唯一独立的法律渊源,并可能有次级的习惯法渊源)。

[198] Henry Hansmann & Reinier Kraakman, *The Essential Role of Organizational Law*, 110 Yale L. J. 387, 393-94 (2000).

权物权化。另一方面,现实主义法学支持的地产权体系不强调物,以致掩盖了界定成本在塑造财产法中的作用。此外,普通法忽视了并非所有财产关系都是一样的事实。共有四种原型财产关系。模糊化这种分类已经导致在关于财产权本质的文献中出现混淆。本文认为,对世、排他、追及都是财产权的必要条件。换言之,财产权不是权利束,而是带有这三种与某些特定物之使用有关的特征的权利。

界定的法律风格具有极强的韧性。这种韧性根源于某些形式的路径依赖。法律界定与沟通有关,这种沟通受制于形成协作需要的网络效应。高固定成本、学习效应、适应性预期等也导致路径依赖。同时,如果风格兼容于新生需求的功能改变,转换风格一般是不划算的。此外,由于对世协作与沟通的特殊需要,我们预计,与合同法相比,财产界定的风格更不抗拒改变,并且,财产法内部最对世的层面,同样将在风格上长期保持最稳定。所谓的混合法系,以及普通法和大陆法的外围混合层面,与这种预测一致。

合同法与侵权法的统合(harmonization)已经在大陆(最明显是欧洲大陆)甚至是全球范围内展开。[199] 相比之下,由于普通法和大陆法在财产法上看似有巨大差异(ostensible gulf),财产法常常缺乏比较法研究。[200] 我们希望通过提出一种交易成本理论来解释大陆法与普通法财产的差异来源及其重要性,并且提出能更好描述普通法和大陆法财产权的概念,为全球比较财产法提供平台。

---

[199] 参见:例如,van Erp,前注 135,第 234—235 页。

[200] 在一本重要的著作中(TOWARDS A EUROPEAN CIVIL CODE),有 13 章(大约 200 页)关于合同法,有 5 章(大约 100 页)论述侵权法,但只有 4 章(大约 70 页)是关于财产法。参见 Ewoud Hondius et. al., TOWARDS A EUROPEAN CIVIL CODE (Arthur Hartkamp et al. eds., 4th ed. 2011). 在另一本书中(ENGLISH, FRENCH & GERMAN COMPARATIVE LAW),有关于宪法、合同法、侵权法等章节,但没有章节论述财产法。参见 Raymond Youngs, ENGLISH, FRENCH & GERMAN COMPARATIVE LAW (2d ed. 2007). 然而,请注意,欧洲复兴开发银行(the European Bank for Reconstruction and Development)颁布了关于动产的非占有担保的法律模版(model law)。此法律模版"与大陆法概念相兼容,同时也借鉴了普通法"。(Ohn Simpson & Joachim Menze, *Ten Years of Secured Transactions Reform*, EBRD'S OFFICE OF THE GEN. COUNSEL SECURED TRANSACTIONS PROJECT 21 (2000), *available at* http://www.ebrd.com/downloads/legal/secured/lit002b.pdf.)

AN ECONOMIC ANALYSIS OF CIVIL VERSUS COMMON LAW PROPERTY

Yun-chien Chang Henry E. Smith

Common law and civil law property appear to be quite different, with the former emphasizing pieces of ownership called estates and the latter focusing on holistic ownership. And yet the two systems are remarkably similar in their broad outlines for functional reasons. This Article offers a transaction cost explanation for the practical similarity and the differing styles of delineating property and ownership in the two systems. As opposed to the "complete" property system that could obtain in the world of zero transaction costs, actual property systems employ structures characterized by shortcuts in order to achieve property's substantive goals of protecting interests in use. Overlooking this structure leads to the bundle of rights picture of property, even though property is a structured bundle of relationships. The architecture of property consists in part of four basic relationships, and a number of characteristic features of property automatically arise out of this architecture, including exclusion rights, in rem status, and running to successors. Where civil law and common law differ is in their style of delineation, which reflects the path dependence and network effects from a common mode of legal communication and initial investment in feudal fragmentation in the common law and Roman-inspired holistic dominion in civil law. This transaction cost explanation for the functional similarities but different delineation process in the two systems promises to put the comparative law of property on a sounder descriptive footing.

Key Words: Property Relationship; Characteristics Features of Property; Exclusion-Governance Strategy; Transaction Cost; Path Dependence

（责任编辑：艾佳慧）

诉讼法学

比较法视野下的文书证据真实性认定规则

王 梓[*]

[摘 要] 无论在任何国家的法律体系中,文书证据都存在失真风险。如果在文书证据的审查判断过程中没有有效的方法及时查明上述失真风险,则很难从文书证据的表面特征判断其所记载内容是否与客观事实相符。我国在民事诉讼审判活动中长期采用的是文书证据真实性全面推定规则,由于该项规则过于强调文书证据形式真实的重要性,忽略了对文书证据失真风险的甄别,也缺乏对文书证据实质真实的考察,从而使得在我国民事审判活动中常常无法准确地认定文书证据的真实性,进而导致对案件事实的认定出现偏差。因此,有必要考虑完善我国的文书证据真实性认定规则,要求文书证据举证方承担敦促文书陈述人出庭作证的义务,以强化对文书证据实质真实的审查与认定。

[关键词] 文书证据;传闻风险;传闻规则;推定规则;实质真实性

引 言

在大陆法系的证据类型划分中,有学者主张书证"系思想寄之于文字,其将其内容视为证据方法之物体也"。[①] 该项定义在阐释"文书"内涵方面主要采用的是狭义解释,即将"文书"理解为"乃仅以文字而为表现吾人思想之一物体"。[②] 随着时代的发展,此种狭义解释逐渐为广义解释所替代,"文书"不再仅仅限于文字这一种表达方式,有学者认为:"文书不问私书与印书,又不问以文字与以数字,及以约束之记号(例如连记符征及暗号之类)皆可称为文书也"。[③] 因此,任何以"文字及其他记号(例如,电信符号、暗号)之组合来表达思想性(意思、意见、

---

[*] 王梓,四川大学法学院博士研究生。成都:610041。
[①] [日]松冈义正:《民事证据论》,张知本译,中国政法大学出版社2004年版,第236页。
[②] [日]松冈义正:《民事证据论》,张知本译,中国政法大学出版社2004年版,第237页。
[③] [日]高木丰三:《日本民事诉讼法论纲》,陈与年译,中国政法大学出版社2006年版,第294页。

情感等)意思的纸片及其他有形物",①一旦将其所记载的意思内容作为证据资料使用,则可以归为书证。在英美法系国家的学术理论研究中则存在"文书证据"(Documentary Evidence)这一概念,其是指"以书面文件为表现形式的证据。"②这两组概念在证据种类划分③和证据的范围④等方面存在诸多不同之处,应严格区分不同语境下的特定称谓。不过,两者也存在部分相同点:其一,在形成上,两者都包含了以书写方式形成的证据;其二,在表现形式上,两者均主要表现为一种具有文件性质的物品;其三,在作用上,两者均是以其内容作为证明的基础。⑤ 因此,在一致的范围内,可以就书证和文书证据进行比较研究。本文正是在两者重合的范围内进行讨论,所使用的"文书证据"一词均是指以书面所记载的内容来证明案件事实的文件。

文书证据真实性的准确认定对于民事诉讼程序的顺利进行具有十分重要的意义。一方面,它对文书证据自身证明力的判定具有关键作用。文书证据记载内容的真实与否对于其自身证明力的衡量具有基础性意义,如果文书证据不具备实质真实性,⑥就不可能依赖文书内容获得理想的证明力。另一方面,文书证据真实性的查明也直接影响到民事案件最终裁断的公正性。虽然传统理论认为

---

① [日]新堂幸司:《新民事诉讼法》,林剑锋译,法律出版社2008年版,第446页。
② 薛波主编:《元照英美法词典》(缩印版),北京大学出版社2013年版,第431页。
③ "书证"主要是用以指称部分大陆法系国家证据体系中的一类证据,它与物证、证人证言等其他证据种类共同组成了证据在大陆法系法学理论上的分类。多数英美法系国家并不存在这种系统性的证据种类划分,"文书证据"的概念仅仅出现在关于英美证据法的学术理论研究中,而且是通过列举的方式指明该类型证据的具体表现形式。
④ "书证"的范围比较广泛,包括载有文字、符号、数字、图画、印章或其他具有表情达意功能的实物材料。但相比之下,英美法系国家的"文书证据"范围更广,早在1908年,英国一起案件的判决中就指出:"不管在何种材料上书写或者给人留下印象,只要是以书写或者印刷的方式形成的能被阅读的材料,都是属于文书。"(R v. Daye(1908)77 LJKB 659.)在英国1975年的另外一起案件判决中,主审法官认为:"如果谈话录音中诉讼当事方的陈述与案件事实相关,则该录音可以被视作文书。"(Grant v. Southwestern properties Ltd[1975]Ch 185.)英国法院在实践中认识到了信息储存和复制方面技术的持续发展,因此在大多数情况下倾向于将任何与传统纸质文书功能相当的载体视为文书,这包括胶片、磁带、录像带等多种形式。See Richard Glover, *Murphy on Evidence*, New York: Oxford University Press, 2015. p. 708. 在英国《1995年民事证据法》和《1998年民事诉讼规则》中均将"文书"(Document)解释为记录信息的任何载体。
⑤ 参见宋强、邓贵杰:《中外书证涵义之比较》,载《贵州民族学院学报(哲学社会科学版)》2005年第5期。
⑥ 文书证据的实质真实是指"书证在内容上或意思表达上的真实"。参见宋强:《书证若干问题探讨》,四川大学2005年博士毕业论文,第40页。

民事诉讼整体上是以解决民事利益争端和纠纷为目的的活动,讲究程序效益性,并不执着于单一证据和案件真实性的发现。① 但是利益争端和纠纷的解决仍然需要建立在客观真实的基础上,因为只有在调查清楚事实真相的前提下才能更好地化解矛盾冲突,实现实体正义。②

部分英美法系国家采用传闻规则和交叉询问等法庭技术来提升文书证据真实性认定的准确性。因为根据英美法系传统理论,文书证据也属于传闻证据的一种类型,其在感知、记忆、诚实性、叙述等方面存在传闻风险,③这些风险会影响到文书陈述内容的真实性。④ 要查明文书证据的真实性,最为有效的方法即是传召文书陈述人出庭接受交叉询问。不过,由于多数英美法系国家的立法中并没有赋予法官指示或者强制要求诉讼方提交何种证据的权力,例如《英国民事诉讼规则》第32章第1条中赋予了法官就诉讼方提供证据的事项和提交证据的方式作出指令的权力,但这一权限并不针对诉讼方提出证据的自主选择权。⑤ 这意味着诉讼当事方即便在诉前披露了文书证据,也没有义务基于法庭的命令传召陈述人出庭作证。⑥ 在没有文书陈述人出庭作证的情况下,极其不利于文书证据真实性的查明。为了便于检验文书证据陈述内容的可信性,立法者设置了传闻规则用以敦促文书证据的陈述人出庭作证。⑦ 通过陈述人参与质证,来甄别文书证据中存在的传闻风险,继而将部分具有较大传闻风险的文书证据予

---

① "民事诉讼的目的是解决纠纷,而不是达到案情客观真实。因为民事案件与刑事案件不同,如果加进时间因素的话,当事人之间的利害关系随时在变化,即使完全达到客观真实,纠纷不见得都能得到解决。"参见[日]兼子一、竹下守夫:《民事诉讼法》,白绿铉译,法律出版社1995年版,第17页。

② 参见张建伟:《证据的容颜·司法的场域》,法律出版社2015年版,第9页。

③ 当陈述人没有准确感知或是回忆某事件,又或者是没有就其所知道的事实说实话并进行准确表述,则该陈述人的庭外陈述一旦呈交法庭,就存在传闻风险(hearsay dangers)。参见[美]罗纳德·J.艾伦等:《证据法:文本、问题和案例》,张保生、王进喜、赵滢译,高等教育出版社2006年版,第462页。

④ See George Fisher, *Evidence*, New York: Foundation Press. 2013, p.377.

⑤ See Adrian Keane, Paul McKeown, *the Modern Law of Evidence*, New York: Oxford University Press, 2016. p.148.

⑥ Society of Lloyd's v. Jaffray (2000) The Times, 3 Aug, QBD.

⑦ 陈述(Statement)是指"一个人的口头主张、书面主张或者该人意图作为一项主张的非言语行为";而陈述人(Declarant)是指"作出陈述的人"。参见王进喜:《美国〈联邦证据规则〉(2011年重塑版)条解》,中国法制出版社2012年版,第238页。

以排除,避免陪审团基于此类证据对案件事实作出错误的认定。① 事实上,大陆法国家的文书证据在感知、记忆、诚实性、叙述等方面也存在相似的失真风险要素,②这些失真风险要素会对文书证据实质真实性的认定产生极大的阻碍作用。因此,多数国家将文书证据的真实性划分为形式真实性和实质真实性,③并分别针对这两种真实属性设置了不同的认定方法,以保障两者之间的相对独立性,避免失真风险要素对文书证据实质真实性的认定活动产生负面影响。④ 尽管两大法系所采用的文书证据真实性认定规则在立法技术上存在极大差别,但是在立法理念上都是为了削弱失真风险对准确认定文书证据真实性的阻碍作用。

我国当前的民事审判活动中主要采用全面推定规则来认定文书证据的真实性。这种做法借鉴了大陆法系的真实性推定规则,但又不尽相同,我国的做法是将真实性推定规则的适用范围扩展到了文书证据实质真实性的审查认定阶段。虽然该项规则为文书证据实质真实性的审查认定提供了一种可行手段,但是由于该规则运行的逻辑是以文书证据形式真实性的确证来推定其实质真实性的存在,这恰恰忽略了形式真实性与实质真实性之间的相对独立性,无法在认定的过程中有效甄别失真风险,造成法官在民事审判活动中不能准确地认定文书证据的真实性,继而导致案件整体事实的认定出现偏差,难以保障诉讼当事人的合法权益。

由于传闻风险要素是造成文书证据真实性认定结果不准确的主要诱因,因

---

① 文书的陈述人并不一定是客观事实的亲身观察者,也不一定了解文书记载内容的真相。因为文书记载内容还可能是"传闻中的传闻",即陈述人制作文书时所记述的内容可能来自于其他人的转述。但陈述人作为制作文书的主体必然对文书证据内容的来源有一定程度的了解,要求他出庭作证至少可以向法庭提供查明内容真实性的线索。

② 失真风险要素与传闻风险要素的内容和范围基本相同,两者皆是因为文书陈述人在感知、记忆、诚实性、叙述等方面存在偏差而产生的,因为多数大陆法国家的证据法中没有"传闻"这一概念,所以笔者将大陆法国家文书证据实际存在的传闻风险要素称之为"失真风险要素"。

③ 文书证据的形式真实是指"书证在制作上或形成上的真实"。参见宋强:《书证若干问题探讨》,四川大学2005年博士毕业论文,第33页。

④ 形式真实与实质真实之间的独立性会根据文书的公私属性而发生变化。公文书由于具有较高的公信力,因此它的两种真实属性之间一般不再具有独立性,例如《德国民事诉讼法》第437条就规定:"从形式到内容方面多可以认为是由官署或由具有公信权限的人所制作的证书,推定其本身是真实的"。而私文书主要是公民个人制作的文书,自身的不稳定性比较高,因此它的两种真实属性之间一般具有独立性。私文书的形式真实仅能够基于其名义人真实推定得出,即根据私文书中签章的真实性推定其所记载的内容是名义人的真实意思表示,但私文书的实质真实只能由主审法官通过自由心证进行认定,无法基于其形式真实推定得出。参见张白合:《论私文书证明力的推定规则》,载《法律科学》2010年第4期。

此笔者在本文中首先对文书证据存在的传闻风险要素进行分析,并就英美法系国家常用的传闻风险甄别手段进行分析总结,发现英美法系国家所采用规则的优势在于能够有效敦促文书证据的陈述人出庭接受诉讼双方的交叉询问,从而便于准确查明并排除文书证据中的传闻风险;其次,对我国民事司法审判活动中普遍存在的全面推定规则进行解析,明确指出其存在诸多不合理之处,而这些不足也造成了文书证据的失真风险无法查清,严重阻碍了文书证据真实性的准确认定;最后,通过借鉴英美法系国家甄别传闻风险的重要方法,同时结合我国本土司法改革的发展趋势,建议在民事诉讼立法中明确规定部分文书证据的举证方有义务敦促该份文书的陈述人出庭作证,以确保失真风险得到有效甄别,从而能够更为准确地判断文书证据的真实性。

一、英美法系国家文书证据真实性认定活动中传闻风险的甄别与排除

部分英美法系国家的立法者早在 17 世纪后期就意识到文书证据从制作到提交上庭的过程中会产生传闻风险,而传闻风险会直接影响到文书证据真实性认定的准确程度,因此部分英美法系国家立法中明确要求在对文书证据真实性的审查判断过程中必须首先甄别其是否存在传闻风险。

(一) 文书证据中隐藏的传闻风险要素分析

"传闻"一词主要来源于英美法系国家的证据规则,根据美国《联邦证据规则》的规定,"传闻"被定义为"诉讼当事人将庭外的陈述提交用以证明陈述者的主张"。[1] 从《联邦证据规则》的定义中不难发现,传闻的主要表现形式为"陈述"(Statement)。在《联邦证据规则》801(a)中,"陈述"被定义为一个人的口头主张、书面主张或者该人意图作为一项主张的非语言行为。[2] 显然,庭外的书面主张与口头陈述一样,也是传闻的一种表现形式,[3]其中以书面文件为载体所作出的陈述均为书面主张,它包括书面证人证言和文书证据等表现形式。由此可以推断,书面证人证言和文书证据都属于传闻的一种类型。如果诉讼当事人意图

---

[1] "Hearsay is an out-of-court statement offered by a litigant to prove what the declarant asserted." See George Fisher. *Evidence*, New York: Foundation Press. 2013. p.379.

[2] "Statement" means a person's oral assertion, written assertion, or nonverbal conduct, if the person intended it as an assertion.

[3] See Auther Best, *Evidence: Examples & Explantions*, New York: Wolters Kluwer Law & Business. 2015, p. 65.

在法庭中提出一份文书以期作为证据被采纳使用，则该方除了要通过验真的方法来证明文书证据就是举证方所宣称的证据以外，[①]还必须克服传闻障碍，举证证明该份文书并不存在较大的传闻风险，确实可以被法庭采纳为呈堂证据使用。[②] 例如，在审判中，如果争议的焦点是病人是否在医院接受过吗啡的注射治疗，那么医疗记录中所包含的关于吗啡管理的陈述可能是具备相关性的证据。同时，该记录也可能属于传闻，因为作为一份记载了病人曾接受吗啡注射这一信息的庭外书面主张，通常并非是由记录的陈述人当庭作出的，而它在庭上被提出的目的可能是作为证据被用于支持"病人曾接受过吗啡注射"的主张。[③] 该份医疗记录作为传闻证据并不能直接为法庭所采纳，需要通过进一步举证证明其具备可采性。

庭外的书面主张主要存在两种类型，其一是可以归为言词证据的庭外书面主张，例如书面证人证言。这类书面陈述虽然表现为书面形式，但实质上只是证人证言的载体，仍然属于言词证据，存在极强的传闻风险；其二是可以归为实物证据的庭外书面陈述，例如信件、商事账簿和医事记录等。此类书面陈述并非为作证的目的而制作，又是在案件事实发生的过程中形成的，因此其实质上类似于大陆法国家证据体系中的书证，属于英美法系国家法学理论中的"文书证据"。虽然两种庭外书面主张在表象上有较大的差别，但是它们却具有以下四种相似的传闻风险：第一是感知风险。文书的陈述人可能因为没能亲身准确捕捉到客观发生的事实，从而使得文书记载内容缺乏可靠性。第二是记忆风险。文书的陈述人可能因为在生成文书时已经遗忘了其所观察的内容，从而导致记录的内容无法准确地反映客观事实。第三是诚实性风险。即便陈述人不存在感知或者记忆错误，但是可能因为其主观上有歪曲事实的意图，使得文书上所记载的内容出现失真的情形。第四是叙述性风险。如果陈述人在文书的记录过程中使用了错误的词语或者歧义性的表述，就可能会使他人在阅读该书面表述时产生误解，

[①] 验真（authentication）在《布莱克法律词典》中的解释为"证明某事物（例如文书）为真，以便将其采纳为证据的行为"。See Bryan A. Garner. *Black's Law Dictionary*, St. Paul: Thomson Reuters. 2014.P. 157.通过验真方法查证的文书证据的真实性仅是一种形式性的初步筛查机制，仅要求有足够的外部证据来初步地证明有关证据就是举证方所宣称的证据，尚不涉及证据实质真实和证明力的考察。在合众国诉考德威尔一案的判决中，主审法官就指出："一旦进行了初像的证明，就应当采纳证据，尽管仍要由事实审判者评价所提出的证据是否事实上是其所宣称的证据。"United States v. Caldwell, 776 F. 2d 989, 1002 (11th Cir. 1985).

[②] 1 Med. Malprac. Chklsts. & Disc. § 15:4.

[③] See Auther Best, *Evidence: Examples & Explantions*, New York: Wolters Kluwer Law & Business. 2015, p. 65.

无法顺利地通过文书内容还原真实状况。①

(二) 文书证据传闻风险要素的形成原因和消极影响

传闻风险之所以同时存在于两种不同的庭外书面主张当中,根本原因是文书证据从生成到最终提交法庭作为证据使用的过程,与书面证人证言等言词类证据颇为相似:首先,两者都要经历事实观察过程。无论是证人还是文书证据的陈述人,都需要先通过对客观事实的观察产生一个映像并存储在其大脑中,才能在其他场合将其所观察到的事实转述出来。这一环节会涉及感知能力(Perception),不同人感知能力的高低和感知环境的好坏直接影响着其对客观事实获得的映像内容的多寡和准确程度。其次,两者都需要经历记忆存储过程。在该过程中,大脑会对事实的映像进行保存,个体记忆能力(Memory)的差异以及记忆的流失状况直接关系到信息输出时映像残余内容的多少以及准确程度。最后,两者都存在提取记录的过程。主要是将大脑的映像提取出来并通过不同的方式加以描述,其中证人证言主要是由证人进行口头陈述,而文书证据则是书写在文书材料之上加以陈述。虽然两种证据在该环节均涉及诚实性(Sincerity)和陈述能力(Narration)等因素,但文书证据的陈述能力主要表现为陈述人的书面陈述能力,并非言辞陈述能力。而书面陈述与言辞陈述一样,都会受陈述人的情绪波动、表达清晰度和语言组织能力等因素影响。

根据上述分析可见,文书证据与证人证言的生成流程大致相似,并且在生成的过程中都无法摆脱人为因素的影响,即两者都必须由自然人个体对客观事实进行观察、记忆,并通过不同的途径如实陈述出来。由于自然人个体的感知、记忆、陈述等能力,以及诚实性动机均存在差异,所以直接导致文书证据在生成的三个阶段中存在不同程度的传闻风险。这些风险的出现直接影响着文书证据记载内容的真实程度,同时严重阻碍了文书证据真实性的准确认定,最终妨害到民事案件实体正义的实现。要避免上述情况的发生,就必须根据文书证据的特征设置更为科学合理的审查判断规则,以便能够准确地甄别文书证据中的传闻风险。

(三) 英美法系国家甄别文书证据传闻风险的方法

文书证据的传闻风险大小主要是由于不同陈述人之间的陈述能力和陈述动机存在差异所造成的,因此要准确甄别传闻风险并查证文书证据的真实性,就必

---

① 参见[美]罗纳德·J·艾伦,等:《证据法:文本、问题和案例》,张保生、王进喜、赵滢译,高等教育出版社2006年版,第462—463页;[美]特伦斯·安德森、[美]戴维·舒姆、[英]威廉·特文宁:《证据分析》,张保生,等译,中国人民大学出版社2012年版,第84—91页。

须围绕陈述人的陈述能力和陈述动机来设置文书证据真实性的审查判断规则。长期以来,英美法系国家为规避传闻风险对证据真实性认定活动的负面影响,形成了一套有效的审查判断机制:一方面通过传闻规则敦促文书证据的陈述人出庭作证;另一方面通过交叉询问这项法庭技术来准确甄别出庭作证陈述人的陈述能力和陈述动机差异,确保存在传闻风险的文书证据不会对陪审团造成误导。

1. 利用传闻规则敦促文书证据陈述人出庭作证

证人证言与文书证据的生成虽然都存在人为的因素,但是前者的"人"主要是指证人,而后者的"人"主要是陈述人,两者显然有着极大的区别,特别是在法庭技术和传闻政策方面:首先,证人一般是由本人在法庭上作出陈述,因此依据多数英美法系国家的法律规定,其在作证需要进行宣誓,法庭程序的庄严性和正规性能够促使证人更加谨慎、详细、适当地叙述其所观察到的事件。① 而陈述人一般是在法庭之外做出陈述,他们不需要宣誓,也不受宣誓制度的约束。其次,陪审团可以观察庭上证人的行为举止,通过仔细审查证人的面部表情和行为习惯,抑或是观察证人的紧张表现等,从而判断出证人的智力水平,以及证言的准确度和可信性。相对而言,陪审团是无法观察到陈述人作出陈述时的行为举止的。最后,只有对出庭证人才能实施交叉询问,而这一法庭技术有助于引出与该证人的四个证言品质相关的事实,从而更好地帮助陪审团查明证人感知能力、记忆力、诚实性和陈述能力对其证言真实性的影响。② 而诉讼相对方是无法对不出庭的陈述人采取交叉询问措施的。相对于证人,陈述人无法提供任何详细的情况、解决任何困难、说明任何不清楚的地方、回答消除任何模棱两可的问题。③

显然,如果陈述人不出庭接受法庭的调查和诉讼双方的质证,那么有助于探究证言真实性的各项法庭技术对于陈述人而言均无法起到实质性作用。有鉴于此,英美法系部分国家的法庭针对当事人提供的用以证明其所主张事项之真实性的庭外陈述,通常会利用证据法中设置的传闻规则加以规制,以保障陪审团不会接触到不可靠的庭外陈述。④ 同理,在法庭对文书证据真实性进行审查的过程中,一旦文书证据的陈述人不能出庭,则意味着法庭无法对文书证据的传闻风

---

① 参见[美]罗纳德·J·艾伦,等:《证据法:文本、问题和案例》,张保生、王进喜、赵滢译,高等教育出版社2006年版,第460页。

② 参见[美]罗纳德·J·艾伦,等:《证据法:文本、问题和案例》,张保生、王进喜、赵滢译,高等教育出版社2006年版,第460页。

③ Coleman v. southwick. John. 50 (N.Y.1812)

④ 美国《联邦证据规则》第802条明确规定:"传闻不可采,除非下列法律或者规则另有规定:'联邦制定法;本证据规则;或者最高法院制定的其他规则。'"参见王进喜:《美国〈联邦证据规则〉(2011年重塑版)条解》,中国法制出版社2012年版,第253页。

险进行实质性审查判断,难以保证传闻风险不会影响到文书证据的真实性。因此,部分英美法系国家的证据法规定文书证据同样要适用传闻规则,这意味着文书的陈述人如果不能作为证人出庭接受交叉询问,则该份文书面临着被排除的风险,最终无法作为证据呈交陪审团。"文书要么被采纳为证据并在庭上接受交叉询问,要么会基于传闻的原因而不具有可采性……不被采纳的文书证据,其内容也不能被作为证据使用,而在作出传闻陈述的文书陈述人缺席作证的情况下,仅仅由其他证人宣读文书中的内容不足以使其具备可采性。"① 举证方顾忌上述后果的发生,会积极敦促文书的陈述人出庭作证,可以说传闻规则的设置实质起到了变相敦促陈述人出庭的作用。

2. 通过交叉询问查证文书证据陈述内容的真实性

除了利用传闻规则敦促文书证据的陈述人出庭作证,英美法系国家还主张通过利用一些法庭技术来确保文书证据的内容不会对陪审团造成误导。在验证文书证据真实性的诸多法庭技术中,验真和要求提交原件等方法主要是用来查明文书证据的形式真实性,②难以甄别文书证据中的传闻风险,更无法确保文书内容的实质真实性。相比之下,交叉询问在发现传闻风险方面具有更大的优势,诉讼各方可以在庭审过程中使用各种弹劾技巧来揭示证人在感知、记忆和叙述过程中的失实之处,还可以在证人的诚实品性和动机等方面发现有价值的信息。通过采用交叉询问的方法,能够使裁判者基于证人回答的内容,以及证人在回答问题时的行为举止,来辨明证人证言的可信性。相反,在缺少交叉询问的情况下,陪审团难以准确评估传闻证据的证明力。③ 诺曼勋爵曾在其所作出的裁判中指出:"如果证人从另一人处所获知内容的真实性和准确性无法通过交叉询问得到检验,这无疑会给证言蒙上一层阴影。"④

---

① See Richard Glover, *Murphy on Evidence*, New York: Oxford University Press, 2015. p.684.

② 提交原件即是最佳证据规则的具体内容,作为英美法系上最为古老的规则,它要求诉讼当事方必须提供原件来证明文书内容,只有在确实无法提供的情况下,第二手证据才具有可采性。第二手证据主要包括文书起草者或其他文书内容知晓者的证言。See Bryan A. Garner. *Black's Law Dictionary*, St. Paul: Thomson Reuters. 2014. p.191. 塞耶认为:"事实上'最佳证据规则的主要解释是:如果你要证明文书的内容,就必须提供文书本身。'"参见[美]约翰·W·斯特龙主编:《麦考密克论证据》,汤维建等译,中国政法大学出版社2004年版,第464页。

③ R v. Kearley (No.1) [1992] 2 A.C. 228.

④ Teper v. R. [1952] A.C. 480. 该案判决对于其后英国境内发生的类似案件的裁判具有指导性意义。

尽管交叉询问在发现真实方面的价值性也曾受到过质疑,①例如摩根教授就指出交叉询问虽然被普遍认为在揭穿谎言方面具有强大的功能,但事实上该功能很少展现出来。② 不过,艾伦教授对此补充解释道,交叉询问的最主要价值是"消除或者限制错误感知和记忆所产生的不准确风险,而并非是发现不诚信问题"。③ 由此可见,交叉询问的功能虽然有所偏重,但这并不能动摇其作为发现证据真实性核心手段的地位。威格摩尔认为:"交叉询问无疑是迄今为止为发现真实所发明的最伟大的法律引擎。无论外行人、科学家或者外国法学家如何难以理解它的神奇之处,在一个有经验的律师心中,可能从来都不曾对它的价值有过一丝质疑。"④事实上,英美法系国家大多数经验丰富的庭审律师都认为成功的交叉询问是决定庭审结果的最重要因素。而研究陪审团如何做出决定的行为科学家也普遍主张,通过交叉询问获得的信息比大多数其他证据更有分量。⑤

由此可见,交叉询问作为测试和暴露证明弱点的有效工具,可以揭示证人证言中的不诚实、错误和含糊不清。如果上述问题不能得到检验,则事实发现者很难对证据的真实性作出准确评价。⑥ 因此,要准确认定文书证据的真实性,就有必要借助交叉询问这一法庭技术,通过在法庭上对文书证据的陈述人进行质询,来有效甄别不同文书证据中传闻风险的大小。

二、我国民事诉讼中文书证据真实性认定规则的现状和问题

我国的证据法学理论中将文书证据的真实性划分为形式真实性与实质真实性。按照我国部分法院在民事诉讼审判实务中采用的经验性做法,文书证据的实质真实性可以直接通过其形式真实性推定得出。但实质上,两种真实性之间是不存在必然联系的,我国采用的文书证据真实性全面推定规则存在诸多不合

---

① 美国的一些学者基于其实证理论研究成果对交叉询问的价值提出了质疑。See P. Miene, R. C. Parke and E. Borgida, *Jury Decision Making and the Evaluation of Hearsay Evidence*, (1992) 76 Minn. L.R. 683.

② See E.M. Morgan, *Hearsay Dangers and the Application of the Hearsay Concept*, (1948) 62 Harv. L. R. 177, 186.

③ See J. Allen, *The working and Rationale of the Hearsay Rule and the Implications of Modern Psychological Knowledge*, [1991] C.L.P. 217, 230.

④ See John H. Wigmore, *Evidence in Trials at Common Law* (Vol.5), §1367 (J. Chadbourn REV. 1974).

⑤ See W. Russell Corker, *Cross-Examination in the Modern Era*, 91 - MAR N.Y. St. B.J. 28.

⑥ R v. Horncastle [2009] UKSC 14; [2010] 1 Cr. App. R. 17.

理之处。

（一）我国文书证据真实性的理论分类及意义

我国在民事审判实务中继承了大陆法系的法律理论和司法经验，将文书证据的证据力划分为形式证据力和实质证据力两项属性。所谓文书证据的形式证据力具体是指"文书的记载内容被认为是举证者所主张的特定人之思想的表达"，①即文书证据所记载之思想是否为名义人所表达。形式证据力涉及文书证据的真伪，属证据能力范畴。而文书证据的实质证据力则是指"作为特定人思想表现的文书记载内容对于证明待证事实所起的效果"，②即文书证据内容的证明价值如何。实质证据力涉及文书证据内容是否能够证明待证事实，属证明力范畴。③ 文书证据只有在形式上被验证为真实，才具备基本的证据资格。而记载内容的真实与否则对于文书证据证明力的衡量具有基础性意义，如果文书证据不具有实质真实性，就不可能依赖文书内容获得理想的证明力，所以文书的真实性是其具备证据力的前提条件。

（二）我国民事审判实务中认定文书证据真实性的经验性规则

由于我国民事诉讼立法中文书证据真实性审查判断规则的缺位，法官在审理民事诉讼案件的过程中多采取以下经验性规则来审查判断文书证据的真实性：④持有文书证据的一方当事人只要向法庭提交了该文书证据，即完成了其初步证明责任，除非对方当事人对文书的真实性提出异议，则可认定此份文书证据具备真实性，并采信不利于对方当事人的事实。对方当事人如果提出异议，则其必须承担相应的证明责任，即通过向法院申请鉴定或提出见证人的证言等方式证明该文书证据上的签章不具有真实性。此外，如果文书证据的签章一旦被证明为真实，则可直接推定该文书证据所记载的内容与客观事实相符，即在文书证据的形式真实性与实质真实性之间建立了一种经验性的事实推定关系，法官可以通过文书证据的形式真实性直接推定其具备实质真实性。⑤

---

① ［日］新堂幸司：《新民事诉讼法》，林剑锋译，法律出版社2008年版，第448页。
② ［日］新堂幸司：《新民事诉讼法》，林剑锋译，法律出版社2008年版，第449页。
③ 李军：《民事诉讼的书证问题研究——以合同诉讼为例》，西南财经大学出版社2006年版，第74页。
④ 除了《最高人民法院关于适用〈中华人民共和国民事诉讼法〉的解释》第114条明确规定公文书可以通过形式真实推定其实质真实的存在以外，立法并未明确规定私文书的真实性认定规则。这里所说的经验性规则主要是指私文书真实性的认定规则，本文中关于我国"文书证据"真实性认定规则的相关讨论均限于"私文书"范围内。
⑤ 参见张海燕：《推定在书证真实性判断中的适用——以部分大陆法系国家和地区立法为借鉴》，载《环球法律评论》2015年第4期。

(三)我国民事审判实务中采用的经验性规则存在的问题及辨析

上述经验性规则实际上存在诸多值得商榷的地方:其一,如果举证相对方提出了异议,是否应当继续由举证相对方提出证据证明文书证据不具备真实性;其二,在判断文书证据是否具备实质真实性的时候,可否因为该份文书证据已经具有形式真实性,从而直接推定其存在实质真实性。

首先,针对第一项问题,笔者认为当事人之间就文书证据的真实性发生争议时,应当由提出该文书并用以证明主张事实的当事人承担证明责任,而不应由提出异议一方当事人承担证明文书不具备真实性的责任。因为根据大陆法系传统理论,民事诉讼的举证原则是"谁主张,谁举证",该原则不仅适用于对案件待证事实的主张,同时也适用于对证据真实性的主张,因此当事人对自己提交的文书证据有义务举证证实其真实性。当举证方完成了初步证明责任,该份证据属于真实性待定的状态,一旦相对方对该证据提出合理的异议,那么其真实性回复到初始状态,即真伪不明的状态,此时举证责任自然应当继续由举证人或者是依职权命令承担证明责任并基于文书内容得利的当事人承担。[①] 大陆法国家的民事诉讼立法也多支持这一主张,例如:《奥地利民事诉讼法》第312条第2款就规定:"对文书的真实性或署名的真实性有争议的,将该文书作为证据方法使用的人应证明该文书的真实性。"[②]

其次,针对第二个问题,笔者认为不能基于文书证据的形式真实性推定其具备实质真实性,因为形式真实性主要是评价文书证据的内容是否为陈述人的真实意思表达,而实质真实性主要是考察文书证据所记载的内容是否与客观事实相符。即便文书证据的内容确是由陈述人亲自记录,并且基于陈述人的真实意思表达而完成,但是陈述人在生成私文书的时候仍然存在其他的失真风险,例如陈述人的感知、记忆和陈述均可能存在偏差,或者事实是由其他人观察并转述给陈述人的。上述因素均可能导致文书证据记载的内容与客观事实不符,所以并不能因为文书证据是陈述人真实的意思表达就直接推定其所载内容与客观事实相符,文书证据实质真实性的确证只有通过文书证据的提出方举证加以证明才更为科学合理。因此,我国应当设置更为科学有效的规则以引导文书证据的举证方积极参与法庭证明活动,从而帮助法官准确认定文书证据的真实性。

---

① 参见[德]罗森贝克,等:《德国民事诉讼法》(下),李大雪译,中国法制出版社2007年版,第884页。
② 参见何家弘、张卫平主编:《外国证据法选译》(上卷),人民法院出版社2000年版,第509页。

三、我国民事诉讼中文书证据真实性认定规则的修正

影响文书证据真实性的传闻风险要素并非仅仅存在于英美法系国家的文书证据中,我国与其他大陆法国家的文书证据也存在类似的失真风险要素。目前,部分大陆法国家的做法是将文书证据的真实性交由法官自由裁量,但并没有在立法层面为裁判者甄别和排除失真风险提供清晰的指引。裁判者在实务中往往基于经验性规则对文书证据的实质真实性做出认定,但这种做法缺乏科学合理性,同时也有违法律的规范性要求,亟待进一步完善。

(一)完善文书证据真实性认定规则的基础要素

科学有效的文书证据真实性认定规则应当建立在两大基础上,一方面是要做到取长补短,规则的修正要积极借鉴国外的有益经验;另一方面是要做到因地制宜,规则的设置要顺应我国民事诉讼法改革发展的趋势。

1. 英美法系国家立法经验的借鉴

英美法系国家在保障证人出庭作证和使用交叉询问法庭技术等方面均取得了显著的成绩,这主要归功于它们很早便认识到庭外陈述中所隐藏的传闻风险对于证据真实性认定的阻碍作用。为了破除传闻风险的干扰作用,部分英美法系国家专门设置了传闻规则来敦促陈述人出庭作证,同时借助交叉询问等法庭技术对陈述人的证言进行查证。通过采用上述两种方法,可以大大提升文书证据真实性认定结果的准确性。

因为民事审判中陪审团制度的式微,部分英美法系国家已经在民事证据立法中取消了传闻规则。[①] 其他英美法系国家虽然保留了传闻规则,却因为该规则缺乏灵活性而屡遭诟病。尽管如此,通过传闻规则敦促陈述人出庭作证的方法,由于能够有效防范传闻风险,所以仍具有合理性。传闻规则作为陪审团和对抗制的产物,[②]直接移植到我国的证据规则体系中难免会"水土不服",毕竟大陆法国家有着不同于英美法系国家的国情和法律体系。但是这并不意味着我国与其他大陆法国家在文书证据实质真实性的审查认定过程中不需要甄别失真风险,笔者认为我国未来民事诉讼程序立法中的文书证据真实性审查认定规则应

---

① 英国在《1995年民事证据法》中正式规定停止在民事诉讼中继续适用传闻证据规则。See Richard Glover, *Murphy on Evidence*, New York: Oxford University Press, 2015. p. 328.

② 参见[美]约翰·W·斯特龙主编:《麦考密克论证据》,汤维建等译,中国政法大学出版社2004年版,第480—481页。

当同英美法系国家的传闻规则一样,起到敦促文书证据陈述人出庭作证的功能,从而便于法官辨明文书证据中的失真风险。

2. 庭审实质化改革背景的考量

党的十八届四中全会通过的《中共中央关于全面推进依法治国若干重大问题的决定》明确提出要"推进以审判为中心的诉讼制度改革"。① 庭审实质化强调庭审对裁判的决定意义,旨在通过倡导和重视庭审中的当事人平等对抗和程序公正以谋求裁判结果的公正性,即是以程序的实质化改造来完成实体实质化的改革目标。由于庭审实质化的核心是以庭审为中心,要求证据调查于法庭进行,裁判基础于法庭形成。因此,庭审实质化改革的两项重要内容包括:一是保障诉讼双方的质证权;二是落实证人出庭作证制度。② 上述两项内容之间也是存在紧密联系的,证人出庭作证制度是保障诉讼双方质证权的手段,而质证权的保障则是证人出庭作证的意义所在。

虽然以审判为中心的诉讼制度改革主要针对的是刑事诉讼领域,但实际上也影响到了民事诉讼领域,加快了民事程序改革的步伐,我国部分地方法院已经形成了以民事庭审优质化为重点的民事审判方式改革试点。③ 在推进民事庭审优质化改革工作中,部分实务工作者和专家学者就提出了以下建议:一是建立强制证人出庭义务,通过明确证人无正当理由不出庭的法律责任来敦促其出庭接受诉讼各方的质证,进而避免诉讼双方的质证权形式化,同时也有利于查明证据和案件事实。④ 二是优化庭审程序,特别是引入了交叉询问技术和相互询问机制,借助更为科学有效的方法来辅助法庭调查工作和保障诉讼双方的质证权。⑤

庭审实质化是未来我国诉讼程序的改革方向,因此民事诉讼中文书证据真实性审查认定规则的发展完善工作也有必要与改革的要求保持高度一致性。这意味着规则改进的目的应当是以程序的优化来保障实体正义的实现:一方面,通过设置科学的规则来敦促了解文书证据内容的证人出庭接受质证,从而切实保障诉讼双方有效行使其质证权;另一方面,在新的规则中引入交叉询问这项庭审技术,既能使法庭调查程序更为科学,又便于甄别文书证据中隐藏的失真风险。通过上述两个层面的完善,可以帮助法官在双方当事人的质证和辩论过程中查

---

① 参见张泽涛:《人民日报热点辨析:推进以审判为中心的诉讼制度改革》,载《人民日报》2016 年 7 月 13 日第 7 版。
② 参见沈德咏:《庭审实质化的六项具体改革措施》,载《法制日报》2016 年 2 月 3 日第 9 版。
③ 成都市中级人民法院自 2016 年起开展了以庭审优质化为重点的民事审判方式改革。
④ 参见常宝莲:《民事庭审实质化实现的制度保障》,载《学理论》2016 年第 9 期。
⑤ 参见胡建萍、曾耀林:《民事庭审的优质化》,载《人民司法》2016 年第 19 期。

明文书证据的真实性，同时还原案件事实。

（二）文书证据举证方敦促陈述人出庭作证义务的确立及意义

在借鉴部分英美法系国家成功经验的基础上，兼顾我国庭审实质化司法改革大趋势。笔者认为，有必要在民事诉讼立法中针对文书证据的举证方设置一项敦促文书陈述人出庭作证的义务，以形成更为科学有效的文书证据真实性审查认定规则。该项义务的主要内容包括：当一方当事人提交一份文书作为支持己方主张的证据，如果对方当事人对该份文书证据内容的真实性提出异议，则转由举证方当事人承担证明文书证据具备实质真实性的举证责任。除非法庭依职权主动传召，举证方当事人必须承担敦促文书证据的陈述人出庭接受交叉询问的法律责任，否则裁定该份文书证据内容不具有真实性。一旦陈述人出庭作证并接受质证，则该份文书证据最终是否具备实质真实性交由法官自由裁量。

笔者之所以建议设置上述强制举证义务，主要基于以下几点原因：第一，设置该项义务有助于查明文书证据内容和案件的真实性，从而保障实体正义的实现。案件均是过去发生的事实，通过诉讼程序中各方提交的证据仅能回溯性地重组部分案件事实，但这并不妨碍发现真相和实现实体正义成为诉讼各方追求的目标。要还原案件事实，就必须首先着手查证每个证据的真实性，而文书证据的实质真实性并不能仅仅依靠其外形得以证实，因为文书证据的外形始终处于"静态"，而文书证据从观察到制作的"动态"过程很难从文书证据的表面予以查明。这就要求文书证据陈述人上庭接受质证，通过对陈述人采取交叉询问等法庭技术，能够最大限度地暴露其证言与文书证据记载内容相互矛盾之处，从而发现疑点并加以查证，同时也能通过证言与文书证据内容的相互印证确认文书证据记载内容的真实性。因此，文书证据陈述人出庭作证对于发现案件事实以及实体正义的实现具有重要意义。第二，设置该项义务有助于维护程序正义。[①]程序正义论是诉讼价值论的主要内容，该理念的提出主要是为了保障审判活动的公正性和客观性。具体到民事诉讼领域中，程序正义理论要求当事人的权利能够得到充分的行使和平等的保护，同时也赋予诉讼双方当事人以平等陈述和申辩的机会。倘若文书证据的陈述人不出庭接受质证，则当事人无法充分行使其质证权，也无法就文书证据记载内容中的疑点对陈述人进行质证和反驳，这严重违背了程序正义理念的要求。第三，设置该项义务有助于提升诉讼效率。从法经济学角度来讲，衡量某一诉讼规则或行为是否具有经济性需要从经济的投

---

① 程序正义要求能够确保当事人能够获得中立的法官平等保护的权利，并且当事人诉讼主体性原则能够得到贯彻，同时可以体现程序的效益性，进而最大限度地引导裁判实现司法公正。参见常怡：《比较民事诉讼法》，中国政法大学出版社2002年版，第95页。

人和产出的比例关系来考虑。① 而在民事诉讼中,对于这一比例的衡量不仅仅要考虑物质成本,还要兼顾时间运行成本和产出。所以效率对于民事诉讼制度而言,有举足轻重的地位。以文书证据实质真实性的证明方法为例,民事诉讼司法实践中的常用方式之一是通过其他证据进行佐证,这里的其他证据主要包括以下两类:一是观察到文书证据所记载事件的发生过程的证人的证言;二是其他记录了该事件发生过程的文书证据。但上述两种证明方法的效率都比较低,必须首先确证其自身具备真实性,或是先由相关证人出庭接受质证才能用以佐证。这不仅会加重诉讼当事人的负担,而且又难以保障最终用以定案的文书证据具备真实性。相比之下,陈述人出庭接受交叉询问是更为有效的查证方式,其结果往往更能体现实体正义性,也更容易为诉讼当事人各方所接受,这有助于减少案件上诉和再审程序启动的概率,大大降低了当事人的诉讼成本和国家司法资源的投入。第四,设置该项义务符合直接言词原则的要求。直接言词原则是指"要求一切证据材料必须在法庭上以直接、口头的方式进行陈述、讯问、审查和辩论的诉讼原则"。② 大陆法国家设置直接言词原则的目的就是让承担裁判职能的法官最大限度地接近案件事实、发现案件真相,从而有利于实体正义的实现。直接言词原则中又以言词原则更为关键,该项原则要求"法院审理案件,特别是当事人及其他诉讼参与人对诉讼材料的提出和辩论,要在法官前以言词及口语形式进行,这样取得的材料,才能作为法院裁判的依据"。③ 该项原则要求在庭审过程中所有民事诉讼主体的诉讼行为都以言词方式进行,尤其是证人应亲自到庭陈述其证言,这有利于法院全面辨别当事人陈述内容的真伪,进而认定证据的真实性和证明力,并发现案件事实真相。由于失真风险的存在,仅仅依靠法官的书面审查并不足以查清文书证据背后的真相,只有敦促陈述人出庭接受质证,才能使主审法官对文书证据材料有更为全面的了解,从而更为准确地判断文书证据的真实性。

(三)文书证据举证方敦促陈述人出庭作证义务的例外情形

1. 文书证据陈述人无法出庭的情形

虽然有必要要求文书证据举证人承担敦促陈述人出庭作证的义务,但是这项义务也必须考虑到一些特殊情况:一是陈述人已经失踪或去世的情况下,无法出庭;二是陈述人过多的情况下,全部出庭的成本过高。由于上述两种情况会对文书证据陈述人出庭作证形成实质性障碍,所以一旦出现就需要变通考虑以下

---

① 参见张卫平:《民事诉讼法》,中国人民大学出版社 2015 年版,第 17 页。
② 樊崇义主编:《证据法学》,法律出版社 2012 年版,第 84 页。
③ 樊崇义主编:《证据法学》,法律出版社 2012 年版,第 85 页。

几个方面的因素:其一,如果文书证据陈述人是因为举证人有意识的阻碍行为导致无法出庭接受质证,那么就可以直接认定举证人未尽到敦促陈述人出庭的义务,由其承担违反义务的相关不利后果。其二,如果文书证据陈述人是因为客观原因或者举证人的过失行为导致无法出庭接受质证,则由法官综合各方面证据对文书证据的实质真实性进行自由裁量。① 其三,如果文书证据陈述人较多,全部出庭的成本过高,则由法官决定是否只需要部分陈述人出庭。如果人数依然过多,则可以免除举证人的义务,由法官综合各方面证据对文书证据的实质真实性进行自由裁量。

2. 不同类型文书证据的差异化处理

基于文书类型的不同,笔者认为可以免除部分文书证据举证方的敦促义务。第一,公文书由于制作的严格性、形式的固定性,以及法律后果的严肃性,一般较为可靠。② 也正因为如此,两大法系国家都对公文书证设置了特殊的证据规则。一方面,英美法系国家的证据法规普遍将公文书证设置为传闻规则的例外,③同时认为公文书证无须进一步的证明,直接具有可采性。④ 另一方面,多数大陆法国家包括我国在内都在立法中针对公文书设定了实质真实性推定的证据规则。例如《最高人民法院关于适用〈中华人民共和国民事诉讼法〉的解释》第114条就规定:"国家机关或者其他依法具有社会管理职能的组织,在其职权范围内制作的文书所记载的事项推定为真实,但有相反证据足以推翻的除外。必要时,人民法院可以要求制作文书的机关或者组织对文书的真实性予以说明。"由此可见,公文书可以基于其自身特殊属性直接推定具备实质真实性,无须再要求举证方履行敦促义务。第二,由于处分性文书与部分报道文书同样具有较高的可靠性,⑤因

---

① 具体参考《中华人民共和国民事诉讼法》第70条规定的五种情形:(1)年迈体弱或者行动不便无法出庭的;(2)特殊岗位确实无法离开的;(3)路途特别遥远,交通不便难以出庭的;(4)因自然灾害等不可抗力的原因无法出庭的;(5)其他无法出庭的特殊情况。

② 参见陈光中主编:《证据法学》,法律出版社2015年版,第165页。

③ 美国《联邦证据规则》第803(8)和(9)条明确规定了符合特定条件的公共记录可以作为传闻规则的例外。参见王进喜:《美国〈联邦证据规则〉(2011年重塑版)条解》,中国法制出版社2012年版,第263页。

④ 英国《1995年民事证据法》第9条第1款和第2款明确规定,公文性书证可以直接作为民事诉讼的证据使用。See Adrian Keane, Paul McKeown, *the Modern Law of Evidence*, New York: Oxford University Press, 2016. p. 280.

⑤ 根据文书内容的不同,可以将书证分为处分性文书和报道性文书:处分性文书是记载设立、变更或终止一定民事法律关系之内容的文书,如合同文本、变更合同的协议书、授权委托书、遗嘱等;报道性文书是记载某实施而不以产生一定法律关系为目的,只是记述制作人的见闻、感想的文书,如会议记录、日记等。参见陈光中主编:《证据法学》,法律出版社2015年版,第165页。

此向法庭提交上述文书作为证据使用的诉讼一方,其敦促文书陈述人出庭作证的义务也可以免除。"每一个案件都有大量没有争议的事实,这些无法改变的事实不依赖于证人的可信度或其他因素来确定。最好的例子是包含在部分文件中的事实,比如合同或者医疗记录。"[1]一方面,以合同为例,其作为处分性文书多为对诉讼双方当事人之间发生的法律行为的记载,内容是对权利义务的记述。这些权利义务内容一般经过参与文书制作各方的签章确认,具有极强的可靠性和回溯性,裁判者可以通过处分性文书的书面记载轻松地认定其内容的真实性,以及各方的权利义务归属。因此,笔者认为处分性文书无须适用陈述人强制出庭义务。另一方面,部分报道性文书同样具备较高的可靠性,可以考虑免除这类文书陈述人出庭作证的义务。具体而言,这部分报道性文书主要是业务文书。[2]由于此类文书具有及时性、亲知性、非自利性和业务惯常性的特征,因此保障了其内容具有较低的失真风险。其一,及时性是指记录是在事件发生后的合理期间内准备完成的。[3] 如果文书是在相关事实的信息被感知的当时或其后不久制作的,则因为其是伴随着事实的发生和发展过程即时形成的,不易受记忆衰退问题的影响,具有较高的稳定性。其二,亲知性要求记录是由通过身临其境地观察,进而对某事实有所了解的人亲自制作的,或者记载是基于对发生事实有过亲身观察的人所提供的报告制作的。[4] 上述特征有助于保证文书所记载信息来源的可靠性。其三,非自利性主要是指文件的制作是为了记录存在争议的业务事项,而不是以诉讼为目的。[5] 由于报告性文书的陈述人在做出陈述的当时争议尚未出现,其具有较为中立的地位。因此在制作文件的当时会较为真诚地记录下其所获知的内容,一般不存在隐藏、保留、自利、误导和粉饰等问题。[6] 其四,

---

[1] See W. Russell Corker, *Cross-Examination in the Modern Era*, 91 - MAR N.Y. St. B.J. 28.

[2] 业务文书(Business Records)主要是指在一国境内或境外从事的任何营利或非营利的商业、机构、协会以及其他各行各业的相关工作人员,在日常业务过程中并且是在记录对象发生的当时或者其后合理时间范围内依据其职责制作的报告、备忘录或者其他记录,其主要包括医疗记录、商业账簿等。参见王梓:《英美法业务文书证据研究》,四川大学2017年博士毕业论文,第21页。

[3] William v. Humble Oil & Refining Co., 53 FRD 698 (EDLa1971)

[4] Thomas P. Egan, Thomas J. Cunningham, *Admission of Business Records into Evidence: Using the Business Records Exception and Other Techniques*. 30 Duq. L. Rev. 205. (1992).

[5] Plamer v. Hoffman, 318 U.S. 109 (1943)

[6] 参见杨良宜、杨大明:《国际商务游戏规则:英美证据法》,法律出版社2002年版,第16页。

业务惯常性包括两方面内容：一是制作该文书是业务活动的日常惯例；二是文书必须是在日常业务活动中制存。① 承担业务文书制作职责的人为促进业务发展，在常规业务活动中一般不太可能存在就日常事项撒谎的动机，其所制作的文书可以经受住准确性审查。② 上述特性使业务文书在没有陈述人出庭作证的情况下也可以获得可靠性保障。在美国第十一巡回法院破产法庭审理的一起案件中，主审法官就依据上述特性认定该案中的一份会计原始凭证具有可采性，因为信托人能够证明该文件是由对业务内容有所了解的人，在业务活动开展后不久，依照业务惯例所制作的。同时，该案主审法官还在判决中强调："虽然业务文书的举证方需要提交熟悉该文书制作流程的人出庭作证，但这些人并不要求对文书内容、作者或准备事项有亲身感知。"③ 即法庭并不强制要求业务文书证据的陈述人出庭接受质证。

我国民事司法实践中所使用的文书证据真实性认定规则并不具备合理性，其忽视了文书证据失真风险的存在，而这些失真风险会严重影响到文书证据真实性审查判断结果的准确性。因此，要准确认定文书证据的真实性，就需要设置更为科学有效的规则来甄别失真风险。由于识别失真风险最为有效的方法是交叉询问，所以笔者建议由文书证据举证方承担敦促文书的陈述人出庭作证的义务，积极促进陈述人出庭接受各方质证，从而查明文书证据的真实性。除此之外，也要考虑到一些文书证据的特殊性，部分或者全部免除此类文书证据举证方的敦促义务。

四、结 论

当前，我国司法实践中所采用的文书证据真实性认定规则存在诸多不合理之处，它强调文书证据的实质真实性可以通过其形式真实性直接推定而来，却忽略了文书证据的形式真实性和实质真实性是相互独立的，文书表面是否存在瑕疵与其内容的真实性之间往往没有直接联系，即便是具备形式真实性的文书证据仍然无法排除其失真风险，也不能据此认定其具备实质真实性。相比之下，英美法系国家采用的传闻规则考虑到了文书证据具有与证人证言相似的传闻风险，因此将文书证据归为"传闻"。除非该份文书证据具备特殊可靠性，否则只有在陈述人出庭质证的前提下才能免除其作为传闻被排除的命运。该做法的目的

---

① People v. Kenedy, 503 N.E.2d 501, 505 (N.Y. 1986).
② 参见王进喜：《美国〈联邦证据规则〉(2011年重塑版)条解》，中国法制出版社2012年版，第271页。
③ In re Int'l Mgmt. Assocs., LLC, 781 F.3d 1262 (11th Cir. 2015).

是在证据可采性上设置屏障,以避免部分具有较大传闻风险的文书证据被作为陪审团的定案依据,同时可以敦促文书的陈述人出庭接受法庭双方的交叉询问,以便查证文书证据记载内容的真实性。这样设计既保障了陪审团在证据审查判断过程中不会受到传闻风险的不利影响,又为控辩双方提供了发现证据真实性的有力渠道。因此,笔者认为该方法对我国文书证据真实性认定规则的完善具有一定借鉴意义,并建议在上述规则中针对文书证据的举证方增加一项敦促义务,即文书证据举证方有责任敦促文书证据陈述人出庭作证,否则将承担相应不利的后果。该项规则的完善有助于敦促文书的陈述人出庭接受质证,从而发现并排除文书证据中存在的失真风险,以达到准确认定文书证据真实性和有效保障案件实体正义最终得以实现的目的。

The Examination Rule for the Authenticity of Documentary Evidence in Comparative Law Perspective

Wang Zi

Abstract:The documentary evidence has the unauthentic risk in any legal system. If there is no effective method to find these risks in the process of evidence examination, it is difficult to determine whether the documentary evidence is authentic. The document evidence was presumed comprehensive authenticity in civil proceeding in China for a long time, if the document evidence is plausible. Because of the Chinese legal system overemphasized the extrinsic authenticity of the documentary evidence instead of examining its unauthentic risks and intrinsic authenticity. It is hard to accurately determine authenticity of documentary evidence in our civil trials, which leads to deviation of confirmation of case facts. To strengthen the examination of the intrinsic authenticity of the documentary evidence, this defective rule in China should be considered to revise by imposing burden of proof on the party who adduces the documentary evidence, which means the party has an obligation to prompt the producer of document to attest in court.

Key words:Documentary Evidence;Hearsay Dangers;Hearsay Rule;Presumption Rule;Intrinsic Authenticity

(责任编辑:艾佳慧)

"形合实独"的实践困局与制度转型
——以基层法院的民事诉讼程序为对象

陈 莉*

[摘 要] 基于对"合议为主,独任为辅"审判组织方式的运行实践考察以及对基层法院部分民事法官的访谈,我们发现基层法院普遍存在"名为合议制实为独任制"的审判现实。这种司法实践中的"形合实独"已成为合议制适用的实践困局,而合议制的功能虚化是其问题的根源。因此,为化解"形合实独"的实践困局,应推进现行的"合议为主,独任为辅"向"独任为主,合议为辅"进行转型,并使"独任为主,合议为辅"法定化,其理论基础是"独任为主"与程序简化审具有内在的契合性、"合议为辅"对高品质审判的组织保障、"独任为主,合议为辅"与繁简分流改革相辅相成,同时"独任为主,合议为辅"也是目前的全球性趋势。而在制度实施向度层面,需要从确立"独任为主,合议为辅"的审判原则、完善诉讼中独任制向合议制转换的程序规则、构建与程序繁简分流改革配套的衔接机制、健全以实施《人民陪审员法》为契机的合议制适用机制以及制定基层法院合议庭评议的实施细则等维度进行制度构建。

[关键词] 基层法院;民事诉讼;"形合实独";实践困局;制度转型

一、问题的提出

"形合实独"是指在我国基层法院的民事诉讼实践中,审判组织方式存在一种形式上为合议制但实际上却是独任制盛行的实践困局。因此,选取基层法院民事诉讼中合议制的运行状况,并以基层法院第一审民事诉讼程序为具体研究对象进行系统研究具有重要的理论价值与实践意义。

《人民法院组织法》第 10 条、《民事诉讼法》第 39 条均明确规定,民事诉讼采

---

* 陈莉,北京航空航天大学法学院。北京:100083。本文系 2017 年度教育部人文社会科学重点研究基地重大项目中国政法大学诉讼法学研究院课题:民事诉讼证据规则重点问题研究(项目编号:17JJD820008)的阶段性成果。

用合议庭审判形式,仅对简易案件采取独任审理形式,这就从立法体例和制度设计上确立了我国基层法院民事诉讼实行的是以合议制为基础的"合议为主,独任为辅"审判组织方式。① 然而,近几年,由于实践中基层法院的"人案矛盾"越来越突出,我国基层法院的民事诉讼实践中,审判组织方式采独任制的比例呈现逐渐提高趋势,合议制因而陷入了"形合实独"的虚置困境。就此问题,叶向阳从合议庭组成人员的分工规定角度即横向关系进行考察,提出承办人包揽了大部分实质性庭审活动而导致的"形合实独"是当前合议制最主要的问题。② 林劲松也对此进了研究,其主张合议制所规定的民主评议制度是合议制的灵魂,但由于缺少贯彻民主原则的程序与方法而使其功能未能得到有效发挥。③ 陈瑞华则认为,我国独有的司法裁判的行政化审批机制,是合议制度难以实施的重要原因。④ 而王亚新则从"程序分化"视角考察了合议制的普通程序与独任制的简易程序在适用范围、适当延长审限的关系,建议对二者的程序功能进行优化。⑤

整体来看,现有的相关研究对于当前基层法院民事诉讼中的"形合实独"问题从不同的角度进行了较为深入的分析和研究,但多数仅从某一个方面对此问题进行讨论,缺乏系统性、整体性,而且相关论述多从理论的角度进行阐述,未能提出充分的实践数据进行支撑。因此,本文在坚持问题导向的研究范式基础上,以基层法院民事诉讼中合议制的适用实践,并将基层法院的民事诉讼程序作为研究对象,基于全国基层法院和 B 市 A 区、B 区法院,C 市 C 区法院民事诉讼中合议制的运行实践⑥,探讨当前民事诉讼中合议制适用上存在的现实困境,并进

---

① 需要注意,虽然中级人民法院也受理第一审民事案件,但由于进入中院的第一审程序均应组成合议庭,也即均应适用合议制审理,因而不存在独任制的适用问题。也因此,本文的研究对象仅仅是基层法院民事诉讼中的"形合实独"问题。

② 参见叶向阳:《对当前职业法官合议制实施情况的调查与思考》,载《法律适用》2004 年第 7 期,第 29—33 页。

③ 参见林劲松:《我国合议庭评议制度反思》,载《法学》2005 年第 10 期,第 14—21 页。

④ 参见陈瑞华:《司法裁判的行政决策模式——对中国法院"司法行政化"现象的重新考察》,载《吉林大学社会科学学报》2008 年第 1 期,第 134—143+160 页。

⑤ 参见王亚新:《民事诉讼法修改中的程序分化》,载《中国法学》2011 年第 4 期,第 181—190 页。

⑥ 现行《民事诉讼法》在第二章"管辖"的第一节"级别管辖"的第 17 条规定:"基层人民法院管辖第一审民事案件,但本法另有规定的除外。"因此,基于基层法院普遍存在的"人案矛盾"突出的实际,本文的立论基础是以全国基层法院和 B 市 A 区 B 区法院、C 市 C 区基层法院的民事诉讼中合议制的运行状况作为研究对象,并通过基层法院的部分民事法官进行的访谈,进而对合议制和独任制在基层法院民事诉讼中的各自优劣进行比较分析,并以此为基础提出了基层法院民事诉讼应由目前的"合议为主,独任为辅"向"独任为主,合议为辅"转型的现实性与具体路径。

而运用系统性、整体性、协调性的制度建构理论,提出基层法院民事诉讼应由现行的"合议为主,独任为辅"向"独任为主,合议为辅"进行转型,进而推动我国基层法院民事诉讼程序制度的完善。

二、"形合实独":合议制适用的实践样态及其困局表现

目前,基层法院民事诉讼中合议制适用的实践困局主要体现在,现行相关法律规定的"合议为主,独任为辅"在实践中被严重虚置,进而出现"独任为主,合议为辅"的现实化。具体到司法审判实践层面,全国基层法院合议制的适用实践即根据最高法院公布的数据,在基层法院审理的民商事案件中,简易程序的适用率达到80%以上[①]。而从B市A区、B区法院和C市C区法院民事合议制的适用实践,以及针对基层法院民事诉讼中合议制与独任制适用的各自优势、利弊等问题所展开的访谈来论,均可以证成独任制至少在比例上已经成为审判实践中的主流方式,基层法院合议制在实践运行中已被严重虚置。

(一)基层法院民事诉讼中合议制的运用样态

随机抽取了B市A区、B区法院和C市C区法院(为简化起见,以下称之为A法院、B法院和C法院)2018年1月1日至11月1日期间每月自15日开始连续受理的10件共100件,合计300件民事诉讼案件的相关案卷,并对相关法官进行了以问题讨论为主的深度访谈。通过以上方式获得的数据显示,B市A区、B区法院和C市C区法院合议制运行的情况同上述最高人民法院的统计情

---

① 根据最高法院公布的数据,在基层法院审理的第一审民商事案件中,简易程序的适用率达到80%以上。在剩下的20%适用普通程序的案件中,基层法院合议庭的组织形式主要有两种,一种是全部由3位以上的法官组成的合议庭,一种是由3位以上的法官与1—2名陪审员共同组成的合议庭。由于当前基层法院案多人少的矛盾日益突出,只有在出现重大疑难案件等特殊情况时,才会采取全部由3位或3位以上的法官组成的合议庭,绝大多数情况下均是由法官同1—2名陪审员一起组成合议庭的形式,而2名陪审员参与审理则较为普遍。由于人民陪审员在合议庭中很少发表意见,由一位法官和两位人民陪审员组成的合议庭形成了由法官单独决定的事实上的独任审判制。因此,虽然简易程序在基层法院适用比例已经达到了80%,从而表明至少有80%的案件适用的是独任制审判,由于合议庭中事实上独任制的普遍存在,实际独任审判比例应该达到了90%左右。因此,至少从适用比例的角度,相关法律中基层法院审判以合议制为主的明确规定在司法实践中并没有得到真正地体现,独任制事实上成为基层法院审理案件的主要形式。参见法制网:《全国基层法院民事案件八成适用简易程序》,载 http://www.legal daily.com.cn/index/content/2012—11/01/content_3953854.htm? node=20908,于2018年7月3日访问。

况基本一致。具体如下:

第一,在被抽查的300件民事案件中,B市A区、B区法院和C市C区法院适用简易程序的分别为82、79、74件,占比分别为82%、79%和74%,三个样本共235件,占样本总量的78.33%,采用特殊程序的分别为2、6、4件共12件,而采用普通程序的则分别只有16、15、22件,分别占比为16%、15%和22%,三个样本共53件,占样本总量的17.67%。

表1 样本案件各程序适用表

样本法院 \ 程序类型	简易程序		特殊程序		普通程序	
	(件)	(%)	(件)	(%)	(件)	(%)
A法院	82	82%	2	2%	16	16%
B法院	79	79%	6	6%	15	15%
C法院	74	74%	4	4%	22	22%
合计	235	78.3%	12	4%	53	17.7%

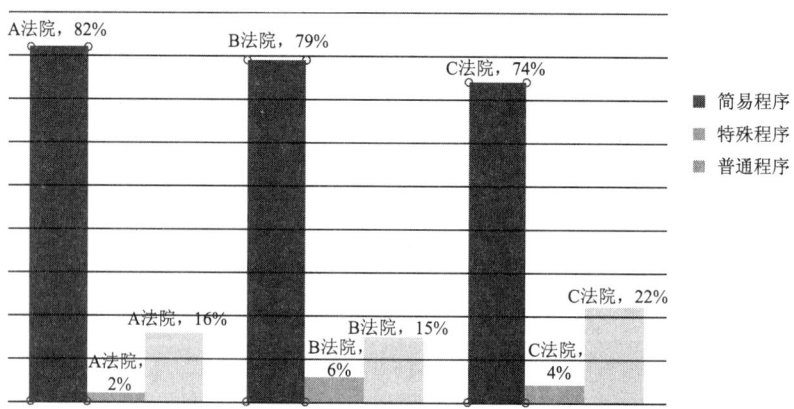

图1 样本法院各程序适用比率图

第二,在案由分布上,适用简易程序的235件案件中,婚姻家庭、合同纠纷和确权侵权案件分别为54、110、71件,适用普通程序的53件案件中,婚姻家庭、合同纠纷和确权侵权案件分别为8、32、13件。由此,我们可以分别计算出婚姻家庭案件、合同纠纷案件和确权侵权纠纷中分别适用简易程序和普通程序的比率为87%/13%、77.5%/22.5%和84.5%/15.5%。

表 2 样本案件中各类型纠纷的程序适用表

程序类型 \ 案件类型	婚姻家庭案件		合同纠纷案件		确权侵权案件	
	（件）	（%）	（件）	（%）	（件）	（%）
简易程序	54	87%	110	77.5%	71	84.5%
普通程序	8	13%	32	22.5%	13	15.5%

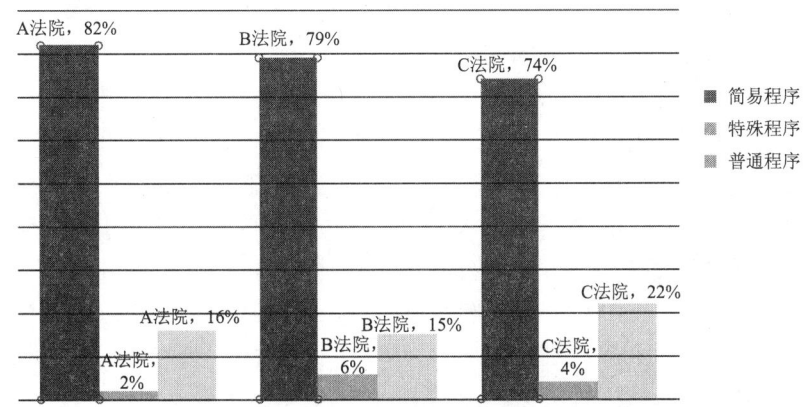

图 2 样本案件中各类型案件程序适用比率图

第三，在合议庭组织形式上，这 53 件采用普通程序的案件均是由 1 名法官加 2 名陪审员组成合议庭，通过与相关办案法官的调查访谈得知，陪审员事实上参审的只有 38 件，陪审员事实上没有参审由法官独任审判的案件有 15 件。因此，在没有考虑剩余的 38 件普通程序案件中是否存在事实上实行独任审判的情况下，B 市 A 区、B 区法院和 C 市 C 区法院 300 件被抽查的案件中，独任审判案件已经达到了 262 件，占比为 87.33%。

第四，在适用简易程序还是普通程序的理由上，接受访谈的绝大多数法官均认为除非当事人坚持或者该案件确实属于疑难案件，一般均直接采用简易程序，尽可能提高审判效率。如 C 市 C 区法院接受访谈的民一庭庭长即指出，在其 2018 年审理的所有民事案件中，仅有两件由于当事人坚持采用普通程序，其他案件全部直接采用简易程序审理。

第五，采用简易程序的 235 件中，当事人上诉的有 82 件，被中级人民法院改判的为 17 件，发回重审的为 3 件，改判发回率为 24.39%；采用普通程序的 53 件中，当事人上诉的有 52 件，被中级人民法院改判的有 11 件，无发回重审案件，改判发回率为 21.15%。

表 3　样本案件上诉情况表

程序类型	总数(件)	上诉(件)	改判(件)	发回重审(件)	改判发回率
简易程序	235	82	17	3	24.39%
普通程序	53	52	11	0	21.15%

(二) 基层法院民事诉讼中合议制的运行困境

根据以上数据，我们发现基层法院的民事诉讼实践中存在以下运行困境：

首先，独任制呈现压倒性的比例优势。

现行《民事诉讼法》及相关法律规定基层法院在民事一审案件中以合议制为主、独任制为辅，但以 B 市 A 区、B 区法院和 C 市 C 区法院为典型的基层法院民事案件在审判过程中事实上绝大多数采用的是独任制，只有极少数案件采用合议制，即司法实践中采用的是以独任制为主、合议制为辅。这一事实可以由 B 市 A 区、B 区法院和 C 市 C 区法院抽样的 300 件民事案件中，采用名义上的合议制的只有 17.67%，独任制却高达 82.33%；事实上独任制的比例高达 87.33%，合议制只有 13.67% 得到印证。

其次，合议制事实上独任化的情况十分严重。

实践中，基层法院民事诉讼中合议制事实上变为独任化的情况较为严重。在 B 市 A 区、B 区法院和 C 市 C 区法院 53 件采用合议制的案件中，所有合议庭均采用 1 位法官 2 位陪审员的架构，甚至有 15 个案件中应当参与合议庭的陪审员事实上并没有参与，从而形成事实上的独任审判，其余案件中陪审员虽然参与审判，但能够发挥的作用非常有限。如 B 市 B 区法院民一庭的王姓法官在访谈过程中指出，其承办的为数不多的采用普通程序审理的案件中，虽然都有陪审员参与，但陪审员在审理的过程中很少发言，在合议庭评审时也基本以王姓法官的意见为主，没有出现过提出不同意见的情况。因此，这些陪审员参与审判的案件事实上仍然是主审法官独自主导，从而与独任制并没有实质性的区别。这一现象也验证了目前最为诟病的一个问题"陪审员陪而不审"。

第三，合议制未能提高审判效率。

在适用不同审判组织方式的理由方面，基层法院基本上采用的是实用主义态度，即在不损害审判质量的前提下尽可能提高审判的效率。B 市 A 区、B 区法院和 C 市 C 区法院接受访谈的法官均认为之所以绝大多数案件选择独任制而不是合议制审判，关键在于尽可能缓解案多人少的矛盾，提高审判的效率。如 B 市 A 区法院接受访谈的民一庭李姓法官认为，由于自己承办的案件逐年增加，因此办案压力越来越大，尤其是这两年承办的案件中，除非当事人一定坚持要采用普通程序，审理案件时几乎不考虑适用普通程序，均是直接采用简易程序，主要原因是案多人少问题。

最后,独任制与合议制的审判质量区别不突出。

独任制和合议制在审判质量方面并不存在明显的区别,合议制并不能明显提高审判的质量。B市A区、B区法院和C市C区法院抽样的案件中,独任制审判的改判和发回重审比例为24.39%,合议制为21.15%,改判发回率基本一致,不存在实质上的差异。

三、功能虚化:"形合实独"的实践困局根源

对于基层法院民事诉讼中合议制在适用层面所出现的"形合实独"实践困局,从前文的分析来看,合议制的应有功能未能得以充分发挥等虚化问题是其根本原因,阐述如下。

(一)合议制难以承载过高的制度期待

我国对审判组织及其改革的讨论是主要以合议制为标准样态进行。① 然而,从司法实践,尤其是基层法院民事合议制运行的具体数据可以看出,相关立法规定的合议制适用范围明显偏大,法律对合议制的过高期待明显超出合议制能够承受的程度。一方面,从审判效率考虑,独任制的优势显而易见,②合议制为主的审判组织方式已经无法面对案多人少的现实。因此,通过繁简分流,利用扩大独任制适用的途径来缓解积案压力,③已是各地基层法院与部分中级人民法院的实践做法。另一方面,从促进司法公正的角度,基层人民法院实行合议制为主的审判方式并不能明显提高审判质量,却会使其有限的审判资源不胜负荷。B市A区、B区法院和C市C区法院抽样的案件中绝大部分采用独任制,独任制审理案件的改判返回率并不高于合议制,目前的司法水准已具备将独任制的适用范围进行扩大而不损害司法公正的基本条件。

(二)"人案矛盾"下独任制已成为基层法院的必然选择

虽然现行《民事诉讼法》及相关法律明确规定了民事诉讼中实行合议制为主、独任制为辅的原则。然而,这一规定在基层法院"人案矛盾"日益突出的情况

---

① 重庆市高级人民法院课题组:《审判管理制度转型研究》,载《中国法学》2014年第4期,第93—102页。

② 张晋红:《关于独任制与合议制适用范围的立法依据与建议——兼评当事人程序选择权之客体》,载《法学家》2004年第3期,第40—43页。

③ 傅郁林:《繁简分流与程序保障》,载《法学研究》2003年第1期,第50—63页。

下却很难真正得到贯彻。① 为了尽可能提高审判效率，基层法院在审判实践中，必然在绝大多数案件中选择简易程序，实行独任制为主、合议制为辅的审判方式，从而导致法律对此相关规定的虚置化。而且B市A区、B区法院和C市C区法院抽样调查的事实证明，独任制审判不仅在效率上具有合议制相比的优势，对于多数案情简单的民事案件来说，其与合议制相比在审判质量上也不具有实质上的劣势。鉴于当前"人案矛盾"已经成为基层法院亟待解决的主要矛盾，在审判质量没有明显下降的情况下，采用独任制为主、合议制为辅的审判方式必然成为基层人民法院的现实最优选择。

（三）"形合实独"制约基层法院解纷能力现代化

在当前实践中，合议制"形合实独"的问题已经非常严重，②从而对基层法院解纷能力的现代化形成了极大的制约。在B市A区、B区法院和C市C区法院抽样的53件实行普通程序的民事案件中，41件案件的审理具有明显的"形合实独"特征，比例高达77.36%。另外，由于具体法律规定的缺乏，合议庭评议的严重形式化倾向也日益侵蚀民主评议的根基，③成为制约基层法院解纷能力现代化的重要问题。

这些问题主要表现为：

第一，评议的范围缺乏规范。

《民事诉讼法》和《人民法院组织法》等法律仅在原则上规定了基层法院合议制为主的审判组织方式，而缺乏对合议庭评议范围的详细规范。由于可以纳入合议庭评议的问题包括和审理案件相关的实体法律问题和程序法律问题，相关评议范围规定的缺乏，意味着相应的决定权赋予了合议庭本身。然而，当前普遍实行案件承办人制度，但对承办人职责规定不明，④合议庭对案件进行的评议一般是在承办人提供的定案意见基础上展开讨论，基于合议庭其他成员缺乏对案情全面而深入的掌握，很难真正对案件进行全面而深入的评议，评议的范围基本上局限于关键证据、法律适用等几个层面，评议的范围和顺序等也基本上由案件承办法官主导，难以真正起到通过合议庭民主评议提升审判质量的目标。在对B市A区、B区法院和C市C区法院抽查的合议制审理案件的相关法官的访

---

① 蔡彦敏：《断裂与修正：我国民事诉讼组织之嬗变》，载《政法论坛》2014年第2期，第38—49页。
② 张晋红、赵虎：《民事诉讼独任制适用范围研究》，载《广东社会科学》2004年第4期，第156—162页。
③ 彭海青：《我国合议庭评议表决制度功能缺失之省思》，载《法律科学（西北政法大学学报）》2009年第3期，第131—135页。
④ 方勇：《合议庭交叉阅卷制度研究》，载《人民司法》2016年第25期，第86—90页。

谈,也证实了承办法官在具体的合议庭评议过程中对于评议范围确定的绝对主导作用。如接受访谈的B市B区法院的陈姓法官和C市C区法院的张姓法官均指出,在其承办的普通程序审理的案件进行合议庭评议时,基本上都是由作为承办法官的自己先确定具体评议的事项和这些事项评议的顺序,由于合议庭其他组成人员一般是陪审员,基本不会有不同意见,然后才开始进入按照顺序对这些事项进行具体的评议表决。

第二,缺乏正规的评议程序。

合议庭评议涉及在评议过程的具体安排,而这种安排可能会在很大程度上直接影响评议结果。在对于某一问题评议意见的发表顺序的安排上,如果将职务较高、资历较深的法官发言的顺序安排在前,就会直接导致后续发言的职务较低、资历较浅的法官附和其意见而不敢提出自己的看法。[①] 然而,在具体实践中,由于缺乏具体的程序规定,诸如发言顺序等评议程序在司法实践中同样多数由承办人来进行主导,虽然多数情况下承办人均能结合案件实际选择最佳的评议程序,但不排除其通过不同程序安排贯彻自身意志从而侵蚀民主评议的可能。在对B市A区、B区法院和C市C区法院抽查的合议制审理案件的相关法官的访谈中,相关法官均认为评议过程的具体程序安排应当由承办法官负责,表明评议程序随意性的问题确实普遍存在。此外,相关访谈还显示,在采用普通程序的53件案件中,高达26件即约50%的承办人表示,因为合议庭其他成员案件压力大,很难抽出时间一起商议,甚至直接省略了形式上的合议庭评议过程,主要是采取口头征求意见后签字定案。如接受调查访谈的C市C区法院陈姓法官指出,在其承办的采用普通程序的案件中,其他合议庭成员基本就是陪审员,在庭审后要求合议时,这些陪审员往往还要参加其他案件的陪审,或者忙于其他事务,因此很多时候干脆不参加实际的合议庭评议过程,而是对陈姓法官在庭审结束时口头交代一下,由陈姓法官自行做好评议记录后找其签名即算完成评议过程。

第三,评议笔录的规范性不足。

在对评议笔录的查阅中发现,评议笔录的内容和格式等均存在规范性不足问题。在B市A区、B区法院和C市C区法院查阅的300件文书中,多数案件的评议笔录在内容上存在随意删减、更改等问题。比如,查阅的C市C区法院的一份评议笔录上,就同时出现了将发言人名字写错划掉重写的痕迹,以及将某一发言中涉及的某一时间的月份在原错误的记载上直接重写的痕迹。

---

① 林劲松:《我国合议庭评议制度反思》,载《法学》2005年第10期,第14—21页。

(四) 合议制与人民陪审制度的实际"空转"交织

随着人民陪审员制度的实施,运行层面"陪而不审"问题逐步凸显。[①] 在仅由一名法官和两名陪审员组成的合议庭中,所谓的合议制已经被异化为实质上的独任制。在案件的审理中,基于人民陪审员开庭前难以查阅案卷这一现实,[②] 其对案情的了解不够深入,因而无法形成自身的看法,再加上目前审理中未对事实审与法律审进行区分,[③] 其只是坐在审判席上充当合议庭成员,无法提高案件的参与度。在抽样的 300 件民事案件中,普通程序案件占 53 件。由于法官严重不足,这 53 件案件的合议庭都有人民陪审员参加,但实际上基本以法官尤其是案件承办法官的意见为主,更为突出的是其中的 15 件案件陪审员事实上并没有参加审判。

(五) 审判组织配置方式欠缺"繁简分流"的对应型制度考量

为了实现审判资源的最优配置,最大程度提高审判效率,缓解当前"案多人少"的压力,在审判组织配置方式上实行"繁简分流"是非常有效的改革措施,[④] 而且已经成为当前人民法院司法改革的主要方向之一。为了充分发挥"繁简分流"提升审判效率的作用,规定繁简程度不同的案件分别适用独任制和合议制是非常有必要的,[⑤]但现行民诉法及相关法律规定均明显欠缺"繁简分流"的对应型制度考量。一方面,法律抽象地规定所有案件在审判组织上原则上实行合议制,只有少数符合条件的案件才能适用独任制,这种脱离现实需要的制度使按照"繁简分流"的原则应当实行独任审判的案件不得不采取合议制。另一方面,这些法律又将独任制与简易程序的适用标准混同。当前,界定独任制和合议制适用条件的标准主要体现在案件的性质、繁简程度和社会辐射层面等,这些同时也是级别管辖、厘定普通程序和简易程序适用标准的依据。[⑥] 事实上,该混同式的标准在立法上不具备合理性要求,理由可以表述为确定不同程序的适用范围应

---

① 刘武俊:《人民陪审员制度改革重在解决"陪而不审"难题》,载《中国党政干部论坛》2015 年第 7 期,第 77 页。

② 郑成良、李文杰:《人民陪审实践:法治中国语境下的考量与反思——基于上海三区法院陪审运行之研究》,载《法学杂志》2016 年第 11 期,第 77—88 页。

③ 陈学权:《人民陪审员制度改革中事实审与法律审分离的再思考》,载《法律适用》,2018 年第 9 期,第 28—34 页。

④ 孟昭文、邱伯友、胡崇安:《轻微刑事案件快速办理的现状分析》,载《法学》2010 年第 3 期,第 154—159 页。

⑤ 龙宗智:《庭审实质化的路径和方法》,载《法学研究》2015 年第 5 期,第 139—156 页。

⑥ 吴光前:《当前独任庭适用存在的问题及完善》,载《法律适用》2005 年第 12 期,第 70—71 页。

考量内在和外在的多种因素,即程序所体现的财力、时间、司法人力资源等诉讼成本也是多元化的,而对审判组织形式适用范围的界定,原则上仅仅需要关注案件的繁简情况,其实质上是属于司法人力资源的配置命题。① 进一步来论,程序适用范围的确立,通常是依据案件的诉讼标的大小,标的额大的按照按照规定不能适用简易程序,但其不必然是复杂疑难的,事实上其又符合适用独任制的标准,因此二者不是完全等同的。这种适用标准的混同迫使司法实践中采用合议制审判案件的具体承办法官为了效率的原因又将其中的大多数虚化为"形合实独"的虚假合议制。B市A区、B区法院和C市C区法院抽样的300件案件中,87.33%的案件采用事实上的独任制,剩下的12.67%也多数存在"形合实独"的事实,进一步证明了现实需要与制度规定的冲突。

四、"独任为主,合议为辅":转型的理论基础

基层法院第一审民事诉讼程序中的合议制向"独任为主,合议为辅"进行转型具有其重要的理论基础,主要体现在"独任为主"与程序简化审的内在契合等相关维度。

(一)"独任为主"与程序简化审的内在契合

如何应对案件数量快速增长,使司法在发现真实、效率与成本三维价值之间实现妥当平衡,是各国民事司法普遍面临的一道司法难题,各国从程序优化、纠纷分流、案件管理等方面形成各自的破解策略。② 在这种程序简化的改革中,独任制因其灵活性、便宜性、效率性成为各国民事诉讼组织发展的趋势。③ 事实上,我国民诉法及相关法律之所以在规定基层法院审理案件时应当适用普通程序的同时,规定案件简单且当事人同意的案件可以适用简易程序,正是基于在保证案件审理质量,促进司法公正的基础上兼顾司法效率的目的。然而,由于当前形势的变化,合议制为主的审理方式已经严重与当前的司法实践脱节。一方面,"案多人少"已经成为当前法院最为迫切的问题,目前案件的严重积压与合议制

---

① 吴光前:《当前独任庭适用存在的问题及完善》,载《法律适用》2005年第12期,第70—71页。

② [荷]参见兰姆寇·凡瑞:《中欧民事诉讼中法官与当事人的角色》,载傅郁林、兰姆寇·凡瑞主编《中欧民事诉讼管理比较研究》,法律出版社,2015年版,第7—11页;[英]阿德里安:《危机中的民事司法:民事诉讼程序的比较视角》,傅郁林等译,北京:中国政法大学出版社,2005年版,第1—5页。

③ 龚珊:《论民事诉讼中的独任审判》,西南政法大学2009年硕士学位论文,第18页。

为主导致的司法效率低下成为法院亟待解决的主要矛盾。① 另一方面,对于多数案件来说,实行独任制并不会降低案件审理质量。事实上,正如 B 市 A 区、B 区法院和 C 市 C 区法院抽样案件的数据显示的,多数民事案件均属于案情简单,通过独任制审理的改判返回率同合议制并不存在明显差别,独任制为主并不会对审判质量产生明显影响。因此,"独任为主"是在当前案多人少背景下实现审案真实、效率和成本平衡的最佳结合点。

(二)"合议为辅"对高品质审判的组织保障

基层法院第一审民事诉讼程序中的普通程序与简易程序在立法价值取向上具有重要区别,普通程序以其蕴含的理性精神与民主特质②重在针对疑难复杂案件而提升审判的精确性,简易程序则主要突出其效率价值③。在法官素质符合条件的情况下,独任制审判虽然能有效保证绝大多数事实简单案件的审判质量问题,但少数案件由于案情复杂,或者影响较大,为了最为有效地保证审判质量,基于普通程序对案件质量提升与保障上的独特优势④,采用合议制适用普通程序进行审判仍然具有其必要性。由于合议制在审理方式上的民主性和审慎性,能够从源头上防止各种人为的司法不公情况的出现,对于事实或者法律适用复杂的案件,适用合议制的普通程序相较于适用独任制的简易程序在审判质量的保证上无疑具有非常明显的优势。⑤ 因此,对于事实复杂、影响较大的案件,审理效率已经不成为主要考虑的问题,保证案件审理的高质量亦即司法公正成为追求的主要目标。⑥ 对于这些案件来说,独任制审理的高效率优势已经不复存在,而合议制的高质量优势则得到凸显。因此,"独任为主"所适用的简易程序必须以"合议为辅"所适用的普通程序作为有效的补充,才能形成对少数案件高品质审判要求的组织保障。

---

① 姜涛:《诉讼社会视野下中国刑事司法模式的现代转型》,载《政法论丛》2010 年第 6 期,第 77—81 页。

② 参见姜梅:《现行合议制的变革与完善》,载《人民司法》2013 年第 11 期,第 62—65 页。

③ 张晋红:《关于独任制与合议制适用范围的立法依据与建议——兼评当事人程序选择权之客体》,载《法学家》2004 年第 3 期,第 40—43 页。

④ 张雪纯:《合议制与独任制优势比较——基于决策理论的分析》,载《法制与社会发展》2009 年第 6 期,第 107—116 页。

⑤ 汤火箭:《合议制度基本功能评析》,载《河北法学》2005 年第 6 期,第 126—128 页。

⑥ 晋松、吴美来:《合议制决策功能的实现模式及其完善——兼对合议庭独立审判权的现实解读》,载《法律适用》2011 年第 1 期,第 48—52 页。

(三)"独任为主,合议为辅"与繁简分流改革的相辅相成

从社会分工的理论来看,性质各异的案件应该适用相应的审判程序,与提升审判整体效益要求是一致的。因此,针对案件性质的不同,在包括审判程序上实行繁简分流,是当前司法改革的主要方向之一。①"独任为主、合议为辅"的审判组织原则,即针对不同案件的复杂程度,对相对简单的案件采用独任制审理,相对复杂的则采用合议制审理,事实上属于审判组织形式上根据案件的性质不同采取的繁简分流措施,从本质上属于当前繁简分流改革的重要组成部分,与当前的繁简分流改革起到了相辅相成、互相促进的作用。

(四)"独任为主,合议为辅"的全球趋势

在大陆法系,德国根据1999年《德国民事诉讼法》第348条规定扩大了州法院独任法官的职权,规定民事庭可以将较为简单的案件委托给独任法官审理,从而推动独任法官在适用范围层面的扩展,对于提升诉讼效率与减轻法院的负担起到了制度保障作用。②法国民事诉讼法虽然传统上推崇合议制的适用,但为了有效克服诸如诉讼案件激增、诉讼效率不高和诉讼成本高等问题,最近几年也被迫启动诸多事项的改革,其基本路径同样是在独任制的适用上扩大范围,进而实现提高独任制适用比率的目标,进而实现民事案件审判效率提升目标的有效实现。③

至于日本,在审判中,对案件适用独任制的决定权是完全由承办法官来把握,其判断的基本标准是案件的标的额和案情的繁简情况。另外,如果简易法院依据有关规定采取了独任制,需要配置案件的协助处理人员,主要是调解委员会和司法委员会。司法委员在性质上属于国民参与审判,审理中可表达自身的意见和建议,但能否被采纳,则由承办法官全权决定。司法委员会不仅具有协助法官处理简易案件的功能,且发挥着国民监督的效用。④

在英美法系,陪审制是英国普通法程序的重要特征之一。然而,由于英国当前亟待提升诉讼效率,并由此实施了相关改革,基本进路是在民事诉讼中大幅度限制陪审制的适用,严格规定陪审制只能在书面名誉侵权、口头名誉侵权、诬告

---

① 李晓倩:《论小额诉讼制度适用的优化》,载《江汉论坛》2018年第6期,第134—140页。
② 王聪:《审判组织:合议制还是独任制?——以德国民事独任法官制的演变史为视角》,载《福建法学》2012年第1期,第76—81页。
③ 吕速:《论民事诉讼中的独任制》,西南政法大学2004年硕士学位论文,第8—10页。
④ 赵雪静:《论我国民事诉讼独任制的适用范围》,广东商学院2012年硕士学位论文,第8—10页。

等诉讼中予以适用,其最终要由法院决定。近年来,英国陪审团参与审理的民事案件呈现下降态势,每年已不到 200 件,法官独任制已是大的趋势所在。①

至于美国,在独立战争结束后,法官逐步成为司法权的行使者,代表了美国政府,基于这种权力分配,国家加强了对由社会力量参与的审判权的控制,陪审团参与审判的权力逐步被限制缩小。20 世纪初期,其中大致有 63%的民事案件为采取审判和指示判决的形式进行结案,到了该世纪的末期,仅有 4.3%的案件由陪审团参与,陪审团的实际适用范围已得到最大限度地缩小,实质上的法官独任制已初步形成。②

五、制度转型:"独任为主,合议为辅"的法定化

在"形合实独"的实践困局破解上,基于上述对其原因的深度透析,基层法院民事诉讼中合议制适用的转型向度应是对"独任为主,合议为辅"法定化,并进而对其进行制度设计。

(一) 确立"独任为主,合议为辅"的审判原则

前文已论及,当前我国民事诉讼采用的是"合议为主,独任为辅"原则,由于现实需要,有必要对此进行改变,确立"独任为主,合议为辅"的审判原则。上文提到,英美与大陆法系在适用上体现出多元化发展模式,德国是列举式的,基本做法是:在适用独任制和合议制的问题上运用穷尽列举的形式,将其规定具体到大审法院和小审法院层面。而英国则更为详尽,其在清晰列举不同民事案件适用不同审判方式的基础上,还制定体系健全的案件管理制度,规定选择案件审理方式应该对诸如案情、诉讼标的额、诉求性质等因素进行综合考虑。日本采用多元化的考量标准,与英国也有着极大的相似之处。而根据德国的经验,对独任制适用程序的扩展已存在先例,并且适用上的效果比较明显。对此,我国应在立足实际的基础上,借鉴域外上述国家的合理制度以改革独任制的适用范围,适度扩展独任制的适用程序,即于基层法院层面,把独任制的适用范围扩大至普通程序,具体做法是:在选择适用独任制审理的过程中,需要针对适用普通程序审理的案件,然后依据其案情特征及对审判水平的客观要求。

因此,可以借鉴主要发达国家尤其是德国关于审判制度的立法做法,立足于我国当前司法实践中独任制审判为主的现实情况,对相关法律规定进行修改。

---

① 卞晓蕾:《独任制:审判组织改革的方向》,江西师范大学 2010 年硕士学位论文,第 13—15 页。
② 张茜:《论民事诉讼中的独任制》,中国政法大学 2015 硕士学位论文,第 9—10 页。

在对独任制的适用标准进行多元化设定的前提下,扩大独任制适用案件范围,明文规定确立"独任为主,合议为辅"的审判原则。主要包括以下两方面的具体修改:一是将《人民法院组织法》第10条修改为:"人民法院审理民事案件,依照法律规定实行回避、公开审判和两审终审制度,普通一审案件实行独任审判制度,案情特别复杂的一审案件和二审、再审案件实行合议审判制度。"二是将《民事诉讼法》第39条第一、二款修改为:"人民法院审理第一审民事案件,由审判员一人独任审理。案情特别复杂的一审民事案件,审判员、陪审员共同组成合议庭或者由审判员组成合议庭。合议庭的成员人数,必须是单数。"

(二)完善诉讼中独任制向合议制转换的程序规则

我国民诉法第136条[①]规定与最高人民法院《关于适用〈民事诉讼法〉若干问题的意见》(以下简称《意见》)的第170条[②]规定,在实行独任制审理的简易程序案件中,在发现案情复杂的情况下,可据此转换成运用合议制审理的普通程序。实际上,不管独任制的适用范围是否需要扩大,都存在着独任制转换为合议制的可能性。然而,《民事诉讼法》和最高法《意见》对这一转换作出的规定过于原则和抽象,在司法实践中存在操作上的模糊空间,不利于这种转换行为的合理化和规范化。因此,在民诉法的立法修订中完善审判组织形式的转换规则是十分必要的,这一规则的建立有必要充分借鉴德国和日本的受命法官制度。

针对初审受命法官的有关规定,德、日在适用独任制上并未局限于简易法院依法审理的相关简易案件,对适用普通程序审理的第一审民事案件也可由民事庭委托1名庭员予以审理。针对第一审受命法官的规定,德国以"案件在事实上或法律上无特殊困难"作为限制性的条件,日本立法对此虽并未进行明确限定,但目的为确保受命法官在审理简单民事案件中具备合法性。事实上,受命法官规定是使本来适用合议制审理的案件,能够依据程序的需要转由独任法官审理,这种独任制的适用方式具有灵活性,既可实现对司法资源的合理化运用,还可以充分表现法院适用独任制上具有自我决定权,有效表明了对赋予法院此项权力的信任和机制保障。

受命法官制度对我国建立科学的独任制向合议制转换规则的启示,是赋予法官一定的自由裁量权。[③] 在独任制为主的审判制度的基础上,对于符合条件

---

① "人民法院在审理过程中,发现案件不宜适用简易程序的,裁定转为普通程序。"
② "在审理过程中,发现案情复杂,需要转为普通程序审理的,可以转为普通程序,由合议庭进行审理。"
③ 高翔:《"程序养成型"基层法官养成机制的构建——以候补法官中国化的渐进改革为切入点》,国家法官学院科研部会议论文集暨全国法院第29届学术讨论会,2018年,第166页。

的案件,法官能够根据案情等情况自主选择是否采用合议制来审理案件,但必须被限定在一定的范围内。具体规定如下:

首先,明确独任制向合议制转换的条件。在案件审理中,如发现案情复杂等情况,应规定由审判员依据规定自行决定转换审判组织形式,并及时报请庭长。

其次,规定独任制向合议制转换的决定主体。实践中,审判组织形式转换的决定机制有两种情况:庭长自主决定和审判员报庭长审批、经院长决定。考虑到对案件的熟悉程度和审判监督的效果,在民诉法立法修订中需要将审判组织形式转换的决定主体规定为审判庭庭长,其理由是庭长比院长对案件可能更为熟悉,有助于对案情进行客观判断,也更有利于庭长及时发挥审判监督作用。

最后,界定独任制转换为合议制后的衔接程序。独任制转换为合议制之后,原独任审判员应依法参与合议制的相关审理活动,主要原因是原独任审判员对案件更为熟悉。

对此,需要提及的是,由独任制向合议制进行转换的规则适用于第一审程序,也同样适用于第二审程序,这样可以确保审理的公正和效率。因此,建议将最高人民法院《关于适用〈民事诉讼法〉若干问题的意见》(司法解释四)第170条修改为:"在审理过程中,发现案情复杂,需要转为普通程序审理的,由负责案件审理的审判员及时报请庭长批准,可以转为普通程序,由合议庭进行审理,原简易程序的审判员自动成为合议庭成员。"

(三)构建与"繁简分流"改革相配套的衔接机制

由于案件的疑难程度存在一定的差异,因而对承担独任法官的资格要求也应该有所区别,因此,有必要构建与繁简分流改革配套的衔接机制。在此需要提及的是,关于繁简分流,目前全国做法不一,基本是按照案件难易系数、案件类型等由资深法官来作出判断。对于简易案件,对法官的资格要求较低;而普通案件则对法官资格要求较高。然而,我国并没有对法官资格高低进行明确区分,因此案件在适用简易程序审理时均具有大致相同的参与机会。在目前司法资源紧缺的语境下,这一分配机制与审判人力资源的配置要求不相符合。因此,构建这一衔接机制的关键是对此进行改革,以建立科学合理的审判资源分配机制,如健全人员分配机制、制定法院内部考核机制,并定期对法官整体素质进行测评,且需要记录在册,以此为依据给法官安排相应的案件。

(四)健全以实施《人民陪审员法》为契机的合议制适用机制

2018年4月,《人民陪审员法》正式颁布实施,以此为契机,结合其中的相关规定优化合议制的适用机制,改变当前人民陪审员参与的基层法院合议制"形合实独"的困境。根据《人民陪审员法》第十五条的规定,人民陪审员参与合议庭审理的案件范围包括涉及群体和公共利益、人民群众广泛关注或者其他社会影响较大,以及案情复杂或者有其他情形需要由人民陪审员参加审判的案件。根据第二十二条的规定,人民陪审员参与七人以上的合议庭,可以对适用法律发表意见,但不再具有表决权。《人民陪审员法》以基本法的形式明确规定了人民陪审员以后主要是参加重大案件的审判,而且针对参审人员较多的复杂案件在评议过程中只对事实审具有表决权,不参与法律适用的表决。因此,对于重大案件,实行陪审员参审的合议制,而对于基层法院现在由陪审员参与的普通案件,应将合议制改为独任制,由法官独任审理。

(五)制定基层法院合议庭评议的实施细则

确立独任制为主的基层法院审理制度,并不意味着否定合议制的基础作用。事实上,由于民主评议促进审判质量的作用,合议制对于以促进司法公正为最终目标的诉讼程序的重要性是毋庸置疑的。因此,应当针对当前基层法院合议制实践中存在的形式化趋势,通过制定基层法院合议庭评议的实施细则的方法,使其真正发挥合议庭民主评议的作用。具体来讲,这一实施细则应当包含以下方面内容:

首先,应当明确合议庭评议的具体范围。范围包括相关案件审理中可能影响案件判决结果的实体性问题和程序性问题,但不包括对案件判决结果无关紧要的事务性问题,避免合议庭评议事实上主要由承办法官主导,从而随意性较大的问题。同时,在制度规制层面,也可通过细化与构建司法责任制所规定的承办法官责任承担机制,以促使承办法官推进合议庭评议作用的正常发挥。

其次,规定合议庭评议的具体程序。一般来说,在不同问题评议的顺序上,应当优先评议程序性问题,然后才是实体性问题;在发言顺序上,应当采取先由人民陪审员发言,然后是资历较浅、职务较低的法官发言,最后由资历较深、职务较高的法官发言的顺序。

最后,规范评议笔录的记载方式。应当充分借鉴勘验笔录的相关规定,评议笔录原则上应当按照评议的顺序和内容实时记录,完成后由全体评议人员签字确认,签字确认后不允许修改,如果确有错误的必须另外说明情况。

六、一个简短的结语

我国当前基层法院实行的以合议制为基础的审判组织制度,在司法实践中因为审判质量和效益等方面的综合因素,面临着被"形合实独"虚置的严重挑战。

为了有效解决当前基层法院合议制在法律规定和司法实践之间存在的理论和现实困境,对其进行更符合基层法院民事诉讼规律的司法改革,进而实现"独任为主、合议为辅"的制度转型,对于进一步促进民事诉讼法关于审判组织制度与实践之间的内在和谐,以及提高基层民事诉讼审判质量和效益,均具有重要的现实意义。

The practice dilemma and system transformation of "hypotaxis and alone"

Chen Li

Abstract: Based on the investigation of the operation practice of the trial organization mode of "collegiality as the main part and independence as the auxiliary part" in the civil proceedings of the national basic courts and the courts of district A and B of city B and district C of city C, as well as the interviews with some civil judges of the basic courts, the realization of "independence" is more prominent in the basic courts, it has become a practical dilemma for the application of collegial system, the root of the problem is the function collapse.Therefore, in the basic level court in the civil procedure "the form complies with the reality to be independent" the practice difficult situation to dissolve, it is necessary to promote the transformation from "the combination as the main and the independent as the auxiliary" to "the combination as the main and the independent as the auxiliary", and make "alone is given priority to, consensus is complementary" legalize, its theoretical basis is that "the sole responsibility is dominant" and the procedure simplification trial has the intrinsic correspondence, "the joint opinion is auxiliary" to the high-quality trial organization safeguard, "the sole responsibility is dominant, the joint opinion is supplementary" and the complex and simple diversion reform supplement each other, simultaneously "the sole responsibility is dominant, the joint opinion is supplementary" is also the present global trend. And in system implementation dimension level, Need to establish "alone, and secondly collegiate bench trial principle, perfecting the system of lawsuit alone to the collegial system transformation rules of procedure, build and program and simplified shunt of cohesive devices and improve the supporting reform to implement the" law of people's assessors "as an opportunity of collegial system applicable mechanism, and formulate the detailed rules for the implementation of grass-roots court deliberations dimensions such as system construction.

Key words:The Grass-roots Court;Civil Litigation;Hypotaxis and Alone; Practical Difficulties;System Transformation

(责任编辑:艾佳慧)

刑事法学

刑法方法论视阈中的贪污受贿犯罪死刑裁量基准
——以"张中生案"为切入点

李冠煜*

[摘　要]　我国原有的贪污受贿犯罪死刑适用标准存在明显缺陷,必须把握《刑法修正案(九)》对其进行修改的重要契机,紧跟有关判例动向和运用实证研究方法,以准确适用现行的死刑裁量基准。尽管有关司法解释已经生效,但关于影响责任刑情节和影响预防刑情节的认定,尚有若干争议之处,仍须通过刑法方法论的研究以明确其主要内容。关于前者,法官应当慎重认定犯罪数额,不把严重的伤亡后果、恶劣的社会影响以及其他危害后果评价为特别重大损失;关于后者,法官需要准确判断情节性质、合理认定情节作用、重视酌定情节地位、综合评价情节功能。在此基础上,还要以"幅的理论"为起点,以"点的理论"为终点,重新设计死刑裁量步骤,确定科学的量刑方法,既准确评价量刑责任,又适当理顺情节排序。

[关键词]　刑法方法论;贪污受贿犯罪;死刑裁量基准;责任情节;预防情节

一、问题的提出

在《刑法修正案(九)》(以下简称《修正案(九)》)颁布之前,我国贪污受贿犯罪的死刑裁量标准一直存在着不明确、不统一、不科学的缺陷,有鉴于此,《修正案(九)》第 44 条对其做了重大修改。不久以后,《关于办理贪污贿赂刑事案件适用法律若干问题的解释》(以下简称《贪污贿赂罪解释》)也颁布实施,但是,上述问题并未得到根本解决,反而随着张中生因受贿罪被判处死刑,再次受到理论界

---

*　李冠煜,华中科技大学法学院副教授,法学博士,博士生导师。本文系 2017 年湖北省高等学校省级教学研究项目"基于'荆楚卓越法律人才'计划项目的刑法学课程混合教学模式的探索与实践"(编号:2017090)、2018 年湖北省社科基金一般项目(后期资助项目)"我国反腐败刑事法治若干热点问题研究"(立项号:2018010)之阶段性成果。

和实务界的广泛关注。

1997年至2013年,张中生利用担任山西省中阳县县长、中共中阳县委书记、山西省吕梁地区行署副专员、中共吕梁市委常委、副市长等职务便利,为他人在煤炭资源整合、项目审批等事项上提供帮助,索取、非法收受他人财物,折合人民币共计10.4亿余元。一审法院认为,张中生受贿犯罪数额特别巨大,在十八起受贿犯罪事实中,有两起受贿犯罪数额均在人民币2亿元以上,还主动向他人索取贿赂人民币8868万余元。张中生利用领导干部职权为他人谋取不当利益,严重影响了当地经济健康发展,且案发后尚有赃款人民币3亿余元未退缴,犯罪情节特别严重。张中生目无法纪,极其贪婪,在党的十八大后仍不收敛、不收手,给国家和人民利益造成特别重大损失,罪行极其严重,应予依法严惩,遂以受贿罪判处死刑。①

将"张中生案"(案例1)与在此之前已经做出生效裁判的"白恩培案"(案例2)、"魏鹏远案"(案例3)、"于铁义案"(案例4)、"朱明国案"(案例5)进行比较,可以发现:一是就罪行本身而言,各被告人受贿数额均超过1.4亿元,已经达到极其严重的程度。二是就人身危险性而言,张中生由于"目无法纪,极其贪婪,在党的十八大后仍不收敛、不收手",可以认为其预防必要性很大,而白恩培等人能够如实供述自己罪行、真诚悔罪、积极退赃,赃款赃物已基本或全部追缴,尚不能评价为再犯可能性极大。三是就量刑结果而言,前者仅通过确定责任刑,就判处其死刑;后者则在全面考察责任刑和预防刑的基础上,判处四被告死缓,同时决定终身监禁。

以上分析产生的方法论疑问是:第一,能否只因为犯罪数额远远超过"数额特别巨大"的标准,就直接得出"犯罪情节特别严重、社会影响特别恶劣、给国家和人民利益造成特别重大的损失"的结论?第二,如何科学判断如实供述自己罪行、真诚悔罪、积极退赃,赃款赃物已基本或全部追缴等情节的性质、相互关系及其作用?第三,《关于常见犯罪的量刑指导意见》(以下简称《量刑指导意见》)规定的量刑步骤是否完全适于贪污受贿犯罪的死刑裁量?第四,怎样处理贪污受贿犯罪死刑裁量情节的逆向竞合?

基于上述问题意识,为了促进贪污受贿犯罪死刑裁量的规范化,本文打算依托典型判例,以责任和预防的关系为主线,通过刑法方法论的解读,首先分别讨论影响责任刑的情节(以下简称"责任情节")和影响预防刑的情节(以下简称"预

---

① 参见初晓慧:《山西吕梁原副市长被判死刑系史上首个10亿贪官》,载"新浪网":http://news.sina.com.cn/c/nd/2018-03-28/doc-ifyssmay5756310.shtml,访问时间:2018-9-11。

防情节")的认定规则,然后提出死刑裁量步骤的完善构想,最后分析死刑裁量情节逆向竞合的处理方案。

二、贪污受贿犯罪死刑裁量责任情节的认定

现代刑法是责任刑法,量刑时应当以责任为基础。所谓量刑责任,是指综合量刑上应当考虑的诸因素,行为人应当承担责任的总体评价。① 换言之,刑法上的责任意味着从事了违法行为(不法)的行为者所应承受的规范性非难或谴责,最终决定责任大小的就是违法性大小和有责性大小(狭义上的责任)相乘而得到的后果——犯罪本身的轻重(广义的责任)。② 可见,量刑责任的大小由违法性的程度和有责性的程度共同决定;而违法性和有责性反映了行为的客观危害和行为人的主观恶性,体现的是罪行轻重;社会危害性正是客观危害和主观恶性的有机统一,能够决定罪行轻重。所以,与责任相适应的刑罚就是与罪行相均衡的刑罚,责任情节即为影响罪行轻重的情节,也是反映社会危害性的情节。应当肯定的是,量刑责任属于对具体犯罪行为的严重性程度进行整体评价的范畴,可被精炼为"有责的不法",有别于判断犯罪成立与否的犯罪论的责任。③ 只要主张量刑责任的本质是行为责任,就应考虑与违法性有关的情节以及与有责性有关的情节,在死刑裁量的场合,据此以衡量罪行是否极其严重。

量刑时必须遵守责任主义,而无论是积极的责任主义还是消极的责任主义,均承认量刑责任的刑罚限定机能。④ 因此,量刑时重视责任和预防的关系,科学评价责任情节,将有助于限制死刑的适用。特别巨大的数额和特别重大的损失一起构成贪污受贿犯罪死刑裁量的责任情节,都受到责任刑法的制约。

(一)贪污受贿犯罪数额特别巨大的认定

近年来,社会经济的发展、物质生活水平的提高、死刑政策的实施、惩治腐败犯罪的效果等原因,使司法机关持续抬高对其定罪量刑的隐形数额条件,削弱了刚性的数额标准对法官自由裁量的约束效应。针对这种立法和司法脱节的现

---

① [德]汉斯·海因里希·耶赛克、托马斯·魏根特:《德国刑法教科书》(总论),徐久生译,中国法制出版社2001年版,第490、29页。
② [日]曾根威彦:《量刑基准》,王亚新译,载[日]西原春夫主编《日本刑事法的形成与特色》,李海东等译,法律出版社、成文堂联合出版1997年版,第147页。
③ 参见[日]冈上雅美:《关于责任刑的意义与量刑事实的问题点》(一),载《早稻田法学》1993年第68卷第3、4号。
④ 参见[日]本庄武:《量刑责任的刑罚限定机能》(1),载《一桥研究》1999年第24卷第1号。

象,我国法院通过贯彻宽严相济的刑事政策、推进量刑规范化改革、注重其他量刑情节的作用等举措,在某种程度上弥补了刑事立法的不足,为采取贪污受贿犯罪二元的定罪量刑标准奠定了坚实的实践基础。为了回应司法机关大幅度提升此类犯罪死刑适用的数额标准以实现罪刑均衡的努力,立法机关用抽象的数额标准取代了以往具体的数额标准,明文赋予法官确定死刑适用数额起点的权力,使"数额特别巨大"成为过滤死刑案件的第一个"漏斗"。例如,对于"李华波案",一审法院认为,被告人贪污公款9400万元,具有主犯、贪污特定专项资金、将公款用于赌博以及潜逃境外等从重处罚情节以及自首等从轻处罚情节,故对其判处无期徒刑(案例6)。① 再结合本文第一部分对前五个案例犯罪数额的比较,基本可以明确贪污受贿犯罪死刑适用的数额标准:既然现行立法将"数额特别巨大"作为"处无期徒刑或者死刑"的前提之一,那么处死刑的数额标准应当显著高于处无期徒刑的数额标准。虽然司法解释将300万元作为"处10年以上有期徒刑、无期徒刑或者死刑"的数额起点,但它绝不可能成为处死刑的数额起点。处无期徒刑的数额标准不得低于9000万元,处死刑的数额起点应提高到2亿元以上。② 通过判断与之并列的责任情节和其他的预防情节来选择刑种,将有助于限制法官的死刑自由裁量权和切实执行"数额+情节"的二元标准。

按照当前司法解释规定的贪污受贿犯罪数额特别巨大的标准,法官要给予慎重认定。

其一,犯罪数额是可归责于个人的不法要素,必须根据参与数额的大小确定量刑责任的轻重。量刑责任关注的是"有责的不法"而非"无责的不法",缺乏有责性的行为不会进入其评价视野。责任是对不法的责任,无责任的不法事实不能成为责任情节。所以,行为人仅对自己罪过范围内的结果负责,在有他人参与的场合,行为人也只能就合理分担的结果负责。即行为人单独贪污贿赂数额特别巨大,没有产生认识错误的,犯罪数额就可直接归责于他;行为人与第三人共同贪污受贿数额特别巨大的,考虑到"共同实行人的行为控制产生于他在实施中

---

① 参见彭新林:《李华波案、王国强案定罪量刑评析》,载《人民法院报》2017年1月25日,第06版。

② 这只是贪污受贿犯罪适用死刑的最低数额标准,仅有分配刑种的功能。如果犯罪数额没有达到此标准,不得适用死刑;即使犯罪数额超过此标准,也可判处无期徒刑。所以,概括数额制有其科学性,但前提是,必须合理地确定数额区间。我国的刑事法治实践已经表明,划分数额区间的合理根据应该是犯罪的实际状态,即数额标准的变化,完全取决于案件变动的状态和刑事政策的需要(陈兴良:《贪污贿赂犯罪司法解释:刑法教义学的阐释》,载《法学》2016年第5期)。

的功能",①犯罪数额的归责就要区分其在共同犯罪中的作用。其中,主犯无疑要对犯罪总额负责,量刑起点为无期徒刑或死刑;从犯、胁从犯应对参与数额负责,其参与数额可比照主犯的参与数额确定,并按照其作用减轻处罚,量刑起点为 10 年以上有期徒刑或无期徒刑。

其二,犯罪数额是能体现此类犯罪危害性的量化指标,应区别于获利数额。犯罪的本质是对法益的侵害,行为人的受益多少只能从某一方面揭示犯罪的不法程度,所以,法官应当根据贪污受贿犯罪对国家工作人员职务行为的廉洁性以及公私财产所有权的侵害程度来认定犯罪数额。应当特别注意的是,不要在贪污受贿犯罪已经达到数额特别巨大的标准后,又将这一数额作为是否立即执行死刑的依据,充其量只应考虑犯罪数额超过特别巨大的部分或获利数额。否则,就意味着对犯罪数额分别在定罪阶段(判断罪行是否极其严重时)和量刑阶段(判断是否立即执行死刑时)进行了双重评价;不仅混淆了定罪情节和量刑情节,也混淆了责任情节和预防情节。

其三,同理,行为人事后的退赃、追缴数额也不能用来评价行为的社会危害性。这既无法减轻行为业已造成的客观危害,也无法降低行为人已经产生的主观恶性。因此,贪污受贿犯罪之后处理赃款赃物的行为,既不影响犯罪既遂的成立,也不影响罪行极其严重的判断。简言之,它不属于责任情节。立法机关正是考虑到犯罪数额和退赃数额是性质各异的两种情节,才把它们分开规定。司法机关也正确认识到了以上两种情节之间的关系,在《关于办理职务犯罪案件认定自首、立功等量刑情节若干问题的意见》中规定:"职务犯罪案件立案后,犯罪分子及其亲友自行挽回的经济损失,司法机关或者犯罪分子所在单位及其上级主管部门挽回的经济损失,或者因客观原因减少的经济损失,不予扣减,但可以作为酌情从轻处罚的情节。"

其四,与犯罪数额有关的其他责任情节,对衡量罪行轻重的影响同样不容小觑。例如,《刑法》和《贪污贿赂罪解释》均明文规定,对多次贪污、受贿未经处理的,按照累计数额处罚。这里就产生对犯罪数额和行为次数的评价问题:是分别评价,抑或只进行一次评价?对此,《量刑指导意见》中关于盗窃罪的量刑规范提供了一个解决问题的思路:"在量刑起点的基础上,可以根据盗窃数额、次数、手段等其他影响犯罪构成的犯罪事实增加刑罚量,确定基准刑"。北京市《〈量刑指导意见〉实施细则》又进一步细化道:"多次盗窃,盗窃数额未达到较大的,以盗窃次数确定量刑起点,超过三次的次数作为增加刑罚量的事实。盗窃数额达到较

---

① [德]克劳斯·罗克辛:《德国刑法学总论》(第 2 卷),王世洲主译,法律出版社 2013 年版,第 59 页。

大以上的,以盗窃数额确定量刑起点,盗窃次数作为增加刑罚量的事实。"有学者指出,由于上述规定没有区分情节类型,且次数增加一般会导致数额增加,所以,当多次盗窃的数额达到较大以上时,以盗窃数额确定量刑起点后,盗窃次数充其量只能作为预防情节。① 这一结论也适用于贪污受贿犯罪。详言之,多次贪污受贿,犯罪数额没有达到特别巨大的,以其作为处10年以上有期徒刑或无期徒刑的量刑起点,犯罪次数作为增加责任刑的事实;犯罪数额达到特别巨大的,以其作为处无期徒刑或死刑的量刑起点,犯罪次数作为增加预防刑的事实。这既对多次贪污、受贿进行了全面评价,又避免了重复评价。

(二) 贪污受贿犯罪造成特别重大损失的认定

由于《贪污贿赂罪解释》没有涉及此类犯罪使国家和人民利益遭受特别重大损失的认定标准,参考《关于办理渎职刑事案件适用法律若干问题的解释(一)》(以下简称《渎职罪解释》)第1条予以适用,不失为一条权宜之计,但并非万全之策。尽管贪污受贿犯罪和渎职罪都属于职务犯罪,旧《刑法》也一度将受贿罪规定在"渎职罪"一章中,但二者的保护法益毕竟存在明显差异,这也是新《刑法》把"贪污贿赂罪"专章设立的原因。具体而言,前者主要侵犯了国家工作人员职务行为的廉洁性和公共财产所有权,后者在损害国家机关正常管理活动及其威信的同时,还损害了人民合法权益。② 即渎职罪侵害了国民具体的自由和权利,而受贿罪不存在这样的被害人,③通过严重破坏国家管理秩序,最终侵害国民的个人利益。

在贪污受贿犯罪造成特别重大损失的认定过程中,要解决一些争议问题。

1. 特别重大损失的认定是否考虑严重的伤亡后果

对于《渎职罪解释》的上述规定,肯定说主张,渎职行为造成的实际利益损失,除了表现为有形的财物损害外,自然还应当体现于严重的人身伤亡,以及那些与渎职行为的危害本质相联系的重大的非物质性利益损害。④ 而否定说提出,滥用职权罪以"重大损失"限定了处罚范围,却又在司法中进行广泛的司法解释,在处理行为规范与裁判规范的紧张关系方面显得没有原则,功能取向陷入矛盾,应将其修改为"情节严重",以体现本罪的社会危害性本质。⑤

---

① 参见张明楷:《责任刑与预防刑》,北京大学出版社2015年版,第319—320、344—346页。
② 参见林山田:《刑法各罪论(下册)》(修订五版),北京大学出版社2012年版,第9页。
③ 参见[日]西田典之:《刑法各论》(第六版),弘文堂2012年版,第479页。
④ 游伟:《渎职犯罪中的"重大损失"问题探讨》,载《法学》2005年第12期。
⑤ 参见王安异:《裁判规范还是行为规范——对滥用职权罪的功能性考察》,载《现代法学》2006年第4期。

笔者认为,否定说是可取的。该解释对渎职罪结果要件的界定明显超出了"重大损失"的通常含义,国家声誉、政治秩序、社会影响等事项显然不在该用语的射程之内,应当认为,这是以扩张解释为名而行类推解释之实。正是由于其涵盖了过多非物质性结果,才导致渎职罪适用的混乱。为了贯彻罪刑法定原则,有两条路径可供选择:要么司法机关将"重大损失"限于物质性损失,要么立法机关用"情节严重"取而代之。相比而言,前一种方案更为妥当,不仅可以有效限制渎职罪的处罚范围,而且能够促进司法适用的统一。如果采取后一方案,只是平息了立法论上的分歧,解释论上的难题依然存在,法官还是要在各种主客观因素中做出取舍。

可见,贪污受贿犯罪造成的特别重大损失至少应该包括物质性损失,不过,还须结合本罪的保护目的进行规范解释。法益的属性既决定了实行行为的形式,也决定了危害结果的样态,所以,特别重大损失不应包括严重的伤亡后果。换言之,这类犯罪所侵害的客体不包括生命权和健康权。就滥用职权罪而言,虽然该解释认为"重大损失"包括死亡、重伤的结果,但通常这种死伤结果并非由滥用职权行为直接引起,而是由他人故意或过失行为造成。即国家机关工作人员只是没有履行自己应当履行的职责,并切断他人的杀人行为与被害人死亡结果之间的因果流程。[①] 但在贪污受贿犯罪的场合,行为人侵吞公共财产或索取他人财物的行为不可能造成被害人伤亡,此时侵害的主要是职务行为内含的纯洁性(行为人尚未实际履行作为金钱对价的职责,或者履行职责尚未造成重大损失),而非职务行为本身的适当性(行为人已经开始履行职责,而且造成重大损失)。同样,人身伤亡后果也不是"特别严重情节"(《修正案(九)》第44条第1款第3项)和"犯罪情节特别严重"(《贪污贿赂罪解释》第4条第1款)的判断要素,既不能作为法定的定罪情节,也不能作为酌定的责任刑升格情节,否则,就形成重复评价。

然而,我国法院似乎持相反态度。例如,在"郑筱萸案"中,一审法院认为,被告人受贿数额特别巨大,犯罪情节特别严重,社会危害性极大,且玩忽职守,破坏了国家对药品的监管秩序,造成严重后果和十分恶劣的社会影响,犯罪情节特别严重,故对其受贿罪判处死刑,对其玩忽职守罪判处有期徒刑7年(案例7)。[②] 有疑问的是,按照当时的死刑裁量基准,仅凭受贿数额(649万余元)并不足以判处其死刑,法官显然是将药品监管失控、增大人民群众的用药风险、严重危及公

---

① 参见陈洪兵:《渎职罪理论与实务中的常见误读及其澄清》,载《苏州大学学报》(法学版)2015年第4期。

② 参见北京市第一中级人民法院(2007)一中刑初字第1599号刑事判决书。

众的身心健康等"致使国家和人民的利益遭受重大损失"的情节评价为受贿"情节特别严重",使受贿罪的量刑责任上升到极其严重的程度。但是,这一情节也是玩忽职守罪的构成要件。之所以进行重复评价,根本原因是未能准确定位有关犯罪的罪质,①直接原因是把包括伤亡后果在内的重大损失情节等同于受贿情节特别严重,不当扩充了受贿罪量刑情节的内容。然而,立法者将"情节特别严重"改为"特别重大损失"已经表明,要求法官对其予以限制解释,以缩减影响死刑裁量的责任情节种类。

2. 特别重大损失的认定应否考虑恶劣的社会影响

司法机关在处理贪污受贿案件时,经常考虑社会影响对量刑的作用,不仅将其作为适用死刑的重要依据,而且将其作为必须立即执行死刑的决定因素。

一方面,相关司法解释将犯罪行为造成的恶劣社会影响规定为从严惩处的依据。例如,《关于贯彻宽严相济刑事政策的若干意见》第8条规定,对于国家工作人员贪污贿赂的严重犯罪,要依法从严惩处。对于国家工作人员职务犯罪中性质恶劣、情节严重、涉案范围广、影响面大的,或者案发后隐瞒犯罪事实、毁灭证据、订立攻守同盟、负案潜逃等拒不认罪悔罪的,要坚决依法从严惩处。对于犯罪所得数额不大,但对国家财产和人民群众利益造成重大损失、社会影响极其恶劣的职务犯罪案件,也应依法从严惩处。再如,《关于办理国家出资企业中职务犯罪案件具体应用法律若干问题的意见》中也有类似条文。上述规定似乎都将恶劣的社会影响视为责任情节。

另一方面,部分刑事判例也把恶劣的社会影响确定为死刑裁量的要素。例如,在"马向东案"中,一审法院认为,被告人虽有坦白情节,但其犯罪数额特别巨大,情节特别严重,影响极为恶劣,不应从轻处罚,故对其贪污罪判处无期徒刑,对其受贿罪判处死刑(案例8)。② 再如,在"许迈永案"中,二审法院认为,上诉人归案后虽有坦白及赃款赃物已追缴的情节,但其受贿数额特别巨大,且具有索贿情节,犯罪情节特别严重,且已造成恶劣的社会影响,不足以对其从轻处罚,故维持一审法院对其受贿罪的死刑判决(案例9)。③ 以上裁判显然都把恶劣的社会影响评价为提升行为严重性的综合指标。

实际上,社会影响的具体内容有两方面:一是使一般公民产生社会不安,二是犯罪样态的模仿性强。④ 以社会影响为酌定情节的事实宽泛,包括发案地群

---

① 参见赵军:《受贿罪罪质研究——以郑筱萸死刑案为视角》,载《法学论坛》2008年第6期。
② 参见江苏省南京市中级人民法院(2001)宁刑初字第110号刑事判决书。
③ 参见浙江省高级人民法院(2011)浙刑二终字第66号刑事裁定书。
④ [日]水岛和男:《犯罪的社会影响与量刑》,载《判例时报》2006年第1206号。

众及村干部反映、被害人家属上访闹事、有关宗教组织说明、当地恶性暴力案件多发、当地群众普遍同情、当地党政和司法机关说明。[①] 但问题在于：它是属于责任情节，还是属于预防情节，或者兼而有之，抑或与量刑无关？笔者认为，社会影响不是独立的量刑情节。（1）假如社会影响表现为使公民产生很大的不安感，则说明行为的危害性严重，已被反映在行为手段、危害结果、犯罪动机等责任情节中，无须另行评价。（2）如果社会影响表现为犯罪行为容易模仿，则说明行为人的一般预防必要性大，因为量刑责任具有刑罚限定机能，罪刑均衡本身就能达到一般预防的效果，所以不能以此为由加重刑罚，进行重复评价。（3）倘若社会影响表现为损害公民对特定行业的信赖，也说明行为人的一般预防必要性大，由于立法者配置法定刑时考虑过一般预防的目的，法官裁量责任刑时认定了有关情节，因此具体犯罪的构成要件结果中包含着信赖损失的结果，不必单独评价。（4）脱离对量刑情节的理性分析而沉浸在对社会影响的感性判断，必将导致量刑责任的评价失去客观标准，进而产生不适当的重刑，甚至不必要的死刑。（5）刑法教义学中的社会影响不同于日常生活中的社会影响，与犯罪严重性及其结果等评价存在重合部分，[②] 必须联系具体犯罪的保护法益予以确定，所以，贪污受贿犯罪的社会影响就是行为造成的危害结果，[③] 不是与其并列的不法要素。而《贪污贿赂罪解释》第 4 条第 1 款将"社会影响特别恶劣"与其他情节并列规定，不仅曲解了情节性质，而且极易导致重复评价，其正当性值得反思。

此外，与恶劣的社会影响存在同样问题的还有民愤。司法实践历来将"民愤"视为"社会影响恶劣"的代名词，作为一种酌定从重处罚情节。笔者也反对量刑时考虑民愤，因为它不过是公众愤怒情绪的宣泄，可以间接说明行为的客观危害严重或行为人的主观恶性极大，却不能决定罪行轻重。简言之，民愤具有征表功能，但不具有评价功能，对量刑没有实质影响。

（三）贪污受贿犯罪数额和利益损失之间比重关系的认定

这次修改贪污受贿犯罪定罪量刑标准的主要目的，就是为了加大惩处腐败犯罪力度，全面反映个罪的社会危害性，实现罪刑相适应。[④] 而且，《修正案（九）》公布之前的量刑实践充分表明，犯罪数额和其他情节在此类犯罪死刑适用

[①] 参见周金刚：《酌定量刑情节的泛化现象研究》，载张仁善主编《南京大学法律评论》（总第 33 期），法律出版社 2010 年版，第 170—175 页。

[②] ［日］原田国男：《量刑判断的实际》（第 3 版），立花书房 2008 年版，第 18 页。

[③] 张明楷：《论影响责任刑的情节》，载《清华法学》2015 年第 2 期。

[④] 参见李适时：《关于〈中华人民共和国刑法修正案（九）（草案）〉的说明》，载"中国人大网"：http://www.npc.gov.cn/npc/lfzt/rlys/2014-11/03/content_1885123.htm，访问时间：2018-9-13。

标准中所占的权重已经悄然发生变化,①所以,此次修订不过是对实务做法的正面回应,在此基础上,《贪污贿赂罪解释》也设置了更加具体的量刑规则。

从整体上来看,犯罪数额和利益损失都是死刑裁量的基本依据。因为贪污受贿犯罪的社会危害性不仅取决于数额大小,还表现在国家工作人员滥用权力或给国家利益造成重大损失等情节中,②确立以"数额与情节并重"的二元标准,将增大有关利益损失情节对死刑裁量的调节作用。这既有利于死刑裁量的均衡,又有利于限制死刑的适用。

但就个罪而论,犯罪数额和利益损失的调节作用需要区别对待。尽管贪污罪和受贿罪都是职务犯罪,侵害的社会关系具有共性的一面,但不容忽视的是,它们的直接客体并不完全相同。一般认为,前者既侵犯国家工作人员职务行为的廉洁性,也侵犯公共财产所有权,而后者主要侵犯的是国家工作人员职务行为的廉洁性。③ 因此,在综合考量犯罪数额和其他情节以全面评价其社会危害性时,犯罪数额对揭示贪污罪社会危害性的作用更为显著,而对反映受贿罪社会危害性的作用相对有限;相反,其他情节只能在一定范围内说明贪污罪的社会危害性,却能较为全面地体现受贿罪的社会危害性。在对贪污罪定罪量刑的场合,可先考虑数额因素,再考虑情节因素,即以"数额+情节"为公式,侧重体现其"计赃论罪"的本质;而在对受贿罪定罪量刑的场合,可先考虑情节因素,再考虑数额因素,即以"情节+数额"为公式,侧重体现其"权钱交易"的本质。因此,在死刑裁量过程中,要适度降低贪污数额对死刑判决的影响,合理加大利益损失等情节对受贿罪死刑适用的调控。

三、贪污受贿犯罪死刑裁量预防情节的认定

现代刑法也是预防刑法,量刑时还要考虑预防犯罪的目的。所谓预防犯罪,是指一般预防和特殊预防。其中,根据机能的不同,一般预防又分为消极的一般预防和积极的一般预防:前者强调刑罚对潜在违法者心理产生的威慑作用,而后

---

① 参见孙超然:《论贪污罪、受贿罪中的"情节"——以高官贪腐案中裁判考量因素的实证分析为切入点》,载《政治与法律》2015年第10期。

② 参见雷建斌主编:《〈中华人民共和国刑法修正案(九)〉释解与适用》,人民法院出版社2015年版,第215页。

③ 参见马克昌主编:《百罪通论》(下卷),北京大学出版社2014年版,第1132、1167—1169页;张明楷:《受贿犯罪的保护法益》,载《法学研究》2018年第1期。

者重视刑罚对普通公民规范意识具有的激励作用;①根据效果的差异,特殊预防又分为消极的特殊预防和积极的特殊预防:前者追求使行为人放弃回归社会的效果,后者则追求使行为人再社会化后维持生活的效果。②但是,这并不意味着要对各种预防目的等量齐观。量刑时不能直接考虑一般预防,因为这会导致犯罪人沦为实现预防目的的工具,不仅侵犯人的尊严,而且可能产生积极的责任主义,容易回到绝对报应刑论的老路上去,③应予摒弃。所以,量刑时只能考虑特殊预防。特殊预防必要性反映了人身危险性大小,与特殊预防相适应的刑罚就是特殊预防刑;影响特殊预防刑的情节就是影响人身危险性的情节,也是预测犯罪人改造难易程度的情节。在死刑裁量的场合,必须对其进行全面评价以决定是否立即执行。

量刑时应当贯彻目的主义,而无论是消极的特殊预防还是积极的特殊预防,原则上都不得逾越罪刑均衡的界限。因此,量刑时协调责任和预防的关系,充分评价有关预防情节,会有助于限制死刑的适用。在提起公诉前如实供述自己罪行、真诚悔罪、积极退赃,避免、减少损害结果的发生和自首、坦白、立功等一起构成贪污受贿犯罪死刑裁量的预防情节,受到预防刑法的约束。

(一)准确判断新增预防情节的性质

我国学者一般将《修正案(九)》第44条第3款之规定称为"特别宽宥"制度,但在其立法正当性问题上存在严重分歧。否定说认为,这一规定在性质上属于对自首、立功与坦白制度的补充规定,或可发挥补强以上制度的政策功能。如果该条款规定的行为能纳入自首的范畴,那么作此规定似无必要;如果该条款规定的行为不能纳入自首的范畴,那么只能作为坦白(从轻、减轻处罚),有第1款第1项情形时,扩大从宽处罚力度(可以从轻、减轻或免除处罚),有第1款第2项、第3项情形时,限缩从宽处罚力度(可以从轻处罚)。所以,这就与《刑法》总则规定的坦白制度不协调。④ 肯定说则主张,这一规定不是对《刑法》总则规定的坦白制度的重复,而是在此基础上表明行为人的人身危险性得到较大程度的减少,同时行为的客观危害性也减少。因此,对第1款第1项中的犯罪人,特别宽宥制度的从宽幅度大于坦白;对第1款第2项、第3项中的犯罪人,特别宽宥制度的

---

① 参见[德] Arthur Kaufmann:《法哲学与刑法学的根本问题》,宫泽浩一监译,成文堂1986年版,第157—158页。
② 参见[日] 川崎一夫:《体系的量刑论》,成文堂1991年版,第179—180页。
③ 参见李冠煜:《对积极的一般预防论中量刑基准的反思及其启示》,载《中南大学学报》(社会科学版)2015年第1期。
④ 参见梁根林:《贪污受贿定罪量刑标准的立法完善》,载《中国法律评论》2015年第2期。

从宽效果与坦白相同。所以,二者并无不协调之处。①

必须承认,这次修法把某些常见的贪污受贿犯罪酌定量刑情节法定化,具有积极意义,应当联系《刑法》总则中的犯罪中止、自首、坦白、立功等法定从宽处罚情节进行分析。

首先,特别宽宥明显不同于犯罪中止。虽然贪污受贿犯罪分子"避免、减少损害结果的发生"的规定与中止犯"没有造成损害的"或"造成损害的"规定只是文字表述上的差异,但前者发生在(犯罪之后)提起公诉前,后者发生在犯罪过程中,时间上不重合。

其次,特别宽宥显然有别于立功。无论是在成立条件还是在处罚原则上,二者都截然不同,所以,前者不会与后者相冲突。

最后,特别宽宥部分涵盖了自首、坦白。本条款仅仅要求犯罪人"在提起公诉前如实供述自己罪行",并未限定自动投案或被动归案,而且,"真诚悔罪、积极退赃"都能反映其选择供述的内在动机和主观态度,所以,以上行为均可被纳入自首、坦白的范畴。此外,"避免、减少损害结果的发生"从行为实效方面进一步提高了特别宽宥的适用条件,正因为如此,它的外延比一般自首、坦白更窄。②可见,立法机关是考虑到司法实践中如实供述、认罪悔罪、积极退赃等事实通常作为不判处死刑的重要依据,属于常见的酌定从宽处罚情节,所以将其法定化。例如,在"周镇宏案"中,河南高院认为,被告人受贿数额特别巨大(2464万余元),情节特别严重,依法本应严惩,但鉴于其在被有关部门调查期间主动交代了办案机关未掌握的绝大部分受贿事实,认罪态度较好,案发后赃款已全部追缴,故核准对其判处死缓(案例10)。③再如,在"田学仁案"中,一审法院同样考虑了上述事实,判处其无期徒刑(案例11)。④

(二)合理认定法定预防情节的作用

根据现行立法,《刑法》总则规定的自首、坦白、立功制度和《刑法》分则规定的特别宽宥制度都是贪污受贿犯罪法定的预防情节。只有正确认定单个情节的作用,才能避免情节竞合时重复评价的危险。

《刑法》将自首、坦白、立功作为法定的减轻预防刑情节,具有正当化根据。以自首为例,它反映了犯罪人的悔罪表现,说明其人身危险性减弱或消除,因而

---

① 参见欧阳本祺:《论〈刑法〉第383条之修正》,载《当代法学》2016年第1期。
② 所以,才要对特别宽宥予以审慎把握和限制解释(刘宪权:《贪污贿赂犯罪最新定罪量刑标准体系化评析》,载《法学》2016年第5期)。
③ 《周镇宏受贿、巨额财产来源不明案》,载《最高人民检察院公报》2014年第4期。
④ 《田学仁受贿案》,载《最高人民检察院公报》2014年第1期。

使罪刑基本相适应,节省了办案成本,符合刑罚公正性和功利性的目标。① 即凡是能够说明自首犯人身危险性小的情节,就是减少预防刑的情节。可是,贪污受贿犯罪分子如实供述自己罪行,避免特别严重后果发生的,或者协助司法机关抓捕同案犯,避免严重损害结果发生的等,并不完全是预防情节,在死刑裁量时,需要进行实质判断。(1)与自首不同,坦白情节并非完全体现行为人的再犯可能性小。尽管行为人如实供述自己罪行可以减轻预防刑,但当其避免了国家利益的重大损失时,因为降低了犯罪本身的不法程度,所以可以减少责任刑。这种情节虽然不是特别宽宥,但能从实质上限制死刑的适用。(2)同理,立功情节中也可能存在减轻责任刑的情节,在贪污受贿犯罪分子具有重大立功表现时,应当成为不判处死刑的理由。(3)以上分析并不意味着,立法者混淆了责任情节和预防情节,相反表明,这是在提醒法官必须全面评价罪后反映违法性减少和预防性减小的情节。(4)或许可以认为,在传统的预防情节序列中,采取上述立法技术,就是为了突显其减轻处罚功能,促使法官依法、积极地减轻处罚,尤其是对极其严重犯罪进行减轻处罚。

值得一提的是,特别宽宥也分别列举了预防情节和责任情节,在死刑案件中,这两种情节各司其职。"在提起公诉前如实供述自己罪行、真诚悔罪、积极退赃"属于预防情节,"避免、减少损害结果的发生"属于责任情节,尽管二者共同组成其必要条件,但前者限制死刑的作用大于后者。即使贪污受贿犯罪分子满足了前一条件,但由于仅仅避免一般损害后果的发生,只能被从轻处罚,对不适用死刑根本不起作用。所以,行为人此时要么具有其他预防情节,要么能够避免特别严重危害后果的发生,才能获得减轻处罚的"优待"。那么,《贪污贿赂罪解释》第4条第2款所列举的自首,立功,如实供述自己罪行、真诚悔罪、积极退赃,或者避免、减少损害结果的发生等情节,表面上与特别宽宥相冲突,②实际上属于注意规定,即法官只有在上述多个情节并存时,才能做出"不是必须立即执行"的评价。这既能够避免司法解释与刑事立法的矛盾,也可以打消对此次修法"名严实宽"的质疑。③

在只有单一减轻预防刑情节的场合,法官通常以罪行过于严重为由不予减轻处罚,所以,需要更多的减轻处罚情节以回避死刑的适用。但是,由于预防情

---

① 参见马克昌主编:《刑罚通论》(第2版),武汉大学出版社1999年版,第387—388页。
② 前者将"如实供述自己罪行、真诚悔罪、积极退赃,或者避免、减少损害结果的发生"规定成择一关系,而后者将"如实供述自己罪行、真诚悔罪、积极退赃,避免、减少损害结果的发生"设置成并列关系。
③ 参见孙国祥:《贪污贿赂犯罪刑法修正的得与失》,载《东南大学学报》(哲学社会科学版)2016年第3期。

节的非类型化程度显著高于责任情节,实务人员除了继续关注部分已经被类型化的预防情节之外,还要善于发现大量没有被类型化的预防情节。

(三) 不可忽视酌定预防情节的地位

我国刑法理论历来重视酌定预防情节对限制死刑的重要作用,①司法机关却时常没有承认其应有地位。这突出表现在对两种情节的认定上:一是全额追缴赃款,二是拒不认罪态度。

就前者而言,法官没有充分考虑全额追缴赃款对减轻预防刑的作用,造成对从宽处罚情节的评价不足。例如,在"胡长清案"中,二审法院认为,本案的全部赃款、赃物系司法机关依法扣押、冻结、追缴的,并非上诉人直接退赃所致。其利用其职务上的便利,收受、索取他人财物折合人民币544.25万元,其中索取他人人民币2万元,数额特别巨大;还为他人谋取利益,造成国家财产的重大损失,已构成受贿罪,且情节特别严重,应依法严惩,故维持一审法院对其受贿罪的死刑判决(案例 12)。② 显然,法官在判处死刑时没有考察全额追缴赃款这一酌定量刑情节。尽管行为人退赃的时机、态度和方式与积极退赃有较大差别,我国法院通常将后者作为不判处死刑的主要理由,但前者也能缓解社会的处罚感情而减少一般预防必要性,成为减少预防刑的情节。③ 同样,在"成克杰案"(案例 13)中,全额追缴赃款这一预防情节在特别巨大的数额等责任情节面前无法左右死刑判决,将责任刑完全凌驾于预防刑之上。

就后者而言,法官容易过度考虑拒不认罪态度对加重预防刑的作用,造成对从严处罚情节的重复评价。例如,在"王怀忠案"中,一审法院认为,被告人受贿犯罪数额特别巨大,其中索取贿赂数额亦特别巨大,索取贿赂后将绝大部分用于阻止有关部门对其犯罪的查处,犯罪情节特别严重,且在确凿的证据面前,百般狡辩,拒不认罪,态度极为恶劣,应依法严惩,故对其受贿罪判处死刑(案例 14)。④ 可见,法官在适用死刑时过于重视拒不认罪态度这一酌定量刑情节。虽然有关司法解释把自首、坦白、自愿认罪等规定为减少预防刑的情节,但并不是说不自首、不坦白、不认罪就是增加预防刑的情节。因为行为人犯罪后为自己辩护,是法律赋予的基本人权,对其拒绝自证其罪的权利,不得以刑罚的名义强行剥夺。所以,此时既不应从重处罚,更不能加重处罚,而要把预防刑置于责任刑

---

① 参见彭新林:《酌定量刑情节限制死刑适用研究》,法律出版社 2011 年版,第 148 页以下。
② 参见江西省高级人民法院(2000)赣刑二终字第 02 号刑事裁定书。
③ 参见张明楷:《责任刑与预防刑》,北京大学出版社 2015 年版,第 356 页。
④ 参见山东省济南市中级人民法院(2003)济刑二初字第 32 号刑事判决书。

之下。

（四）综合评价所有预防情节的功能

对于极其严重的贪污受贿犯罪，只有减轻处罚情节才能发挥限制死刑的功能，所以，法官针对预防情节的整体评价应当得出减轻预防刑的结论。

第一，行为人具有一个"可以型"从轻处罚情节（如特别宽宥）和一个"可以型"免除处罚情节（如重大立功）的，可以考虑减轻处罚。当行为人满足特别宽宥的条件时，本身就说明其人身危险性减小，而重大立功情节进一步反映其再犯可能性显著降低，综合评价后宜根据《刑法》第 63 条第 2 款酌定减轻处罚。

第二，行为人具有一个"可以型"从轻处罚情节（如特别宽宥）和另一个"可以型"减轻处罚情节（如自首）的，也可以考虑减轻处罚。当行为人具有一个法定减轻处罚情节时，就可以下降一个量刑幅度判处刑罚，再加上另一个法定从轻处罚情节，根据《刑法》第 63 条第 1 款减轻处罚。

第三，行为人犯罪以后、提起公诉前自动投案，如实供述自己罪行、真诚悔罪、积极退赃，避免特别严重危害后果发生的，属于特别宽宥和自首的同向竞合，但是，仅构成一个量刑情节。[①] 上海市《〈量刑指导意见〉实施细则》即正确指出，当同一行为或情况涉及不同量刑情节时，一般不得重复评价，应选择对被告人从重或从轻幅度最大的情节适用。这里宜认定为自首，根据《刑法》第 67 条第 1 款减轻处罚。

第四，行为人犯罪以后、提起公诉前被动归案，如实供述自己罪行、真诚悔罪、积极退赃，避免特别严重危害后果发生的，也属于特别宽宥和坦白的同向竞合。鉴于特别宽宥与坦白在体系上部分相容，在处罚原则上也保持协调，所以应认定为坦白，根据《刑法》第 67 条第 3 款减轻处罚。

第五，行为人具有真诚悔罪、积极退赃、避免、减少损害结果发生等多个独立从轻处罚情节的，不完全排除减轻处罚的余地。此时行为人尽管不构成特别宽宥等法定减轻处罚情节，但按照《量刑指导意见》的相关规定，多个酌定从轻处罚情节对基准刑的调节比例很有可能与一个减轻处罚情节对基准刑的调节比例相等，既符合"不具有本法规定的减轻处罚情节"的要求，[②]也属于"案件的特殊情况"的范畴，综合评价后宜根据《刑法》第 63 条第 2 款酌定减轻处罚。

第六，对预防情节的评价结果，应该因罪而异。当行为人适用特别宽宥制度时，假如其他情节基本相同，那么对贪污犯积极退赃的从宽幅度可以适当大于受

[①] 参见王瑞君：《量刑情节的规范识别和适用研究》，知识产权出版社 2016 年版，第 116—117 页。

[②] 参见张永红、孙涛：《酌定减轻处罚刍议》，载《国家检察官学院学报》2007 年第 5 期。

贿犯积极退赃的从宽幅度。由于二者的直接客体各有侧重，贪污犯事后积极退赃既能降低行为的不法严重性，也能减少行为人的特殊预防性，而受贿犯事后积极退赃至多只能反映行为人的再犯可能性小，因此必须反映在具体情节的从宽效果上，从而影响整体情节的评价结果。对于全额追缴、挽回损失等情节，也要进行类似的考察。

四、贪污受贿犯罪死刑裁量步骤的完善构想

量刑基准的理论就是处理责任和预防关系的理论，[①]目前主要是"幅的理论"与"点的理论"之争。"幅的理论"主张，责任刑是有幅度的，法官应当在这种幅度范围内考虑预防犯罪的目的，并决定最终刑罚。其主要特点在于：(1) 反映了相对的报应刑论或并合主义的观点，意图在责任报应和预防犯罪之间取得平衡。(2) 刑罚必须与责任相适应，责任具有刑罚限定机能。(3) 责任刑是一个幅度，客观上以幅度的形式存在。(4) 在责任刑幅度的范围内存在不止一种与责任相适应的刑罚，并只能在其中考虑预防犯罪的目的。而"点的理论"认为，责任刑是一个点，法官只能在不过分偏离这一点的范围内根据预防犯罪的目的修正责任刑，并决定最终刑罚。其理论特色在于：(1) 曾经以绝对的报应刑论为根据，如今与目的主义结缘。(2) 刑罚还是应该同责任相适应，但责任刑沦为思维上的逻辑起点。(3) 责任刑是一个点，客观上以精确的点的形式存在。(4) 在不过分偏离作为点的责任刑的伸缩范围内，可以考虑预防犯罪的目的。

然而，这两种学说并非截然对立，仅仅是说明方法的不同，[②]在以责任刑为基础，并在其限度内根据预防性考虑确定最终刑罚这点上，是一致的。因为，如果法官一开始就不能在一定范围内把握责任刑，那么随后对预防刑的裁量和宣告刑的确定必将流于恣意，所以，"幅的理论"对责任刑最初并不存在精确的量的判断，是正确的。另外，法官也不会只停留在确定责任刑幅度的阶段，而是通过评价有关预防情节，不断缩小责任刑区间，直至将其凝练为一个点，从而确定唯一的宣告刑。据此，应当以"幅的理论"为起点，以"点的理论"为终点，重新设计处理责任刑和预防刑关系的理论。[③] 相应地，也要结合贪污受贿犯罪死刑裁量

[①] 参见[德] C.Roxin：《刑法中的责任和预防》，宫泽浩一监译，成文堂1984年版，第115页以下；[日] 城下裕二：《量刑基准的研究》，成文堂1995年版，第109页以下。

[②] 参见[日] 本庄武：《从刑罚论来看的量刑基准》(1)，载《一桥法学》2002年第1卷第1号。

[③] 李冠煜：《量刑规范化改革视野下的量刑基准研究——以完善〈关于常见犯罪的量刑指导意见〉规定的量刑步骤为中心》，载《比较法研究》2015年第6期。

的特点去完善《量刑指导意见》规定的量刑步骤。

《量刑指导意见》首次确立了量刑步骤：第一步，确定量刑起点；第二步，确定基准刑；第三步，确定宣告刑。由于基准刑是根据全部犯罪构成事实应当判处的刑罚，而责任刑是与社会危害性相适应的刑罚，所以，基准刑大体相当于责任刑。从宏观上看，现行的量刑过程基本符合"以'幅的理论'为起点，以'点的理论'为终点"的设计思路；但从微观上看，目前的量刑步骤未必能处理好责任刑和预防刑的关系：其一，没有区分责任情节和预防情节，更没有明确责任刑和预防刑的关系；其二，仍以价值判断为主，未赋予刑事判例一席之地；其三，确定宣告刑需要综合考虑全案情况，有回归经验量刑法而"估堆"量刑之嫌。因此，要从以下四方面予以完善：

首先，在观念上，要树立相对的报应刑论，不管是报应的并合说还是预防的并合说，都应当重视量刑中的责任和预防，追求罪刑均衡和犯罪预防的统一。

其次，在确定量刑起点之前，应根据具体犯罪构成确定相应的法定刑幅度，用法定刑制约起点刑。大多数理论认为，刑罚幅度的选择只要考虑与犯罪构成要件的实现直接相关的情况，这使量刑过程较为透明成为可能，而且与立法者设计的模式相适应。① 由于对贪污受贿数额特别巨大，并使国家和人民利益遭受特别重大损失的，可处无期徒刑或死刑，所以法定刑的选择必不可少。

再次，在确定量刑起点之时，须明确刑事指导性案例的作用，统一相似案件的起点刑。我国开始全面实施的案例指导制度对统一裁判标准，提高办案质量，实现司法正义，发挥了重要作用。其中，指导案例 4 号"王志才故意杀人案"和指导案例 12 号"李飞故意杀人案"均在一定程度上释明了死缓限制减刑的适用标准。因此，最高人民法院应当着力完善死缓先例制度，②通过明确死缓的裁量基准，分别促进死刑立即执行的裁量基准和无期徒刑的裁量基准的统一。若能在这一阶段完成法定刑和指导性案例的双向制约，将从源头上杜绝死刑适用的失衡。

最后，在确定宣告刑之前，要确定拟宣告刑，形成到达最终量刑结果的过渡。量刑情节对基准刑的调节结果是采用一定的数学方法计算出来的一个数值，这个数值与法律上的宣告刑是两个概念，③所以，有必要区别拟宣告刑和宣告刑。湖北省《〈量刑指导意见〉实施细则》明文规定，根据量刑情节调节基准刑，拟定宣

---

① 参见［德］汉斯·海因里希·耶赛克、托马斯·魏根特：《德国刑法教科书》"总论"，徐久生译，中国法制出版社 2001 年版，第 1042—1043 页。

② 参见赵兴洪：《确立先例标准促进死缓适用之规范化》，载《法学》2009 年第 11 期。

③ 熊选国主编：《〈人民法院量刑指导意见〉与〈两高三部〈关于规范量刑程序若干问题的意见〉理解与适用》，法律出版社 2010 年版，第 96 页。

告刑。综合考虑全案情况,法官可以在20%的幅度内对拟宣告刑进行上下调整。应当判处无期徒刑以上刑罚的,依法适用。可见,在此阶段亟待规范法官的综合裁量权,①按照责任主义的要求,对拟宣告刑为无期徒刑或死缓的,应当尽量向下调整,而不能借口向上调整。

总之,贪污受贿犯罪的死刑裁量步骤应当是:(1)根据基本犯罪构成事实,并在参考同类案件生效判决的基础上,在相应的法定刑幅度内确定量刑起点(无期徒刑或死缓);(2)根据其他犯罪构成事实,在量刑起点的基础上增加刑罚量确定基准刑(无期徒刑或死缓);(3)根据犯罪构成事实以外的事实调节基准刑,确定拟宣告刑(无期徒刑、死缓、死缓终身监禁或死刑立即执行);(4)综合考虑全案情况,确定宣告刑(无期徒刑、死缓、死缓终身监禁或死刑立即执行)。

五、贪污受贿犯罪死刑裁量情节逆向竞合的处理方案

只有合理评价责任情节和预防情节,才能正确适用贪污受贿犯罪的死刑。但是,责任刑和预防刑经常不一致,当出现"刑罚目的的二律背反"时,必须经过量刑步骤的阶段性检验,既不使责任刑完全吸收预防刑,又不使预防刑全面替代责任刑,通过适度扩大死缓的宣告范围,进一步限制死刑立即执行的适用空间。按照上述贪污受贿犯罪的死刑裁量步骤,可以更好地处理死刑裁量情节的逆向竞合问题。虽然"刑罚目的的二律背反"通常表现为量刑责任重而预防必要性小,或者量刑责任轻而预防必要性大,但在死刑案件中,值得研究的只是前一种情况。即贪污受贿罪行极其严重而人身危险性较小的,能否判处死刑立即执行?

值得一提的是,贪污受贿犯罪的死缓适用早已常态化。例如,从1991年到2015年8月,在我国法院对省部级以上高官因受贿罪判处死刑的28起案件中,仅有4起被判处死刑立即执行,其余24起均被判处死缓。② 还如,在2010年,我国共有12名省部级高官因受贿罪获刑,其中8人被判处死缓,无一人被判处死刑立即执行,死缓适用率为百分之百。③ 此外,地方司法机关的量刑实践同样说

---

① 参见白云飞:《规范化量刑方法研究》,中国政法大学出版社2015年版,第179—186页。
② 参见孙超然:《论贪污罪、受贿罪中的"情节"——以高官贪腐案中裁判考量因素的实证分析为切入点》,载《政治与法律》2015年第10期。
③ 参见孙国祥:《受贿罪量刑中的宽严失据问题——基于2010年省部级高官受贿案件的研析》,载《法学》2011年第8期。

明,死缓业已成为关于此类犯罪死刑适用的基本方式。①

可是,这并不意味着法官能够妥善调整责任刑和预防刑的关系。我国司法实践中往往存在两种错误倾向:一种是对贪污受贿罪行本身的评价过于积极,导致预防情节对调节责任刑几乎不起任何作用;另一种是对贪污受贿犯罪分子人身危险性的评价过于消极,同样造成预防情节难以降低责任刑幅度。所以,当死刑裁量情节出现逆向竞合时,法官应该尽量避免以上倾向带来的负面影响,必须依照量刑步骤的要求,既要准确评价贪污受贿犯罪的量刑责任,又要适当理顺各种情节的运用顺序。

准确评价贪污受贿犯罪的量刑责任,难点在于如何区分与死刑相当的责任和与无期徒刑相当的责任。这就涉及对起点刑和基准刑的确定。在死刑存置的现状下,只有承认与死刑相当的责任,排除与无期徒刑相当的责任,才会使死刑的科处不违反责任主义理念所要求的刑罚的责任相应性。② 即判处死刑案件中的量刑责任是与死刑相当的责任,判处无期徒刑案件中的量刑责任是与无期徒刑相当的责任。既如前述,贪污受贿犯罪数额达到9000万元以上,并使国家和人民利益遭受特别重大损失的,可选择无期徒刑作为量刑起点;贪污受贿犯罪数额达到2亿元以上,并使国家和人民利益遭受特别重大损失的,可选择死缓作为量刑起点。在无期徒刑和死缓之间选择量刑起点时,除了考虑贪污受贿犯罪的基本犯罪事实,还要参考相似严重程度的判例,以便在犯罪数额的起点之间、特别重大损失的起点之间形成合理区间。在确定了起点刑后,贪污受贿犯罪数额及其造成的特别重大损失超过量刑起点标准的部分会增加相应的责任刑,决定基准刑是维持无期徒刑还是升格为死缓,抑或基准刑仍为死缓。如果犯罪数额的超过部分或特别重大损失的超过部分达到500万元以上的,宜将作为起点刑的无期徒刑变更为作为基准刑的死缓。通过对随机抽取的全国范围内640份受贿罪生效裁判文书的定量分析,受贿数额500万元以上不满1000万元的被告人大多被判处了无期徒刑,受贿数额1000万元以上的被告人大多被判处了死缓,所以,目前在司法实践中,受贿数额500万元是一个分水岭。③ 以此作为"生刑"和"死刑"的区别标准之一,具有充分的实践根据。而当起点刑本为死缓时,由于其对应的量刑责任已经达到罪行严重程度的顶点,所以增加的刑罚量不会体现

---

① 参见李慧织:《贪污贿赂犯罪死刑限制与废止研究》,中国人民公安大学出版社 2014 年版,第 153 页。但是,案例 1 可谓例外。

② 参见[日]川崎一夫:《死刑与无期刑的选择基准》,载《创价法学》1996 年第 25 卷 1、2 号。

③ 参见景景:《受贿罪量刑均衡问题研究》,北京师范大学 2014 年博士学位论文,第 63—64 页。

出来,基准刑还是死缓。

适当理顺各种情节的运用顺序,重点在于怎样安排从严量刑情节和从宽量刑情节。这就关系到拟宣告刑和宣告刑的确定。《日本刑法典》第72条规定,量刑情节同时加重和减轻刑罚的,按照再犯加重、法律上的减轻、并合罪的加重、酌量减轻的顺序进行。因为累犯加重先行于法律上的减轻,就不会再产生选择刑种的问题。例如,某"心神耗弱"者系累犯,实施了强盗行为。根据上述规定,先考虑累犯情节,加重至20年以下,再考虑"心神耗弱"情节,可减轻至10年以下;相反,若先考虑"心神耗弱"情节,减轻至7年6个月以下,再考虑累犯情节,就加重至15年以下。① 与之不同的是,我国《量刑指导意见》仅仅规定,根据各个量刑情节的调节比例,采用同向相加、逆向相减的方法确定全部量刑情节的调节比例,再对基准刑进行调节。但是,这样适用量刑情节存在明显疑问:一是混淆了责任情节和预防情节,不符合量刑步骤的要求;二是确定单个量刑情节的调节比例,也取决于法官的价值判断;三是通过数值加减确定全部量刑情节对基准刑的调节比例,未必符合刑罚的正当化根据。因此,在量刑的各个阶段应当综合运用定性分析法和定量分析法,既不要满足于对调节比例的简单运算,也不能执着于对所有情节的整体评价。当出现多个逆向竞合的量刑情节时,可以采取类似前述条文中"先从严再从宽"的顺序,通过确定基准刑的最高点,为下一步从轻处罚或减轻处罚预留足够的空间。② 尽管我国刑法没有规定加重处罚情节,但规定了减轻处罚情节和酌定减轻处罚制度,所以,先从重处罚再减轻处罚相比先减轻处罚再从重处罚,前者的量刑可能更轻,即从重处罚功能没有显现出来。假如行为人还具有贪污特定款物、强行索取财物、为他人谋取职务提拔、调整、主犯等加重责任刑的情节之一,或者存在曾受过刑事追究、将赃款用于非法活动、挥霍、转移赃款、为掩盖罪行而毁灭证据或嫁祸他人等提高预防刑的情节之一,应当在确定基准刑之后、适用特别宽宥、自首、坦白、重大立功等减少预防刑的情节之前进行评价,以充分发挥其从宽处罚的功能。只有这样,才是在责任刑之内或之下裁量预防刑,才可能使基准刑处于原来的量刑幅度或下降一个量刑幅度,才能够适当拓展死缓的适用。

---

① 参见[日]前田雅英等编集:《条解刑法》(第2版),弘文堂2007年版,第242页;[日]团藤重光:《刑法纲要总论》(第三版),创文社1990年版,第529页。
② 参见张明楷:《论预防刑的裁量》,载《现代法学》2015年第1期;彭新林:《酌定量刑情节限制死刑适用研究》,法律出版社2011年版,第428—430页。

The Discretion Standards of Death Penalty for Embezzlement and Bribery Crimes in the Perspective of Criminal Law Methodology:
In the case of "Zhang Zhongsheng" as the breakthrough point

Li Guanyu

Abstract: The old discretion standards of death penalty for embezzlement and bribery crimes in China have obvious defects, so it's necessary to grasp the important opportunity of modifying it by the ninth Amendment of Criminal Law so as to follow the trend of relevant cases, use empirical methods as well as apply the new ones accurately. Although relevant judicial interpretation has come into force, there are several controversies on determining the circumstances of influencing responsibility and prevention, so the scholars need to specify their main content with methodology of criminal law. Regarding the former, the judges should identify the amount of crimes carefully and don't consider serious casualties, adverse social impacts and other harmful consequences. Regarding the latter, the judges need to precisely decide the nature of consequences, reasonably identify their effect, pay attention to the status of discretionary circumstances and make a comprehensive evaluation about their function. Besides, in order to evaluate the sentencing responsibility correctly and sort out all circumstances properly, redesigning the procedure of sentencing death penal and determining the sentencing methods are required by making "theory of extent" a starting point and "theory of point" a terminal one.

Key words: Criminal Law Methodology; Embezzlement and Bribery crimes; Discretion Standards of Death Penalty; Circumstances of Influencing Responsibility; Circumstances of Influencing Prevention

（责任编辑：徐凌波）

立功制度向何处去*

郭世杰*

[摘　要]　立功制度,实质上是以被害人部分权益的牺牲为代价来换取国家的整体利益,体现出明显的功利主义追求。相关司法解释和刑法修正案排除违法犯罪等不正当手段的立功认定,重新关注犯罪人的主观悔罪态度,扭转了立功奖励不断攀升的趋势,标志着司法机关和立法机关逐渐重视立功认定中的公正因素。立功制度具有破坏社会信任、忽视主观悔罪和承继革命法制残余等原罪,并没有引起其他国家刑事立法的关注。废止立功制度要取消刑法总则中的立功条款,同时建立具体犯罪的特别立功制度,完善相应的监督机制和对被害人的补偿制度。完善立功制度要确立不能从违法犯罪行为中获利的认定规则,增加主观悔罪的认定条件,明确事实清楚、证据确凿的认定标准,限制特定犯罪人的立功奖励幅度。

[关键词]　立功制度;功利;公正;废止;完善

立功制度的初衷在于通过从轻、减轻或者免除犯罪人"应得的惩罚"(Just Desert),来分化瓦解犯罪,提高惩治犯罪效率,减少司法运行成本,实质上是以被害人部分权益的牺牲为代价来换取国家的整体利益,具有明显的功利主义(Utilitarianism)追求。睡虎地秦墓竹简《封诊式》中就已有"盗牛者抓捕坐贼人命者以自出"的记载,[①]可以视为立功的萌芽;《唐律疏议·名例律》中也载有"诸犯罪共亡,轻罪能捕重罪者首,及轻重等,获半以上首者,皆除其罪"。中国现行刑法典同样规定有立功制度:第50条第1款规定了死刑缓期执行期间确有重大立功表现的,在二年期满以后减为二十五年有期徒刑;第68条规定了一般立功可以从轻或者减轻处罚,重大立功可以减轻或者免除处罚;第78条和第79条规定了被判处管制、拘役、有期徒刑、无期徒刑的犯罪分子,在执行期间认真遵守监规、接受教育改造,并且有立功表现的可以减刑,有重大立功表现的应当减刑,减

---

　　*　郭世杰,国际关系学院法律系讲师,法学博士。本文系笔者主持的国家社会科学基金一般项目"恐怖主义犯罪的立法与司法研究"(项目编号:18BFX090)阶段性成果。

　　①　参见《睡虎地秦墓竹简》,文物出版社1978年版,第251—252页。

刑由人民法院组成合议庭进行审理,确有立功事实的要裁定予以减刑,减刑后实际执行的刑期有所限制;第 390 条第 2 款规定了行贿人在被追诉前主动交代行贿行为,并且对侦破重大案件起关键作用或者有重大立功表现的,可以减轻或者免除处罚;第 449 条规定了战时被判处三年以下有期徒刑没有现实危险宣告缓刑的犯罪军人可以戴罪立功,在确有立功表现时可以撤销原判刑罚,不以犯罪论处。然而,立功制度在刑法理论界频频遭受违背罪刑相当原则和公正价值的质疑,①在具体适用中往往又面临诸多难题而迫使最高司法机关不断地出台解答、答复、座谈会纪要、解释和意见来匆忙应对,在司法实践中也屡屡承受被害人的不满、诘问和指责。笔者认为,问题的根源就在于立功制度天然地带有功利主义追求的胎记,这与信奉和秉持公正价值的刑法凿枘不投,导致立功的适用在功利和公正之间摇摆不定,在诸多疑难问题上无法形成共识。

一、立功制度的沿革彰显出浓重的功利主义色彩

功利主义认为,人在追求"最大善"或"最大幸福"的过程中不应当考虑行为的动机和手段,而要计算行为的结果是否有利于实现更大值的快乐,增益于快乐总值者即为善,减损者则是恶。边沁甚至主张,功利原则提供了我们需要的理由,它不用依赖任何更高的理由,它本身就是解决任何实践问题的"唯一和完全充分的理由"。②

立功制度在中国法律语境中的确立及其沿革过程,清晰地表现出极强的功利主义思想。1934 年《中华苏维埃共和国惩治反革命条例》肯定了"有功绩者减轻"处罚的刑事政策,③1943 年《晋察冀边区处理伪军伪组织人员办法》第 10 条规定:"建树抗日功绩者,得依汉奸自首条例免其罪行。"1947 年《中国人民解放军宣言》(以下简称《解放军宣言》)决定,对蒋方人员区别对待,实行"首恶者必办,胁从者不问,立功者受奖"政策,并提醒"已经做过坏事的人们,赶快停止作恶,悔过自新,脱离蒋介石,准其将功赎罪"。1950 年中共七届三中全会报告指出,坚决肃清一切危害人民的土匪、特务、恶霸和其他反革命分子,实行镇压与宽大相结合的政策,即首恶者必办、胁从者不问、立功者受奖。1951 年《中华人民共和国惩治反革命条例》(以下简称《惩治反革命条例》)第 14 条第一次将立功从

---

① 参见郭世杰:《立功认定若干疑难问题探讨》,载《法律适用》2018 年第 11 期,第 116—120 页。
② 参见[英]边沁:《政府片论》,沈叔平等译,商务印书馆 1995 年版,第 158 页。
③ 参见马克昌主编:《中国刑事政策学》,武汉大学出版社 1992 年版,第 51 页。

刑事政策层面固化到单行刑事法规中:"在揭发、检举前或者以后真诚悔过立功赎罪者,得酌情从轻、减轻或者免予处罚。"1956年,公安部部长罗瑞卿在《我国肃反斗争的主要情况和若干经验》中重申"立功折罪,立大功受奖",①首次将立功划分为一般立功和立大功两种具体情形。

1979年《刑法》第63条规定,犯罪后自首,如果犯罪较重,但"有立功表现的,也可以减轻或免除处罚"。该规定明确树立了立功对自首制度的紧密依附关系,为自首且有立功情形的从宽处罚提供了刑法依据。1984年最高人民法院、最高人民检察院和公安部《关于当前处理自首和有关问题具体应用法律的解答》(以下简称《解答》)第4部分规定:立功是指揭发检举其他犯罪分子的重大罪行并得到证实,或者提供重要线索、证据从而侦破其他重大案件,或者协助司法机关缉捕其他罪犯等情形;检举揭发其他犯罪分子较多的一般罪行或者犯罪线索且查证属实的,也应视为立功表现。自首又立功的,依法可以减轻或免除处罚;虽未自首但有立功表现的,应参照《刑法》第63条规定的精神并依照《刑法》第59条的规定,也可以视具体情节分别从宽处理。《解答》首次较为详细地界定了立功,增强了立功在司法实践中的操作性。1990年单行刑法《全国人民代表大会常务委员会关于禁毒的决定》(以下简称《关于禁毒的决定》)第14条确立了毒品犯罪的立功情形:"犯本决定规定之罪,有检举、揭发其他毒品犯罪立功表现的,可以从轻、减轻处罚或者免除处罚。"1993年《中华人民共和国国家安全法》第24条第一次在法律的层面上明确确立了一般立功和重大立功的区分:"犯间谍罪自首或者有立功表现的,可以从轻、减轻或者免予处罚;有重大立功表现的,给予奖励。"1994年《中华人民共和国国家安全法实施细则》第23条对"立功"和"重大立功"表现作了进一步的具体解释,客观上使得有关立功的刑罚裁量更加精细。

全面修订后的1997年《刑法》第68条规定:"犯罪分子有揭发他人犯罪行为,查证属实的,或者提供重要线索,从而得以侦破其他案件等立功表现的,可以从轻或者减轻处罚;有重大立功表现的,可以减轻或者免除处罚。犯罪后自首又有重大立功表现的,应当减轻或者免除处罚。"将立功从对自首的依附关系中解放出来,肯定了立功制度在中国刑法中的独立地位。1998年最高人民法院《关于处理自首和立功具体应用法律若干问题的解释》(以下简称1998年《解释》)第5条、第6条和第7条分别对一般立功的认定、共同犯罪案件中揭发同案犯可以酌情从轻处罚和重大立功的认定做了补充性规定。

立功在中国法律制度中的确立和演变,鲜明地体现出极重的功利主义迷思:

---

① 参见马克昌主编:《刑罚通论》,武汉大学出版社1999年修订版,第393页。

首先，从立功在法律体系中的地位来看，立功逐步摆脱对自首的依附而走向独立，彰显了刑事立法和司法的重视。1951年《惩治反革命条例》出台之前的立功在很大程度上体现为一种军事和政治方面的策略，缺乏稳定性和体系性；1951年《惩治反革命条例》将立功写入刑事法规，初步具备稳定性，但直至1997年刑法典全面修正前，立功均依附于自首制度而存在，缺乏独立的地位，体系性程度并不高；1997年修正之后的《刑法》正式将立功予以独立规定，使其具备了稳定性和体系性，在法律体系中的地位大为提升。

其次，从立功在司法实践中的认定来看，立功的成立，由最初的同时考察主观悔罪和客观实效两个方面，转变为单纯侧重客观实效，并且事实上进一步演变为仅仅要求较弱等级的客观实效。根据1947年《解放军宣言》，立功的认定应当从主观和客观两个方面考察，需要具备"悔过自新"要素；1951年《惩治反革命条例》有类似规定，再次确认立功的成立需要具备"真诚悔过"和"赎罪"等要素。1979年《刑法》在立功的认定上开始出现弱化主观方面要求的倾向，该倾向在随后的司法实践中愈演愈烈，立功成立的客观实效标准也一再降低，最终演变为只注重客观实效而忽略考察主观悔罪的现状。例如，1984年《解答》规定，成立立功需具备检举"重大"罪行并得到证实或者提供"重要"线索并侦破"重要"案件，在一般情形下须检举"较多"的一般行为或者犯罪线索。按照该规定，"揭发的是其他犯罪分子的重大罪行，有一件即足以构成立功；但如果揭发的是一般罪行，则必须数量较多，至少在两件以上才构成立功"，[①]认定立功所需具备的客观实效的强度较高。而出于快速有效地打击毒品犯罪的目的，1990年《关于禁毒的决定》将立功所需要的客观实效强度大大弱化，1997年《刑法》和1998年《解释》也不再强调"重大"犯罪、侦破其他"重大"案件或"较多"一般犯罪行为等客观实效的标准。

再次，与立功相对应的奖励幅度在不断攀升。一方面，立功最初的奖励是笼统的"立功受奖"裁量规则，1951年《惩治反革命条例》开始出现"免除处罚"的规定。另一方面，1997年《刑法》之前的所有立功奖励的规定，均使用了"可以"来界定从轻、减轻或者免除刑罚；1997年《刑法》第68条第2款却一反常态地规定，犯罪后自首又有重大立功表现的，"应当"减轻或免除处罚。我们知道，"应当"是强制性规定，意味着无论犯罪本身是否使用暴力手段以及给社会造成的危害是否严重，司法机关都必须对犯罪人减轻或者免除处罚。奖励幅度的攀升，按照立法机关的解释，其目的在于"鼓励犯罪分子自首、立功，有利于查处犯罪，草

---

① 周振想：《自首制度的理论与实践》，人民法院出版社1988年版，第164页。

案对自首、立功作了较宽大的处刑规定"。①

最后,直到 2008 年最高人民法院《全国部分法院审理毒品犯罪案件工作座谈会纪要》明确否定通过非法手段获得的立功信息能够成立立功,在立功的取得方式和犯罪分子的归案形式方面,一直没有限制性规定。这就意味着,采取违法犯罪的手段、方式和渠道获得的立功信息,以及不管犯罪分子是自动投案还是被抓捕、被扭送归案等,均不能排除立功的成立。

立功制度是国家为了实现惩治、消灭犯罪和维护社会秩序的目标而放弃部分刑罚权并由犯罪人代替履行查处犯罪的部分职责,是犯罪人寄希望于满足国家的功利目的、形成"等价交换"从而使国家减轻对自己的刑事处罚力度的一种制度安排。在这一制度安排下,国家和犯罪人在共同的功利主义追求下达成了奇特的一致与协同,形成了国家和犯罪人的双重功利主义现象。立功制度的沿革鲜明地体现出国家愈来愈迫切的功利主义追求,而在这个追求过程中,早已将刑罚权让渡给国家而只能寄希望于国家来帮助其实现公正的被害人的部分权益和感受,却在一定程度上被搁置和冷落了。

二、司法解释和刑法修正案从功利到公正微调的努力

立功制度顽固的功利主义基因在一定程度上直接刺激犯罪人不择手段地通过串通、引诱、欺骗、胁迫和暴力等方式来"创造"立功机会,从而滋生更多的违法犯罪现象。统计数据显示,在司法实践中,犯罪嫌疑人和被告人在审判阶段才选择检举揭发的占到了 90%,在二审阶段时占到了 80%,主要是出于从轻处罚、侥幸、拖延时间和保命等动机。② 立功制度的功利主义色彩也使相当一部分刑事司法工作人员陷入误区。例如,有观点认为,犯罪嫌疑人的亲属通过律师等合法会见渠道帮助立功的,犯罪嫌疑人从同号犯罪人处获取重要线索直接揭发的,或者通过律师等会见渠道传给家属并由家属协助司法机关破案或提拿要犯的,只要排除司法人员的徇私舞弊行为,都应该认定为立功。③ 也即,采取不公正的、违法的甚至是犯罪的手段串通立功,固然不值得提倡,甚至应予以谴责,但这种

---

① 参见全国人民代表大会常务委员会副委员长王汉斌同志 1997 年 3 月 6 日在第八届全国人民代表大会第五次会议上所作的《关于〈中华人民共和国刑法(修订草案)〉的说明》"五、关于自首和立功"。

② 参见田立文、董德生:《审理涉及检举揭发案件有关问题的探讨》,载《法律适用》1997 年第 12 期,第 27 页。

③ 参见杨聚章:《试论自首与立功制度的司法适用》,载《法学家》1999 年第 1—2 期,第 245—246 页。

行为却满足了《刑法》规定的立功成立要件。由此可见,立功制度内含的功利主义追求和刑法的公正价值凿枘不投,这才是立功制度适用过程中乱象频出的根本原因,如何协调和处理立功认定中功利和公正价值的位阶关系是中国刑法学者所无法回避的问题。

有学者在考察美国刑事司法制度后认为,公正和功利的结合是近现代刑法价值的终极追求,但从未真正实现过,因为刑法集中体现了国家意志,而国家意志在本质上就是功利的;只要功利不要公正的做法本身就蕴含着被否定的基因,要功利又要公正是国家被迫的选择,因此,"可能实现的唯一最佳方案"是功利优先、兼顾公正。① 考虑到美国的实用主义法学传统,例如,实用主义思想指导下的美国刑事司法创造出了种类繁多的刑罚种类和执行方式,上述学者的论断无疑是正确的。但将这一结论简单挪用到中国的刑事司法语境中则会产生"橘生淮北则为枳"的效果,尚处在法制发展阶段的中国只有强调公正价值在立功制度中的优先位阶,才能引起人们对立功认定中公正价值的重新关注,避免一味地追求立功的客观实效。

美国学者罗尔斯认为,正义是社会制度的首要价值,法律和制度不管如何有效率和有条理,只要不正义就必须加以改进和废除,每个人都拥有一种基于正义的不可侵犯性,即使以社会整体利益之名也不能逾越,因为正义否认为了一些人分享更大利益而剥夺另一些人的自由是正当的,也不承认许多人享受的较大利益能够补偿强加于少数人的牺牲。② 基于此,以串通、欺骗、胁迫和暴力等手段获得的检举揭发线索经查证属实后仍然不能认定为立功,因为它根本地违背了"任何人不得从其错误行为中获益"(No one can take advantage of his own wrong)的正义原则。③ 而依据刑法的正义价值和罪刑相当的刑法基本原则,刑罚的轻重只应当与犯罪行为所造成的客观危害和犯罪人的主观罪过相均衡,也即,成立在犯罪之后的立功行为既不会对已经实施完毕的犯罪行为产生影响,也不会对与犯罪行为同在的刑事责任产生影响,还不会对犯罪分子实施犯罪行为

---

① 参见储槐植:《美国刑法》,北京大学出版社2005年第3版,"美国刑法的价值基础——第二版代前言",第9页。
② 参见[美]罗尔斯:《正义论》,何怀宏等译,中国社会科学出版社1988年版,第1—2页。
③ 美国纽约州上诉法院1889年在"里格斯诉帕尔默案"(Riggs v. Palmer)判决中引用了该法谚,案件的大致情况是:16岁的帕尔默为提前获得其祖父在遗嘱中留给自己的财产,用毒药杀死了祖父,帕尔默的姑姑里格斯起诉到法院,要求剥夺帕尔默对其祖父的遗产继承权。最终法院以该法谚为依据,摆脱了当时的法律条文束缚,支持了里格斯的请求,参见[美]罗纳德·德沃金:《认真对待权利》,信春鹰、吴玉章译,中国大百科全书出版社1998年版,第41—42页。

时的主观罪过产生影响。同时,在国家几乎垄断全部追诉和惩罚犯罪权力的社会里,被害人对维护自身合法权益和惩罚犯罪人以伸张正义的正当诉求能否得到满足,基本上取决于国家。如果被害人正当诉求的不能全部满足,仅仅是因为根本与案件无关的其他立功情节,这不仅是对被害人的一种不正义,也是国家轻易地放弃民众通过契约授予的追诉和惩罚犯罪的权力、不恰当地履行自身职责的一种体现。

因此,在1998年《解释》细化一般立功和重大立功情形的基础上,2008年《全国部分法院审理毒品案件工作座谈会纪要》、2009年《关于办理职务犯罪案件认定自首、立功等量刑情节若干问题的意见》、2010年《关于处理自首和立功若干具体问题的意见》和2011年《中华人民共和国刑法修正案(八)》(以下简称《刑法修正案(八)》)针对立功在司法实践中出现的诸多违背刑法公正价值的现象,开始纠偏其畸重的功利主义取向。

首先,明确排除通过违法犯罪等不正当手段获得的线索和材料来源成立立功的可能性,并且基本否定了非犯罪人亲自实施的立功表现,避免一味追求功利而忽略刑法的公正价值。司法解释明确规定,犯罪分子通过贿买、暴力、胁迫等非法手段,或者被羁押后通过与律师、亲友会见过程中或看守人员监管过程中,违反监管规定获取他人犯罪线索并"检举揭发"的;犯罪分子将本人以往查办犯罪职务活动中掌握的,或者从负有查办犯罪、监管职责的国家工作人员处获取的,或者其他国家工作人员利用职务便利提供的;犯罪分子亲友直接向有关机关检举、揭发他人犯罪行为,提供侦破其他案件的重要线索,或者协助司法机关抓捕犯罪嫌疑人的,均不能认定为立功。这些细化规定极大地规范了司法实践中立功认定的混乱状况,纠正了单单注重立功客观实效的操作惯例,引导司法机关开始重新关注刑法的公正价值。

其次,重新关注犯罪人的主观悔罪条件,使立功的认定不再单纯依赖于客观实效及其强度,而开始转向客观实效与主观悔罪相结合的综合判断标准。立功在制度设计上存在着忽视犯罪人主观悔罪条件的弊病,割裂了立功与悔罪的有机联系,例如,《刑法》第50条、第68条、第78条、第79条、第390条和第449条中均未提及犯罪嫌疑人或被告人的主观悔罪问题,这就意味着,犯罪嫌疑人或被告人在主观上是否悔罪,并不影响立功的成立,从而也不影响相应的从轻、减轻、免除处罚或减刑奖励。司法解释已经开始扭转这种倾向,明确规定,被告人具有立功情节时是否从宽处罚以及从宽处罚的幅度,除考虑检举揭发罪行的轻重、被检举揭发人判刑的轻重、线索的有效性和立功作用的大小等客观实效外,还应当考虑犯罪事实、犯罪性质、犯罪情节、危害后果、社会影响和被告人的主观恶性、人身危险性等因素。对犯罪人主观方面悔罪的要求,使得立功的认定不再仅仅关注客观实效,是对罪刑相当和刑罚个别化原则的具体贯彻,也与刑法的公正价值相契合。

最后,尤其值得注意的是,《刑法修正案(八)》第9条规定,删去《刑法》第68条第2款关于"犯罪后自首又有重大立功表现的,应当减轻或者免除处罚"的规定,将自首且有重大立功表现的对应奖励,从"必减制"的"应当"降低到《刑法》第68条第1款后半段规定的"得减制"的"可以"减轻或者免除处罚。2015年《中华人民共和国刑法修正案(九)》第45条将行贿人在被追诉前主动交代行贿行为可以减轻或免除处罚的规定,修改为"行贿人在被追诉前主动交代行贿行为的,可以从轻或者减轻处罚。其中,犯罪较轻的,对侦破重大案件起关键作用的,或者有重大立功表现的,可以减轻或者免除处罚"。也即,行贿人在被追诉前主动交代行贿行为且有一般立功表现的情形只能适用"可以从轻或者减轻处罚",只有同时具有重大立功表现的才可以适用"可以减轻或者免除处罚",明显降低了行贿人被追诉前主动交代罪行的奖励幅度。两个刑法修正案直接改变了立功的奖励不断攀升的趋势,淡化了其中蕴含的功利主义色彩,开始引导司法实践在立功的具体认定中向刑法的公正价值回归。

三、立功制度的域外考察

与世界上绝大多数国家的刑法典都规定有自首制度的情况不同,中国刑法中特有的立功制度基本上没有引起这些国家刑事立法的关注。一般来说,中国刑法中的立功表现,在其他国家的刑法典中大多被当做犯罪后的懊悔态度或行为对待,属于可以酌定从轻处罚的量刑情节,或者语焉不详地与自首糅合在一起进行规定。例如,在法国刑法典中,不负刑事责任或责任从轻的理由有法律命令、合法当局的指挥、正当防卫、紧急避险、受害人同意、精神紊乱、强制、认识错误以及犯罪前科、女性和年龄等,并没有提到立功表现。

德国刑法中也没有关于立功的一般性规定。德国的特别刑法《麻醉品法》第31条规定,在行为人供述相关事实,并且因此破获犯罪或者阻止其他已计划的毒品犯罪时,可以对行为人减免刑罚。德国刑法中规定的谍报犯罪、恐怖主义犯罪和组织犯罪集团等特定罪行,也有类似的条款规定。

意大利刑法第133条第2款将犯罪人的犯罪后行为作为说明犯罪能力的因素,法院在裁量刑罚时应予以考虑。有观点认为,中国刑法规定的立功表现如果放置到意大利刑法中,足以表明犯罪人的合作态度,会获得法官的酌情从轻处罚。笔者认为:首先,该条的规定虽然"内容丰富,但却目的不明",它"没有说明量刑应以报应为目的,还是应以特殊预防为目的",导致"在同一个影响量刑的因素面前,如果量刑的目的不同,具体适用刑罚就会有很大的差别"。其次,该条中的犯罪后行为,主要是指犯罪人在诉讼过程中的行为,并且要排除犯罪人行使权利的行为,与中国刑法规定的立功制度无论在成立的时间范围,还是在谈论的实质内容上都大相径庭。① 最后,意大利刑法中的恐怖主义犯罪、毒品犯罪、有组织犯罪和绑架犯罪所规定的,可以对司法调查提供有意义合作的犯罪人大幅度地减轻刑罚或者适用缓刑、假释等措施,也并不是在中国刑法中立功的意义上来理解的。

苏俄与中国在刑法理论和刑法典上曾有着明显的借鉴和吸收关系。1960年《苏俄刑法典》第38条列举了减轻刑事责任的情节,其中第9项是"真诚悔过或自首以及积极协助揭露犯罪",②基于此,不少观点将该内容视为苏俄刑法典中存在着立功相关规定的证据。笔者对此持不同看法:"真诚悔过或自首以及积极协助揭露犯罪"的规定,从语义法则上来看,指的是"真诚悔过"和"自首并且积极协助揭露犯罪"两种情形,而且,其中的"积极协助揭露犯罪"仅仅是指揭露自己参与的单独犯罪或共同犯罪,并不包括中国刑法中立功表现所指代的揭露他人犯罪行为的情形。1996年《俄罗斯联邦刑法典》第61条同样规定了减轻刑罚情节的清单,其中第1款第9项是"自首、积极协助揭露犯罪、揭发同案犯和起获赃物",该项规定的"自首"与"积极协助揭露犯罪、揭发同案犯和起获赃物"仍然是"相加"的关系,即"自首"并且"积极协助揭露犯罪、揭发同案犯和起获赃物"。因此,第9项事实上是指"犯罪人向执行机关提供此前它所不知悉的情况,正确讲述他所知道的与犯罪有关的所有事实,帮助查明和揭露所有共同犯罪人,指认犯罪工具和物品所在地或者帮助查明其他证据"以及"揭露其他共同犯罪人、起获赃物"。③ 这仍然是指犯罪人揭露自己参与的单独犯罪或共同犯罪,与中国刑法中立功表现所要求的揭露他人的犯罪行为具有根本的不同。同理,1996年《俄罗斯联邦刑法典》第75条第1款规定的"因积极悔过而免除刑事责任":初次实施轻罪的人,如果在犯罪之后主动自首、协助揭露犯罪、赔偿所造成的损失或以其他方式弥补犯罪所造成的损害,则可以免除刑事责任,也不同于中国刑法中的立功表现。因为这种情形下的免除刑事责任,需要同时具备犯罪行为是初次实施、犯罪是轻罪、自首、自首是主动的、协助揭露犯罪和赔偿所造成的损失或弥

---

① 参见[意]杜里奥·帕多瓦尼:《意大利刑法学原理(注评版)》,陈忠林译评,中国人民大学出版社2004年版,第313—315页。

② 同时期受苏俄刑事立法影响较大的一些国家,尤其是东欧社会主义国家,也有类似规定,例如1961年《蒙古人民共和国刑法典》第28条。

③ 参见Н.Ф.库兹涅佐娃、И.М.佳日科娃主编:《俄罗斯刑法教程(总论)》(下卷·刑罚论),黄道秀译,中国法制出版社2002年版,第667—668页。

补犯罪所造成的损害等六个必要条件；而且，该条第2款还有明确的限制性规定，轻罪以外的其他种类的犯罪，如果符合第1款的条件，也必须有刑法分则条款的专门规定，才能免除刑事责任；此外，《俄罗斯联邦刑事诉讼法典》第7条还规定，被害人有权对犯罪被免除刑事责任而终止刑事案件的裁决进行申诉，[①]也是从被害人角度出发对免除刑事责任情形的一种现实有效的制约和约束机制。

有一些国家的刑事立法中，存在着与中国刑法中的立功制度相类似的规定，具有鲜明实用主义法学特征的美国刑法将"服刑人在服刑期间的英雄行为或者自我牺牲行为，例如，拯救他人生命，为了社会利益而甘愿接受有生命危险的医学实验"作为减刑的理由。[②] 此外，虽然不具有法律效力，但实际上对刑事司法发挥着重要指导作用的《美国量刑指南》也规定，如果被告人在他人的犯罪调查或追诉中提供了实质性协助，法官在综合考虑被告人提供协助的重要性、有用性、及时性和因提供协助而要承担风险的大小等因素的基础上，可以偏离量刑指南的规定，适当减轻处罚。[③]

也有个别国家在刑事立法中，明确规定了类似中国刑法中立功制度的量刑操作。例如《越南刑法典》第46条大致规定，罪犯积极帮助司法机关发现、侦查犯罪，在生产、作战、学习或工作中做出突出贡献等立功表现，是从轻或减轻处罚情节。

四、中国刑法中立功制度的原罪

立功制度并没有引起其他国家刑事立法的关注，最根本的原因在于其与生俱来的具有破坏社会信任、忽视主观悔罪和承继革命法制残余等原罪。

（一）破坏社会信任

立功制度在司法实践中的运作会破坏维系社会生存和正常运转的信任机制。信任是社会的润滑剂，它能够排除群体内滋生的猜疑、怨恨和由此带来的冲突，有助于友好、互助和合作关系的形成与巩固，使群体、组织和社会的运转更加有效。而立功传递给社会成员的价值理念是，为获得法律褒奖可以灭亲情、背诚

[①] 参见 Н.Ф.库兹涅佐娃、И.М.佳日科娃主编：《俄罗斯刑法教程（总论）》（下卷·刑罚论），黄道秀译，中国法制出版社2002年版，第725—728、732页。
[②] 参见储槐植：《美国刑法》，北京大学出版社2005年第3版，第267页。
[③] 参见吕忠梅主编：《美国量刑指南》，法律出版社2006年版，第388页。

信、抛弃义,①对整个社会的信任机制无疑具有极强的破坏作用,而信任缺失所带来的亲人反目成仇和社会分崩离析等恶果,在20世纪六七十年代的中国曾经上演,我们应当进行深刻反思和时刻保持警惕。

破坏信任机制最典型的体现是,犯罪分子为追求立功而检举揭发至亲窝藏、包庇自己的行为,这就迫使掌握刑罚权的国家必须在崇尚功利和维护信任之间做出选择。选择功利就会鼓励告密行为,破坏最基本的伦理道德秩序和社会的信任机制,形成这样一种尴尬的局面:法律存在的目的在于努力保存风纪,但法律的实施却破坏了作为风纪根源的人性,并制造了国民与法律的仇隙。对此,贝卡里亚指出,一向自相矛盾的立法者一方面惩罚背叛,束紧家庭、亲戚和朋友间的关系,将人猜疑的心灵引向信任;另一方面却又倡导背叛,悬赏破坏和扯断这些关系的人,在大家心中挑拨离间,这不是在预防犯罪,相反,倒是在增加犯罪,这是软弱国家的招数。②

(二) 忽视主观悔罪

立功制度的立法本意是以刑事责任上的宽大处理为诱饵来鼓励犯罪人实施有利于国家的行为,因此,按照中国刑法的规定,立功的成立与否跟犯罪人的主观心理、动机以及是否悔罪无关,这些体现着主观悔罪程度的因素都不影响立功的认定。例如,《刑法》第50条第1款规定,被判处死刑缓期执行的犯罪分子确有重大立功表现的,2年期满后减为25年有期徒刑;第68条规定,一般立功可以从轻或者减轻处罚,重大立功可以减轻或者免除处罚;第78条规定,被判处管制、拘役、有期徒刑、无期徒刑的犯罪分子,有立功表现的可以减刑,有重大立功表现的应当减刑;第79条规定,人民法院经审理确认有立功事实的,裁定予以减刑;第390条第2款规定,行贿人自首且有重大立功表现的,可以减轻或者免除处罚;第449条规定,确有立功时可以撤销原判刑罚,不以犯罪论处,根本都没有论及犯罪人的主观悔罪问题。制度设计上存在的忽视主观悔罪的缺陷,顺理成章地体现在司法实践之中。例如,2010年最高人民法院《关于贯彻宽严相济刑事政策的若干意见》第18条规定,被告人检举揭发他人犯罪构成立功的,一般均应当依法从宽处罚,其中,犯罪情节不是十分恶劣,犯罪后果不是十分严重的被告人立功的,从宽处罚的幅度应当更大。

一个罪责重大的行为人往往得到比其他行为人更轻的处罚,不是因为他的

---

① 参见林亚刚:《自首、立功若干规定的理念及反思》,载《法学评论》2005年第6期,第152页。

② 参见[意]贝卡里亚:《论犯罪与刑罚》,黄风译,中国法制出版社2005年第2版,第77页。

行为罪责更轻或者他的再社会化可能性比较大,而是仅仅因为他在破获其他犯罪侦查上的优势,量刑因此以不允许的方式成为不相关目的的道具。[①] 立功认定时忽视犯罪人主观悔罪的问题,遭到了中国刑法理论界和司法实务界的诸多批评,中国的最高司法机关已经做出努力,试图通过发布司法解释的方式来弥补这一漏洞。例如,2010年《关于处理自首和立功若干具体问题的意见》第8部分规定,虽然有立功情节,但犯罪情节特别恶劣、犯罪后果特别严重、被告人主观恶性深、人身危险性大,或者在犯罪前即为规避法律、逃避处罚而立功的,可以不从宽处罚;同时又有累犯、毒品再犯等法定从重处罚情节的,既要考虑立功的具体情节、被告人的主观恶性和人身危险性等因素综合分析判断从宽或从严处罚,累犯的前罪为非暴力犯罪时一般可以从宽处罚,前罪为暴力犯罪或者前、后罪为同类犯罪时则可以不从宽处罚。但是,笔者认为,这是立功在立法层面和制度设计上的问题,用司法解释的形式来缝缝补补,不仅在效力根据上会遭受低位阶的司法解释文件架空高位阶的刑法典规定的批评,而且在实践效果上也不会尽如人意。

(三)承继革命法制残余

中国刑法中的立功制度,在最初的意义上,表现为一种战争时期的分化利用的军事和政治斗争策略。在苏维埃革命时期,斗争双方的对抗十分残酷,为了生存和最大程度地争取群众支持、分化敌对阵营,苏维埃政权将军事斗争中的分化利用策略移植到初期的法制建设之中,颁布和实施了一系列立功受奖的刑事政策和相关条例,对革命的胜利起到了重要的推动作用。在中华人民共和国成立初期,中国境内还残留着大量的封建残余势力和反革命势力,阶级斗争在一定范围内持续存在,立功的刑事政策得以继续保留在最初的法制体系中,并随着各种运动和历次严打而承继下来。现行刑法典第449条即是将1981年通过的《中华人民共和国惩治军人违反职责罪暂行条例》第22条原封不动地搬运而来。

立功制度在革命斗争和政权初建等动乱时期,有其存在的阶段合理性和历史发展的必然性,但当下的中国处于一个和平建设时期,应当对革命法制的权宜性、不稳定性和功利性等内在缺陷保持高度警惕,而在刑事法治层面追求一个深思熟虑的、稳定的和正义的法制框架和制度设计,从而能够助益于刑事法治的实现、巩固社会基础和推进社会和谐。因此,立功制度在中国刑法语境中存在的价值,值得刑法学者进一步思考。

---

① 参见[德]汉斯·海因里希·耶塞克、托马斯·魏根特:《德国刑法教科书》,徐久生译,中国法制出版社2001年版,第107页。

五、立功制度向何处去

中国刑法规定的立功制度,从国家和社会的整体利益出发,过分追求功利,而在很大程度上忽视了刑法的正义价值。世界上其他法域国家的刑事立法对立功制度的普遍缺乏关注,应当在一定程度上引起我们的反思,中国的立功制度应当予以废止或者进行相应完善。

(一)废止中国刑法中的立功制度

中国刑法中的立功制度具有破坏社会信任、忽视主观悔罪和承继革命法制残余等原罪,在未来的刑法修正中予以废止,能够彻底解决这些问题。因为我们需要的不仅是一个具有确定的一般性规则的制度,还是以对人性的某些要求和能力的考虑为基础的制度,否则,这个制度就违反了根深蒂固的判断倾向和标准,会不断地被违反,进而无法提供确定性。[1] 而且,中国刑法所规定的立功制度,与刑事诉讼法律的相关规定也存在脱节之处。2018年修正后的《中华人民共和国刑事诉讼法》第110条第1款规定,任何单位和个人发现有犯罪事实或者犯罪嫌疑人,有权利也有义务向公安机关、人民检察院或者人民法院报案或者举报。可见,检举揭发他人的犯罪事实或者犯罪嫌疑人,是任何单位和个人的权利,同时也是义务,而履行法律规定的义务,显然不能够构成立功并享受由此带来的刑事责任的从轻、减轻、免除或者减刑的有利结果。

立功制度的废止,是基于刑法公正价值的要求,具体操作有:首先,删除现行刑法总则中所有关于立功的规定,将立功表现设定为犯罪后的态度或行为,是一种可以酌定从轻处罚的量刑情节。其次,作为权宜性措施,在刑法分则部分,对严重危害国家安全的犯罪,恐怖主义、极端主义等严重危害公共安全的犯罪,黑社会性质组织相关的犯罪和走私、贩卖、运输、制造毒品类罪等组织结构严密、严重危害社会秩序的犯罪,设立特别的立功制度。在时机成熟时,废止这些具体罪名的特别立功制度。最后,作为辅佐性保障,建立被害人及其近亲属、检察机关和民众对立功认定的监督机制,完善在立功成立时对被害人的补偿制度。例如,受害人及其近亲属在诉讼阶段应当有权利就立功事实的认定充分发表意见;检察机关应当对认定立功的犯罪人具有量刑建议权;在因立功而免除犯罪人的刑事责任时,如果有新的事实和证据提供,被害人应当有提请检察机关或法院再审的权利;立功成立时,针对被害人权益受损的情况,国家和社会应当给予被害人

---

[1] 参见[美]E·博登海默:《法理学:法律哲学与法律方法》,邓正来译,中国政法大学出版社2004年版,第332页。

充分的金钱、物质补偿和精神抚慰等。

（二）完善中国刑法中的立功制度

如果短期内废止立功制度的阻力较大，我们可以退而求其次，对立功制度进行较大幅度的完善，具体操作有：

首先，确立任何人不能从其违法犯罪行为中获利的立功认定规则，特别谨慎地认定通过违反基本伦理道德手段而成立的立功。犯罪人提供的他人犯罪事实或信息、线索的手段和途径都应当不构成违法犯罪，否则一律不认定立功；在违反基本伦理道德而获取立功信息、线索时，一般不予认定立功，确有认定立功必要的，应当减小从轻、减轻处罚的力度或者减刑幅度。此外，在立功的司法实践中，我们还应当特别关注职务犯罪案件中立功认定的泛滥问题。根据浙江省金华市人民检察院的统计数据，就一审案件情况而言，该市2005年至2007年共办理自侦案件380余起，共认定115余起立功，比例达30.2%，而普通刑事案件的立功比例仅为4%左右；就上诉案件情况而言，共有15人因新的立功情节被改判，其中12人是自侦案件，占80%；就公安侦查案件情况而言，职务侵占、挪用资金等经济案件的认定立功比例明显偏高。[①]

其次，增加主观悔罪的立功认定条件。自首是犯罪人在尚未被采取强制措施或者罪行未被发现时主动投案，无论自首的动机是真诚悔罪，还是担忧"天网恢恢，疏而不漏"，都表现出犯罪人对刑法规范的认同，反映出其人身危险性的降低。与此相比，立功并不以犯罪人的主观悔罪为前提，也无法保证犯罪人是出于对刑法规范的认同，而只要立功表现客观上有利于国家和社会，就应当认定为立功。基于刑法的公正价值，立功作为一种量刑情节，应当能够反映出犯罪人的主观悔罪态度。例如，俄罗斯刑法理论界将1996年《俄罗斯联邦刑法典》第75条第1款的规定概括为"因积极悔过而免除刑事责任"，突出了犯罪人主观悔罪的关键作用。1997年《刑法》修改之前，我国也有学者认为，立功的实质所在就是犯罪人的主观要件，即必须有真诚悔罪的态度。[②] 主观悔罪的判断，可以从犯罪人的归案形式、检举揭发他人犯罪的时间等因素来考虑，例如，自首情形下的立功显然要比被抓捕、被扭送情形下的立功具有更大的主观悔罪程度，被抓捕后立即提供他人的犯罪事实或线索、信息一般要比拖延到审判阶段才提供的具有更高的主观悔罪程度。

再次，摒弃"功疑唯重"思想，明确事实清楚、证据确凿的立功认定标准。值

---

① 参见李克勤、卢金有：《立功制度的现实困境与完善》，载《国家检察官学院学报》2009年第1期，第117页。

② 参见于世忠：《立功问题的研究》，载《行政与法》1995年第3期。

得注意的是,司法实践中存在着大量的立功线索来源明显可疑,例如,国家工作人员知道大量的与自身工作并不相关的普通刑事犯罪案件,但又没有确凿证据证实的情形,除非犯罪人能够提供该线索来源并不违法犯罪的证据,否则不予认定立功。有数据统计,有的地方有近10%的移送审查起诉案件的犯罪嫌疑人在押期间有立功表现,还有的地方在押的职务犯罪嫌疑人的立功比例甚至高达40%—50%。[1] 另外,如果犯罪人提供的立功线索并不具有明确性,往往基于猜测、怀疑等情形,例如,观察到某官员经常出入高档场所就检举揭发其构成受贿罪或贪污罪但又没法提供明确的时间、地点、行为主体和犯罪情况等细节,这种情形一般不予认定立功。这一点在2009年《关于办理职务犯罪案件认定自首、立功等量刑情节若干问题的意见》中已经得到确认:"据以立功的他人罪行材料应当指明具体犯罪事实;据以立功的线索或者协助行为对于侦破案件或者抓捕犯罪嫌疑人要有实际作用",否则,不能认定为立功表现。

最后,对累犯以及因故意杀人、强奸、抢劫、绑架、放火、爆炸、投放危险物质或者有组织的暴力性犯罪被判处十年以上有期徒刑的犯罪人,应更加谨慎地认定立功,原则上不得免除刑事处罚,并更加严格地从轻、减轻刑事处罚。

Meritorious Service System: Where to Go?

Guo Shijie

Abstract: The Meritorious Service System essentially exchanges the victim's partial rights and interests at the expense of the country's overall interests, reflecting the obvious utilitarian pursuit. Relevant judicial interpretations and Criminal Law amendments ruled that the illegal means couldn't constitute Meritorious Service, and re-focused on the subjective repentance attitude of the offenders, reversing the trend of rising awards to Meritorious Service and marking the fact that the judiciary and the legislature have gradually attached importance to the just value in the identification of Meritorious Service. The Meritorious Service System has the birth defect of destroying social trust, ignoring subjective repentance and inheriting the remnants of the revolutionary legal system, and has not attracted the attention of criminal legislation in other countries. The abolition of the Meritorious Service System

---

[1] 参见余知越:《看守所在押人员不正当立功问题研究》,载《人民检察》2006年第5期。

involves abolishing the related general provisions in Criminal Law, establishing a special Meritorious Service System for specific crimes, and improving the corresponding supervision mechanism and compensation system for victims. The perfection of Meritorious Service System includes building the identification rules for the Meritorious Service that we cannot profit from illegal and criminal acts, establishing standards of subjective repentance, clarifying the criteria of clear and solid evidence, and limiting the corresponding rewards extent.

Key words: Meritorious Service System; Utilitarian; Just; Abolition; Perfection

(责任编辑:徐凌波)

宪法学

"八二宪法"的传续与革新
——兼论"七八宪法"对八二修宪的影响

刘怡达*

[摘　要]　八二修宪以"五四宪法"为基础,很大程度上是价值判断等因素影响下的选择,但这并不能否认共和国四部宪法间的事实关联。通过对四部宪法的文本进行对照,可以发现此前的三部宪法皆为"八二宪法"提供了不少制度原型。"五四宪法"在制定之后经由三次全面修改变迁为现行宪法,在此期间宪制秩序之一般要素虽多有变更,但其中的基本要素却传续至今,因此宪制秩序之整体得以自始延续。同时,"八二宪法"在传续之余亦不乏诸多革新,革新的内容源于制宪、修宪和行宪的经验教训,以及为迎接改革时代所进行的制度调适。以上特质将"八二宪法"形塑为一部好宪法,但唯有正确理解四部宪法间的关系,才能对八二修宪及"八二宪法"形成客观理性的认知。

[关键词]　八二宪法;七八宪法;八二修宪;传续;革新

引言:被遗忘的两部宪法

在中华人民共和国宪法史上,曾产生了一部具有临时宪法作用的《共同纲领》,以及"五四宪法""七五宪法""七八宪法"和"八二宪法"等四部宪法。时至今日,"八二宪法"作为现行宪法,被认为是"符合国情、符合实际、符合时代发展要求的好宪法",而《共同纲领》和"五四宪法"则被视为共和国宪法和宪制的源头。[①] 与此迥异的是,其余两部宪法受到的却是另一番评价:"七五宪法"通常被视为"文化大革命"的产物,因而对其的批判和否定自然是不遗余力的,以致认为"这个荒唐时代的荒唐宪法只能被扫进历史的垃圾堆";[②] 而"七八宪法"则"由于

---

*　刘怡达,武汉大学法学院博士研究生。邮编:430072。
①　参见习近平:《在首都各界纪念现行宪法公布施行30周年大会上的讲话》,人民出版社2012年版,第2—4页。
②　张晋藩:《中国宪法史》,中国法制出版社2016年版,第375页。

路线、方针的不正确",因而也"不可能是一部好的宪法,在中国历史上并没有留下什么重要影响"。① 如此认知其实是对既有四部宪法所进行的价值判断,即以"好与坏"作为判断标准,认为"五四宪法"和"八二宪法"是好的宪法,而"七五宪法"和"七八宪法"则是坏的宪法。

值得注意的是,此般"好与坏"的价值判断明显地体现到八二修宪的过程中:当时为了维持共和国宪法和宪制的优良品格,进而将"八二宪法"形塑为一部好的宪法。鉴此,修宪者们试图跳过"七五宪法"和"七八宪法"这两部坏的宪法,而直接从"五四宪法"中寻求修宪的基础。例如,时任宪法修改委员会副主任委员的彭真认为,"宪法修改要以一九五四年宪法为基础,一九五四年宪法是比较好的",②而"一九七五年和一九七八年的两部宪法限于当时的历史条件,都很不完善"。③ 不可否认,"八二宪法"以"五四宪法"为基础的观点自有其合理性,八二修宪至今三十余年稳定的行宪实践即为例证之一。但由此而来的问题亦应予以关注并给出合理解释:例如,若暂不考虑价值判断的因素,在共和国的四部宪法,尤其是"八二宪法"与"七八宪法"之间,究竟有何事实上的关联,以及法律进化意义上的关联?再如,在肯定政治统治的传统是连续不辍的情况下,轻率否弃"七五宪法"和"七八宪法",是否会造成共和国"政统"与"法统"的撕裂?

对于"七五宪法"和"七八宪法"这两部所谓"坏"的宪法,以及本文提出的上述问题,既有的学术讨论虽有涉及,但总体而言仍是不够的。这些既有讨论主要包括:有论者通过对"五四宪法""七五宪法"和"八二宪法"的条文进行比较,以探究宪法间的事实关联,并据此认为"七五宪法"对"八二宪法"的影响是相当全面的。④ 亦有论者认为"八二宪法"虽然是对"五四宪法"的直接回归,但这并不妨碍宪制秩序的连续性。因为"八二宪法"并非与传统彻底断裂的创新事件,而是在政治决断和根本法意义上对"五四宪法"甚至《共同纲领》的一种回归,这就使得新中国的法统具有了宪法上的连续性和正当性。⑤ 还有论者认为"七五宪法"和"七八宪法"是不符合制宪权意志的政治决断,因而不具备正当性,所以也就没

---

① 许崇德:《中华人民共和国宪法史》(下卷),福建人民出版社2005年版,第322页。
② 《彭真传》编写组编:《彭真年谱》(第五卷),中央文献出版社2012年版,第105页。
③ 彭真:《关于中华人民共和国宪法修改草案的说明》,载中共中央文献研究室编:《三中全会以来重要文献选编》(下),人民出版社1982年版,第1261页。
④ 参见管华:《被遗忘的"开国大典"——评七五宪法的遗产》,载《人大法律评论》(2010年卷),法律出版社2010年版,第118—122页。
⑤ 高全喜:《政治宪法学纲要》,中央编译出版社2014年版,第94页。

有回归的必要。①

本文以为,八二修宪者们基于价值判断等因素的考虑,将"五四宪法"作为八二修宪的基础。但是,这并不能否认"八二宪法"与"七八宪法"之间事实关联的存在,特别是八二修宪时距"五四宪法"的制定已近三十载,而距"七八宪法"的制定尚不足五年。再者,国家宪制秩序的连续性乃是颇为重要的,即便"五四宪法"被认为是行使制宪权的产物,同样注重"法统"和宪制秩序的连续性,其序言便载明:"这个宪法以一九四九年的中国人民政治协商会议共同纲领为基础。"宪法序言的这一规定通过彰显"五四宪法"与《共同纲领》之间的延续性,实现了共和国宪制秩序和"法统"的接连不断。② 与此同时,八二修宪时便已开始"革命宪法"向"改革宪法"的转变,这使得"八二宪法"被贴上了"改革宪法"的标签,因此,其合法性基础既有现有法统,又是改革本身。③ 如此一来,"八二宪法"在传续之余亦不乏诸多革新,即一方面需要接续传统,以此实现共和国"法统"和宪制秩序的延续;但另一方面却是结束传统,从而开启一个新的改革时代。

一、宪法文本的对照与宪法间的事实关联

为考察共和国四部宪法间是否存在事实上的关联,以及相互之间究竟有何事实关联,本文将按照宪法篇章结构的顺序,对四部宪法的文本进行对照。此般文本层面的考察,能够尽可能地减少价值判断等因素的干扰,从而较为客观地揭示宪法间的事实关联。尚需要说明的是:其一,以下表格中的内容只是对宪法条文之主旨的抽象概括,但条文主旨或许能够在宪法修改中保持相对稳定,而条文的具体内容却可能业已改变。其二,表格中的内容并未涵盖四部宪法的所有条文,如作为国家标识的国旗、国徽、首都等条文,虽然随着宪法的修改而有文字上的略微变动,但其含义自始未发生变化,故而并无对照之必要。不过,这也在一定意义上表明了四部宪法间的连续性。其三,表格中的内容并不涉及"七八宪法"的两次决议修改,以及"八二宪法"五次修正案修改的具体情况。

---

① 参见柴华:《为什么成文宪法排斥常在的制宪机关?——兼论全国人大不是我国常在的制宪机关》,载《法制与社会发展》2017年第3期。
② 参见韩大元:《"五四宪法"的历史地位与时代精神》,载《中国法学》2014年第4期。
③ 参见夏勇:《中国宪法改革的几个基本理论问题》,载《中国社会科学》2003年第2期。

表 1　宪法文本整体情况的对照

	五四宪法	七五宪法	七八宪法	八二宪法
篇章结构	序言——总纲——国家机构——公民的基本权利和义务——国旗、国徽、首都	序言——总纲——国家机构——公民的基本权利和义务——国旗、国徽、首都	序言——总纲——国家机构——公民的基本权利和义务——国旗、国徽、首都	序言——总纲——公民的基本权利和义务——国家机构——国旗、国徽、首都
条文数	106 条	30 条	60 条	138 条
字数	约 9500 字	约 4200 字	约 7900 字	约 15900 字
修改情况			两次决议修改	五次修正案修改

从表 1 可以看出：其一，在宪法的篇章结构上，自"五四宪法"确立了"序言——总纲——国家机构——公民的基本权利和义务——国旗、国徽、首都"的结构安排之后，"七五宪法"和"七八宪法"一直沿用此架构。"八二宪法"虽然在大体上维持了这一架构，但却做了一定的变动，即把"公民的基本权利和义务"改为第二章，置于"国家机构"章之前。此般变动是"加强人民民主，尊重人民权利的一个表现"。[①] 其二，在宪法的条文数目和篇幅字数上，"五四宪法"中有着相对丰富的条文数目，但"七五宪法"的条文数目却急剧缩减，字数亦大幅下降。因为当时毛泽东曾指示，"宪法要短，不能长了"，提出修改后的宪法要比"五四宪法"大大简化，只要几十条。[②] 为此，"七五宪法"一是简述了条文内容，将"某些本来正确的话非常简略地提到"，[③] 二是合并了某些原本单列的条文，如"五四宪法"用三个条文分别规定了国旗、国徽和首都，但在"七五宪法"中则被合并为一个条文。随后的"七八宪法"虽然在条文数目和篇幅字数上有所增加，但依旧不够丰富。直至"八二宪法"才大幅地增加了条文和篇幅，乃至远远超过了此前的三部宪法。其三，"七八宪法"自 1978 年 3 月通过施行后，全国人大分别于 1979 年 1 月和 1980 年 9 月以决议的形式进行了两次部分修改。"八二宪法"自 1982 年 12 月通过施行后，全国人大分别于 1998 年 4 月、1993 年 3 月、1999 年 3 月、2004 年 3 月和 2018 年 3 月以修正案的形式进行了五次部分修改。

---

① 胡乔木：《对宪法修改草案（讨论稿）的说明》，载《胡乔木文集》（第二卷），人民出版社 2012 年版，第 526 页。

② 参见杨福云：《围绕设不设国家主席的一场斗争的序幕——关于一九七〇年修改宪法的一些情况》，载《中国人大》2003 年第 12 期。

③ 胡绳：《关于宪法的谈话》，载《胡绳全书》（第七卷），人民出版社 2003 年版，第 89 页。

表 2 宪法序言部分的文本对照

自然段	五四宪法	七五宪法	七八宪法	八二宪法
1	建立共和国	建立共和国	建立共和国	中国历史悠久
2	过渡时期总任务	社会主义革命、社会主义建设、"文化大革命"	社会主义革命、社会主义建设	中国沦为半殖民地、半封建国家
3	制定宪法	无产阶级专政下继续革命	指导思想	20世纪三件大事:辛亥革命,创立中华民国;建立中华人民共和国;完成社会主义改造,确立社会主义制度
4	统一战线	指导思想	新时期总任务	
5	民族问题	民族问题、统一战线、三大革命	坚持斗争	
6	中苏联盟和外交政策	外交政策	统一战线、民族问题	
7	社会主义建设宣言	台湾问题	指导思想和国家任务	
8		外交政策	一定范围内的阶级斗争	
9—13				台湾问题、统一战线、民族问题、外交政策、宪法的最高法律效力

表 2 反映的乃是四部宪法序言部分的文本对照情况,其以序言的自然段为基础,归纳形成了各自然段的主旨大意。由表 2 可以发现:其一,建立共和国、统一战线、民族问题和外交政策等内容,自始存在于四部宪法的序言当中。当然,在具体内容上可能有所差别,如统一战线在"五四宪法"序言中的表述为"人民民主统一战线","七五宪法"和"七八宪法"却表述为"革命统一战线",而"八二宪法"中则是"爱国统一战线"。这些修饰语的变化意味着统战对象的内涵和范围是不断变化调整的。① 其二,虽然说八二修宪以"五四宪法"为基础,但"八二宪法"序言中的不少内容,其实并非直接来源于"五四宪法",反而是"七五宪法"和"七八宪法"的延续。例如,"七五宪法"确立的将指导思想载入宪法序言的惯例,以及在"七八宪法"序言中首次指出的台湾问题和祖国统一话题。其三,"八二宪法"序言中还有相当多的内容,在此前三部宪法中皆无先例,而是八二修宪时特有的创新,比如谈论中国悠久的历史,陈述 20 世纪中国发生的三件大事,以及明确宪法的最高法律效力等。

---

① 参见翟志勇:《宪法序言中的国家观与世界主义》,载《探索与争鸣》2015 年第 5 期。

表 3　宪法总纲部分的文本对照

		五四宪法	七五宪法	七八宪法	八二宪法
国体		工人阶级领导的、以工农联盟为基础的人民民主国家	工人阶级领导的、以工农联盟为基础的无产阶级专政的社会主义国家	工人阶级领导的、以工农联盟为基础的无产阶级专政的社会主义国家	工人阶级领导的、以工农联盟为基础的人民民主专政的社会主义国家
政体		人民代表大会制度	人民代表大会制度	人民代表大会制度	人民代表大会制度
民族政策		平等、禁止压迫歧视和破坏团结、使用民族语言文字、保持或改革风俗习惯、区域自治	平等,反对大民族、地方民族主义,使用民族语言文字,区域自治	平等,禁止压迫歧视和破坏团结,反对大民族、地方民族主义,使用民族语言文字,保持或改革风俗习惯,区域自治	平等团结互助,禁止压迫歧视、破坏团结和分裂,帮助民族地区发展,使用民族语言文字,保持或改革风俗习惯,区域自治
基本国策				保护环境,计划生育	保护环境,计划生育,"一国两制"
经济制度	生产资料所有制	国家所有制、合作社所有制、个体劳动者所有制、资本家所有制	全民所有制和社会主义劳动群众集体所有制	全民所有制和社会主义劳动群众集体所有制	公有制,即全民所有制和劳动群众集体所有制
经济制度	经济形态	国营经济、合作社经济、个体农业、个体手工业、资本主义工商业	国营经济、人民公社集体经济、	国营经济、人民公社集体经济、	国营经济、合作经济
经济制度	经济体制	计划经济	计划经济	计划经济	计划经济
经济制度	分配原则		按劳分配	按劳分配	按劳分配

在"五四宪法"当中即有了总纲的规定,且一直延续到现行的"八二宪法"。通常来说,总纲的内容主要是确立国家制度、社会制度及其基本原则。[①] 因此,表 3 从国体、政体、民族政策和经济制度等角度,归纳并对比了四部宪法总纲部分的文本内容。需要说明的是,为了方便统计,表 3 仅选取四部宪法的共通内容作为角度予以展示。

---

① 蔡定剑:《宪法精解》,法律出版社 2006 年版,第 159 页。

第一,除"五四宪法"将国体确立为人民民主国家之外,其余三部宪法中的国体皆为社会主义国家。即便后三部宪法在具体表述上略有差别,但并不影响国体的实质内容。第二,四部宪法确立的政体皆为人民代表大会制度。第三,"七八宪法"首次将基本国策,即保护环境和计划生育的内容载入宪法,"八二宪法"延续和发展了这一设计。但需要说明的是,"七八宪法"有关计划生育的内容并不在宪法总纲部分,而是在公民基本权利和义务部分。第四,在民族政策上,四部宪法保持着相对的一致,但亦不乏些许差异:例如,"七五宪法"和"七八宪法"中独特的"反对大民族主义和地方民族主义",这一内容在"五四宪法"和"八二宪法"中都没有。第五,"五四宪法"中的生产资料所有制类型较多,主要有国家所有制、合作社所有制、个体劳动者所有制和资本家所有制。但自"七五宪法"始,宪法中的生产资料所有制类型趋向于单一,即由全民所有制和集体所有制构成的社会主义公有制,这是缘于社会主义改造业已完成。第六,与生产资料所有制类型的变化类似,"五四宪法"中的经济形态同样较多,如国营经济、合作社经济、个体农业、个体手工业和资本主义工商业等,但在此后的三部宪法中变得相对单一。第七,"七五宪法"首次明确规定了分配原则,即"各尽所能、按劳分配",此分配原则在"七八宪法"和"八二宪法"中得以延续。除此之外,相较于前三部宪法而言,"八二宪法"的总纲亦有颇多创新之处:比如将行政区划的内容由国家机构部分调整至总纲部分,以及增加有关社会主义精神文明的内容等。

表4 宪法国家机构部分的文本对照

	五四宪法	七五宪法	七八宪法	八二宪法
国家机构的组成	全国人大、国家主席、国务院、地方人大和人民委员会、民族自治机关、法院和检察院	全国人大、国务院、地方人大和革命委员会、民族自治机关、审判机关和检察机关	全国人大、国务院、地方人大和革命委员会、民族自治机关、法院和检察院	全国人大、国家主席、国务院、中央军委、地方人大和政府、民族自治机关、法院和检察院
全国人大	最高国家权力机关	党领导下的最高国家权力机关	最高国家权力机关	最高国家权力机关
国家主席	实权元首	未设置	未设置	虚位元首
国务院	中央人民政府、最高国家权力机关的执行机关、最高国家行政机关	中央人民政府	中央人民政府、最高国家权力机关的执行机关、最高国家行政机关	中央人民政府、最高国家权力机关的执行机关、最高国家行政机关
司法机关	法院和检察院	审判机关和检察机关	法院和检察院	法院和检察院

表 4 展示了宪法国家机构部分的文本对照情况。总体上看,国家机构的组成在四部宪法中保持着一定的稳定性,这其实是缘于人民代表大会制度的政体自始保持不变。但是,宪法的修改同样带来不少相当重要的变化:例如,四部宪法对全国人大的性质定位皆为"最高国家权力机关",但"七五宪法"的表述却是"中国共产党领导下的最高国家权力机关"。国家机关接受党的领导乃是毫无疑问的,但"七五宪法"中的此般规定难免"强化了党的一元化领导,削弱了国家机关的职能"。① 再如,"八二宪法"中新增了领导全国武装力量的中央军委,而"七五宪法"和"七八宪法"规定的则是由中共中央主席统率武装力量。因此在八二修宪过程中,便有意见认为"不必要建立中央军事委员会,觉得在我国长期革命斗争历史中,已经形成中国共产党对军队的绝对领导地位,在宪法中就没有必要再作出其他规定"。② 但最终仍"根据我国现在的实际情况和需要,恰当地规定了军队在国家体制中的地位",③ 即在宪法中设置作为国家机关的中央军委,并与党的中央军委合署办公。又如,国家主席由"五四宪法"中的实权元首,发展成为"八二宪法"中的虚位元首。还如,"七五宪法"名义上保留了检察机关,但检察机关的职权却是由公安机关来行使的。

表 5 宪法公民基本权利和义务部分的文本对照

	五四宪法	七五宪法	七八宪法	八二宪法
平等权	法律上一律平等			法律面前一律平等
政治权利	选举权和被选举权,言论、出版、集会、结社、游行、示威自由	选举权和被选举权,言论、通信、出版、集会、结社、游行、示威、罢工自由,"四大"自由	选举权和被选举权,言论、通信、出版、集会、结社、游行、示威、罢工自由,"四大"自由	选举权和被选举权,言论、出版、集会、结社、游行、示威自由
宗教信仰自由	信仰宗教的自由	信仰和不信仰宗教的自由	信仰和不信仰宗教的自由	信仰和不信仰宗教的自由

---

① 张晋藩:《中国宪法史》,中国法制出版社 2016 年版,第 373 页。
② 肖蔚云:《我国现行宪法的诞生》,北京大学出版社 1986 年版,第 73—74 页。
③ 彭真:《关于中华人民共和国宪法修改草案的报告》,载全国人民代表大会常务委员会办公厅编《中华人民共和国第五届全国人民代表大会第五次会议文件》,人民出版社 1983 年版,第 6 页。

续　表

	五四宪法	七五宪法	七八宪法	八二宪法
人身自由	人身自由,住宅不受侵犯,通信秘密,居住和迁徙自由	人身自由、住宅不受侵犯	人身自由、住宅不受侵	人身自由,住宅、人格尊严不受侵犯,通信自由和通信秘密
经济社会文化权利	劳动权、休息权、物质帮助权、受教育权、文化权利	物质帮助权	劳动权、休息权、物质帮助权、受教育权、文化权利	劳动的权利和义务、休息权、物质帮助权、受教育的权利和义务、文化权利
监督权	控告权	控告权	控告和申述权	批评和建议权,申述、控告和检举权
特定主体的权利	妇女、儿童、华侨、外国人	妇女、儿童、华侨、外国人	妇女、儿童、华侨、侨眷、外国人	妇女、儿童、华侨、归侨、侨眷
公民的基本义务	遵纪守法,保护公共财产,依法纳税,保卫祖国、服兵役	拥护党的领导和社会主义制度,服从宪法法律,保卫祖国、服兵役	拥护党的领导和社会主义制度,维护祖国统一和民族团结,遵纪守法,保护公共财产,保卫祖国、服兵役	行使自由和权利的界限,维护祖国统一和民族团结,遵纪守法,保护公共财产,维护祖国安全、荣誉和利益,保卫祖国、服兵役,依法纳税

表 5 反映了宪法公民基本权利和义务部分的文本对照情况,将其归纳为平等权、政治权利、人身自由和特定主体的权利等类别进行展示。具体来说,第一,仅"五四宪法"和"八二宪法"规定了公民的平等权,但在具体表述上却是略有差异的。第二,四部宪法中政治权利的种类在大体上保持一致,但"七五宪法"和"七八宪法"规定了罢工自由和"大鸣、大放、大辩论、大字报"的"四大"自由。需要说明的是,"七五宪法"有关"四大"自由的规定,并不在宪法的公民基本权利和义务部分,而是在总纲部分。第三,若仅从文字表述来看,"五四宪法"中的宗教信仰自由仅指信仰宗教的自由,此后的三部宪法则将此发展为信仰和不信仰宗教的自由。第四,四部宪法皆规定了人身自由不受侵犯和住宅不受侵犯,但"五四宪法"规定的"居住和迁徙的自由"在此后三部宪法中皆被删去。此外,"八二宪法"还新增了人格尊严不受侵犯的内容。第五,在前三部宪法当中,劳动和受教育仅仅是作为基本权利予以规定,"八二宪法"则拓展其作为基本义务的含义。第六,"五四宪法"和"七五宪法"中的物质帮助权,享有的条件是年老、疾病或者丧失劳动能力,而"七五宪法"新增了残废军人和烈士家属,"八二宪法"进一步增

加了残疾公民。第七,公民监督权的内容不断拓展,"五四宪法"和"七五宪法"中仅有控告权,"七八宪法"增加了申述权,"八二宪法"增加了批评、建议和检举权。第八,在特定主体权利的适用主体上,"五四宪法"和"七五宪法"只有妇女、儿童、华侨和外国人,"七八宪法"增加了侨眷,"八二宪法"再次增加了归侨,但将外国人居留庇护的权利调整规定在总纲部分。第九,在对公民基本义务进行规定时,"七五宪法"和"七八宪法"特别强调拥护中国共产党的领导,而"八二宪法"则增加了关于自由和权利行使界限的规定。

二、八二宪法的传续:延续宪制秩序

前文通过对共和国四部宪法的文本进行对照,大体上揭示了宪法间的事实关联。从中可以发现如下初步结论:首先,虽然说八二修宪乃是以"五四宪法"为基础的,但"五四宪法"、"七五宪法"和"七八宪法"皆在不同层面影响了八二修宪,这表现为"八二宪法"中的不少条文,其实是直接或间接来源于此前的三部宪法,而非仅限于"五四宪法"。其次,自"五四宪法"至"八二宪法",共和国宪制秩序的基本要素自始保持着连续状态。再次,"八二宪法"之宪制秩序的具体内容,并非简单来源于"五四宪法"这一部宪法,"七五宪法"和"七八宪法"同样为八二修宪"贡献"了不少制度原型。对此有论者认为,"八二宪法"并非对"五四宪法"的简单回归,而是《共同纲领》、"五四宪法"、"七五宪法"和"七八宪法"选择性地历史叠加。[①] 最后,"八二宪法"在传承的同时亦有诸多革新,革新的内容源于对此前宪制史的反思,以及因应新时代的发展需要。

(一)八二宪法延续的宪制秩序

国家的宪制秩序由诸多要素构成,有深层次的基本要素及浅层次的一般要素。基本要素指的是宪制秩序中最为核心和根本的内容,如国体与国家性质、政体与政权组织形式、政党制度等,其通常在建国及立宪之时便已确定,且随国家政权的存续而保持着相当程度的稳定性。同时,此类基本要素的存废乃是判断宪制秩序延续与否的标准,其亦由此成为修宪权的边界。因为若以制宪权的理论加以考察,便可发现国家在革命及独立等背景下得以建立,制宪活动通常是随之而来的,而此时的制宪行为通过一次性决断,针对新建立国家的特殊存在形式规定了它的整体结构,国家的宪制秩序即在此次政治决断中得以确立。但对于作为宪法实质的根本政治决断,即宪制秩序中的基本要素而言,则是不容以修改

---

① 翟志勇:《八二宪法的复合结构》,载《环球法律评论》2012年第6期。

宪法的方式任意废除的。① 相较而言，宪制秩序中一般要素的稳定程度远不如基本要素，此类要素多存在于国家经济制度、公民基本权利和国家机构组成等具体领域和细节。同时，一般要素的合理改变非但不会碍及宪制秩序的延续，反而是宪法不断适应社会发展的必然要求。

宪制秩序自确立之时起，除因革命等因素而发生国家更迭外，理应保持自始的稳定。因为现代国家政权的合法性与正当性在很大程度上是来源于宪法的，因而在国家政权和政治统治保持连续不辍的情况下，国家的宪制秩序亦须随之延续不断。而宪制秩序延续与否的判断标准即在于基本要素是否存续，依此逻辑，宪制秩序中的基本要素便不得因宪法修改而发生变动。因此，假若此类基本要素能够保持稳定，那么便可认为国家的宪制秩序是延续的。易言之，"由一个制宪权统摄并且由一个同质的政治体制所进行的宪法修改，前后宪法间应保持一种传统的接续关系"。②

具体到我们国家，在古代中国，权力正当性的证成须借助于所谓的"德命天受"，但自清廷颁布《钦定宪法大纲》后，宪法日渐成为政权合法性的象征，合法的权力在形式上必须源于宪法。③ 因此在共和国成立前夕，随着"旧宪法和旧法统的废除，新宪法和新法律的创制在客观上成为当务之急"。④ 通过制宪建立政权的需要取代了革命推翻旧体制的需求。⑤ 即便当时制定宪法的条件尚不成熟，仍然借由《共同纲领》来发挥临时宪法的作用，并在其中对中华人民共和国的重要制度进行了规定，以此彰显新政权的合法性及新旧政权的分别。待到"五四宪法"制定施行后，其可谓与《共同纲领》一同为新政权的法统奠定了基础。⑥ 此时，共和国的宪制秩序亦随之确定，其中的基本要素和一般要素皆大体成型。如此一来，此后的历次宪法修改，无论是全面修改还是部分修改，虽然会致使宪制秩序中的一般要素发生改变，但皆不得变更其中的基本要素。相应地，若其中的基本要素能够在历次修宪中保持相对稳定，便可据此认定共和国的宪制秩序仍是自始延续的。

通过上文对宪法文本的对照及宪法间事实关联的揭示，可以发现"五四宪

---

① 参见[德]卡尔·施米特：《宪法学说》，刘锋译，上海人民出版社2016年版，第48、53页。
② 秦前红：《"八二宪法"与中国宪政的发展》，载《法学》2012年第11期。
③ 参见陈晓枫：《中国宪法文化研究》，武汉大学出版社2014年版，第194页。
④ 许崇德：《中华人民共和国宪法史》（上卷），福建人民出版社2005年版，第17页。
⑤ 参见翟国强：《中国共产党的宪法观念史：超越事实论的变迁》，载《法学评论》2016年第1期。
⑥ 参见张晋藩主编：《中国法制史》，中国政法大学出版社2014年版，第342页。

法"在制定之后,虽然经由三次全面修改变迁为现行的"八二宪法",且"八二宪法"在通过施行后亦经历了数次修正,但"五四宪法"确定的宪制秩序却自始延续、从未中断。因为即便宪制秩序中的一般要素有所变更,如公民基本权利的增减、国家机构的设废、经济体制的改革等,但其中的基本要素始终保持着相对的稳定性,尤其是人民代表大会制度的政体,以及中国共产党领导的多党合作和政治协商的政党制度。此外,需要注意的是,共和国的国体在上述宪法变迁过程中其实是有所变化的,即"五四宪法"中的人民民主国家,由"七五宪法"发展为社会主义国家,并在"七八宪法"和"八二宪法"中得以延续。于此层面而言,"八二宪法"所延续的宪制秩序,特别是其中的国体和国家性质,其实更多是对"七五宪法"和"七八宪法"的继受。

(二)八二修宪的基础与对象

既然认为"八二宪法"在延续宪制秩序时所为之的,乃是"五四宪法""七五宪法"和"七八宪法"的选择性叠加。那就有必要对八二修宪的基础进行合理解释,因为"按照一般通例,修改宪法总是以被修改的宪法为基础",①但在八二修宪时,修宪者们却特别强调这次修宪"要以一九五四年宪法为基础"。② 接下来便须回答以下看似无解的问题:其一,以"五四宪法"为基础在某种意义上是有违常规的,且恐有割裂共和国宪制秩序的隐忧,那么修宪者们究竟是基于何种考虑才作出如此决定? 其二,"八二宪法"以"五四宪法"为基础,是否意味着其所延续的宪制秩序只能源于"五四宪法"? 其三,承接第二个问题,若认为只能源于"五四宪法",那如何解释"八二宪法"所载的国体等宪制秩序之基本要素,以及相当多的一般要素其实已有别于"五四宪法"?

首先,通过回顾八二修宪的历史可以发现,"五四宪法"在八二修宪之初或许尚未成为所谓的修宪基础。例如,在修宪工作的第一阶段,宪法修改委员会秘书处为广泛征求意见,"把1954年宪法和1978年宪法发给各部门、各地方、各界人士,请他们对这两部宪法哪些留,哪些删,哪些改,哪些加,提出意见"。③ 这至少表明修宪者们当时并未将"五四宪法"视为修宪的唯一基础和参照。但"制度虽像勒定为成文,其实还是跟着人事随时有变动",④八二修宪中的"人事变动"也促成了"五四宪法"的基础地位,具体来说至少有三:

---

① 张友渔:《学习新宪法》,天津人民出版社1983年版,第20—21页。
② 《彭真传》编写组编:《彭真年谱》(第五卷),中央文献出版社2012年版,第103页。
③ 王汉斌:《王汉斌访谈录:亲历新时期社会主义民主法制建设》,中国民主法制出版社2012年版,第53页。
④ 钱穆:《中国历代政治得失》,九州出版社2012年版,第2页。

一是因为八二修宪工作紧迫,以"五四宪法"为基础利于尽快完成任务。在中共十一届二中全会期间,胡耀邦曾向彭真表示,为使今后工作能够安排好,宪法修改草案应按时拟出。彭真随即"向王汉斌等人传达胡耀邦的意见,同时提出修改宪法要以一九五四年宪法为基础,搞第二方案"。① 这是考虑到在此前的三部宪法当中,"五四宪法"的条文数目最多,内容也相对完善。二是因为八二修宪时争辩较多,如实行一院制还是两院制,罢工自由及"四大"自由是否保留,要不要宪法序言,是否保留检察机关等,以"五四宪法"为基础可以避免不必要的争论。对此制宪者们认为,"许多问题,一九五四年宪法都考虑过,要修改,就要提出理由,可改可不改的就不改",因此以"五四宪法"为基础便可"避免许多麻烦,躲开暗礁,避开不必要的争论"。② 三是因为"七八宪法"不合时宜,不应作为八二修宪的基础。随着中共十一届三中全会的召开,此前制定的"七五宪法"亦因此成为"拨乱反正"的对象之一。时任宪法修改委员会主任委员的叶剑英,在宪法修改委员会第一次全体会议上便指出,"七八宪法"由于当时历史条件的限制,来不及全面总结经验教训,也来不及彻底清理和清除"左"的思想,以至于不符合现实客观情况。③ 概而言之,诚如彭真就宪法修改问题给中央的报告中说明的那般:"不引起不必要的争论。1978 年宪法失之过简,不如以 1954 年宪法为基础好。有建国以来若干历史问题的决议,所以,准备按此修改宪法。"④

其次,欲使以"五四宪法"为基础的"八二宪法"仍能延续共和国的宪制秩序,在理论上至少有以下两种解释方案:一是区分制宪文本与修宪文本。这一方案认为"五四宪法"属于共和国宪法史上唯一的制宪文本,此后的"七五宪法""七八宪法""八二宪法",乃至迄今为止的两份宪法修改决议和五部宪法修正案,皆系相对于"五四宪法"这一制宪文本的修宪文本。⑤ 若依此逻辑,"八二宪法"便可不再与"七五宪法"和"七八宪法"有任何宪制秩序层面的关联,即便有事实关联亦只是缘于八二修宪者们将"七五宪法"和"七八宪法"当作了条文拟定时的参考资料。二是区分修宪基础与修宪对象。因为在汉语词义中,"基础"一词泛指"事

---

① 《彭真传》编写组编:《彭真传》(第四卷),中央文献出版社 2012 年版,第 1438—1439 页。

② 《彭真传》编写组编:《彭真传》(第四卷),中央文献出版社 2012 年版,第 1440 页。

③ 参见叶剑英:《在宪法修改委员会第一次全体会议上的讲话》,载中共中央文献编辑委员会:《叶剑英选集》,人民出版社 1996 年版,第 560 页。

④ 中共中央党史研究室、中央档案馆编:《中共党史资料》(第八十辑),中共党史出版社 2001 年版,第 59 页。

⑤ 参见秦前红、涂云新:《宪法修改的限制理论与模式选择——以中国近六十年宪法变迁为语境的检讨》,载《四川大学学报(哲学社会科学版)》2012 年第 6 期。

物发展的根本或起点"。① 在此意义上来说,"五四宪法"作为共和国宪制秩序的起点,自然应当成为历次宪法修改的基础。与修宪基础不同的是,八二修宪的对象依然是作为前一部宪法的"七八宪法"。同时,在修宪基础与修宪对象之外,尚有修宪参照的存在,即"五四宪法""七八宪法""七五宪法"甚至不少外国的宪法皆是八二修宪的参考。例如,时任宪法修改委员会副秘书长的胡绳,对秘书处拟出的宪法修改草案进行说明时便指出,"有的条文是按 1954 年、1978 年宪法写的,有的条文是新加的",②此般说明即表明"五四宪法"和"七八宪法"皆对"八二宪法"条文的起草起到了参考作用。

上述两种解释方案其实皆可言之成理,且能较好地说明"五四宪法"确定的宪制秩序为何得以延续至今。但是,区分制宪文本与修宪文本的方案在一些问题上会面临困难,尤其是国体这一宪制秩序之基本要素,在"五四宪法"和"八二宪法"中乃是有所差异的,而区分修宪基础与修宪对象的方案却能对此进行合理解释。与此同时,区分修宪基础与修宪对象的解释方案更加契合宪法修改和历史发展的实践:其一,虽然可将"五四宪法"作为修宪基础,但历次宪法修改的对象其实都是前一部宪法。例如,在叶剑英就"七八宪法"所作的《关于修改宪法的报告》当中,对此的表述即为"一九七五年的宪法应该加以修改",③而非直接指向作为制宪文本的"五四宪法"。其二,执政党领导人民进行社会主义建设,有改革开放前和改革开放后两个历史时期,这两个历史时期不可互相否定,此即所谓"两个不能否定"的重要论述。④ 这一论述充分肯定了我国根本政治制度和社会主义宪法基本原则的连续性与稳定性。但若将"八二宪法"视为"五四宪法"的直接回归,乃至不顾作为修宪对象的"七八宪法",便是在很大程度上否认历史事实和迄今为止仍然在延续的现实状况,⑤也是对历史人为的断章取义,且有碍于客观理性地对待"八二宪法"。⑥

---

① 辞海编辑委员会编:《辞海》(上册),上海辞书出版社 1989 年版,第 1424 页。
② 许崇德:《中华人民共和国宪法史》(下卷),福建人民出版社 2005 年版,第 378—379 页。
③ 叶剑英:《关于修改宪法的报告》,载《中华人民共和国第五届全国人民代表大会第一次会议文件》,人民出版社 1978 年版,第 78 页。
④ 参见习近平:《关于坚持和发展中国特色社会主义的几个问题》,载中共中央文献研究室编:《十八大以来重要文献选编》(上),中央文献出版社 2014 年版,第 111—112 页。
⑤ 参见莫纪宏:《法治中国的宪法基础》,社会科学文献出版社 2014 年版,第 263、268 页。
⑥ 参见薛小建:《中国社会转型的法律基石:1982 年宪法的历史地位》,载《中国法学》2012 年第 4 期。

（三）承前启后的七八宪法

诚如上述，在共和国的宪法史上，"七八宪法"原本是不应被忽略的，特别是其承前启后的历史地位。如果说"八二宪法"在根本法意义上开启了改革开放的新时期，那么"七八宪法"则是结束了"文化大革命"并开启社会主义建设新时期的根本法，这确如"七八宪法"序言载明的那般："第一次无产阶级文化大革命的胜利结束，使我国社会主义革命和社会主义建设进入了新的发展时期。"不过，"七八宪法"制定前后乃是共和国历史上一段"风云变幻"的时期，这在很大程度上致使"七八宪法"在制定之后便已"过时"。同时，由于"七八宪法"尚处时代的联结点，故新旧时代的元素皆可在该部宪法中寻得。对此有论者于是评价："七八宪法"既反映了"拨乱反正"的初步成果，又带有"七五宪法"的某些痕迹，因此是新旧交替阶段时带有过渡性的宪法。① 当然，也正是由于"七八宪法"具有的过渡性，才使其无法避免过早"夭折"的命运。因为当时历史条件的限制以及自那时以来情况的巨大变化，"七八宪法"中的许多内容已经很不适应政治经济生活和国家现代化建设的需要。②

虽然说"七八宪法"恢复了"五四宪法"中的许多内容，也改正了"七五宪法"里完全错误的一些提法。③ 但毫无疑问的是，"七八宪法"中颇多相对新颖的内容绝非恢复自"五四宪法"，而是"拨乱反正"的初步成果在根本法上的体现，继而为此后的"八二宪法"所承受。此般过程一方面体现了共和国宪制秩序在宪法间的延续，另一方面体现了"七八宪法"对八二修宪的影响。通过宪法间的文本对照，可发现这一延续和影响至少体现在以下几个方面：一是在宪法序言中指出了台湾问题和完成统一祖国的大业；二是在宪法总纲中规定了处理央地关系的基本原则，即发挥中央和地方两个积极性；三是在宪法中规定了国策条款，其中包括实行计划生育；四是增加了关于公民基本权利的内容，如公民的申述权、侨眷的合法权益等。此外，经由两次决议修改的"七八宪法"具有了更多创新内容，这些创新内容同样为之后的"八二宪法"所继受，比如县级以上地方人大设立常委会作为常设机关等。

---

① 张晋藩：《中国宪法史》，中国法制出版社2016年版，第376页。
② 参见《中国共产党中央委员会关于修改宪法和成立宪法修改委员会的建议》，载《中华人民共和国全国人民代表大会常务委员会公报》1980年第5期。
③ 胡绳：《关于宪法的谈话》，载胡绳：《胡绳全书》（第七卷），人民出版社2003年版，第90页。

三、八二宪法的革新：开启改革时代

八二修宪最大的背景无疑是宪法规范与改革事实间的紧张关系，修宪者们认为"七五宪法"已经"不能适应党的十一届三中全会以后新时期的需要"，因此需要"全面修改宪法，实际上是为新时期起草一部新宪法，指导思想上力求体现改革精神"。① 从这个意义上来说，八二修宪可以被理解为迎接改革时代所进行的宪法革新，而通过全面革新宪法也使得宪法发生了变迁。② 但"八二宪法"的革新并非与过往的彻底告别乃至决裂，而是尽可能地继承共和国宪制秩序的传统，并在修宪文本中为新时代的到来预留有限的宪法空间。彭真所作的《关于中华人民共和国宪法修改草案的报告》其实已较为明显地表明了这一点："这个宪法修改草案继承和发展了一九五四年宪法的基本原则，充分注意总结我国社会主义发展的丰富经验，也注意吸取国际的经验；既考虑到当前的现实，又考虑到发展的前景"。③

概而言之，"八二宪法"所为的革新主要有以下三层意味：第一，虽然认为"八二宪法"是对"五四宪法"的继承和恢复，但在继承之外的扬弃或许更值得玩味和深思。例如，"八二宪法"恢复了"五四宪法"中的国家主席制度，但八二修宪其实对此制度进行了颇费心思的改良。第二，"八二宪法"为无产阶级革命画上了"终止符"，并以改革和建设取而代之，而改革和建设的目标即为"八二宪法"序言所载明的"国家的根本任务是集中力量进行社会主义现代化建设"。第三，"八二宪法"虽被视为"改革宪法"，但八二修宪文本其实是游离于改革与革命之间的，因此并非纯粹意义上的"改革宪法"，其改革特质更多是由此后的数部宪法修正案所赋予的。

（一）修宪及行宪的经验教训：八二修宪中的反思

如果说"七八宪法"尚来不及全面总结新中国建设三十年来社会主义革命和建设中的经验教训，以及清理"文革"中"左"的思想对宪法条文的影响，④那么随着中共十一届三中全会的召开，以及《关于建国以来党的若干历史问题的决议》

---

① 《彭真传》编写组编：《彭真传》（第四卷），中央文献出版社2012年版，第1431、1436页。

② 参见秦前红：《宪法变迁论》，武汉大学出版社2002年版，第163页。

③ 彭真：《关于中华人民共和国宪法修改草案的报告》，载全国人民代表大会常务委员会办公厅编：《中华人民共和国第五届全国人民代表大会第五次会议文件》，人民出版社1983年版，第6页。

④ 参见《叶剑英传》编写组编：《叶剑英传》，当代中国出版社1995年版，第676页。

的通过,在此背景下的八二修宪便能够充分反思共和国制宪、修宪和行宪的经验教训。虽然"八二宪法"在宪法史层面的连续性不得否认,但此般经验教训的反思却在相当程度上塑造了"八二宪法"的独特品格。彭真在谈及八二修宪中的宪法修改草案时亦指出:"没有'文化大革命'的经验教训,这个修改草案许多条文是写不出来的"。① 因此可以说,正是基于对经验教训的反思和总结,才使得"八二宪法"看似恢复了"五四宪法"中的某些制度设计,但却因应时代需要做了不少制度上的改良。通过对"五四宪法"与"八二宪法"的文本进行对照,可以发现此类制度恢复的同时制度改良并不少,比如恢复"五四宪法"中关于公民平等权的规定,但在具体表述上则由"法律上一律平等"修改为"法律面前一律平等",由此使平等权的含义仅包括法律实施上的平等,而不包括立法上的平等。② 本文以为,以下两处在众多制度改良中的意义尤为重大,具体而言:

其一,恢复国家主席的设置,改良国家主席的职权。八二修宪时就国家主席制度恢复与否的问题其实是有争议的,修宪者们虽然决定恢复该制度,但对制度的具体内容却没有把握,于是"草案大体是照抄的一九五四年宪法的条文,供中央考虑作最后决定"。③ 但通过比照八二修宪文本与"五四宪法"的规定,可以发现并非简单的制度恢复,而是在"五四宪法"的基础上,结合经验教训进行了适当的修改和发展。④ 具体来说,"八二宪法"对国家主席制度的改良表现为大幅限缩国家主席的职权,使其成为一个象征性的虚位元首。当然自"八二宪法"实施以来,国家主席制度仍在不断变化发展,"尤其是党政军'三位一体'领导格局的形成"。⑤

其二,突出党的领导地位,合理设计党与国家机构的关系。对共和国宪法史略加梳理即可发现,在从《共同纲领》到"八二宪法"的五部宪制性文件当中,皆存有中国共产党的身影。具体说来,《共同纲领》在序言中提及了中国共产党,但还只是与各民主党派、各人民团体等一同属于政治协商会议的组成主体。"五四宪法"中的中国共产党同样只规定在序言部分,即中国人民在中国共产党的领导下完成了人民革命的胜利、建立了新中国,并在此过程中结成了中国共产党领导的

---

① 《彭真传》编写组编:《彭真年谱》(第五卷),中央文献出版社2012年版,第137页。
② 参见焦洪昌:《关于"公民在法律面前一律平等"的再认识》,载《中国法学》2002年第6期。
③ 《彭真传》编写组编:《彭真年谱》(第五卷),中央文献出版社2012年版,第121—122页。
④ 参见肖蔚云:《我国国家主席制度的恢复和发展》,载肖蔚云:《论宪法》,北京大学出版社2004年版,第238—239页。
⑤ 参见许崇德:《国家元首》,江苏人民出版社2015年版,第107—110页。

人民民主统一战线。待到"七五宪法"和"七八宪法",党的领导得到空前强化,非但写入了宪法序言,更是规定在宪法正文当中。

尤其是"七五宪法"规定全国人大是党领导下的最高国家权力机关,这严重混淆了党的权力与国家机构权力的应有边界。显然,在宪法中过分强调党的领导以至于导致党政不分,并不符合民主政治和法治建设的一般规律,为此在八二修宪时试图改变这一状况。通过宪法间的文本对照可以发现,八二修宪文本在突出了党的领导地位的同时,仍合理地处理了执政党与国家机构间的关系。因为相较于"五四宪法"而言,党的领导地位其实是更为突出的,这不仅体现在"中国共产党"的字眼由2处增加为4处。更为重要的是党的领导不再只是一种历史陈述,甚至还有了原则性规范的意味,[①]尤其是"八二宪法"序言第7自然段规定的"中国各族人民将继续在中国共产党领导下……",这为国家机构在党领导下依法行使职权提供了宪法保障。此外尚需注意的是,四部宪法第1条皆规定了"工人阶级领导",而中国共产党乃是中国工人阶级的先锋队,据此可认为宪法国体条款中其实已含有中国共产党领导的叙述。[②] 即便此后三部宪法中的国体已略有别于"五四宪法",但"工人阶级领导"的规定自始未变,由此使得中国共产党的领导权始终存在于共和国的宪制秩序当中。

(二)八二修宪文本:在"革命"与"改革"之间

彭真曾就八二修宪以"五四宪法"为基础向邓小平请示,邓小平赞成这个意见,同时指出:"从一九五四年到现在,已有近三十年了,新宪法要给人以面貌一新的感觉"。[③] 据此,八二修宪既需以近三十年前的"五四宪法"为基础,又要总结三十年来的经验教训,还需在内容上表现得焕然一新。为了满足这些略显矛盾和冲突的要求,"八二宪法"的修宪文本形成了在"革命"与"改革"之间的特质。若置于本文的论域之下,所谓"革命"即在于联结过往,以延续共和国之宪制秩序,而"改革"即是通过宪法的全面修改为嗣后的改革和开放埋下伏笔。于此层面而言,八二修宪文本本身并非纯粹意义上的"改革宪法",而是一部带有革命色彩的"改革宪法"文本。不过,这并不妨碍"八二宪法"骨子里的去革命化,即"修宪者们试图通过这部宪法来终结革命"。[④] 这也使得"八二宪法"虽然延续了前三部宪法中的某些革命话语,但在内涵上却是与前三部宪法截然不同的。具体

---

① 参见陈端洪:《制宪权与根本法》,中国法制出版社2010年版,第285页。
② 参见林来梵:《宪法学讲义》,清华大学出版社2018年版,第209—210页。
③ 中共中央文献研究室编:《邓小平年谱:1975—1997》(下),中央文献出版社2004年版,第799页。
④ 高全喜:《政治宪法学纲要》,中央编译出版社2014年版,第99页。

而言:

四部宪法对革命话语的阐述具有如下特征:第一,"五四宪法"制定之时中国革命尚处第二阶段,即共和国的成立表明新民主主义革命的胜利,但在社会主义改造基本完成之前,中国依然处于社会主义革命阶段。① 这使得"五四宪法"成为社会主义革命时期的根本法,只不过社会主义革命通常不是以暴力的形式开展。第二,"文化大革命"期间制定的"七五宪法",其革命意味无疑是历部宪法中最为浓厚的,"革命"的字眼充斥于该部宪法的序言和正文。第三,虽然"七八宪法"制定时"文化大革命"业已结束,但"坚持无产阶级专政下的继续革命"仍然被作为"新时期的总任务"载入宪法序言当中。第四,相较而言,"八二宪法"中的革命话语更多地表现为一种历史叙事,即中国共产党通过革命建立中华人民共和国,并以由此获得共和国成立后执政的正当性。但八二修宪文本依然保留了不少革命话语,比如宪法序言载明的"阶级斗争还将在一定范围内长期存在",以及总纲规定的"镇压叛国和其他反革命的活动"和"加强武装力量的革命化"等。

由上可见,"五四宪法""七五宪法"和"七八宪法"都带有明显的革命色彩,尤其体现在宪法序言当中。② 不过与前三部宪法相比,"八二宪法"虽然依旧保有大量革命主义的历史叙事甚至原则性规范,但改革的意味显然已浓于革命,且随着此后数部宪法修正案删改了八二修宪文本中的不少革命话语,由此使得"八二宪法"的改革特质愈加强烈。与此同时,其改革特质还体现在对国家根本任务的规定与此前三部宪法有较大差异:"五四宪法"序言载明的国家根本任务是"过渡时期的总任务",亦即取得社会主义革命的胜利;"七五宪法"和"七八宪法"中的国家根本任务皆为"无产阶级专政下的继续革命";而"八二宪法"载明的国家根本任务已不再是革命,而是"集中力量进行社会主义现代化建设"。即便如此,1982年通过施行的八二修宪文本并非严格意义上的"改革宪法",其中的某些规定甚至是此后改革和开放的掣肘:例如,有关土地所有制和计划经济体制等的规定,无疑会造成宪法文本与改革事实间的紧张关系。此时,对八二修宪文本的修改便成为必要,即以宪法修正案的方式消除宪法文本与改革实践间的紧张关系。在这个意义上来说,"八二宪法"的改革特质更多是由宪法修正案赋予的,或者说八二修宪文本和若干宪法修正案共同将"八二宪法"塑造成为一部"改革宪法"。

---

① 参见逄先知、金冲及主编:《毛泽东传(1949—1976)》(上),中央文献出版社2003年版,第266页。
② 参见姚中秋:《从革命到文明:八二宪法序言第一段大义疏解》,载《法学评论》2015年第2期。

四、余论：如何理解四部宪法间的关系

作为使松散的社会结构紧紧凝聚在一起的黏合物，法律必须巧妙地将过去与现实勾连起来，同时又不忽视未来的迫切要求。① 这同样是八二修宪者们对"新宪法"的期许，而"八二宪法"在传续之余的革新以及终结革命的同时开启改革的特质，表明"八二宪法"并未辜负这一期许。这其实也使得"八二宪法"既能应对修宪时的复杂局面，亦可适应改革开放带来的深刻变革。在这个意义上来说，将"八二宪法"评价为一部好的宪法并不为过。然而，我们切不可因此忘却共和国历史上的其他三部宪法，以及具有临时宪法作用的《共同纲领》。因为"政体"的传承须仰仗"法统"和宪制秩序的延续，是故以规范形式呈现的宪法须保持文本话语之历时态与共时态的协调。② 与此同时，"八二宪法"中不少颇具深意的制度设计，乃是源于此前制宪、修宪和行宪的经验教训，因此忽视既往的三部宪法，无疑会遮蔽我们对当今和未来共和国宪制的全面理解。

与"忘却"相对应的并不止是"铭记"，还须正确理解共和国历史上四部宪法之间的关系，不过，这无疑是一个颇为重要但又相当难解的理论命题。上文借由宪法文本的对照尝试揭示相互间的关联，其实亦仅仅是"管中窥豹"式的考察，且大多停留在事实关联的探究层面。因此，下文将在既有讨论的基础上对此展开进一步的"余论"，但同样只是一种论纲式的勾勒。

上文谈及的区分制宪文本与修宪文本的方案，应该说是为理解四部宪法间的关系提供了一种思路。除此之外，还要一些讨论涉及此问题，其中不少讨论是在制宪权的理论视域下进行的观察：例如，有论者认为在社会剧变期的宪法规范若欲赶上事态的变迁，制宪权的运用显然是免不了的，因此四部宪法都是新宪法，而非修宪的结果。③ 或是认为"五四宪法"的制定无疑是制宪权的行使，但此后三次宪法的全面修改则是制宪权的进一步行使而非全面重新行使，因为国家的根本政治决断并未改变。④ 此外，亦有以宪法修改方式为角度进行的讨论，如

---

① ［美］E·博登海默：《法理学：法律哲学与法律方法》，邓正来译，中国政法大学出版社2004年版，第340页。
② 秦前红：《宪法修改与宪政转型》，载《法商研究》2004年第3期。
③ 参见陈端洪：《宪法学的知识界碑——政治学者和宪法学者关于制宪权的对话》，载《开放时代》2010年第3期。
④ 李忠夏：《从制宪权角度透视新中国宪法的发展》，载《中外法学》2014年第3期。

认为"七五宪法""七八宪法"和"八二宪法"都是对前一部宪法进行全面修改的产物,①这其实也是修宪者们的认识。

与此同时,域外宪法修改和宪法变迁的理论与实践,也为我们理解四部宪法间的关系提供了更多可能的思路。例如在日本,近现代意义上的宪法历史始于1889年颁布的《明治宪法》,但在第二次世界大战结束之后,该部宪法经历了一次重大修改和变迁,尤其是主权属于天皇的国体发生变更。② 不过,如此宪法变迁在形式上看依旧是对《明治宪法》的全面修改,这表现为当时的修宪是根据《明治宪法》第73条规定的修宪程序进行的,即由帝国政府以敕命向帝国议会提出宪法修改草案,帝国议会审议后于1946年11月通过公布,并自1947年5月起施行。③ 此般修宪实践被认为是"为保障宪法的继续性的完全形式性的技术手段"。④ 由此观之,此两部宪法之间同样有着既延续又革新的关联,这也使得如何理解从《明治宪法》到《日本国宪法》的变革,在宪法理论上出现不少论争和对立。⑤ 此外,德国和法国在数百年间因革命、政变或战争而生的宪法修改和变迁,同样在很大程度上存在类似的问题。

以上理论探讨及域外实践,分别从不同视角为我们理解四部宪法间的关联提供了可能方案。但不可否认的是,既有的分析路径并未"走近"或是有意"绕开"了宪法修改和变迁的中国实践。例如,上述所谓"制宪权进一步行使"的观点,其实只是对一个似是而非的问题,给出了一个模棱两可的答案。这另一方面也表明,包括制宪权在内的宪法理论未必能解释中国宪法变迁中的问题,反而由此折射出制宪权理论的内在困境。⑥ 本文以为,理解四部宪法间关系的关键在于如何解释何为宪法的"全面修改"。因为"五四宪法"作为共和国的首部宪法,其地位与来源应是无争议的,存在争议且难以理解的恰是此后三部宪法相互间的关系,以及这三部宪法与"五四宪法"的关系。而这三部宪法又是直接源于宪法的全面修改,因此如何认识所谓的"全面修改"便成为无法回避的问题。但是,

---

① 参见张庆福主编:《宪法学基础理论》(上),社会科学文献出版社2015年版,第243页。
② 参见[日]芦部信喜:《宪法》,林来梵、凌维慈、龙绚丽译,北京大学出版社2006年版,第20—21页。
③ [日]宫泽俊义:《日本国宪法精解》,董璠舆译,中国民主法制出版社1990年版,第13—15页。
④ [日]芦部信喜:《制宪权》,王贵松译,中国政法大学出版社2012年版,第233—234页。
⑤ 参见[日]芦部信喜:《制宪权》,王贵松译,中国政法大学出版社2012年版,第130页。
⑥ 参见李忠夏:《从制宪权角度透视新中国宪法的发展》,载《中外法学》2014年第3期。

宪法全面修改本身即为一个颇为复杂且相当难解的理论问题,既有的理论探讨亦相对鲜见,加之"修宪基础"等特殊概念在八二修宪过程中的存在,致使此一既已复杂难解的问题更趋复杂化。

The Inheritances and Changes of the 1982 Constitution:
With an Analysis of the 1978 Constitution's Impact on the 1982 Constitution

Liu Yida

Abstract: It is a value judgement that the 1982 Constitution is based on the 1954 Constitution, but it should not deny the factual connection among four Constitutions of the PRC. A comparison of these four Constitutions shows that the first three Constitutions provide many institutional prototypes for the 1982 Constitution. The 1954 Constitution changed into the 1982 Constitution through three comprehensively amendments. Although the general elements changed a lot in this process, the constitutional order has been continued for the basic elements unchanged. There are many inheritances and changes in the 1982 Constitution, and the changes originate from the experience and lessons in the implementation of constitution and the institutional adjustment to the Reform and Opening-up. Meanwhile, only comprehending the connection among these four Constitutions can we understand the 1982 Constitution objectively.

Key words: 1982 Constitution; 1978 Constitution; Amendment of the Constitution in 1982; Inheritance; Changes

(责任编辑:宋亚辉)

国际法学

"冰上丝绸之路"航行自由法律问题研究

王泽林*

[摘　要]　中国提出"一带一路"倡议,俄罗斯为开发北方海航道提出中俄共建"冰上丝绸之路",这与中国对北极航道的利用政策相互契合。依据国际法,"冰上丝绸之路"适用航行自由原则,但是俄罗斯和加拿大的主张以及对北极航道的实际管控制度被美国等国家视为违反这一原则,引起北极航道的航行自由问题争端,这一争端主要表现为北极航道的法律地位争端和北极航道所处海域的法律性质争端。同时,"冰上丝绸之路"的航行自由原则在实践中会受到一定限制。"冰上丝绸之路"对中国具有极其重要的利益,在航行自由争端无法一时解决的情况下,"搁置争议,合作开发"成为其他国家与北冰洋沿岸国之间开发利用北极航道的最佳选择,利用《联合国海洋法公约》的争端解决机制也可能成为将来的选择之一。

[关键词]　冰上丝绸之路;北极航道;航行自由原则;历史性水域;极地规则

一、"冰上丝绸之路"内涵与外延

"冰上丝绸之路"这一概念源于"丝绸之路"的概念,同时又与"北极航道"的概念密不可分。

传统上的北极航道是指穿越北冰洋、连接大西洋和太平洋的航道,包括穿越加拿大北极群岛的西北航道和俄罗斯沿岸海域的东北航道,但是近年来随着北极冰融的加速,北极未来将会出现第三条航道即直接穿越北极点的航道(其被称为"中央航道"或"穿极航道")。

---

*　王泽林,西北政法大学国际法学院副教授,法学博士,博士后,硕士生导师。研究方向:国际法、国际海洋法。本文系国家社会科学基金一般项目《中国北极权益的国际法问题研究》(项目编号:14BFX126),陕西省教育厅哲学社会科学重点研究基地项目《中国战略新疆域国际法问题研究》(项目编号:16JZ082),西北政法大学国际法青年创新团队"国际法前沿问题研究"项目的阶段性研究成果。

东北航道是指西起冰岛，经巴伦支海，沿欧亚大陆北方海域，向东经白令海峡连接大西洋与太平洋的海上通道。多年来俄罗斯一直向国际社会推介"北方海航道"这个概念并被其他国家逐渐接受。北方海航道属于东北航道的一部分，俄罗斯提出的"冰上丝绸之路"指的就是其一直推广的"北方海航道"。从俄罗斯领导人在各个场合的谈话可以得知，俄罗斯希望中俄共建"北方海航道"。

就"北方海航道"的性质而言，苏联认为它是国内航线。早在1932年，苏联成立"北方海航道管理局"，对该航线进行管理。[①] 第二次世界大战结束之后，苏联关闭该航线，禁止外国船舶通行。苏联解体后，俄罗斯联邦政府继承了苏联关于北方海航道国内航线的立场。2012年，俄罗斯通过联邦法律修正案，修改了《俄罗斯联邦商业航运法》，增加了"北方海航道水域"条款。[②] 同时，俄罗斯制定《北方海航道水域航行规则》(2013年实施)。俄罗斯在该《规则》中将"北方海航道"明确界定为位于俄罗斯的内海水、领海、毗连区和专属经济区之内的航道。

因此，在俄罗斯的法规中"北方海航道"是一个在其管辖海域(北方海航道水域)中不同航线的统称。[③] 它途径五个海域和十个海峡，一般可以具体细分为沿岸航线、高纬度航线、中央航线和靠近极点航线等四条航线。[④]

对中国而言，"冰上丝绸之路"的含义不能仅限定于俄罗斯提出的"北方海航道"的范围之内。《中国的北极政策》白皮书明确指出"加强共建'一带一路'倡议框架下关于北极领域的国际合作"，"与各方共建'冰上丝绸之路'"。显然，中国所指的"冰上丝绸之路"泛指北极航道，其中不仅包括东北航道，也包括西北航

---

① See H.P.Smolka, *Soviet Strategy in the Arctic*, 16 Foreign Affairs 273(1938).
② 该法第5.1条规定："北方海航道水域应视为毗连俄罗斯北方海岸的水域，包括内海水、领海、毗连区和专属经济区，东起俄罗斯与美国的海上边界和杰日尼奥夫角到白令海峡中的纬线，西至新地群岛热拉尼亚角的经线、以及新地群岛东部的海岸线和马托奇金海峡、喀拉海峡与尤戈尔海峡的西部边界。"See On Amendments to Certain Legislative Acts of the Russian Federation Concerning State Regulation of Merchant Shipping on the Water Area of the Northern Sea Route, Article 3, approved by the Federation Council on July 18, 2012.
③ 1991年俄罗斯《北方海航道海路航行规章》第1条规定："北方海航道，是位于苏联内海、领海(水)或者毗连苏联北方沿岸的专属经济区内的基本国内海运线，包括适合冰区领航船舶航行的海道，西端的起点是新地岛海峡的西部各个入口和热拉尼亚角向北的经线，东端到白令海峡中的北纬66°线和西经168°58′37′的经线。"See Regulation for Navigation on the Seaways of the NSR (1991), Article 2.
④ See R. Douglas Brubaker, *The Russian Arctic Straits*, Martinus Nijhoff Publishers, 2005, pp.17-23.

道,当然也包括俄罗斯推进建设的"北方海航道"。中国与各方共建"冰上丝绸之路"主要是指与北极航道沿岸国家共建,也包括与其他愿意参与北极航道建设的国家共同建设和发展北极航道。因此除俄罗斯之外,中国还应该与其他国家探讨在加拿大沿岸的西北航道和北极中央航道方面的合作建设。①

综上所述,从"冰上丝绸之路"起源与中俄的表态可知,"冰上丝绸之路"的狭义概念是指"北方海航道"。但《中国的北极政策》白皮书又脱离该狭义的含义,泛指整个北极航道,并将其纳入"一带一路"倡议的框架之下。因此,"冰上丝绸之路"这一概念在不同的语境下具有不同的内涵和外延。

中俄共建"冰上丝绸之路"是在两国共同的意愿之下推动的。2013年9月和10月中国提出"一带一路"的倡议;2015年中俄总理第二十次定期会晤后,在两国联合公报中写进"加强北方海航道开发利用合作,开展北极航运研究";2017年5月,外交部部长王毅访问俄罗斯的时候,俄罗斯正式提出共同开发北极航线,建设一条"冰上丝绸之路",王毅表示:"中方欢迎支持,我们中俄双方与其他愿意参与的国家一道努力去开辟这条冰上的丝绸之路。"②

2017年7月4日,习近平主席在莫斯科会见俄罗斯总理梅德韦杰夫时表示,"要开展北极航道合作,共同打造'冰上丝绸之路',落实好有关互联互通项目。"③至此,"冰上丝绸之路"在中俄的共同推动下,成为"一带一路"框架内的重要议题。中国政府2018年1月发布的《中国的北极政策》白皮书明确指出:"中国愿依托北极航道的开发利用,与各方共建'冰上丝绸之路'"。这意味着北极航道被纳入"一带一路"倡议,从提出共建"冰上丝绸之路"的概念和倡议,发展到达成共识和实质推进的新阶段。

二、"冰上丝绸之路"航行自由的法律争端

本文讨论的"冰上丝绸之路"泛指北极航道,其中的东北航道和西北航道的国际法律地位目前存在争论,各国持不同的立场,特别是美国与俄罗斯和加拿大

---

① 王志民、陈远航:《中俄打造"冰上丝绸之路"的机遇与挑战》,载《东北亚论坛》,2018年第2期,第29页。

② 王毅:《中俄有意开发北极航线,建设冰上丝绸之路》,http://www.guancha.cn/Neighbors/2017_05_27_410454.shtml,2017年12月20日访问。

③ 管克江等:《"冰上丝绸之路"吸引世界目光》,载《人民日报》2018年1月28日第3版。

的立场严重冲突,具体而言:

美国的基本立场是北极航道是国际航道,各国船舶享有航行自由的权利,在通过航道海峡时适用《联合国海洋法公约》(以下简称《公约》)规定的过境通行制度。美国曾多次对加拿大和俄罗斯对北极航道的严格管控提出抗议,[①]而且多次以通过国内法令的形式强化其立场,例如2009年1月9日颁布的《国家安全总统指令与国土安全总统指令》规定:"西北航道是用于国际航行的海峡,北方海航道包括用于国际航行的海峡;过境通行制度适用于经过这些海峡的航道。维护在北极地区航行和飞越的权利和义务,这将使我们有能力在全球(包括通过那些战略性的海峡)行使这些权利。"[②]2013年颁布的《北极地区国家战略》指出北极航道适用"航行自由的国际法律原则……以及与这些自由相关的海洋和空间的其他国际法用途。"[③]

俄罗斯目前将东北航道途经其管辖水域的这一部分称为"北方海航道",将该航道处于其管辖的水域称为"北方海航道水域"。俄罗斯通过国内立法对该水域通过的外国船舶实施严格管理,尤其是外国船舶通过时实施提前申报批准制度。

加拿大将通过其北极群岛水域的西北航道这一部分,通过主张历史性内水以及划定直线基线的方式,宣布实行内水管理制度。外国船舶通过时也实施提前申报批准制度。

另外,俄罗斯和加拿大共同的核心立场是:不将东北航道和西北航道途经其沿岸的海峡视为《公约》规定的"用于国际航行的海峡",从而排除适用相应的过

[①] 例如1970年4月15日美国照会加拿大,认为加拿大制定《北极水域污染防治法》的行为"将为世界其他地方违反海洋自由原则开创一个先例……商船航行将会严重受限"。See U.S. Statement on Canada's Proposed Legislation, *Department.of State Statement on Government of Canada's Bills on Limits of the Territorial Sea, Fisheries and Pollution*, 9 Int'l Legal Materials605(1970).

[②] See US "National Security Presidential Directive and Homeland Security Presidential Directive": Freedom of the seas is a top national priority. The Northwest Passage is a strait used for international navigation, and the Northern Sea Route includes straits used for international navigation; the regime of transit passage appliesto passage through those straits. Preserving the rights and duties relating to navigation and overflight in the Arcticregion supports our ability to exercise these rights throughout the world, including through strategic straits.

[③] See The White House, *National Strategy for The Arctic Region*(2013), at https://obamawhitehouse.archives.gov/sites/default/files/docs/nat_arctic_strategy.pdf (Last visited on 15 January 2018).

境通行制度。

这一立场与美国等国家的立场截然相反。依据美国的观点,北极航道途径海峡适用过境通行制度是海洋航行自由的具体体现,而依据俄罗斯和加拿大的立场,则剥夺了其他国家的船舶在北极航道的过境通行权,违反国际法中的航行自由原则。这一争端直接涉及《公约》关于"用于国际航行的海峡"相关条款的解释问题,核心问题则是北极航道途经海峡法律地位的争端问题。

(一)北极航道途经海峡的法律地位争端

北极海域的自然环境极端恶劣。出于安全考虑,船舶迄今为止主要在近岸海域航行。因此,在东北航道一般要经过俄罗斯北部的主要海峡,在西北航道要通过加拿大北极群岛之间的海峡。这些海峡的法律地位决定船舶适用的通行制度。

如果这些海峡属于国际海峡,则适用国际习惯法中规定的航行和飞越自由。不过,1982年《公约》在第三部分专门规定"用于国际航行的海峡"制度,对这类性质的国际海峡适用特殊的航行自由和飞越自由制度即"过境通行"制度:"所有船舶和飞机均享有过境通行的权利",在该类海峡"继续不停和迅速过境的目的而行使航行和飞越自由",但是受到一定限制——例如"不对海峡沿岸国的主权、领土完整或政治独立进行任何武力威胁或使用武力,或以任何其他违反《联合国宪章》所体现的国际法原则的方式进行武力威胁或使用武力;除因不可抗力或遇难而有必要外,不从事其继续不停和迅速过境的通常方式所附带发生的活动以外的活动"等。①

除美国外,北冰洋的沿岸国均是《公约》的缔约国。美国虽然不是《公约》缔约国,但美国认为《公约》的该部分规定是国际习惯法,理应遵守。另外,联合国第三次海洋法会议期间美国和苏联提交的相关草案也持上述立场,这两个海洋强国的主张代表了对海洋自由、保障航行权益的要求。② 简言之,尚无国家对于《公约》规定的过境通行制度予以否定,但是对于北极航道途经海峡是否属于《公约》规定的"用于国际航行的海峡"存在争端。俄罗斯和加拿大主张:北极航道途经海峡不属于"用于国际航行的海峡",因此不能适用"过境通行制度"。美国和其他国家对此表示反对。

北极航道途经海峡是否属于《公约》所规定的"用于国际航行的海峡"? 这一问题可从《公约》的规定深入分析。依据《公约》第37条,过境通行制度适用于"在公海或专属经济区的一个部分和公海或专属经济区的另一部分之间的用于

---

① 《联合国海洋法公约》第37—39条。
② 李人达:《过境通行制度研究》,中国政法大学出版社2017版,第23页。

国际航行的海峡"。这一条款判断的标准延续了国际法院在"科孚海峡案"中的裁决标准,以及 1958 年《领海与毗连区公约》规定的标准。具体而言:一是地理标准,该海峡连接的两端分别是公海或专属经济区(存在一些例外情况,但这些例外情况并不适用于北极航道途经的海峡)①——迄今为止,北冰洋沿岸国以及其他国家对北极航道途经的海峡符合这一标准并无异议;二是功能标准,这一标准要求适用过境通行的海峡"用于国际航行",但是这一标准适用于北极航道途经海峡的判断时,相关国家却得出不同的结果。这其中的关键问题是"用于国际航行"的时间问题,以《公约》生效的时间节点来考察某海峡是否已经用于国际航行,则存在两种结果,分别是已经用于国际航行的事实和将来用于国际航行的可能性。另外也有学者认为:时间节点是就某海峡的性质发生争端时,考察该海峡正在用于国际航行的事实是否存在。② 无论考虑何种时间节点,首先需要确定的是该海峡是否存在用于国际航行的事实。倘若存在,则毫无疑问符合功能标准;倘若出现没有用于国际航行或者用于国际航行的船舶数量很少的情况(例如北极航道的情况),北极航道途经的海峡不符合功能标准这一条件,③因而不能视为"用于国际航行的海峡"。以美国为主的一些学者认为,"用于国际航行"这一功能标准包括未来用于国际航行的这一情况在内。④ 针对北极航道的性质发生争端之前,历史上确实存在过数量极少的外国船舶通行的事实,美国学者认为,这些事实已经足以证明其已经"用于国际航行",而国际法并没有关于历史上

---

① 《联合国海洋法公约》第 36 条规定"如果穿过某一用于国际航行的海峡有在航行和水文特征方面同样方便的一条穿过公海或穿过专属经济区的航道,本部分不适用于该海峡";第 38 条第 1 款规定"如果海峡是由海峡沿岸国和一个岛屿和该国大陆形成,而且该岛向海一面有在航行和水文特征方面同样方便的一条穿过公海或穿过专属经济区的航道,过境通行就不应适用";第 45 条规定"在公海或专属经济区的一个部分和外国领海之间的海峡"适用无害通过制度。

② See Bing Bing Jia, *The Regime of Straits in International Law*, Oxford University Press, 1988, p.50.

③ 参见以下学者的观点:Donat Pharand, *Canada's Waters in International Law*, Cambridge University Press, 1988, pp.224 - 225; J. Bruce Mckinnon, *Arctic Baselines: A litore Usque a Litus*, 66 Canadian Bar Review816(1987); Suzanne Lalonde, *Increased Traffic through Canadian Arctic Waters: Canada's State of Readiness*, 38 R.J.T.49, 89 (2004); D.M McRae, *Arctic Waters and Canadian Sovereignty*, 38 International Journal488 (1983); Mike Perry, *Rights of Passage: Canadian Sovereignty and International Law in the Arctic*, 74 University of Detroit Mercy Law Review678(1997).

④ See James Kraska, *The Law of the Sea Convention and the Northwest Passage*, 22 International Journal of Marine and Coastal Law257,274(2007).

通行船舶的数量标准这个因素，所以对于船舶历史上航行的数量无须考虑。①

在"科孚海峡案"中，国际法院在审查英国提出外国船舶长期使用该海峡的证据后，裁定该海峡是用于国际海上交通的航道。② 这是国际法院对于国际习惯法关于国际海峡功能标准的司法实践确认。不过，国际法院在该案中并没有重点论述这一标准的内涵。从《公约》第37条的文本用语解释分析，《公约》的中文和英文文本中的"用于"一词不能仅仅解释为"过去用于"这一含义，还应该包括"现在和未来用于"的含义。另外，考察《公约》这一条款的制定过程，当时的海洋强国之所以同意大多数发展中国家主张宽度为12海里的领海，是以国际海峡的航行和飞越自由作为交换筹码，保障世界上重要海峡的航行自由是立法的目的。如果对"用于国际航行"仅仅做狭义的解释显然与《公约》的目的和宗旨相违背。综上所述，笔者认为北极航道途经的海峡属于《公约》规定的"用于国际航行的海峡"。

（二）北极航道途经海峡水域的法律地位

《公约》第34条规定："本部分所规定的用于国际航行的海峡的通过制度，不应在其他方面影响构成这种海峡的水域的法律地位。"依此规定，位于沿岸国陆地之间的"用于国际航行的海峡"的水域可能是沿岸国的内水、领海或者专属经济区，沿岸国对该海峡水域享有主权或主权权利。但无论该海峡水域的性质如何，均不会影响到《公约》规定的该海峡适用的过境通行制度。

实践中，加拿大和俄罗斯通过划定直线基线的方式将北极航道途径的海峡水域确定为其内水。加拿大于1985年9月通过法令划定北极群岛直线基线，将西北航道途径的海峡水域全部确定为内水。虽然加拿大认为其法律依据是国际习惯法，因为当时加拿大没有加入1958年的《领海与毗连区公约》，而且当年《联合国海洋法公约》还没有生效，③但美国仍然对其中的八处海峡入口的直线基线提出抗议。苏联也在1985年1月通过《俄罗斯直线基线：北极大陆沿岸与岛屿、波罗的海和黑海》第4450号令，④对北极陆地沿岸和岛屿划定直线基线，从而将

---

① See Richard J. Grunawalt, *United States Policy on International Straits*, 18 Ocean Development and International Law 445-456(1987).

② Corfu Channel Case(United Kingdom of Great Britain and Northern Ireland v. Albania) Judgment, ICJ Reports 1949, p.29.

③ See Robert R. Roth, *Sovereignty and Jurisdiction over Arctic Waters*, 4 Alberta Law Review861(1990).

④ See Russia Decree 4450 of 15 January 1985 Covered the Continental Coast and Islands of the Arctic, Russian Straight Baseline: Arctic Continental Coast and Islands, Baltic Sea, and Black Sea.

一系列东北航道上的海峡水域纳入内水。苏联解体后,俄罗斯于1998年7月通过联邦法令继续维持苏联时期划定的直线基线。美国也对其几处重要海峡入口处划定的直线基线提出抗议。显然,苏联在划定北极地区直线基线的时候《联合国海洋法公约》没有生效,适用的也是国际习惯法的规定。特别是在1951年的"英挪渔业案"中,国际法院裁定挪威划定直线基线合法并确定标准,这一标准被《公约》所继承。因此,加拿大与俄罗斯就其所划直线基线与美国产生分歧的主要原因是部分直线基线是否符合国际习惯法所确定的标准而已。本文无意去深入研究这一问题,这一问题仅会引起北极航道途经海峡的水域的法律地位变化。但正如前文所指,"用于国际航行的海峡"水域的法律地位并不会影响其通行制度。因此无论现在或将来关于这一问题的争端如何解决,对于北极航道途经海峡适用过境通行制度并无影响,故本文对此问题不再赘述。

但是,另一个争论的问题却会实质性地影响到北极航道的航行自由,即北极航道的水域是否属于沿岸国的历史性内水问题。

1969年10月,时任加拿大总理皮埃多提及加拿大对西北航道拥有"历史性权利"。[①] 1970年4月,加拿大向美国提交照会表示北极群岛内的水域"是属于加拿大的……加拿大政府不接受任何将该水域国际化的建议"。[②] 加拿大正式对西北航道提出"历史性内水"主张的是1973年加拿大法律事务局的报告声称:"基于历史,加拿大主张加拿大北极群岛内的水域是加拿大的内水。"在联合国第三次海洋法会议期间,1975年加拿大外交秘书声称:"加拿大认为北极水域是内水,过境通行制度不适用于北极。"[③]1985年9月当加拿大划定北极群岛的直线基线时,其外长声称:"这些基线确定了加拿大历史性内水的外部界限。"

苏联也曾经在1964年向美国声称:依据历史性权利,东北航道上的德米特里·拉普捷夫海峡和桑尼科夫海峡属于苏联。[④] 苏联解体后,俄罗斯并未对这个问题作出进一步解释。1993年《俄罗斯联邦边疆法》第5条规定"历史上属于俄罗斯的海峡"将会在未来公布,这一规定为继承苏联的立场以及进一步拓展主张空间埋下伏笔。

---

① See Nicholas C. Howson, *Breaking the Ice: The Canadian-American Dispute over the Arctic's Northwest Passage*, 26 Columbia Journal of International Law 363(1987).

② See Joseph W. Dellapenna, *Canadian Claims in Arctic Waters*, 7 Land and Water Law Review404(1972).

③ See Donat Pharand, *The Arctic Water and the Northwest Passage: A Final Revisit*, 38 Ocean Development and International Law11(2007).

④ See United States Responses to Excessive National Maritime Claims, Limits in the Sea No. 112, March 9,1992.11.

加拿大和俄罗斯对北极航道途经海峡水域主张主权性质的历史性水域,无论是称为历史性内水还是历史性海峡,其主要目的是彰显并行使主权。《公约》第34条规定用于国际航行的海峡的通过制度并不影响海峡水域的法律地位。但是,对于北极航道途径海峡而言,如果加拿大和俄罗斯运用历史性权利这个概念,[1]特别是借鉴《公约》提及的"历史性海湾"概念,[2]来主张历史性的、排他性的主权的话,等于是完全排除了国际习惯法以及《公约》所规定的航行自由和飞越自由的通行制度,尤其是《公约》明确规定的过境通行制度。

关于历史性水域特别是历史性内水的国际法制度,目前并无相关的国际条约规范,因而只能分析国际习惯法中的规定,对海域的历史性权利的主张来源于国际社会的实践。迄今为止,尽管国际社会在1930年海牙国际法编纂会议和联合国的三次海洋法会议中对此问题曾进行讨论,但并未达成共识。

在国家实践以及国际司法实践中,1951年国际法院在"英挪渔业案"裁决中认为:历史性海湾通常本身并不具有内水性质,但是由于具备历史性权利而拥有内水的法律地位。[3] 这一国际习惯法规则仅适用于历史性海湾,但依然在国际社会的后续实践中引起激烈的冲突。笔者认为历史性水域包括历史性海湾,目前仍然未形成国际习惯法,客观现实也表现为国际习惯法还在发展和形成中。

具体到北极群岛水域,加拿大主张内水性质的历史性水域。即使运用1962年联合国秘书处报告中的三个标准——即国家对主张区域的权力行使,权力行使构成惯例以及外国的立场——来判断,[4]基于加拿大主张的时间起点和行使的权力的内容,以及美国等其他国家的反对立场等因素,笔者认为加拿大的历史性内水的主张无法成立。如果不把这三个标准视为国际习惯法规则,而仅从客观事实来分析,加拿大也在历史上并没有排除外国船舶航行自由的实践,从17世纪起已经有外国的探险家在西北航道航行探险,美国"曼哈顿"号油轮和"极地海"号海岸警卫队破冰船分别在1969年和1985年未经加拿大许可而穿过西北

---

[1] 英文中关于权利的表述有"title(s)"和"right(s)",两者之间并无明确的区别,英文版的1958年《领海与毗连区公约》和1982年《联合国海洋法公约》中使用"title",后者的中文版本翻译为"历史性所有权",两者在研究中经常被替换使用,但是国际法委员会官方网站公布的《领海及毗连区公约》中文本将"historical title"翻译为"历史上的权利",有的学者将该词翻译为"历史性权原"。参见李任远:《国际法中的历史性权利研究》,法律出版社2018年版,第3—7页。

[2] 《联合国海洋法公约》第10条第6款,第298条第1款。

[3] Fisheries Case (United Kingdom v. Norway), Judgment, ICJ Reports 1951, p.18.

[4] See Juridical Regime of Historic waters including historic bays-Study prepared by the Secretariat, U.N. Doc. A/CN. 4/143, 1962, pp.13 - 18.

航道。① 另外从时间上分析,加拿大并没有禁止或限制外国船舶航行的久远历史,更何况加拿大主张历史性内水的时间节点也近在眼前。

俄罗斯目前不强调对东北航道途经海峡的历史性内水或历史性海峡的主张,故本文也不再对此问题展开讨论。倘若俄罗斯将来主张主权性质的历史性海峡的话,也将面临与加拿大同样的证明难题。

三、"冰上丝绸之路"航行自由的限制

随着地理大发现以及海上贸易的繁荣,海洋的法律地位问题引起激烈的争论,②最终以格老秀斯主张的海洋自由观点得到国际社会的认可,海洋自由原则成为国际法上的一项原则。但随着国家的实践,特别是联合国海洋法会议通过的系列公约导致传统的海洋自由原则受到极大限制,例如沿海国对领海享有主权,对毗连区享有管制权,对专属经济区和大陆架享有主权权利等内容对海洋自由造成一定的妨碍,因此,海洋自由原则逐渐发展和演变到海洋航行自由原则,在这一转变过程中美国发挥了重要的力量。

著名思想家马汉在其著作《海权对历史的影响 1660—1783》提出海权论,他认为海洋是一条宽广的公用通道。③ 马汉的思想让美国意识到航行自由的重要意义,美国才得以重视海军的发展。威尔逊总统将航行自由纳入"十四点原则",之后的美国政策也将构建海洋航行自由作为其追求目标。④ 在联合国第三次海洋法会议期间,美国认为沿海国对领海的扩张开始威胁到公海的航行自由,威胁到其在世界上重要海峡的通行,因此在 1979 年开始实施"航行自由计划"以维护美国的基本立场。该计划同时也对正在进行的联合国第三次海洋法会议谈判起到施加压力的效果。最终《联合国海洋法公约》规定国际海峡适用"过境通行"的航行自由和飞越自由制度。

航行自由不仅是国际海洋习惯法中的一项基本原则,也是现代国际海洋法包括《联合国海洋法公约》在内的一项基本原则。《公约》规定不同海域具有不同

---

① 王泽林:《北极航道法律地位研究》,上海交通大学出版社,2014 年版,第 34—40 页。
② 格老秀斯在 1609 年出版《海洋自由论》中认为海洋不属于任何人所有,不能被占领,任何人都不能妨碍航行自由。
③ [美]阿尔弗雷德·塞耶·马汉:《海权论》,欧阳瑾译,中国言实出版社 2015 年版,第 21 页。
④ 潘玉:《美国航行自由政策研究》,吉林大学 2017 年博士论文,第 27—30 页。

的航行制度,①但明确提及航行自由的条款包括:第 36 条规定对于穿过用于国际航行的海峡的公海航道或穿过专属经济区的航道,适用公海或专属经济区部分规定的航行自由规定;第 38 条规定用于国际航行的海峡适用航行和飞越自由的过境通行制度;第 58 条规定在专属经济区内所有国家的船舶享有公海性质的航行和飞越自由;第 87 条第 1 款规定公海的航行自由。这些规定把国际习惯法中的航行自由原则以条约的形式加以明确,强调在现代国际海洋法发展过程中出现的不同海域继续适用航行自由这一基本原则。但是无论是从航行安全还是环境保护方面考虑,航行自由是受到限制的。作为"冰上丝绸之路"的北极航道同样受到一定的限制,具体如下文所述。

(一)《公约》相关条款明确规定的限制

《公约》明确规定的这些限制主要是船舶以及船旗国应当承担的义务,这在《公约》中主要体现为以下三个方面:

一是为保护海洋环境而施加的限制。《公约》的宗旨之一是为海洋建立一种秩序以保护和保全海洋环境,②各国都有保护和保全海洋环境的义务。③ 因此各国应当参与制定国际规则和标准,制定国内法律和规章以防止、减少和控制悬挂其旗帜或在国内登记的船只对海洋环境的污染。④

船旗国应确保悬挂其旗帜或在其国内登记的船只遵守相关的国际规则和标准以及本国制定的国内法规和规章,包括遵守国际规则和标准确定的关于船只的设计、建造、装备和人员配备的规定,并持有依据国际规则和标准颁发的各种证书等。⑤ 船旗国还应当对悬挂本国旗帜的船舶有效地行使行政、技术以及社会事项上的管辖和控制。⑥

二是为保障船舶的航行安全而施加的限制。船舶的安全航行对船主和海洋环境的保护具有重要意义,因此《公约》特别要求船旗国采取一些措施保障海上安全,另外还要在船舶的人员配备、船员的劳动条件和训练以及信号的使用、通信的维持和碰撞的防止等方面采取措施。⑦《公约》规定的船旗国管辖权实施的

---

① 《公约》第 17 条规定领海的无害通过制度;第 38 条规定用于国际航行海峡的过境通行制度;第 53 条规定群岛国家的群岛海道通过权;第 58 条规定专属经济区的航行自由制度;第 87 条规定公海的航行自由制度。

② 《联合国海洋法公约》序言第 5 段。

③ 《联合国海洋法公约》第 192 条。

④ 《联合国海洋法公约》第 211 条。

⑤ 《联合国海洋法公约》第 217 条。

⑥ 《联合国海洋法公约》第 94 条。

⑦ 《联合国海洋法公约》第 94 条第 3 款至第 5 款。

具体措施会对该国船舶的航行自由形成限制，但是对于保障航行安全，维护海洋秩序却是不可缺失的。

三是为保障沿岸国的利益而施加的限制。在沿岸国的主权海域或管辖海域，船舶在航行时需要遵守《公约》规定的义务。例如外国船舶在领海中的无害通过不能损害沿海国的和平、良好秩序或安全；①在专属经济区的自由航行应适当顾及沿海国的权利，②沿海国在专属经济区内所享有的人工设施管辖权、渔业管辖权、海洋环境保护管辖权以及海洋科学研究等权利的实施都会对船舶的航行自由产生了限制性的效应。

另外，在公海的航行自由也不能做出《公约》所规定的禁止行为，例如贩运奴隶行为、海盗行为、非法贩运麻醉药品或精神调理物质的行为以及从事未经许可的广播行为等。③ 公海航行中的船舶发生上述行为则受到《公约》规定的普遍管辖权调整，这对于维护公海航行安全，打击国际罪行具有重要的意义。

针对"用于国际航行的海峡"，《公约》第39条规定船舶行使过境通行权时应当毫不迟延地通过或飞越海峡，不能对海峡沿岸国的主权、领土完整或政治独立进行任何武力威胁或使用武力，或以任何其他违反《联合国宪章》所体现的国际法原则的方式进行武力威胁或使用武力，另外还需要遵守一般接受的关于海上安全的国际规章、程序和惯例，包括《国际海上避碰规则》，遵守一般接受的关于防止、减少和控制来自船舶的污染的国际规章、程序和惯例。④ 海峡沿岸国在《公约》规定的限制下，可以在若干特定事项上制定关于过境通行的国内法律和规章。⑤

简言之，对于《公约》上述规定的限制在部分海域尚存在重大的争论，但是对于"用于国际航行的海峡"而言，尚未发生因为上述规定而产生的重大冲突。根据俄罗斯和加拿大的国内法规的要求，外国船舶进入"北方海航道水域"和北极群岛基线之内的西北航道水域需要提前申请，并以获得批准为条件。由于俄罗斯和加拿大主张制定上述相关的国内法规并非主要依据《公约》的上述规定，而是依据《公约》第234条规定的授权，故引发对该条解释的争端。

---

① 《联合国海洋法公约》第19条，在这部分主要存在军舰是否享有无害通过权的争端。
② 《联合国海洋法公约》第58条，在这部分主要存在军事活动包括军事测量的航行能否适用航行自由原则，是否对沿海国构成安全的威胁，是否属于沿海国或其他国家的剩余权利等争端。
③ 《联合国海洋法公约》第90条—第109条。
④ 《联合国海洋法公约》第39条第1款和第2款。
⑤ 《联合国海洋法公约》第42条。

(二)《公约》第 234 条间接导致的限制

在联合国第三次海洋法会议期间,加拿大提议和推动制定《联合国海洋法公约》第 234 条(这一条款被称为"冰封区域"条款,又被称为"北极条款")。该条规定:"沿海国有权制定和执行非歧视性的法律和规章,以防止、减少和控制船只在专属经济区范围内冰封区域对海洋的污染。"

目前符合"冰封区域"这一条款的沿海国只有北冰洋沿海国。据此条款,北冰洋沿海国有权制定和执行国内法律和规章,但目的只能是防止、减少和控制船舶在专属经济区的冰封区域范围内对海洋的污染。① 这一规定赋予"冰封区域"沿海国特权,即可以针对船舶对海洋的污染可能性,制定适用于其专属经济区的法律和规章,以用来保护海洋环境。

2010 年 7 月,加拿大制定《加拿大北方船舶交通服务区规章》。该规章规定北方交通服务区的外部界限是专属经济区的外部界限,②并规定 300 吨以上的船舶或装载污染物或危险品的船舶在进入北方交通服务区之前应向加拿大报告。③ 在进入"北极水域"中加拿大主张的"历史性内水"前需要经过加拿大的批准。④ 2012 年,俄罗斯修改《北方海航道水域航行规则》,将"北方海航道"所处的范围明确界定为位于俄罗斯特定的内海水、领海、毗连区和专属经济区之内。该规则要求外国船舶在抵达北方海航道水域之前的 15 个工作日向俄罗斯提交申请,由北方海航道管理局进行评估,然后决定是否准许通过该水域。⑤ 这意味着外国船舶在进入俄罗斯划定的专属经济区外部界限之前要向俄罗斯申请批准通行。

如上所述,俄罗斯要求外国船舶提前申请然后进行评估,再决定是否同意该船舶进入其专属经济区内的东北航道;加拿大对外国船舶进入其专属经济区内的西北航道,规定特别报告制度,对进入其主张的历史性内水的西北航道实行申请批准制度。两国制定国内法规的依据除排他性的主权主张之外,另外的主要依据是《公约》第 234 条赋予它们制定国内法律和规章的权利,用以规范属于其专属经济区范围的"冰封区域"船舶的航行行为。两国的国内法律和规章因此构

---

① 刘慧荣、李静:《论联合国海洋法公约第 234 条在北极海洋环境保护中的适用》,载《中国海洋大学学报(社会科学版)》,2010 年第 4 期,第 8 页。

② Northern Canada Vessel Traffic Services Zone Regulations, Article 2; Shipping Safety Control Zones Order, Article 2.

③ Northern Canada Vessel Traffic Services Zone Regulations, Article 3 & Article 6.

④ 王泽林:《加拿大"北极水域"航行制度导读》,载王泽林编译《北极航道加拿大法规汇编》,上海交通大学出版社,2015 年版,第 7 页。

⑤ 俄罗斯《北方海航道水域航行规则》第 6—11 条。

成对外国船舶在北极航道航行自由的限制。

美国至今没有加入《联合国海洋法公约》。关于《公约》第234条对美国的效力问题，美国认为在关于海洋环境保护和保全方面，《公约》反映了国际习惯法，因而美国承认《公约》第234条的法律效力。[①] 这也在美国与加拿大的外交交涉中得以证实。当《加拿大北方船舶交通服务区规章》尚未生效时，2010年3月美国向加拿大提交照会，抗议加拿大该部法规侵犯了专属经济区的航行自由和领海内的无害通过权，也违反《公约》第234条规定的沿海国制定的国内法律和规章"应适当顾及航行"的义务。[②] 加拿大在回应中认为该规章符合《公约》第234条的规定。该规章的立法宗旨是保护海洋环境，促进北极水域安全有效地航行，加拿大要求船舶许可和报告制度并没有不适当地限制航行。为保护和保全海洋环境，对船舶的适当限制是被允许的，只要不影响到船舶的正常航行即可，故没有违反《公约》第234条的适当顾及航行义务。而且《公约》第234条也未规定国内立法须经主管国际组织批准。[③]

对于俄罗斯的国内立法行为，美国也在2015年5月29日向俄罗斯提交外交照会。美国抗议俄罗斯制定的《北方海航道水域航行规则》将部分用于国际航行的海峡继续纳入俄罗斯的内水之中，以及将北方海航道定性为历史上形成的国内运输航道，美国认为上述主张并无国际法支持。另外，美国认为，该规则要求外国船舶在俄罗斯专属经济区和领海的航行需要申请，并取得许可证。此要求违反专属经济区的航行自由制度以及领海的无害通过权，以及用于国际航行的海峡的过境通行权。美国认为依据《公约》第234条，沿海国可以制定和执行国内法律和规章，但是对于航行而言，沿海国单方面要求提前通知和取得许可违反《公约》第234条规定的情形，美国认为《公约》第234条没有赋予沿海国要求外国船舶提前通知和取得许可的合法性。另外，美国还对北方海航道的范围、未明确规定公务船舶的豁免、未明确规定强制使用破冰船和冰上引航员的情况等提出质疑。如同对待加拿大一样，美国也建议将上述争端提交国际海事组织讨论，但也面临国际海事组织无权处理上述涉及主权的法律问题这一情况。

综上所述，俄罗斯和加拿大依据《公约》第234条制定的国内法律和规章存

---

① 王泽林：《北极航道法律地位研究》，上海交通大学出版社2014年，第256页。

② See a. U.S. letter to the Canadian Ministry of Transport, commenting on Canada's draft Northern Canada Vessel Traffic Services Zone Regulations ("NORDREGS") (March 19, 2010), at https://www.state.gov/documents/organization/179286.pdf (Last visited on 10 September 2018).

③ See Maritime Safety Committee：MSC88/11/3, Safety of Navigation-Comments on Document MSC 88/11/2, Submitted by Canada, 2010-10-5.

在逾越国际法授权的问题,美国即持这样的立场。但是,俄罗斯和加拿大认为其国内法律和规章的内容并没有违反《公约》第 234 条。该争端发生的原因是对《公约》第 234 条授予沿海国的权限范围存在不同的解释。实践中《公约》的其他规定也存在类似的问题。例如,各国依据《公约》制定的国内法规对于军舰的无害通过问题、领海基线的划定问题、海洋科学研究问题、毗连区的管制权限问题等都存在差异,导致在实践中经常引起争端。由此可以预见,除非依据《公约》规定的争端解决方式就《公约》第 234 条的解释和适用问题作出权威解释,否则这一争端难以解决。

(三)《极地规则》的限制

依据《公约》第 194 条的规定,所有国家的船舶在北极航行时都有保护北极海洋环境以及航行安全的义务。因为缺乏适用于国际社会的统一规则,而北冰洋沿岸各国的国内规定又存在差异,这就会严重影响船舶在北极的航行。为此,早在 1991 年,德国提议对在极地水域航行的船舶在国际海事组织的框架下制定特殊的技术规则。经过多年的努力,2002 年 12 月国际海事组织的海洋环境保护委员会批准具有建议性质的《北极冰封水域船舶操作指南》,[①]对船舶的建造、装备和操作程序作出详细的规定。上述指南仅适用于北极水域而且只有建议性质。为适用南极水域的航行,国际海事组织经过多年修订,于 2009 年 12 月通过《极地水域船舶操作指南》。[②] 但这部指南依然没有强制性。

国际海事组织意识到,为了保护极地环境和航行安全,需要制定一个具有法律约束力的极地水域航行规则。国际海事组织自 2010 年起着手从事这项工作,直至 2015 年 5 月海上安全委员会和海洋环境委员会通过 MARPOL 公约相关附则和《极地水域船舶操作国际规则》(以下简称《极地规则》)。[③] 该规则于 2017 年 1 月 1 日生效。《极地规则》具有强制性——国际海事组织多达 173 个成员国的数量意味着极地规则对国际社会具有普遍的约束力。

《极地规则》制定了安全和防污染相关措施,包括对船上保暖服、除冰设备、封闭救生艇供应的要求,以及确保船舶能见度可在冰、雨、雪天气下航行等规定,禁止或严格限制船舶排放石油、化工、污水、垃圾、食品废弃物和其他物质,符合《极地规则》的船舶需要在北极或南极海域申请极地船舶证书,进行相关评估并获取一个极地水域操作手册。因此,北极水域航行的船舶受到《极地规则》的限制,例如船舶必须申请极地船舶证书,不同等级的证书确定船舶在不同冰级的北

---

① See IMO Guidelines for Ships Operating In Arctic Ice-Covered Waters (2002).
② See IMO Guidelines for Ships Operating In Polar Waters (2009).
③ See IMO International Code for Ships Operating In Polar Waters.

极水域航行;另外船舶在使用燃油、排放废弃物等方面都有严格的标准等。

四、解决"冰上丝绸之路"航行自由争端的建议

中国虽然是一个非北极国家,但是作为一个近北极国家是北极的重要利益攸关方。① 我国非常重视北极的权益,经过长达七年的努力终于在2013年5月成为北极理事会的正式观察员国。极地作为我国的"战略新疆域",对我国具有现实和潜在的重大利益。2015年7月1日全国人大常委会通过的新《国家安全法》明确规定"维护我国在……极地的活动、资产和其他利益的安全。"② 目前我国在北极的主要活动是科学研究活动:2004年7月在北极斯瓦尔巴德群岛新奥尔松建成黄河科考站;2018年9月我国完成第九次北极科学考察活动。

我国在北极拥有气候、环境、科学、航行和渔业等重要利益,其中航运是中国最现实、最直接的北极利益,③ 北极航道对于中国而言非常重要,是新海上丝绸之路的重要元素,共建"冰上丝绸之路"是中国"一带一路"倡议的升级,④ 中国在北极的活动离不开对北极航道的利用,只有我国在北极的合法航行权益得到保障,才能实现新《国家安全法》中规定的维护我国在极地的活动、资产和其他利益的安全,才能实现"维护我国海洋权益,建设海洋强国"的目的,完成参与极地新领域国际规则的制定。⑤

利用"冰上丝绸之路"对我国具有重要的战略和经济意义,不仅可以直接降低航运企业的运输成本,而且还可以间接降低生产企业的生产成本。对于如何解决"冰上丝绸之路"的航行争端问题,笔者提出以下建议以供参考。

(一)以"搁置争议、合作开发"的模式解决

"冰上丝绸之路"主要通过北冰洋的沿岸国俄罗斯和加拿大。这两个国家坚持"主权属我"的立场,对东北航道和西北航道通过其管辖海域实施严格的管控制度,不惜与主张航行自由的美国等其他国家发生冲突。

---

① 人民网:中国是北极事务上建设性的参与者与合作者,http://world.people.com.cn/n/2015/1022/c1002-27730110.html. 2018年4月5日访问。
② 2015年《国家安全法》第32条。
③ 肖洋:《冰海暗战:近北极国家战略博弈的高纬边疆》,人民日报出版社2016年版,第26页。
④ 李振福:《丝绸之路北极航线战略研究》,大连海事大学出版社2016年版,第10页。
⑤ 参见2015年10月29日中国共产党第十八届中央委员会第五次全体会议通过的《中共中央关于制定国民经济和社会发展第十三个五年规划的建议》,在该建议中明确提出这些内容。

俄罗斯认为应当"依据俄罗斯加入的国际公约,在俄罗斯的管辖下让北方海航道用于国际航行。"①加拿大也认为它并不禁止西北航道用于国际航行,认为用于国际航行亦符合加拿大的利益,但必须符合加拿大制定的规章制度。② 在上述立场的指导下,外国船舶经过"冰上丝绸之路"就会遭遇两个国家的严格管控。

"冰上丝绸之路"作为国际航道对于北半球国家而言具有重要意义。维护北极的航行自由制度,不仅对中国还是对世界其他国家都具有重要的意义。"冰上丝绸之路",无论是东北航道还是西北航道,途经主要海峡均符合《公约》规定的用于国际航行的海峡之条件。《公约》的文本解释并未要求海峡曾经用于国际航行,因此潜在或可能用于国际航行的海峡倘若未来可以用于国际航行,当然属于用于国际航行的海峡。另外,海洋自由特别是其中的海洋航行自由是海洋法的基本原则,保障国际海峡的航行自由是国际法也是《公约》的基本要求。

因此,除美国外,其他国家或区域组织也支持"冰上丝绸之路"的航行自由立场。例如挪威认为北极航道应该适用《公约》规定的航行自由制度,沿岸国在顾及航行自由之后,可依据《公约》制定有关海洋环境保护的法律法规;③欧洲共同体在 1985 年就针对加拿大北极群岛的直线基线划定提出抗议,并声明"依据国际法保留在相关水域行使权利"。④ 在 2009 年 12 月 8 日欧盟理事会通过的《关于北极问题的决定》中,声明:"用于航运的跨洋北极航线逐步发展,欧盟理事会重申依据国际法,包括《联合国海洋法公约》的规定,船旗国、港口国和沿岸国享有关于航行自由、无害通过权和过境通行权的权利和义务,并监督其执行。"⑤

《中国的北极政策》白皮书中也第一次明确指出:"中国尊重北极国家依法对其国家管辖范围内海域行使立法权、执法权和司法权,主张根据《联合国海洋法公约》等国际条约和一般国际法管理北极航道,保障各国依法享有的航行自由以及利用北极航道的权利。"因此,中国的立场是北冰洋沿岸国可以在其管辖海域行使主权或主权权利,但应该保障其他国家依法享有航行自由。对北极航道管

---

① See Russia Basics of the State Policy of the Russian Federation in the Arctic for the Period till 2020 and for a Further Perspective Item 7(d).

② William P.C.Rompkey & Ethel M.Cochrane, *Rising to the Arctic Challenge*: *Report on the Canadian Coast Guard*, Report of the Standing Senate Committee on Fisheries and Oceans, April 2009, pp.21 - 25.

③ 王泽林:《北极航道法律地位研究》,上海交通大学出版社 2014 年版,第 69 页。

④ See Donat Pharand, *The Arctic Water and the Northwest Passage*: *A Final Revisit*, 38 Ocean Development and International Law12(2007).

⑤ See EUCouncil of The European Union Council conclusions on Arctic issues, 8 December 2009.

理的依据是《公约》等国际条约和一般国际法,北冰洋沿岸国关于北极航道的国内法律和规章应当符合国际条约和一般国际法的规定。这也是中国第一次就北极航道航行制度正式表明本国立场。

但如上所述,俄罗斯和加拿大对北极航道严格管控,它们认为主要依据是《公约》第234条,该条授权它们通过国内立法管理管辖海域。美国认为它们的国内法规已经影响到外国船舶的航行自由。可以预见,关于该条解释的争端难以在短期内得到解决。虽然美国提议将这一争端交由国际海事组织进行解决,但是国际海事组织主要解决船舶的制造标准与安全、防止船舶污染等技术规定的问题,而对这一涉及主权内容的争端不会解决。同时,俄罗斯和加拿大目前的国内法律和规章的某些条款的要求比《极地规则》更加严格,涉及二者的冲突问题,对此俄罗斯认为其依据《公约》第234条的授权国内立法可以优先于《极地规则》的要求。这一争端无法解决也意味着外国船舶在北极航道的航行不仅要遵守《极地规则》的要求,同时也要遵守俄罗斯和加拿大的国内法律和规章的要求。

对于北极航道的上述各种争端,我国的北极政策白皮书建议"主张有关国家应依据国际法妥善解决北极航道有关争议"。在目前北极航道问题显然难以得到及时解决的现实状况之下,俄罗斯提出希望与其他国家共同开发北方海航道,这一举动使得"搁置争议、合作开发"成为目前的一个最佳选择。

这个模式可以追溯到美国与加拿大的实践。美国与加拿大在西北航道发生严重的航行冲突后,两国于1988年1月11日签署《加拿大—美国北极合作协定》,规定该协定的内容不影响美国和加拿大的各自立场。该协定关于航行的模糊规定既处理了美国(政府)破冰船的通行问题,也处理了加拿大的批准问题,同时也遗留一些问题等待以后解决。[①]

对于"冰上丝绸之路",其他国家可以借鉴这一模式。对涉及的主权争端问题予以搁置(主要是历史性水域),另外涉及《公约》第234条的解释和国际海峡的航行自由等国际法问题,这些争端不仅涉及国际条约,也涉及国际习惯法的解释问题。这些问题显然无法在短时间内得以解决。因此,搁置争议可能是目前最好的解决模式。在国际社会承认北极航道的主权争端以及航行自由争端存在这一前提下,如何合作开发利用北极航道是更现实的问题。北极航道作为一条未来的重要国际贸易大通道,在国际法规定的航行自由的前提下,北极沿岸国的国内立法不能妨碍北极航道外国船舶的航行自由,但是具体的合作开发利用内容包括通行问题可以通过双边或多边协议解决,也可以考虑在北极理事会的框

---

① Agreement between the Government of Canada and the Government of the United States of America on Arctic Cooperation, Article 3 and Article 4.

架下讨论解决。

对于中国而言,对于南海和东海的争端目前同样持上述解决模式,因此在北极采取同样的方式并不影响我国的利益。俄罗斯和加拿大主张北极航道部分水域属于其领土主权,从而限制航行自由,由此产生的争端,我方可持异议,但这一争议可以搁置等待以后解决。对北极航道的开发利用与其他国家共同合作进行,共建"冰上丝绸之路"达到共赢是目的。在实践中,包括中远海运集团已完成多个航次的北极航道的试航。① 中国与俄罗斯两国交通部门正在商谈《中俄极地水域海事合作谅解备忘录》,以不断完善北极开发合作的政策和法律基础。两国企业正在积极开展北极地区的油气勘探开发合作,商谈北极航道沿线的交通基础设施建设项目,这些活动表明中俄两国正在践行这一解决争端的模式,这一模式也可运用于与其他国家的合作活动中。②

(二) 运用《公约》的争端解决机制解决

"冰上丝绸之路"的航行争端涉及《公约》规定的不同海域的航行制度。该争端异常复杂,但核心问题是"冰上丝绸之路"途经的海峡是否属于用于国际航行的海峡,从而适用过境通行制度,而该通行制度是海洋航行自由的重要内容之一。

如上所述,相关国家对这一核心问题存在不同的解释。作为对国际习惯法的编纂,《公约》关于用于国际航行的海峡的规定也很模糊。特别是对"用于国际航行"的这一功能标准规定简单,缺乏权威的解释,导致在实践中各国一般基于本国利益而单方面对这一标准作出有利于本国的解释。对于"冰上丝绸之路",无论是东北航道还是西北航道,其途经的海峡是否属于用于国际航行的海峡存在不同的解释。

《公约》第279条规定,各缔约国应按照《联合国宪章》第二条第三项以和平方法解决它们之间有关本公约的解释或适用的任何争端。第280条规定,缔约国于任何时候可以协议用自行选择的任何和平方法解决它们之间的争端,但这一规定并不限于缔约国之间。例如,美国和加拿大于1988年签署的协定即是一个非缔约国与缔约国之间协定,但这符合在《联合国宪章》的规定之下和平解决争端的原则。

对于诉诸《公约》第15部分第1节的争端仍未得到解决的时候,经争端任何

---

① 中远集团"永盛"号货轮于2013年8月至9月完成中国商船在东北航道的首次通航,在2013—2018年,中远集团共派出15艘船舶,完成了22个航次的北极东北航道航行任务。

② 商务部:推进冰上丝绸之路 开展北极地区油气勘探开发,http://finance.people.com.cn/n1/2017/1109/c1004-29636859.html,2018年12月20日访问。

一方请求,应将争端提交给《公约》第 287 条规定的法院或法庭。作为"冰上丝绸之路"的主要沿岸国,加拿大在 2003 年 11 月 7 日提交的声明中选择"按照附件六设立的国际海洋法法庭"和"按照附件七组成的仲裁法庭"作为解决争端的机构。俄罗斯在 1997 年 3 月 12 日的声明中未作出争端机构的选择。[①]

假如《公约》的其他缔约国的声明与加拿大的声明中选择的争端解决机构一致的话,则可以将"冰上丝绸之路"关于北极群岛海峡是否属于用于国际航行的海峡之争端提交给所选争端解决机构解决。对俄罗斯没有作出争端解决机构的选择,或者《公约》其他缔约国声明中选择的争端解决机构与加拿大不同的情况,则可以将争端提交《公约》附件七所规定的仲裁程序。

目前,虽然相关国家对于"冰上丝绸之路"途径海峡的性质存在不同的理解,但是在实践中它们的争端处理还仅限于外交交涉或协议解决,并没有国家准备将此争端提交《公约》所规定的法院或法庭,或者提交附件七规定的仲裁程序解决。现状之所以如此,是因为利用"冰上丝绸之路"航行目前并不具有迫切性,严酷的地理以及气候环境,航运成本和风险的不确定性让各国大多处于观望或试航阶段。随着航行条件和技术的提高,"冰上丝绸之路"更多地进入商业化航运之后,该争端有可能会引起相关国家采取进一步的行动,诉诸《公约》的争端解决机制具有极大的可能性。

但是目前就利用《公约》争端解决机制国家实践所表现出来的问题而言,运用该机制解决"冰上丝绸之路"的争端将存在很多不确定性的因素,这其中最主要的是管辖权问题。如果缔约国不愿意将争端交付该机制解决,总会想方设法排除管辖权。例如在 2016 年 9 月 16 日,乌克兰依据《公约》第十五部分附件七发起针对俄罗斯的仲裁,其中的一个诉求可能是俄罗斯在刻赤海峡修建桥梁的行为限制了乌克兰船舶在该海峡的通行。俄罗斯提出的反对意见认为仲裁庭并无管辖权,其中的一个理由是该争端涉及克里米亚的主权要求因而不属于《公约》的解释或适用的争端。俄罗斯同时认为,乌克兰诉求中的刻赤海峡是俄罗斯的内水,不属于《公约》调整的海峡等。[②] 此案还在审理之中,但是从俄罗斯的立场可以推论,上述理由将来也可能会被俄罗斯或加拿大用于"冰上丝绸之路"的争端诉讼或仲裁之中——即"冰上丝绸之路"途经俄罗斯和加拿大的海峡是它们的内水或历史性内水,从而主张法院或仲裁庭没有管辖权。另外不排除两国还

---

① See Declarations and statements, at http://www.un.org/Depts/los/convention_agreements/convention_declarations.htm♯Russian Federation Upon signature(Last visited on 15 February 2019).

② Procedural Order No. 3 (20 August 2018), Dispute Concerning Coastal State Rights in the Black Sea, Sea of Azov, and Kerch Strait (Ukraine v. the Russian Federation).

可能提出其他一些排除管辖的理由。

即使假设法院或仲裁庭具有管辖权,且作出的裁决裁定"冰上丝绸之路"途经的海峡属于《公约》所规定的用于国际航行的海峡,但《公约》第234条对沿岸国的授权也可能成为变相影响过境通行制度实施的主要因素。

总之,如果相关国家计划利用《公约》的争端解决机制解决"冰上丝绸之路"争端的话,将面临极大的困难。需要法院或仲裁庭将《公约》中相关的条款一并作出解释才能实现诉讼或仲裁的目的。

五、结 论

北极航道作为未来重要的连接太平洋和大西洋的海上通道,对于沿岸国和其他国家而言,特别是北半球的国家均具有重要的战略意义和经济意义。

但是,北极航道的主要途经国俄罗斯和加拿大,无论是从国家安全、国家主权以及海洋环境保护等方面而言,对北极航道进行严格控制是维护本国利益的最佳选择。如文中所述,这种控制主要是通过国内立法,对通过其管辖海域的外国船舶或要求经其批准,或要求向其报告。这种做法被美国等其他国家视为违反国际法,违反海洋航行自由原则,特别是违反《联合国海洋法公约》明确规定的过境通行制度。

如何通过和平方法解决上述争端,是各国面临的问题。虽然美国等国曾向俄罗斯和加拿大提交外交照会进行交涉,但除了美国和加拿大在1988年达成协定临时解决两国之间的西北航道通行问题之外,其他问题并未解决。俄罗斯与加拿大对东北航道和西北航道实际上进行了严格的管控。

因为目前囿于北极航道的通行条件,使得这一争端尚未加剧,也使得这一争端的解决并不具有迫切性。这一情况随着北极航道通航船舶的数量增多而正在改变。如果将这一争端诉诸《公约》的争端解决机制,将面临管辖权争端、《公约》相关条款的解释争端等问题。这些问题使得这一争端面临着裁决的不确定性。

在这种情况下,中国和俄罗斯达成共建"冰上丝绸之路"的倡议,共同使用"冰上丝绸之路"这一术语也意味着"搁置争议、合作开发"是目前最佳和双赢的选择。这种做法并不影响双方对北极航道的立场,但却解决了目前中国利用北极航道的迫切需求问题,同时也促进了俄罗斯北方地区的经济发展。

《中国的北极政策》白皮书中指出"中国愿依托北极航道的开发利用,与各方共建'冰上丝绸之路'"。显而易见,中国已经向其他国家发出了共建北极航道的倡议,但能否被俄罗斯之外的其他国家接受尚有待观察。

Research on the Legal Problems of Freedom of Navigation on "Polar Silk Road"

Wang Zelin

Abstract: China proposed the "Belt and Road" Initiative, Russia proposed the recommendation that Sino-Russian to co-build "Polar Silk Road" for the development of Northern Sea Route. This is in line with China's use of the Arctic Passage policy. "Polar Silk Road" applies the principle of freedom of navigation according to international law, but Russia's and Canada's claims and their actual control over Arctic Passage are considered to be in violation of this principle by the United States and other countries, which causes disputes over the freedom of navigation of Arctic Passage. The main disputesarereflected as the legal status of Arctic Passage and the legal nature of waters over Arctic Passage. At the same time, the principle of freedom of navigation on the "Polar Silk Road"should be subject to certain restrictions in practice. "Polar Silk Road" has extremely important interests for China,under the circumstance that the freedom of navigation dispute which not be solved immediately, "Shelving disputes and Seeking joint development" has become the best model for the development and utilization of Arctic Passage between other countries and coastal states of Arctic Ocean, Use of the Convention's dispute settlement mechanism may also be one of the options in the future.

Key words:Polar Silk Road; Arctic Passage; Navigation Freedom Principle; Historic Waters; Polar Code

（责任编辑：张华）

印度洋海区海洋划界争议的法律解决路径探究

章 成[*]

[摘　要]　印度洋海区因其重要战略地位和地缘特征而备受世人瞩目,该海区的海洋划界形势正呈现出一种法律技术创新与政治争议交织的双重属性。根据印度洋海区不同地理板块的海洋划界情况,可以将相关海区的划界解决路径区分为国家间协议解决和国际司法裁决解决两大类。印度洋海区周边各国通过法律路径来解决彼此间的海洋划界争议的主观意愿较高,协议划界实践较为丰富。在"公平原则/有关情况"划界原则的基础指导之下,对海区沿岸国海上相邻边界的处理构成了印度洋海区海洋划界的主要内容,对"公平原则"和"等距离中间线划界法"之间的关系以及对"有关情况"的认定标准的理解则构成海洋划界进程中的主要影响因素。亚太海区的海洋划界情势从总体上看与印度洋海区有深层次的差异,但印度洋海区的划界经验仍可为亚太海区海洋划界争议的解决提供较为丰富的借鉴参考。

[关键词]　印度洋;海洋划界;公平原则;"公平原则/相关情况"

作为世界第三大洋的印度洋,其地理结构包含了印度洋主体海区及其附属海域。不包括附属海域的印度洋主体海区面积为7342.7万平方公里,包括附属海域的印度洋海区总面积为7411.8万平方公里。本文所指的"印度洋海区"即指后者。按照澳大利亚国际海洋划界权威专家维克托·普雷斯科特（Victor Prescott）对印度洋的政治地理学分类,印度洋海区可分为印度洋的主体海区、红海和波斯湾、孟加拉湾和安达曼海这三个地理环境、地域文化和地缘形态迥异的不同单元。[①]

---

[*]　章成,法学博士、公共管理学博士后,武汉大学特聘副研究员,武汉大学中国边界与海洋研究院及国家领土主权与海洋权益协同创新中心(武大总部)专职副研究员。本文系中央经费项目(国家海洋软科学专项)"国家间海上划界案例研究"及2018年中国博士后科学基金第11批特别资助"极区大陆架划界的法律问题及中国对策研究"(2018T110784)的阶段性研究成果。

[①]　[澳]维克托·普雷斯科特、克莱夫·斯科菲尔德:《世界海洋政治边界》,吴继陆、张海文译,海洋出版社2014年版,第3—5页。

印度洋海区具有重要的战略区位价值，特别是北印度洋海区，为世界航运的黄金要道。全球及地区的主要海权国家均在该海区有力量投射以及各类显性或潜在利益诉求，同时第三世界国家和发展中国家广泛地分布于印度洋海区沿线周边。基于这一广大海区的地缘特征，自2010年以来，美国、日本、澳大利亚和印度等国的学者、智库和官员已在有关报告和文章中，将印度洋海区"作为战略体系的印太"概念建构之下的核心地缘区域。①

自1982年《联合国海洋法公约》文本通过以来，国际海洋划界活动在全球范围内全面铺开，印度洋海区各国也不例外。而且由于印度洋海区的周边国家数量众多，也为国际海洋划界争议的解决路径贡献了为数较多的法律实践。在此进程中形成了诸多关于海洋划界的划界条约和国际司法案例。鉴此，国家间协议解决和国际司法案例解决已成为印度洋海区海洋划界争议解决的两大类基本法律路径。本文将据此就该海区的海洋划界形势进展及其法律解决路径进行一番全景化的解读和梳理，以国际海洋法视角为基轴，同时结合国际时政的背景来展望印度洋海区海洋划界形势的发展前景，并研讨其对于亚太海区海洋划界争议解决的借鉴意义。

一、印度洋海区划界争议的国家间协议解决路径

目前，印度洋海区各国相互之间已缔结了四十多份海洋划界协议。② 从整个划界进展情况的进展来看，如果从便于分析的角度，可将穿过印度南端科摩林角（Cape Comorin）的东经77°35′线为界，将印度洋的主体海区分为东西两部分。印度洋东半部海区的周边各国现已签署了20多项海洋划界协定；③而在印度洋西半部海区，累计也已达成超过20项海洋划界协定。但相对于印度洋东半部的协议划界进展，印度洋西半部的海洋划界情况因具体海区的情况不同而显得更为复杂。其中印度洋西半部主体海区已达成的海洋划界协定数量较少。根据澳大利亚海洋划界专家维克托·普雷斯科特（Victor Prescott）在其权威之作《世界海洋政治边界》（*The Maritime Political Boundaries of the World*）中的统计，印度洋西半部主体海区只划定了7条边界，这一数据是一直统计到2004年阿曼和也门之间的海洋划界协议为止。但在2009年6月23日，坦桑尼亚和肯

---

① Rory Medcalf, "A Term Whose Time Has Come: The Indo-Pacific", *The Diplomat*, December 4, 2012.

② ［澳］维克托·普雷斯科特、克莱夫·斯科菲尔德：《世界海洋政治边界》，吴继陆、张海文译，海洋出版社2014年版，第315、328、341页。

③ 同上书，第315页。

尼亚所签署的专属经济区和大陆架划界条约在地理上也可归于这一海区。① 截至目前,印度洋西半部主体海区总共完成了 8 条海洋边界的协议划界。红海海区的海洋划界也尚未完全开展,目前只有 3 项海洋划界协定。② 但海湾地区的协议划界进展得比较顺利,按照《世界海洋政治边界》中的统计信息,8 个波斯湾沿岸国家已完成了 11 条海洋边界的协议划界工作。③ 而这一海区的最新海洋划界进展是,伊朗和阿曼于 2015 年 5 月 26 日完成了协议划界。④ 因此海湾地区已有 12 项海洋划界条约,该海区的海洋划界工作已基本接近全面完成。

通过对印度洋周边各国的划界实践及其划界条约文本的考察梳理,可以将上述海洋划界条约依循的划界方法分成以下几种类型:

第一,严格按照等距离线的划界方法进行海洋划界。这类划界条约总共有 18 份,其中有一半与印度有关(9 份)。换言之,印度是"中间线"和"等距离线"的坚定拥趸之一,并且将其主张体现于印度的国内立法之中。印度有 7 个海上邻国。除了关系敌对的巴基斯坦和以国际司法方式与印度解决海洋划界问题的孟加拉国,目前印度与其他五个海上邻国均已解决了海洋划界问题。⑤ 而上述国家受限于与印度的国力差距,经过与印度的谈判之后,基本上都接受了印度的等距离线划界主张。因此印度与上述五国缔结的 9 份双边或三边海洋划界条约,有 8 份都是严格按照等距离线的划界方法进行划界的——不论印度与上述诸邻国的海岸关系是相邻还是相向。仅有其 1986 年与缅甸缔结的《关于划定安达曼海、科科海峡和孟加拉湾海洋边界的协定》是在等距离线的基础上加入了对岛屿、地貌等"有关情况"的考量。并且,这一例外在划界的事实效果上,是更有利于扩大印度安达曼-尼科巴群岛的海域管辖面积,而非缅甸的科科群岛。即便是

---

① *Agreement between the United Republic of Tanzania and the Republic of Kenya on the delimitation of the maritime boundary of the exclusive economic zone and the continental shelf*, available at https://treaties.un.org/Pages/showDetails.aspx?objid=0800000280255f58&clang=_en.

② [澳]维克托·普雷斯科特、克莱夫·斯科菲尔德:《世界海洋政治边界》,吴继陆、张海文译,海洋出版社 2014 年版,第 328 页。

③ 同上书,第 341 页。

④ *Agreement on the delimitation of the maritime boundary in the Sea of Oman between the Islamic Republic of Iran and the Sultanate of Oman*, available at https://treaties.un.org/Pages/showDetails.aspx?objid=080000028049ccbd&clang=_en.

⑤ 印度的海洋协议划界实践的起步及完成时间均较早,其分别与斯里兰卡(1974、1976)、印尼(1974、1977、1978)、马尔代夫(1976)、泰国(1978)和缅甸(1986)等五个海上邻国缔结了 9 份划界协定。资料参见高健军:《国际海洋划界论——有关等距离/特殊情况规则的研究》,北京大学出版社 2005 年版,第 191—202 页。

印度与泰国、印尼于1978年签订的关于安达曼海的三边划界协定，其文本内容也仅有印尼和泰国的双边划界部分，添加了关于地质条件的考量因素，而印度与印尼、印度与泰国的双边划界部分都是严格按等距离线来划分彼此之间的大陆架并确定三方之间的交叉点。

第二，划界方法是按照调整后的等距离线，或在等距离线的基础上充分考量各类"有关情况"。这一类型的划界方法占据了目前印度洋海区各国协议划界的主流。在实践中支持此类划界方法的代表性国家有印尼、泰国、澳大利亚以及海湾诸国。上述国家的缔约及划界实践门类丰富多样，既包含了（1）从技术角度对划界国家海岸之间的等距离线进行单纯调整的划界方式，并不涉及对其他"有关情况"的考量的划界方法。例如1969年伊朗巴列维王朝与卡塔尔签署的《关于划分两国大陆架边界线的协定》，就是按照单纯的调整后的等距离线来进行大陆架划界，同时"双方经协商一致同意，共同忽略岛屿作为两国划界中须考虑的特殊情况"；（2）既对等距离线进行一定的技术调整，同时也囊括了对等距离线进行调整的各类"有关情况"：在中东的波斯湾海区，这类"有关情况"多为岛屿或油田等现实性的地理和经济因素。在印度洋的其他海区，"有关情况"既包含了岛屿、岩礁、低潮高地、纬线等自然地理因素，也包括特殊地质形态等地质地貌因素，还涵盖了既有条约协定、开发许可等社会经济因素；（3）对等距离线进行超出技术调整比例的重大修正，同时又另行添加其他"有关情况"因素来进行综合考量的划界实践。这方面的代表性实例为印尼和澳大利亚于1981年签订的《关于执行临时渔业监管安排的谅解备忘录》，双方对相向海岸关系的划界方法是按7∶3比例确定等距离线，同时也将岩礁作为划界中需要考量的一大特殊因素。①

第三，排除等距离线并适用其他方法的划界。这一类型的划界协议总数量并非罕见，但主要分布于较早的协议划界实践之中。随着时间的推移，其出现的频率有逐渐减少的趋势，但时至今日也未完全绝迹。相关的具体划界方法包括：（1）按经纬线的走向进行划界。这类划界协议集中出现于拉美国家的早期海洋实践，在印度洋海区，这类划界方法并不多见。目前仅有也门和沙特阿拉伯2000年签署的《最后永久边界条约》属于"按纬线/有关情况（政治）"的情形。沙特阿拉伯通过在两国陆上边境荒漠地区和涉海边界划分问题上的让步，换取了对两国边境重镇奈季兰等三座城市的主权领有；②（2）按海岸垂直线的走向进行

---

① 高健军：《国际海洋划界论——有关等距离/特殊情况规则的研究》，北京大学出版社2005年版，第189—192页。

② 张美歌：《论也门与沙特边界争端的解决》，外交学院2009年硕士学位论文，第95页。

划界。这种划界方法仅在阿联酋成立前的阿布扎比和迪拜这两个海湾酋长国缔结的 1968 年《岸外边界协定》中得到体现。随着统一阿联酋国家的出现,这类划界已不再具有国际层面的法律边界效力。综合这类划界方法的具体实践情况可以发现,完全排除等距离线来重构其他类型的划界方法在实践中的适用情况较为稀少,大都仅在较早的国家海洋划界实践中得以展现。这类划界方法或是体现于纯粹的大陆架划界实践中[1],或是依托在某些特殊的国家政治关系背景之下。[2] 但不能据以否认,这一类划界方法时至今日已完全消亡。国际法院在 2007 年的尼加拉瓜诉洪都拉斯的加勒比海划界案中指出,"在等距离线方法被证明不能适用的某些情况下,应寻找其他独立的替代方法"。[3] 在该案中,国际法院最终构建了"夹角平分线",这证明等距离线划界方法并非在所有海洋划界情形中一概具有自动优先适用的地位。

二、印度洋海区划界争议的国际司法解决路径

目前,在印度洋海区,通过国际司法路径来处理海洋划界争议的案例累计已有 6 个。其中处于国际关注视野下的北印度洋海区的划界案例总共有 5 个,另有 1 个为不处于印度洋海区核心地带的索马里诉肯尼亚案,该案例本文在此不作详述[4]。

通过梳理印度洋海区范畴下的 6 个既有海洋划界案可以发现,1998 年国际常设仲裁法院下设仲裁庭裁决的厄立特里亚诉也门的红海岛屿争端/海洋划界案(以下简称"红海划界案")、2001 年国际法院判决的卡塔尔诉巴林的岛屿争端/海洋划界案(以下简称"卡塔尔诉巴林案")和 2012 年判决的孟加拉国诉缅甸海洋划界案(以下简称"孟缅划界案")的影响较大。一方面,这三个划界案的审

---

[1] 例如澳大利亚和印尼缔结的 1972 年大陆架补充划界协定。*Agreement between the Government of the Commonwealth of Australia and the Government of the Republic of Indonesia Establishing Certain Seabed Boundaries in the Area of the Timor and Arafura Sea supplementary to the Agreement of 18 May 1971*, Signed on 9 October 1972.

[2] 这方面的例证有拉美国家和中东国家的政治关系。例如智利、厄瓜多尔、秘鲁于 1952 年 8 月 18 日签订了《关于领海的圣地亚哥宣言》,以 200 海里海洋权主张来共同对抗美国;也门和沙特于 2000 年签署的《吉达条约》附件三规定两国以纬度线来划分两国间的海洋边界。

[3] *Territorial and Maritime Dispute between Nicaragua and Honduras in the Caribbean Sea*(*Nicaragua v. Honduras*), Judgment of Oct. 8, 2007, para.292.

[4] 索马里诉肯尼亚案的划界海域偏处索马里南部与肯尼亚接界的印度洋海区,如为索马里北部的亚丁湾水域,则属于具有战略关注度的印太海区的核心地带。

理主体分别为依托国际常设仲裁法院成立的仲裁庭、国际法院和国际海洋法法庭,代表了以司法路径解决海洋划界争议的主要权威国际司法机构;另一方面,这三个案例对划界方法的阐释顺应了国际海洋划界司法实践在当今朝着更加精确和实用的体系化方向发展的大趋势。1998年的"红海划界案"首次确立了为实现划界公平原则所需采取的"矫正公平方法",这一方法在2001年的"卡塔尔诉巴林案"得到了进一步的继承和应用。2012年的"孟缅划界案"是国际海洋法庭审理的首例海洋划界案,该案标志着国际司法实践对划界原则和划界方法在晚近的新发展,显示出国际司法机构对外大陆架划界问题的介入。相比之下,印度洋海区的另外3个划界案例的影响较小。除了前文已述的索马里诉肯尼亚划界案处理的争议海区地理位置较偏之外,作为在印度洋海区内最早出现的划界案例,1981年的迪拜沙迦陆地及海洋划界仲裁案在海洋划界领域的影响力也是非常有限的。因为该案发生于阿联酋成立之后,属于阿联酋内部两个酋长国之间的陆海边界纠纷。① 2014年的"孟加拉国诉印度仲裁案"则属于根据《联合国海洋法公约》第287条及其附件七的强制仲裁。这一海洋划界纠纷解决方式的实践效果目前尚存较大争议。②

(一)红海划界案

由于"红海划界案"的一方当事国厄立特里亚并非《联合国海洋法公约》的缔约国,因此该案于1996年被提交给国际常设仲裁法院(Permanent Court of Arbitration,PCA)。厄立特里亚和也门两国从PCA法学家名单中分别挑选仲裁员成立仲裁庭,以裁决两国间所发生的一系列海洋争端,包括争议岛礁的主权归属、海洋划界的适用规则与考量因素、争议海域的历史性捕鱼权问题等等。在本案中,仲裁庭需要处理与海洋划界问题相关的内容包括两个层次:一是对两国海岸之间的大量岛屿的主权归属及其在海洋划界中的效力地位问题进行认定,这是本案对比其他案例的最显著特点和最核心的问题。由于本案中双方当事国都主张使用等距离线进行划界。③ 因此仲裁庭强调通过权衡"有关情况"来实现公平原则,同时通过双方的海岸线长度比例来检验划界结果。最终,仲裁庭把所有岛屿大致分成了三类,对影响领海基线和基点的卡玛兰岛(Kamaran Island)和

---

① 袁古洁:《国际海洋划界的理论与实践》,法律出版社2001年版,第78页。
② 姚莹:《2014年孟加拉国与印度孟加拉湾划界案评述——兼论对中菲南海仲裁案的启示》,载《当代法学》2015年第4期,第158页。
③ *Maritime Delimitation between Eritrea and Yemen in the Red Sea*(*Eritrea/ Yemen*),*Award of the Second Stage of the Proceedings*, Decision of 17 December 1999,RIAA, Vol. XXII, para.130.

达拉克群岛(The Dahlaks)等近岸岛屿,给予了全效力(full effect)。① 对红海中区的岛屿和岩礁,在承认其大都拥有12海里领海的同时均只给予了其在划界中的部分效力(partial effect),以确保界线的走向不过度受到红海中区岛屿的影响。② 对于塔拉岛(Jabal al-Tayr)和祖巴岛(Jabal al-Zubayr)这两个远离海岸又干旱贫瘠的岩礁,则给予零效力(zero effect)。③ 二是在考虑"有关情况"时,仲裁庭认为"长期存在的传统历史性权利应受到国际法的尊重和保护"。在本案中,历史性权利的具体表现形式为厄立特里亚渔民在也门红海岛屿附近所享有的传统捕鱼权。④ 仲裁庭在裁决岛礁主权归属和确定海域界限的同时,规定保留在所涉海域的传统捕鱼制度,充分体现了对历史性捕鱼权的认可。⑤

(二)卡塔尔诉巴林案

卡塔尔诉巴林案始于1991年。从国际法院确立其管辖权到最终做出实体判决的过程尤为复杂,需要将领土争端和海洋划界问题放在一起同步进行考虑,因而案件的审理延续了十年的时间。该案超出并丰富了既有的海洋划界实践与法理。在本案之前,以国际法院为代表的国际司法机构一直在努力融合"公平原则"和"等距离/特殊情况"这两种海洋划界规则之间的罅隙,从而在海洋划界进程中更好地体现"灵活性和确定性的巧妙平衡",这也是海洋划界的方法论要求所在。⑥ 在卡塔尔诉巴林案中,这一理论上的融合趋势获得了里程碑意义的突破。在本案中,国际法院将融合后的划界规则正式定名为"公平原则及有关情况规则"(Equitable Principle/Relevant Circumstances Rule),宣告这一划界规则将明确适用于针对专属经济区和大陆架的划界,而原有的"等距离/特殊情况"划界规则将应用于领海划界。⑦ 在国际法院此后审理的相关案例中,这一划界规则及其具体适用方法得到了进一步阐释和确认。因此卡塔尔诉巴林案在海洋划界方法论上的最大贡献就在于,使公平原则从此完成了由原则到具体规则的嬗

---

① *Id*., paras.139-151.
② *Id*., paras.154-159.
③ *Id*., paras.147-148.
④ [美]苏拉·古普塔、莱昂纳多·伯纳德:《外国学者对美国国务院九段线报告的评论》,载《亚太安全与海洋研究》2015年第4期,第97—103页。
⑤ 付玉:《从历史性捕鱼权看南海"仲裁"的谬误》,载《中国海洋报》第1852期,A2版,2016年8月10日。
⑥ 张华:《国际司法裁决中的海洋划界方法论解析》,载《外交评论》2012年第6期,第153页。
⑦ *Maritime Delimitation and Territorial Questions between Qatar and Bahrain*(*Qatar v. Bahrain*), Judgment of Mar. 16, 2001, para 231.

变,其一般习惯法的地位日益巩固。①

在卡塔尔诉巴林案中,两国主要的争议焦点还是关于国际法院管辖权以及争议岛屿、沙洲的主权归属争端。在海洋划界部分,双方的争议并不显著,因为双方均同意以一条单一的海上边界来划分两国的海床、底土及其上覆海域。② 其关键法律问题有两个:一是海岸地理是否是决定有关情况是否存在的首要因素。国际法院在对临时等距离线进行调整时,拒绝把珍珠渔业、1947 年英国划分两国海床界线的决定和当事双方海岸长度间的差别三种因素作为调整临时等距离线的有关情况;二是关于法施特·雅利姆(Fasht al Jarim)在划界中的效力问题。法施特·雅利姆是巴林海岸外面积较大的一个较远凸出。在判决中,国际法院最终将其按零效力做了处理,以保证"公平原则在适用中的确定性程度"。③ 通过本案的判决也可以看出,地理因素尤其是海岸地理,仍然是兼顾和融合两个公平的最重要因素。④

(三) 孟缅划界案

2012 年由国际海洋法法庭裁决的孟缅划界案具有重要的里程碑意义。一方面,该案是国际海洋法法庭首次处理海洋划界争端的案例,另一方面,该案也是国际司法机构从实体裁断层面正式介入到 200 海里外大陆架划界问题的开始。本案中,国际海洋法法庭最重要的创造性工作是继承并扩展了黑海划界案关于"临时等距离线/有关情况/成比例性检验"的"三阶段划界法"的海洋划界思路,从而在方法论意义上夯实了公平原则的诠释思路和海洋划界的具体操作步骤。与卡塔尔诉巴林案所强调的"公平原则在适用中应保持足够的确定性程度"的诠解倾向相一致,孟缅划界案也继承了这一趋势,"三阶段划界法"也旨在强化公平原则的确定性适用效果。法庭认为,考察某一具体划界方法是否能在特定的地理条件和案件情形中适用,其选择标准在于判断相关划界方法是否能"实现公平的结果"。⑤ 换言之,法庭认为划界依循的公平原则需要易于操作并符合可预期性的要求。但法庭对于岛屿的划界效力、对划界有关情况的考量以及 200

---

① 张卫彬:《公平原则及相关情况规则探讨——兼析中国东海大陆架划界基本主张》,载《当代亚太》2010 年第 1 期,第 148 页。

② *Maritime Delimitation and Territorial Questions between Qatar and Bahrain (Qatar v. Bahrain)*, Judgment of Mar. 16, ICJ Reports 2001, para 250.

③ *Id.*, para 248.

④ 邵沙平:《国际法院新近案例研究》,商务印书馆 2006 年版,第 138—139 页。

⑤ *Dispute concerning delimitation of the maritime boundary between Bangladesh and Myanmar in the Bay of Bengal (Bangladesh/Myanmar)*, Judgment of Mar. 14, 2012, paras. 70-75.

海里外大陆架划界问题上也存在若干不足之处。① 国际海洋法法庭在判决中裁定孟加拉国所属的圣马丁岛（St. Martin's Island）在领海划界中具有完全效力，但仅认定在孟缅划界案的"相关海岸"中，孟加拉国的海岸凹陷地理形态构成调整临时等距离线的"有关情况"，同时排除了岛屿和其他地质、社会因素对划界的影响。② 最终法庭在孟加拉湾东北部为两国的领海、专属经济区和大陆架划出了一条完整的单一海洋边界。

值得注意的是，本案中法庭用了较多的篇幅来论证在 200 海里外大陆架划界问题上，以"等距离线/有关情况"为主要内容的"三阶段"划界方法应当继续适用，"以避免大陆架划界在 200 海里内外产生截断效果"，同时驳回了孟加拉国要求在外大陆架划界问题上单独适用"自然延伸划界法"的主张。③ 但法庭在这一部分的论证仍显简单而薄弱。法庭对于"200 海里以外的大陆架划界方法与 200 海里以内的海洋划界并无不同"的有关论证并不充分，法庭同时也难以解释为何仅根据一份专家报告，就将孟加拉湾海床上占地面积宽广、富含油气潜力的沉积物直接判定为孟缅两国均可主张的外大陆架划界对象。倘若将"等距离线/有关情况"划界方法和单一划界思路直接带入至外大陆架划界领域，不可避免将会产生与《联合国海洋法公约》相抵触的适法性和公平性问题。④ 在涉及外大陆架划界的技术性问题上，联合国大陆架界限委员会的处理模式显然更具有专业性。按照现有的《公约》制度安排，外大陆架外部界限的最终确定，除了须经大陆架界限委员会的审议，最终还需通过相关国家的协商。从孟缅划界案的判决论证情况来看，国际海洋法法庭在该案中的径行裁决有些草率。仅以"规避管辖权黑洞"为由，国际海洋法法庭在孟加拉湾大陆架外部界限尚不确定的情况下，就对划界的相关海域面积进行了直接计算，并将 200 海里外大陆架的面积计算在内，所谓被视为确保海洋划界公平性最终"安全阀"的比例检验，最终不免流于形式主义。⑤ 不过，大陆架界限委员会仍对孟加拉湾的外大陆架外部界限划界申请案持相当审慎的审议态度，因此孟缅划界案涉及的外大陆架划界内容在现实中

---

① 黄瑶、廖雪霞：《国际海洋划界司法实践的新动向——2012 年孟加拉湾划界案评析》，载《法学》2012 年第 12 期，第 92 页。

② *Dispute concerning delimitation of the maritime boundary between Bangladesh and Myanmar in the Bay of Bengal*（*Bangladesh/Myanmar*），Judgment of Mar. 14，2012，para.91.

③ *Id.*，paras.131 - 132.

④ 戴宗翰、范建得：《国际海洋法法庭"孟加拉湾划界案"之研析——兼论南海岛礁划界之启示》，载《比较法研究》2014 年第 5 期，第 150 页。

⑤ 张华：《国际海洋划界裁判中的"司法能动主义"——以 200 海里外大陆架划界问题为例》，载《外交评论》2019 年第 1 期，第 146—147 页。

转化为有法律效力的已定界仍需时日。①

三、印度洋海区海洋划界进程中的影响因素

综合来看,印度洋海区周边国家的划界争议解决方式主要有国家间协议划界和国际司法案例解决两大类。上述两类划界方式的发展动向为国际海洋法理论和规则的发展提供了重要的实践来源。印度洋海区的海洋划界情况已显示,公平原则划界原则以及"等距离/有关情况"划界方法在该海区具有较高的认同度。这其中对于海洋划界影响因素的总结需要重点关注。

(一)"公平原则/有关情况"的划界基础原则

自《联合国海洋法公约》文本于1982年通过之后,公平原则在海洋划界中的基础地位得到了各国划界协议的一致认可;另一方面,为落实《公约》所确立的"结果公平"的目标,自1985年利比亚/马耳他大陆架案以来,国际司法机构在处理相关划界争议时,不断推动公平原则和等距离划界法之间的融合,努力使公平原则向着确定性规范方向演进。② 由此逐渐衍生出一套基于公平原则的划界规则适用体系。在专属经济区和大陆架划界中,这一具体的划界规则被定义为"公平原则/有关情况"的划界方法。这一划界方法要求在适用公平原则时必须考虑一切有关情况,以达到结果公平的效果。当然从目前国际海洋划界的实践操作情况来看,国际司法机构在20世纪90年代之后的海洋划界判例中已越来越倾向于以适用公平原则的名义,在当事国争议海区首先按等距离中间线的标准确立一条临时线,然后再根据是否有特殊情况加以调整。

在印度洋海区,从世纪之交的红海划界案和卡塔尔诉巴林案,到2010年之后的孟缅划界案,乃至孟加拉国诉印度仲裁案,国际司法机构在实践操作中都继承了上述处理模式。印度洋海区的划界实践证明,融合了"公平原则"和"等距离中间线划界法"的"公平原则/有关情况"划界方法在本地区的划界活动中得到了推广适用,并得到了本地区国家较为普遍的贯彻遵守。无论是协议划界还是国际司法裁决划界,所划定的海洋边界至今都状况稳定,划界国家间的海洋管辖秩序基本和平稳定,这显示出"公平原则/有关情况"划界方法在本地区的适用实效良好,在本地区国家中间拥有较高的心理接受度。各国在进行划界时均倾向于

---

① 章成:《国际法视阈下的北极地区200海里外大陆架划界问题介评》,载《河北法学》2018年第8期,第68页。
② 张卫彬:《公平原则及相关情况规则探讨——兼析中国东海大陆架划界基本主张》,载《当代亚太》2010年第1期,第147页。

认同这一划界方法的适用,因此在解决争议并完成划界后,自然也有主观上的动力来维护好彼此间的海上边界。

(二) 相邻划界情形与"等距离中间线"划界法

印度洋海区的海洋划界情况充分显示,需要在该海区进行海岸相邻划界的实际情形远多于沿海国间的海岸相向划界,而相邻划界在无例外因素出现的情形下是以"等距离中间线"划界法为其主要划界指导方法的。[①] 究其原因,这主要还是和印度洋海区的海域和海岸地理有较为密切的关联。

其一,印度洋海区的海陆比例决定了该海区的划界对象主要是沿海国间的相邻海岸。印度洋海区南北的海陆比例泾渭分明,其中赤道以北的印度洋北部海区的沿岸陆地比例并不少于海域面积,但赤道以南的印度洋南部海域面积则是远远大于陆地。这导致印度洋海区的周边国家虽然为数众多,但绝大多数都是分布在北印度洋沿岸,南印度洋海区则是大面积的广阔海域,只是陆地面积极小的零星岛屿分布。众所周知的是,海上相向边界的划定难度远大于相邻边界,但由于印度洋海区从北往南呈一个"布袋式"的宽口径大开口状,北部沿岸的陆地面积与南部海域内的岛屿面积严重不成比例,因此,本地区有待划定的相邻边界数量多于各国间的相向划界。[②] 这与亚太海区所面临的划界情况极为不同,情形复杂的相向划界活动在印度洋海区出现频次不高,该海区相向划界的有关争议主要涉及东非大陆国家与毛里求斯、科摩罗等群岛国家之间在相向划界中的三接点位置问题,这有可能影响到三方海洋边界的具体走向。除此之外,印度洋海区的海洋划界工作主要还是处理毗邻而居的国家间的海上相邻边界的划定。

其二,印度洋海区周边的海岸地理和陆地边界状态决定了"等距离中间线划界法"在该海区的广泛适用。在沿海国数量最为集中的北印度洋沿岸,有关国家的海岸线地理形态均较为平缓,沿线国家呈现较为整齐的排列式分布,这都使海洋划界中关于"相关海岸"的认定难度降低,从而有助于相邻边界划定工作的进一步推进。且印度洋海区周边国家曾经都是西方列强的殖民地,西方殖民者当年为了管理的方便也是使用几何学划界法来划定殖民地之间的陆地边界,诸如也门和阿曼、阿曼和阿联酋,以及印度洋沿岸的东非国家之间的陆上边界等等,就都是属于上述情形。由于海洋的相邻划界工作较之相向划界而言更依赖于陆地边界的走向,故印度洋海区周边国家本身平整的陆地边界线也有利于相关海

---

① [澳] 维克托·普雷斯科特、克莱夫·斯科菲尔德:《世界海洋政治边界》,吴继陆、张海文译,海洋出版社2014年版,第316—318页。

② 同上书,第322页。

洋划界工作的推进,以"等距离中间线"为具体技术手段的划界方法也因此在"公平原则"的大旗下觅得了改进适用的空间,正如前文所述的印度在20世纪七八十年代的海洋划界实践。印度洋海区数量众多的国家构成了印度洋海区大量海洋划界实践的现实基础,而相对同质化的划界情形以及同为西方列强殖民地的历史背景,则使嵌入了"等距离中间线划界法"内核的"公平原则/有关情况"划界方法及其国际司法划界途径在本地区得到了较为普遍的接受和认同。

(三)对"有关情况"的认定倾向

在"公平原则/有关情况"划界方法中,"有关情况"是对据以调整临时等距离中间线的诸多因素的合称。在不同的划界情形中,岛屿归属及位置、海岸线形状及长度、海床大陆架的自然延伸等地理地貌因素,与人口数量、资源产业、海港工程等社会经济因素都有可能构成调整临时等距离中间线的"有关情况"。从相关的国际司法实践来看,对于"有关情况"的认定在本质上是随着情况而不断变化的,国际司法机构通过赋予各种考虑以相应的重要性,以期能产生海洋划界的公平结果。[①] 但从印度洋海区的协议划界和司法划界梳理情况来看,两者在"有关情况"的认定问题上存在不同的倾向。在协议划界中,各国通过友好协商谈判,通常会对"有关情况"中的社会经济因素予以更加充分的考虑。以海湾国家间的划界为例,如1969年伊朗与卡塔尔、1971年伊朗与巴林、1974年伊朗与阿曼的海洋划界协定,所划设的海洋边界都是在考虑自然资源分布和保障自然资源统一性的情况下予以确定的。[②] 但在国际司法划界实践中,在"有关情况"的具体认定标准上倾向于排除社会经济因素在海洋划界中的效力,即使是自然地理因素在认定上也有趋严的倾向,从而使"等距离中间线"划界法中的技术手段逐渐填充为"公平原则/有关情况"划界方法中的具体执行内容。[③] 以印度洋海区已有的相关国际司法判例来看,"红海划界案"和"卡塔尔诉巴林案"这两个案例中的仲裁庭和国际法院相对比较审慎,在适用公平原则进行划界处理时更多地考虑到其中的调整因素;而涉及孟加拉湾划界的"孟缅划界案"和"孟加拉国诉印度仲裁案"这两个案例中的国际海洋法法庭和附件七强制仲裁庭的所持立场更为激进,对于划界难度比红海和波斯湾更高的孟加拉湾划界问题(同时还涉及对200海里外的大陆架划界问题处理),反而倾向于更加"短平快"式的纸面认定和推理。红海划界案中的仲裁庭对厄立特里亚和也门之间的红海岛屿在海洋划界

---

① 袁古洁:《国际海洋划界的理论与实践》,法律出版社2001年版,第147页。
② 同上书,第145页。
③ 罗国强、叶泉:《争议岛屿在海洋划界中的法律效力——兼析钓鱼岛作为争议岛屿的法律效力》,载《当代法学》2011年第1期,第121页。

中的效力问题做了细致分类,卡塔尔诉巴林案中的国际法院在处理完管辖权和岛屿沙洲主权争议问题之前,并未处理两国间的海洋划界问题;但孟缅划界案中的国际海洋法庭排除了孟缅划界争端中的岛屿和其他因素,在认定"有关情况"时仅考虑了孟加拉国的海岸凹陷形态。孟加拉国诉印度仲裁案中,强制仲裁庭也是直接认定等距离/有关情况划界法在适用时的绝对优先性,径行裁定该案中不存在相关因素"使运用等距离方法不适当"。①

(四) 影响划界的政治问题

从印度洋海区海洋划界形势的进展结果来看,政治问题的存在也会成为海洋划界过程中不可忽视的一大影响因素。在印度洋海区,东半部海域和波斯湾海区的沿岸国家已基本完成了双边或多边的协议划界工作,也产生了具有公信力的海洋划界国际司法判例(印度洋东半部海区的孟缅划界案、波斯湾海区的卡塔尔诉巴林案)。这显示了所在海域的各沿海国为确定公平的海洋边界所表现出的创新性及和解意愿。② 印度洋西半部和红海海区的海洋划界情况总体上不甚顺利。事实上,根据上述海区的海洋地理条件,这部分海区的海洋划界难度并不会大于印度洋东半部海区,真正需要阐释的海洋划界规则适用争议在这部分海区的海洋划界进程之中反居其次。严重影响上述海区海洋划界工作有效开展的主因,还是在于其周边不少国家均存在严重的内部政治问题——如也门、索马里等国的严重内乱或内战状况,或是国家间存在相互敌对的外交关系以及相互冲突的领土主张——如也门和沙特之间起起伏伏的双边关系、也门与厄立特里亚之间围绕红海中岛屿长期存在的军事冲突等等。再以当前印度洋海区最复杂的查戈斯群岛海洋争端问题为例:近年围绕该群岛已先后形成了2015年的毛里求斯诉英国"查戈斯群岛仲裁案"和关于查戈斯群岛领土主权归属问题的2019年"查戈斯群岛咨询意见案"。这两个案例不仅涉及查戈斯群岛周边的海洋划界问题,同时也牵扯到诸如公海保护区、主权争端与去殖民化以及"混合型海洋争端"背景下的国际司法机构管辖权问题等一系列实体与程序争议。这其中所包含的海洋划界问题的本身难度也较高,但鉴于查戈斯群岛的重要战略位置以及国际博弈的时政背景,政治因素毫无疑问将是影响查戈斯群岛问题发展走向的关键所在。

---

① *Bay of Bengal Maritime Boundary Arbitration between Bangladesh and India* (*Bangladesh v. India*), Award of 7 July 2014, paras. 336 – 346.
② [澳] 维克托·普雷斯科特、克莱夫·斯科菲尔德:《世界海洋政治边界》,吴继陆、张海文译,海洋出版社2014年版,第315页。

四、对亚太海区海洋划界争议解决的借鉴意义

由于"印太战略"的提出,印度洋海区的重要地理区位已在国际问题研究中变得益发炙手可热。[①] 这使得亚太海区与印度洋海区得以更多地在同一视角下被系统观察。在海洋划界的视角下不难发现,印度洋海区的海洋划界实践较为丰富,但同属于"印太语境"下的亚太海区的划界实践进展则明显缓慢。在亚太海区,各国间的协议划界多半集中于西太海区的边缘地带,如泰国湾内的泰国、马来西亚、印尼等国的划界,澳大利亚与印尼在帝汶海内的划界等。在西太平洋海区的核心地带,如南海、东海等海域,周边国家缔结的海洋划界条约数量可以说是极为有限,这与该海区存在广泛的岛礁领土主权争端和海洋划界纠纷的现实背景密不可分。那么,印度洋海区的海洋划界经验,是否足以为亚太海区作为借鉴?对于这一问题的思考,无疑需要更加深入地考量印度洋经验中的深层次因素,以及相关经验适用于亚太海洋划界的可行性问题。笔者认为,对印度洋海区海洋划界争议解决法律经验的总结,对于亚太海区海洋划界工作的推进具有一定的现实意义。

(一)海洋划界争端的和平解决可以保障海区周边的繁荣稳定

从总体上看,印度洋海区在《联合国海洋法公约》通过后的三十多年里取得了较多的海洋划界成果。无论是通过谈判协商的方式还是诉诸国际司法的争端解决路径,印度洋海区的周边国家基本上都能秉持和平友好、协商一致解决划界争议的共同立场。在实践中较好地落实了友好协商的谈判精神,践行了海洋划界的公平原则,这不仅增进了各国间的整体政治外交关系,也保障了较为良好的地区海洋秩序,为后续海洋资源合作开发事务的开展打下了潜在的基础。不难看到,在已划定各国海洋边界的东印度洋和波斯湾海区,区域海洋秩序良好,交通运输繁忙,已形成了经济价值极高的海上黄金航道;而在未完成海洋边界划定的西印度洋海区,地区形势则相对紧张,部分沿岸国家如索马里、也门等国难以维持有效的海岸和海域管理秩序,海上航运的风险相对较高。这也提示着加快推进亚太海区海洋划界工作和海洋合作治理的现实必要性。

(二)印度洋海区与亚太海区在划界情势上既有共性亦有深层次的差异

海洋划界本身不仅是一项技术性的工作,同时也兼具着高度的政治和法律属性,因此有必要从一个更加整体的视角来加以审视。通观印度洋海区海洋划界的实践特点及其在印太国际格局中所扮演的复杂角色,也不难看出该地区的

[①] 吴兆礼:《"印太"的缘起与多国战略博弈》,载《太平洋学报》2014年第1期,第29—40页。

海洋划界进程不仅包含了法律层面的前沿问题,同时还有明显的政治因素相交织,这使该地区未来的海洋划界形势仍然面临机遇、竞争与风险并存的复杂局面。尽管该海区的海洋划界活动主要是在该海区周边的第三世界国家和发展中国家之间展开,但鉴于印度洋海区的重要地缘地位,该海区的划界活动很难排除政治因素和域外海洋大国的影响。这使得印度洋海区海洋划界争议的处理,正普遍呈现出一种法律技术创新与政治争议交织的双重属性,因此更加凸显其高度复杂敏感的地缘因素意味。已拥有充分划界实践积累的印度洋海区尚且如此,对于海洋划界进程总体不顺的亚太海区来说,在判定划界情势时就更加需要进行法律和政治层面上的综合考量。从深层次来说,这也是因为亚太地区拥有迥异于印度洋地区的地域文明背景,印度洋海区的周边国家大多为英法等西方列强的前殖民地,在西方殖民者自西向东的海上殖民战争中较早被征服(19世纪之前),已形成同质化程度较高的西式文明心理认同。因此可以认为在印度洋海区,法律属性的划界争议解决路径,无论是通过协议划界还是通过第三方国际司法机构划界,在周边各国处理彼此间的海洋划界争议的过程中都能获得更多的应用机会。而反观亚太地区的周边国家均有更为悠久的独立发展历史,被纳入西方的世界体系的时间更晚(19世纪之后),且当前均处于民族主义方兴未艾的发展阶段,以谈判协商方式缔结海洋划界的进程尚且漫长,直接参考和移植印度洋海区解决划界争议的司法路径就更加难切实际。更何况印度洋海区的协议划界经验也不可一味照搬。印度洋海区的协议划界多数以纯粹的"等距离中间线"或略做调整的"等距离线"为基础,这对于海洋划界情形更为复杂的亚太海区而言,参考价值有待商榷。

(三)印度洋海区划界争议司法解决路径中的专业判断值得高度重视

观察印度洋海区具体划界方法的适用,特别是其中国际司法案例中的专业事实认定和法律判断,仍对亚太海区划界工作的推进具有较高的借鉴意义。这主要体现在以下几个方面:

1. 对争议岛屿在海洋划界中的效力判断

亚太海区海洋划界工作迟迟难以推进的主因即在于该海区存在大量未决的岛屿主权归属争端,而印度洋海区的海洋划界司法实践情况显示,岛屿在海洋划界中的地位极为重要,海洋划界工作的推进不能回避对争议岛屿的处理。这表现在:

首先,岛屿主权争议问题直接影响海洋边界线走向的划定。法院一般都会先根据当事方的要求确定岛屿主权归属,再根据确定主权后的岛屿对海域划界。[①]红海划界案和卡塔尔诉巴林案这两个在印度洋海区内的划界案等均采用这种方法。

---

① 王秋雯、姜政扬:《岛屿在海洋划界中的效力问题研究——从国际法理论与实践看钓鱼岛与中日东海划界》,载《太平洋学报》2012年第4期,第1—11页。

其次,岛屿本身是适用公平原则进行海洋划界时所必须考虑的"有关情况"。卡塔尔诉巴林案与孟缅划界案这两个案例的司法实践也显示:岛屿在领海划界以及专属经济区和大陆架划界中有不同的划界效力,适用不同的划界规则。这是因为划界海域的法律属性不同。沿海国对领海拥有领土主权,而对专属经济区和大陆架仅拥有主权性权利。由此,因领海重叠所进行划界与因专属经济区重叠和大陆架重叠而进行划界是两种不同性质的划界,形成了不同的划界规则。① 在领海划界中,与大陆海岸领海发生重叠的岛屿通常被赋予全效力;而在专属经济区和大陆架划界中的岛屿,在划界中的作用则更为复杂,需要考虑岛屿的面积和重要性、岛屿的位置、相关的海岸地形等等。

再者,岛屿也会影响"相关海岸"的确定。由于岛屿不同于低潮高地,其本身可以作为计算海岸基线的基础。例如在前文所述的红海划界案中,由于厄立特里亚的达拉克群岛上有数量较多的人口,因此该群岛构成厄"相关海岸"必不可少的一部分;而也门的塔拉岛和祖巴岛则不构成也门的"相关海岸"。在卡塔尔诉巴林案中,主权有争议的哈瓦尔群岛在判归巴林后,也成为计算巴林领海基线的基础。

2. 对"历史性权利"的解读和判断

在印度洋海区划界争议的国际司法解决路径中,已有红海划界案明确涉及对历史性权利的认定问题及其在海洋划界中的地位判断。在1999年的红海划界案裁决中,仲裁庭对传统捕鱼权的性质、成因、表现形式和存在的地理范围都做了明确界定。仲裁庭多次指出,传统捕鱼权问题与岛屿主权问题密切相关,仲裁庭在裁决中需要做的是确保关于争议岛屿主权问题的裁决不应以任何方式影响传统捕鱼制度。② 在该案中,涉及传统捕鱼权的实体问题主要在关于领土主权的裁决部分做出,在关于领土主权和仲裁庭争议范围的裁决部分,仲裁庭认定,双方对众多岛屿分别拥有主权,强调这种主权并非有害于,反而促进了该地区传统捕鱼制度的永久存续。③ 红海划界案仲裁庭的有关论证,无疑可以为我国维护在南海的传统渔权提供充实的法理论据。此外,在2014年孟加拉国诉印度的附件七强制仲裁案中,仲裁庭在领海划界的过程中对于历史性权利也进

---

① 卜凌嘉:《从新近国际司法判决看岛屿在海洋划界中的作用》,载《太平洋学报》2016年第2期,第5—16页。

② Communication from the President of the Tribunal dated 31 March 2000, in *Maritime Delimitation between Eritrea and Yemen in the Red Sea*(*Eritrea/ Yemen*), *Award of the Second Stage of the Proceedings*, Decision of 17 December 1999, RIAA, Vol. XXII, p.409, para.11.

③ *Territorial Sovereignty and Scope of the Dispute between Eritrea and Yemen in the Red Sea*(*Eritrea/ Yemen*), *Award of the Arbitral Tribunal in the first stage of the proceedings*, Decision of 9 October 1998, RIAA, Vol. XXII, para. 526.

行了一笔带过式的提及。这也为我们进一步细化历史性权利的特征、构成要件等留下了余地。①

3. 对两国间 200 海里外大陆架划界问题的介入

2012 年的孟缅划界案体现了国际司法机构对于 200 海里外大陆架相邻边界划界问题的主动介入。在孟缅划界案的基础上,国际司法机构倾向于对 200 海里外大陆架划界实施管辖权,并为此创设了相关的法律标准。只是囿于有限的司法裁决和特殊的案情,"无科学上的重大不确定性"和"适当情况"有待后续 200 海里外大陆架划界司法实践的检验和细化。② 在亚太海区,中国已于 2012 年提交了关于东海海床的 200 海里外大陆架外部界限划界申请案。从理论上说,东海和南海在未来都不排除进行外大陆架划界的可能性。因此,起始于孟缅划界案的外大陆架划界"司法化"问题,在今后还会有怎样的发展,这一动向值得高度关注。

五、结 论

综合以上可见,作为推动国际法与国际政治格局发展的重要代表力量,印度洋海区各国关于海洋划界方面的实践动向值得世人关注。结合前文探究可知,印度洋海区周边各国通过法律路径来解决彼此间的海洋划界争议的主观意愿较高,已成为国际海洋划界法律规则和法律技术在实践过程中实现理论"推陈出新"的重要前沿地带。目前,印度洋海区的划界争端解决状况总体而言较为乐观。在印度洋东半部海区和波斯湾,已有丰富的海洋划界协议积累,围绕孟加拉湾划界所诉诸的第三方争端解决机制也未影响当事国之间的整体关系。而在印度洋海区西半部和红海海区,海洋划界的进展情况相对较慢。这一问题的成因并非海洋划界本身的难度系数,而是取决于相关国家之间的政治关系,抑或是国内政局的走向是否趋于好转。而在"公平原则/有关情况"划界原则的基础指导之下,对海区沿岸国海上相邻边界的处理构成了印度洋海区海洋划界的主要内容,对"公平原则"和"等距离中间线划界法"之间的关系以及对"有关情况"的认定标准的理解则构成海洋划界进程中的主要影响因素。亚太海区的海洋划界情势从总体上看与印度洋海区有深层次的差异,但印度洋海区的划界经验仍可为亚太海区海洋划界争议的解决提供较为丰富的借鉴参考。

---

① 姚莹:《2014 年孟加拉国与印度孟加拉湾划界案评述——兼论对中菲南海仲裁案的启示》,载《当代法学》2015 年第 4 期,第 159 页。

② 张华:《国际海洋划界裁判中的"司法能动主义"——以 200 海里外大陆架划界问题为例》,载《外交评论》2019 年第 1 期,第 155 页。

A Probe into the Legal Solution to the Dispute of Maritime Delimitation in the Indian Ocean

Zhang Cheng

Abstract: The Indian Ocean Sea area has attracted worldwide attention because of its important strategic position and geographical features. The maritime delimitation situation in this area is showing the dual attributes of legal technology innovation and political disputes. According to the maritime delimitation of different geographic plates in the Indian Ocean, the delimitation resolution path of the relevant sea areas can be divided into two categories: inter-state agreement settlement and international judicial case resolution. The subjective willingness of countries around the Indian Ocean Sea region to resolve their maritime delimitation disputes through legal channels is relatively high, and the practice of demarcation of agreements is rich. Under the guidance of the "Equitable Principle/Relevant Circumstances Rule", the treatment of the adjacent sea borders of coastal countries constitutes the main content of the maritime delimitation of the Indian Ocean, and the the understanding of the relationship between the "Equitable Principle" and "Equidistance Delimitation Method"as well as the criteria of "Relevant Circumstances" constitutes the main influencing factors in the process of maritime delimitation. The maritime delimitation situation in the Asia-Pacific region has a deep difference with the Indian Ocean region in general, but the experience of the latter can still provide a rich reference for the settlement of maritime delimitation disputes in the former.

Key words: Indian Ocean; Maritime Delimitation; the Equitable Principle; the "Equitable Principle/Relevant Circumstances Rule"

（责任编辑：张华）

英文注释体例

一、著作

注明:作者,文献名(斜体),版次(如有),出版社,出版时间,页码。

〔1〕H.L.A. Hart, *The Concept of Law*, 3rd ed., Oxford University Press, 2012, p.10.

编著在编者姓名后加"(ed.)"(一人)或"(eds.)"(多人)。

〔2〕Jules Coleman & Scott Shapiro(eds.), *Oxford Handbook of Jurisprudence and Philosophy of Law*, Oxford University Press, 2004, pp.23-26.

译著在文献名后注明译者。

〔3〕Hans Kelsen, *Pure Theory of Law*, trans., Max Knight, The Law Book Exchange, 2009, p.260.

二、论文

期刊文章注明:作者,文献名(斜体),卷号 期刊简写 页码(年份)。

〔4〕Richard A. Posner, *The Law and Economics of Contract Interpretation*, 83 Tex L. Rev. 1581, 1590(2005).

文集文章注明:作者,文献名(斜体),编者,文集名称(斜体),出版者,出版时间,页码。

〔5〕D.N. MacCormick, *Rights in Legislation*, in P.M.S. Hacker & J. Raz(eds.), *Law, Morality and Society: Essays in Honour of H.L.A Hart*, Clarendon Press, 1977, pp.189-196.

三、外国法规及判例

遵照其本国常用注释体例,例如:

——美国法院案例注释体例

〔6〕Beanstalk Group, Inc. v. AM Gen. Corp., 283 F.3d 856, 859 (7th Cir. 2002).

——欧盟法院案例注释体例

〔7〕Case C-137/12, *Commission v. Council*, EU:C:2013:675, para.58

——国际法院案例注释体例

〔8〕*LaGrand(Germany v. USA)*, Judgment, ICJ Reports 2001, p. 466, para.88.

四、辞书

注明：辞书名 页码（版次和出版时间）。

〔9〕 Black's Law Dictionary 402 (10th ed. 2014).

五、研究报告

注明：报告题目（斜体），文件发布机构及编号，发布日期，页码或段落。

〔10〕 *Protection of Civilians in Armed Conflict*, *Report of the Secretary General*, S/2018/462, 14 May 2018, para.10.

六、互联网资料

注明：作者姓名（如有），文章名称（斜体，首字母大写），＋at ＋网址＋括号（括号内注明访问具体时间）。

〔11〕 Michael Schmitt, *Precision Attack and International Humanitarian Law*, at https://www.icrc.org/en/international-review/article/precision-attack-and-international-humanitarian-law (Last visited on 6 August, 2018).

图书在版编目(CIP)数据

南京大学法律评论. 2019年. 春季卷 / 解亘主编.
—南京：南京大学出版社，2019.7
ISBN 978-7-305-22206-1

Ⅰ.①南… Ⅱ.①解… Ⅲ.①法律-文集 Ⅳ.
①D9-53

中国版本图书馆CIP数据核字(2019)第098504号

出版发行	南京大学出版社
社　　址	南京市汉口路22号　　邮　编　210093
出 版 人	金鑫荣

书　　名	南京大学法律评论（2019年春季卷）
主　　编	解亘
责任编辑	潘琳宁　　　　　　　　编辑热线　025-83592401
照　　排	南京紫藤制版印务中心
印　　刷	常州市武进第三印刷有限公司
开　　本	718×1000　1/16　印张25.5　字数477千
版　　次	2019年7月第1版　2019年7月第1次印刷
ISBN 978-7-305-22206-1
定　　价	78.00元

网址：http://www.njupco.com
官方微博：http://weibo.com/njupco
销售咨询热线：025-83594756

* 版权所有，侵权必究
* 凡购买南大版图书，如有印装质量问题，请与所购
　图书销售部门联系调换

《南京大学法律评论》稿约及投稿格式

《南京大学法律评论》系中文社会科学引文索引(CSSCI)来源集刊,每年分春、秋两季号,由南京大学出版社出版。

本评论拟登载高质量的法学学术文章。竭诚欢迎中外法律学人踊跃投稿。对所有来稿实行匿名评审制度,如决定刊用来稿,编辑部将在两个月内予以答复。一经刊用,即致稿酬。两个月后未接到用稿通知者,可自行处理稿件,编辑部将不再另行通知,切勿一稿多投。

翻译稿请自行处理好版权转让事宜,投稿时,须附上翻译原件及相关签名同意翻译刊用资料。

投稿格式要求

一、来稿须采用 word 文档格式或者与之兼容的格式。

二、一律使用新式标点符号,除破折号、省略号各占两格外,其他标点均占一格。书刊及论文均用"《 》"号,此点尤请投稿人留意。

三、文章以及标题序号用"一、二";二级序号用"(一)、(二)……";三级序号用"1.、2.……"

四、数字用法

1. 表示公元纪年及公制度量衡值,用阿拉伯数字;纪年书写要完整,如 1980 年,不可写成 80 年;"年代"前须标明世纪,如"20 世纪 90 年代"……

2. 夏历及清代以前纪年一律用中文数字,提及帝王年号,须加公元纪年如"康熙二年(1633 年)……"中华民国纪年用公历阿拉伯数字。

3. 杂志卷、期、号等用阿拉伯数字。

4. 惯用语、缩略语、词组、约数等用中文数字,如"八国联军""一二·九运动""五年来""五六人"。

五、注释体例

1. 一律使用脚注,每一页重新编号。用自动插入的"○"内"1、2……"序号。序号在标点符号之后。

2. 报刊引用,依次标明注号、作者、篇名、报刊名、年代卷次、出版日期,如"金克木:《主题学的应用》,载《读书》1986 年第 3 期"……报纸须注明到第×版;不同地点出版的同一报刊,应在报刊前加注出版地如"天津

《大公报》"……

3.引用书籍首次出现时,依次标明注号、作者、书名、出版单位、出版年、版次、页码。再次出现时可不标明版本。

4.译著须标明序号、作者国别、作者、书名、译者、出版单位、出版年月、版次、页码等。如"[美]本杰明·卡多佐:《司法过程的性质》,苏力译,商务印书馆2007年版,第×页"。

六、投稿须附300字左右的中英文摘要、关键词及题目的英文翻译。

七、本刊文章将提供给相关期刊数据网,以便读者检索、引用。投寄本刊作者,视为同意此约定。凡不符合本刊投稿格式要求者,作为无效稿件处理。

八、本刊采用自动投稿模式,请登录 http://njfl.cbpt.cnki.net 投稿。

编辑部地址:南京市汉口路22号南京大学法学院,210093;编辑部电话:025-83594109。